佛教大蒙山施食法彙編

釋寬濟編著

圓融派創始人

釋寬濟法師

天台宗四十六代法嗣

賢首宗四十二代法嗣

慈恩宗四十二代法嗣

佛教真言宗中院流五十三代傳法阿闍黎

妙 宗 寺 住 持

香 光 精 舍 住 持

蓮 池 淨 苑 住 持

電子書

唐密圖解大蒙山施食念誦說法儀 － 釋寬濟編著

(一)緣起：

《瑜伽集要救阿難陀羅尼焰口軌儀經》云：「爾時，佛在迦　羅城尼俱律那僧伽藍所與眾說法。爾時，阿難獨居靜處，念所受法，即於其夜三更以後，見一燄口餓鬼，口吐火燄，頂髮生煙，身形醜惡，肢節如破車之聲，飢火交然，咽喉如針鋒之細，牙爪如劍，苦毒無量，問是何名，答曰：「面然」。白阿難言：「汝即後三日命終生餓鬼之中。」尊者聞之，心生惶怖，問餓鬼言：「大士！若我死後生餓鬼者，我今行何方便，得免斯苦？」答言：「若於來日晨朝，布施百千那由他恒河沙數餓鬼飲食，若餘鬼神等，並為我等供養三寶，汝得增壽，我得離苦。」晨朝，阿難尊者至佛所，白如是事，求救於佛，佛告阿難：「我念過去無量劫中，曾作婆羅門仙時，於觀世音菩薩邊，受得無量威德自在光明如來陀羅尼法（即變食真言），若持此咒七遍，能令一食變無量食，皆成甘露上妙之味，即能充足百千俱胝那由他恒河沙數一切餓鬼，婆羅門仙，異類鬼神，一一各得摩竭陀國所用之斛。此食此水，量同沙界，食之無盡，皆獲聖果，解脫苦身，或生淨土，汝即益壽。」

蒙山傳持：

觀音大士—釋迦如來—阿難尊者—不空三藏—不動法師（中土）

密宗傳持：

大日如來—金剛薩埵—龍猛—龍智—金剛智—不空三藏—慧果—空海大師（傳入日本）—持松法師—慈舟法師

(二)釋名：

蒙山在四川雅州名山縣西十五里，山有五峰，前一峰最高，曰上清峰，產甘露，宋不動法師於中修道，亦稱甘露法師。今暮 時課誦，大懺悔文及施食法皆師所擷集，故名蒙山施食。

(三)利益：

佛告阿難，若當來世以法及諸真言，七如來名加持飲食，施諸惡鬼，便能具足無量福德，則同供養百仟俱胝如來功德等無差別，壽命延長，增益色力，善根具足，一切非人、夜叉、羅剎諸惡鬼神不敢侵害，又能成就無量威德，又受食鬼神當為咒願施主壽命延長，福德貴樂，又令其人，心所見聞正解清淨，具足善根，速證菩提，一切冤讎不能侵害，以法加持供品則諸佛聖賢歡喜讚歎，恒為諸佛億念，諸天歡喜，善神常來擁護是人，即為滿足檀波羅密。

施食十種利益：

（一）作大布施，行檀波羅密（二）超薦大緣，普利幽冥（三）廣結善緣。（四）得諸佛菩薩及所超薦鬼神之護祐（五）消世間災厲之氣（六）增滿福德（八）消災延壽（九）居處安樂　（十）道業增進。

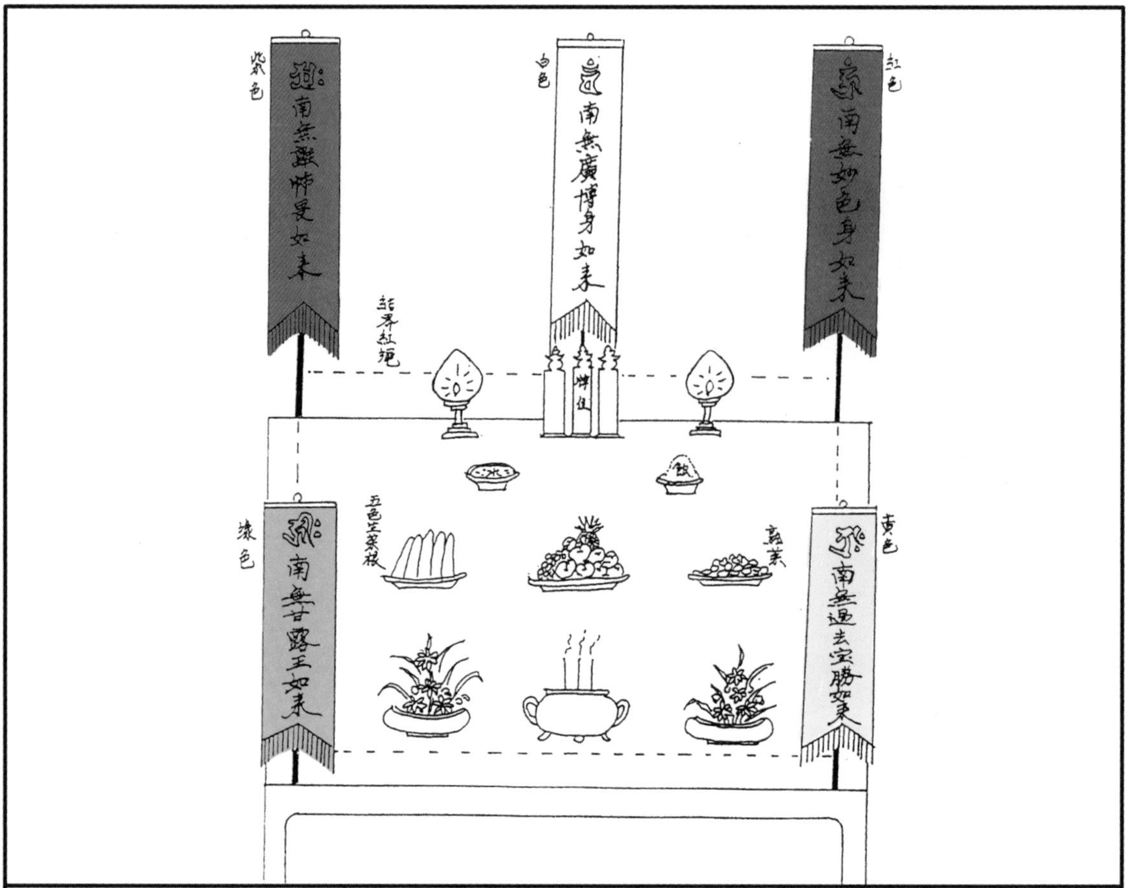

（四）淨壇

四角豎標，用五色綵，安火燄珠，於珠內安置佛頂（東北）、大悲（東南）、隨求（西南）、尊勝（西北），又於四柱如法並嚴，殊特妙好，名吉祥幢，令百由內旬，無諸衰患，即成法界，風吹影拂土散水霑，罪障消除，獲大福利，眼見耳聞，普皆利濟。復次周圍懸繒幡蓋寶扇白拂，布刊位次，行人則香湯沐浴，復著新淨，堂內香泥塗地，堂外敷淨薦褥。

放蒙山應注意事項：

一、時間：暮時，若於齋時施餓鬼徒勞無益，最好於戌、亥二時放蒙山。

二、傳授：不從師受成盜法罪若先念二十一遍大輪金剛陀羅則不犯。

三、施食米水：備整粒米七顆（完整無缺之米，念七寶如來名以計數，並有加持義）及淨水少許（不宜用盥洗室水龍頭之水）共盛於器皿。外出無米、麵食、麵包如指甲許亦可。

四、出生台：可設一生台，淨石淨地亦可，或可置器冊盛接，不得瀉食於石榴、桃樹下，鬼神懼怕，不得食之，瀉已不得回顧。

五、學習次第：初學宜先背熟一段晚課蒙山文，次練觀想，後結手印，當鍛鍊力行，每日施食

甲，淨壇

一，香讚

楊枝淨水，徧灑三千，性空八德利人天，餓鬼免針咽，滅罪除愆，火燄化紅蓮。南無清涼地菩薩摩訶薩。南無清涼地菩薩摩訶薩。南無清涼地菩薩摩訶薩。鳴魚同誦

二，宣聖號

南無大悲觀世音菩薩三稱

三，大悲咒三遍

南無喝囉怛那哆囉夜耶◎南無阿唎耶。婆盧羯帝爍鉢囉耶。菩提薩埵婆耶。摩訶薩埵婆耶。摩訶迦盧尼迦耶。唵。薩皤囉罰曳。數怛那怛寫。南無悉吉慄埵伊蒙阿唎耶。婆盧吉帝室佛囉愣馱婆。南無那囉謹墀。醯利摩訶皤哆沙咩。婆阿他豆輸朋。阿逝孕。薩婆薩哆那摩婆薩哆。那摩婆伽。摩罰特豆。怛姪他。唵。阿婆盧醯。盧迦帝。迦羅帝。夷醯唎。摩訶菩提薩埵。薩婆薩婆。摩囉摩囉。摩醯摩醯唎馱孕。俱盧俱盧羯蒙。度盧度盧罰闍耶帝。摩訶罰闍耶帝。陀囉陀囉。地唎尼。室佛囉耶。遮囉遮囉。麼麼罰摩囉。穆帝隸。伊醯伊醯。室那室那。阿囉嘇佛囉舍利。罰沙罰嘇。佛囉舍耶。呼嚧呼嚧摩囉。呼嚧呼嚧醯利。娑囉娑囉。悉唎悉唎。蘇嚧蘇嚧。菩提耶菩提耶。菩馱耶菩馱耶。彌帝唎夜。那囉謹墀。地利瑟尼那。婆夜摩那。娑婆訶。悉陀夜。娑婆訶。摩訶悉陀夜。娑婆訶。悉陀喻藝。室皤囉耶。娑婆訶。那囉謹墀。娑婆訶。摩囉那囉。娑婆訶。悉囉僧阿穆佉耶。娑婆訶。娑婆摩訶阿悉陀夜。娑婆訶。者吉囉阿悉陀夜。娑婆訶。波陀摩羯悉陀夜。娑婆訶。那囉謹墀皤伽囉耶。娑婆訶。摩婆利勝羯囉耶。娑婆訶。南無喝囉怛那哆囉夜耶◎南無阿唎耶。婆嚧吉帝爍皤囉耶。娑婆訶。唵◎悉殿都。漫多囉。跋陀耶。娑婆訶。

南無甘露王菩薩摩訶薩三稱

附加。奉請面燃大士

（如有安面燃大士菩薩位者，可加下列儀式）

一，唸佛至面燃大士位前

南無西方極樂世界大慈大悲阿彌陀佛

二，唱讚

南無香雲蓋菩薩摩訶薩

三，稱聖號

南無面燃大士菩薩

四，誦心經一卷

般若波羅蜜多心經

觀自在菩薩。行深般若波羅蜜多時。照見五蘊皆空。度一切苦厄。舍利子。色不異空。空不異色。色即是空。空即是色。受想行識。亦復如是。舍利子。是諸法空相。不生不滅。不垢不淨。不增不減。是故空中無色。無受想行識。無眼耳鼻舌身意。無色聲香味触法。無眼界。乃至無意識界。無無明。亦無無明盡。乃至無老死。亦無老死盡。無苦集滅道。無智亦無得。以無所得故。菩提薩埵。依般若波羅蜜多故。心無罣礙。無罣礙故。無有恐怖。遠離顛倒夢想。究竟涅槃。三世諸佛◎依般若波羅蜜多故。得阿耨多羅三藐三菩提。故知般若波羅蜜多。是大神呪。是大明呪。是無上呪。是無等等呪。能除一切苦。眞實不虛。故說般若波羅蜜多呪。即說呪曰◎揭諦揭諦。波羅揭諦。波羅僧◎揭諦。菩提薩婆訶。

五，唸往生咒三遍

南無阿彌多婆耶哆他伽多夜哆地夜他阿彌利都婆毗阿彌利哆悉耽婆毗阿彌唎哆毗迦蘭帝阿彌唎哆毗迦蘭多伽彌膩伽伽那枳多迦利娑婆訶

六，唸變食真言三遍

曩謨薩嚩怛他誐哆嚩嚧枳帝唵三跋囉三跋囉吽

七，唸甘露水真言三遍

曩謨蘇嚕婆耶怛他誐哆耶怛姪他唵蘇嚕蘇嚕鉢囉蘇嚕鉢囉蘇嚕娑婆訶

八，唸普供養真言三遍

唵誐誐曩三婆嚩伐日囉斛

九、唱讚

淨極光通達　寂照含虛空
卻來觀世事　猶如夢幻中
面然大士統領法界孤魂　人人父母及宗親　僧行覺靈等眾　無遮咸資　乘斯妙善悟無生　會入龍華普應
孤魂由子　莫住泉鄉　少隨法水悟真常　直下子承當　返照迴光
何地不天堂
南無生淨土菩薩摩訶薩般若波羅密

乙、靈位前薦食

一、念佛至靈位前

西方極樂世界大慈大悲阿彌陀佛南無阿彌陀佛

二、唱讚

南無蓮池會菩薩摩訶薩

三、稱聖號

南無蓮池海會佛菩薩　三稱

四、誦阿彌陀經一卷

佛說阿彌陀經　姚秦三藏法師鳩摩羅什譯

如是我聞。一時佛在舍衛國。祇樹給孤獨園。與大比丘僧。千二百五十人俱。皆是大阿羅漢。眾所知識。長老舍利弗。摩訶目犍連。摩訶迦葉。摩訶迦旃延。摩訶俱絺羅。離婆多。周利槃陀伽。難陀。阿難陀。羅睺羅。憍梵波提。賓頭盧頗羅墮。迦留陀夷。摩訶劫賓那。薄拘羅。阿㝹樓馱。如是等諸大弟子。並諸菩薩摩訶薩。文殊師利法王子。阿逸多菩薩。乾陀訶提菩薩。常精進菩薩。與如是等諸大菩薩。及釋提桓因等◎無量諸天大眾俱◎爾時佛告長老舍利弗。從是西方過十萬億佛土。有世界名曰極樂。其土有佛。號阿彌陀。今現在說法。舍利弗。彼土何故名為極樂。其國眾生。無有眾苦。但受諸樂。故名極樂。又舍利弗。極樂國土。七重欄楯。七重羅網。七重行樹。皆是四寶周帀圍繞。是故彼國名為極樂。又舍利弗。極樂國土。有七寶池。八功德水。充滿其中。池底純以金沙布地。四邊階道。金銀琉璃玻瓈合成。上有樓閣。亦以金銀琉璃玻瓈硨磲赤珠瑪瑙而嚴飾之。池中蓮華。大如車輪。青色青光。黃色黃光。赤色赤光。白色白光。微妙香潔。舍利弗。極樂國土。成就如是功德莊嚴。又舍利

彼佛國土。常作天樂。黃金為地。晝夜六時。雨天曼陀羅華。其土眾生。常以清旦。各以衣祴。盛眾妙華。供養他方十萬億佛。即以食時。還到本國。飯食經行。舍利弗。極樂國土。成就如是功德莊嚴。復次舍利弗。彼國常有種種奇妙雜色之鳥。白鶴孔雀鸚鵡舍利迦陵頻伽共命之鳥。是諸眾鳥。晝夜六時。出和雅音。其音演暢五根五力七菩提分八聖道分如是等法。其土眾生。聞是音已。皆悉念佛念法念僧。舍利弗。汝勿謂此鳥。實是罪報所生。所以者何。彼佛國土。無三惡道。舍利弗。其佛國土。尚無惡道之名。何況有實。是諸眾鳥。皆是阿彌陀佛。欲令法音宣流。變化所作。舍利弗。彼佛國土。微風吹動。諸寶行樹。及寶羅網。出微妙音。譬如百千種樂。同時俱作。聞是音者。自然皆生念佛念法念僧之心。舍利弗。其佛國土成就如是功德莊嚴。舍利弗。於汝意雲何。彼佛何故號阿彌陀。舍利弗。彼佛光明無量。照十方國。無所障礙。是故號為阿彌陀。又舍利弗。彼佛壽命。及其人民無量無邊阿僧祇劫。故名阿彌陀。舍利弗。阿彌陀佛。成佛以來。於今十劫。又舍利弗。彼佛有無量無邊聲聞弟子。皆阿羅漢。非是算數之所能知。諸菩薩眾。亦復如是。舍利弗。彼佛國土。成就如是功德莊嚴。又舍利弗。極樂國土。眾生

生者。皆是阿鞞跋致。其中多有一生補處。其數甚多。非是算數所能知之。但可以無量無邊阿僧祇說。舍利弗。眾生聞者。應當發願。願生彼國。所以者何。得與如是諸上善人。俱會一處。舍利弗。不可以少善根福德因緣。得生彼國。舍利弗。若有善男子善女人。聞說阿彌陀佛。執持名號。若一日。若二日。若三日。若四日。若五日。若六日。若七日。一心不亂。其人臨命終時。阿彌陀佛。與諸聖眾。現在其前。是人終時。心不顛倒。即得往生阿彌陀佛極樂國土。舍利弗。我見是利。故說此言。若有眾生。聞是說者。應當發願。生彼國土。舍利弗。如我今者。讚歎阿彌陀佛不可思議功德之利◎東方亦有阿閦鞞佛。須彌相佛。大須彌佛。須彌光佛。妙音佛。如是等恆河沙數諸佛。各於其國。出廣長舌相。徧覆三千大千世界。說誠實言。汝等眾生。當信是稱讚不可思議功德。一切諸佛所護念經。舍利弗。南方世界。有日月燈佛。名聞光佛。大燄肩佛。須彌燈佛。無量精進佛。如是等恆河沙數諸佛。各於其國出廣長舌相。徧覆三千大千世界。說誠實言。汝等眾生。當信是稱讚不可思議功德。一切諸佛所護念經。舍利弗。西方世界。有無量壽佛。無量相佛。無量幢佛。大光佛。大明佛。寶相佛。淨光佛。如是等恆河沙數諸佛。

各於其國。出廣長舌相。徧覆三千大千世界。說誠實言。汝等衆生。當信是稱讚不可思議功德。一切諸佛所護念經。舍利弗。北方世界。有燄肩佛。最勝音佛。難沮佛。日生佛。網明佛。如是等恆河沙數諸佛。各於其國。出廣長舌相。徧覆三千大千世界。說誠實言。汝等衆生。當信是稱讚不可思議功德。一切諸佛所護念經。舍利弗。下方世界。有師子佛。名聞佛。名光佛。達摩佛。法幢佛。持法佛。如是等恆河沙數諸佛。各於其國。出廣長舌相。徧覆三千大千世界。說誠實言。汝等衆生。當信是稱讚不可思議功德。一切諸佛所護念經。舍利弗。上方世界。有梵音佛。宿王佛。香上佛。香光佛。大燄肩佛。雜色寶華嚴身佛。娑羅樹王佛。寶華德佛。見一切義佛。如須彌山佛。如是等恆河沙數諸佛。各於其國。出廣長舌相。徧覆三千大千世界。說誠實言。汝等衆生。當信是稱讚不可思議功德。一切諸佛所護念經◎舍利弗。於汝意云何。何故名為一切諸佛所護念經。舍利弗。若有善男子善女人。聞是經受持者。及聞諸佛名者。是諸善男子善女人。皆為一切諸佛之所護念。皆得不退轉於阿耨多羅三藐三菩提。是故舍利弗。汝等皆當信受我語。及諸佛所說。舍利弗。若有人已發願。今發願。當發願。欲生阿彌陀佛國者。是諸人等。

皆得不退轉於阿耨多羅三藐三菩提。於彼國土。若已生。若今生。若當生。是故舍利弗。諸善男子善女人。若有信者。應當發願。生彼國土。舍利弗。如我今者。稱讚諸佛不可思議功德。彼諸佛等。亦稱讚我不可思議功德。而作是言。釋迦牟尼佛◎能為甚難希有之事。能於娑婆國土五濁惡世。刧濁。見濁。煩惱濁。衆生濁。命濁中。得阿耨多羅三藐三菩提。為諸衆生。說是一切世間難信之法。舍利弗。當知我於五濁惡世行此難事。得阿耨多羅三藐三菩提。為一切世間說此難信之法。是為甚難。佛說此經已◎舍利弗。及諸比丘。一切世間天人阿修羅等。聞佛所說。歡喜信受。作禮而去。

佛說阿彌陀經

拔一切業障根本得生淨土陀羅尼

南無阿彌多婆耶◎哆他伽多夜。哆地夜他。阿彌利都婆毗。阿彌利哆。悉耽婆毗。阿彌唎哆。毗迦蘭帝。阿彌唎哆。毗迦蘭多。伽彌膩。伽伽那。枳多迦利。娑婆訶。

五、唸變食真言

曩謨薩嚩怛他誐哆◎嚩嚧枳帝。唵◎三跋囉。三跋囉。吽◎

六、念甘露水真言三遍

曩謨蘇嚕婆耶。怛他誐多耶。怛姪他。唵。蘇嚕。蘇嚕。鉢囉蘇嚕。鉢囉蘇嚕。娑婆訶。甘露水真言三徧

七、念普供養真言三遍

唵。誐誐曩。三婆嚩。伐日囉斛。

八、唱彌陀讚

阿彌陀佛．無上醫王．巍巍金相放毫光．苦海作舟航．九品蓮邦．同願往西方．

九、回向偈

願生西方淨土中　九品蓮華為父母
華開見佛悟無生　不退菩薩為伴侶
南無阿彌陀佛（念佛至壇前收佛號）

丙、壇前起香

一、唱讚

蓮　池海　會　彌陀如　來　觀音石至坐
蓮台　接引上金階　大誓弘　開
普願力塵埃南無蓮池會　菩　薩　摩　訶　薩
南無蓮池會　菩　薩　摩　訶　薩南無蓮池會　pu
薩　摩　訶　薩

二、主法和尚升座

1.行十方禮後升座
2.慢剎鼓

三、稱聖號

南無蓮池海會佛菩薩三稱

四、誦阿彌陀經一卷

佛說阿彌陀經　姚秦三藏法師鳩摩羅什譯

如是我聞。一時佛在舍衛國。祇樹給孤獨園。與大比丘僧。千二百五十人俱。皆是大阿羅漢。眾所知識。長老舍利弗。摩訶目犍連。摩訶迦葉。摩訶迦旃延。摩訶俱絺羅。離婆多。周利槃陀伽。難陀。阿難陀。羅睺羅。憍梵波提。賓頭盧頗羅墮。迦留陀夷。摩訶劫賓那。薄拘羅。阿㝹樓馱。如是等諸大弟子。并諸菩薩

摩訶薩。文殊師利法王子。阿逸多菩薩。乾陀訶提菩薩。常精進菩薩。與如是等諸大菩薩。及釋提桓因等◎無量諸天大衆俱◎爾時佛告長老舍利弗。從是西方過十萬億佛土。有世界名曰極樂。其土有佛。號阿彌陀。今現在說法。舍利弗。彼土何故名為極樂。其國衆生。無有衆苦。但受諸樂。故名極樂。又舍利弗。極樂國土。七重欄楯。七重羅網。七重行樹。皆是四寶周帀圍繞。是故彼國名為極樂。又舍利弗。極樂國土。有七寶池。八功德水。充滿其中。池底純以金沙布地。四邊階道。金銀琉璃玻瓈合成。上有樓閣。亦以金銀琉璃玻瓈硨磲赤珠瑪瑙。而嚴飾之。池中蓮華。大如車輪。青色青光。黃色黃光。赤色赤光。白色白光。微妙香潔。舍利弗。極樂國土。成就如是功德莊嚴。又舍利弗。彼佛國土。常作天樂。黃金為地。晝夜六時。雨天曼陀羅華。其土衆生。常以清旦。各以衣裓。盛衆妙華。供養他方十萬億佛。即以食時。還到本國。飯食經行。舍利弗。極樂國土。成就如是功德莊嚴。復次舍利弗。彼國常有種種奇妙雜色之鳥。白鶴孔雀鸚鵡。舍利迦陵頻伽共命之鳥。是諸衆鳥。晝夜六時。出和雅音。其音演暢五根五力七菩提分八聖道分如是等法。其土衆生。聞是音已。皆悉念佛念法念僧。舍利弗。汝勿謂此鳥。實是罪報所生。所以者何。彼佛國土。無三惡道。舍利弗。其佛國土。尚無惡道之名。何況有實。是諸衆鳥。皆是阿彌陀佛。欲令法音宣流。變化所作。舍利弗。彼佛國土。微風吹動。諸寶行樹。及寶羅網。出微妙音。譬如百千種樂。同時俱作。聞是音者。自然皆生念佛念法念僧之心。舍利弗。其佛國土成就如是功德莊嚴。舍利弗。於汝意雲何。彼佛何故號阿彌陀。舍利弗。彼佛光明無量。照十方國。無所障礙。是故號為阿彌陀。又舍利弗。彼佛壽命。及其人民無量無邊阿僧祇劫。故名阿彌陀。舍利弗。阿彌陀佛。成佛以來。於今十劫。又舍利弗。彼佛有無量無邊聲聞弟子。皆阿羅漢。非是算數之所能知。諸菩薩衆。亦復如是。舍利弗。彼佛國土。成就如是功德莊嚴。又舍利弗。極樂國土。衆生生者。皆是阿鞞跋致。其中多有一生補處。其數甚多。非是算數所能知之。但可以無量無邊阿僧祇說。舍利弗。衆生聞者。應當發願。願生彼國。所以者何。得與如是諸上善人。俱會一處。舍利弗。不可以少善根福德因緣。得生彼國。舍利弗。若有善男子善女人。聞說阿彌陀佛。執持名號。若一日。若二日。若三日。若四日。

若五日。若六日。若七日。一心不亂。其人
臨命終時。阿彌陀佛。與諸聖眾。現在其前
是人終時。心不顛倒。即得往生阿彌陀佛極
樂國土。舍利弗。我見是利。故說此言。若
有眾生。聞是說者。應當發願。生彼國土。
舍利弗。如我今者。讚歎阿彌陀佛不可思議
功德之利◎東方亦有阿閦鞞佛。須彌相佛。
大須彌佛。須彌光佛。妙音佛。如是等恆河
沙數諸佛。各於其國。出廣長舌相。偏覆三
千大千世界。說誠實言。汝等眾生。當信是
稱讚不可思議功德。一切諸佛所護念經。舍
利弗。南方世界。有日月燈佛。名聞光佛。
大燄肩佛。須彌燈佛。無量精進佛。如是等
恆河沙數諸佛。各於其國出廣長舌相。偏覆
三千大千世界。說誠實言。汝等眾生。當信
是稱讚不可思議功德。一切諸佛所護念經。
舍利弗。西方世界。有無量壽佛。無量相佛
。無量幢佛。大光佛。大明佛。寶相佛。淨
光佛。如是等恆河沙數諸佛。各於其國。出
廣長舌相。偏覆三千大千世界。說誠實言。
汝等眾生。當信是稱讚不可思議功德。一切
諸佛所護念經。舍利弗。北方世界。有燄肩
佛。最勝音佛。難沮佛。日生佛。網明佛。
如是等恆河沙數諸佛。各於其國。出廣長舌
相。偏覆三千大千世界。說誠實言。汝等眾

生。當信是稱讚不可思議功德。一切諸佛所
護念經。舍利弗。下方世界。有師子佛。名
聞佛。名光佛。達摩佛。法幢佛。持法佛。
如是等恆河沙數諸佛。各於其國。出廣長舌
相。偏覆三千大千世界。說誠實言。汝等眾
生。當信是稱讚不可思議功德。一切諸佛所
護念經。舍利弗。上方世界。有梵音佛。宿
王佛。香上佛。香光佛。大燄肩佛。雜色寶
華嚴身佛。娑羅樹王佛。寶華德佛。見一切
義佛。如須彌山佛。如是等恆河沙數諸佛。
各於其國。出廣長舌相。偏覆三千大千世界
。說誠實言。汝等眾生。當信是稱讚不可思
議功德。一切諸佛所護念經◎舍利弗。於汝
意雲何。何故名為一切諸佛所護念經。舍利
弗。若有善男子善女人。聞是經受持者。及
聞諸佛名者。是諸善男子善女人。皆為一切
諸佛之所護念。皆得不退轉於阿耨多羅三藐
三菩提。是故舍利弗。汝等皆當信受我語。
及諸佛所說。舍利弗。若有人已發願。今發願
。當發願。欲生阿彌陀佛國者。是諸人等。
皆得不退轉於阿耨多羅三藐三菩提。於彼國
土。若已生。若今生。若當生。是故舍利弗
。諸善男子善女人。若有信者。應當發願。
生彼國土。舍利弗。如我今者。稱讚諸佛不
可思議功德。彼諸佛等。亦稱讚我不可思議

功德。而作是言。釋迦牟尼佛◎能為甚難稀有之事。能於娑婆國土五濁惡世。刧濁。見濁。煩惱濁。衆生濁。命濁中。得阿耨多羅三藐三菩提。為諸衆生。說是一切世間難信之法。舍利弗。當知我於五濁惡世行此難事。得阿耨多羅三藐三菩提。為一切世間說此難信之法。是為甚難。佛說此經已◎舍利弗。及諸比丘。一切世間天人阿修羅等。聞佛所說。歡喜信受。作禮而去。

拔一切業障根本得生淨土陀羅尼

南無阿彌多婆耶◎哆他伽多夜。哆地夜他。阿彌利都婆毗。阿彌利哆。悉眈婆毗。阿彌唎哆。毗迦蘭帝。阿彌唎哆。毗迦蘭多。伽彌膩。伽伽那。枳多迦利。娑婆訶。

五，唱彌陀大讚(齋主出位拈香行十方禮)

彌陀佛 大 願 王． 慈悲 喜捨難量．
眉間常放白毫光． 度衆生 極 樂 邦．
八德池中蓮九 品． 七寶 妙
樹成行． 如來聖號若宣揚． 接引 往
西 方． 彌陀聖號若稱揚． 同願 往
西 方．

鼕引磬大衆向上問訊各依位坐

六，休息

(一)請法師下位休息五分鐘或十分鐘

(二)聞鼓三聲齊入座

七，止靜(止靜五分鐘 引磬一聲開靜)

附。唐密開位儀式

三部披甲，護身

○次塗香 以右手風空取香塗左右掌及指端

想磨瑩五分法身戒定慧解脫
解脫知見也

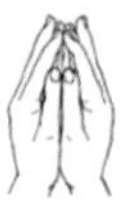

Woon
Woon
Woon

○次三密觀 蓮合中末少開

想掌中舌上心内各有[梵字]字變
成八葉白蓮華上有[梵字]字變成
月輪上有[梵字]字變成五鈷金剛
杵各放光照身口意業中由此
加持力三業罪障悉皆消滅
如是觀了每處誦[梵字]字三遍

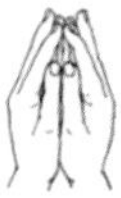

On Saw Ha Hum Ba Shu Da Sa La Ba
Ta La Ma Saw Ha Hum Ba Shu Doll Kan

○次淨三業 蓮華合掌印五處 額右肩左肩胸喉 真言曰

オンソハハンバシュダサラバタラマソハハン
バシュドカン 五遍

斷淨三業所犯十惡即成清淨
内心澡浴

On Ta Ta Gya Tall Doll Hum
Ba Ya Saw Wa Ka

○次佛部 蓮華合掌而屈風指屬火指中節二大指屬二頭指側 真言曰

オンタタギャトドハンバヤソワカ 一遍

即想佛部諸尊加持行者速令獲
得身業清淨罪障消滅福慧增長

On Hun Doll Ball Doll Hum
Ba Ya Saw Wa Ka

○次蓮華部 八葉印 真言曰

オンハンドボドハンバヤソワカ 一遍

即想觀自在菩薩及蓮華部聖衆加
持行者速令獲得語業清淨言音威
肅令人樂聞無礙辯才説法自在

On Ba Zo Law Doll Hum
Ba Ya Saw Wa Ka

○次金剛部 左覆右仰背相合於大指絡合小指中間三指如三鈷杵形 真言曰

オンバゾロドハンバヤソワカ 一遍

即想金剛藏菩薩並金剛部聖衆加持行
者令獲得意業清淨證菩提心三昧現前
速得解脱

On Ba Za La Gi Li
Ha La Chi Ha Ta Ya
Saw Wa Ka

○次被甲 内縛立合二中鉤二頭不著二中後二大相並捻無名指印五處 真言曰

オンバザラギニハラチハタヤソワカ 五遍

即想得被如來大慈大悲甲冑一切天魔
及諸障者悉見行者威光赫奕不能障礙
猶如日輪各起慈心及以惡人無能得便
煩惱業障身不染着亦脱諸惡趣苦疾證
無上正等菩提

次加持香水　右手空水，相捻，作小三古印，誦軍荼利小呪二十一遍，加持，左手持念珠，取數，真言曰

オン　アミリテイウン　バッタ

On Ah Me Li Tair Woon Park Tar

次取散杖，以字，加持二十一遍，次以字，加持二十一遍，想香水變成乳水，又觀水本性清淨，諸法亦本性清淨，即水灑自身及壇場，供物內外等。

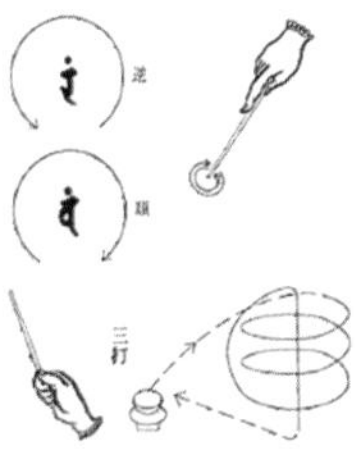

我今奉獻清淨水　無生無滅本來寂
自性清淨無瑕穢　頓證菩提利有情

一、結八葉蓮印召請

ノウマク　サンマンダ　ボダナン（法會附薦諸靈）エイケイキソワカ

Nor Ma Cool Sum Mam Da Ball Da Nam (法會附薦諸靈) A E K E Key Saw Wa Ka

二、三皈依

皈依佛　皈依法　皈依僧
皈依佛　兩足尊　皈依法　離欲尊　皈依僧　眾中尊
皈依佛不墮地獄　皈依法不墮餓鬼　皈依僧不墮畜生
皈依佛竟　皈依法竟　皈依僧竟（三次）

三、發菩提心

オン　ボウヂ　シッタ　ボダハダヤ　ミ

On Ball Ji Sit Ta Ball Da Ha Ta Ya Me

四、三昧耶

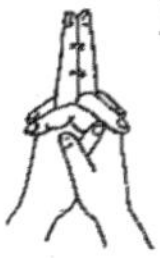

オン　サンマヤ　サトバン

On Sum Ma Ya Sa Doll Ban

唸心經或阿彌陀經
開咽喉真言
變食真言
甘露水真言

五、彌陀咒

オン　ロケイ　ジンバラ　アラン　ジャ　キリク

On Law K Jim Ba La Ah Laang Ja Key Li Cool

六、大寶樓閣真言

オン　マニ　バジレイウン

On Ma Ni Ba Zi Lay E Woon

七、尊勝陀羅尼

ア　ミリ　タ　テイ　シャ　バ　チ

On A Me Li Ta Tair Jya Ba Chi Saw Wa Ka

八、六地藏總印

オン　カカカ　ビ　サンマ　エイ　アビラウンケン　ソワカ

On Ka Ka Ka Be Sum Ma A E Ah Be La Woon King Saw Wa Ka

大毘盧遮那大神變破地獄出三界成就五智佛慧真言

無所不至印：金剛合掌食指與拇指相觸

觀想自身為毘盧遮那佛，心中有三角火輪，火輪中蓮花月輪上有三瓣摩尼寶，三瓣摩尼寶內有金色 瞿字，放五色光明，光明中有一百個金色 瞿字（代表百法），放出無量摩尼寶，觸此摩尼寶者，往生極樂，永離苦海。

盎　朴瓊　阿波噶醫羅　施也羅　孖卡波打喇　孖尼享都孖　占巴拉　哈拉　巴哩他也旺　喀塔　班旺　他拉括　畸哩括　阿括　梳哇卡

（第一次稱超渡法會諸靈名字，然後餘兩次直唸）

On Pok King Ah Ball Gya Bear Law Sha Nor Ma Ka Ball Da La Ma Ni Hun Doll Ma Jim Ba La Ha La Ba Li Ta Ya Woon Park Tar Baang Woon Ta La Cool Ki Li Cool Ah Cool Saw Wa Ka

大毘盧遮那佛加持滅罪往生吉祥成就一切佛心真言

盎 阿波 瞿括 啤醫羅 施也羅 孖卡波打喇 孖尼亨都孖 占巴拉哈
拉巴哩他也旺 班括（鳥） 施也 旺 邦（此處加入超度者名字）
梳哇卡（第一次稱超渡法會諸靈名字，然後餘兩次直唸）

無所不至印：金剛合掌食指與拇指相觸

觀想自身為毘盧遮那佛，心中有三角火輪，火輪中蓮花，月輪上有三瓣摩尼寶，三瓣摩尼寶內有金色·𑖀瞿字，放五色光明，光明中有一百個金色·𑖀瞿字（代表百法），放出無量摩尼寶，觸此摩尼寶者，往生極樂，永離苦海。

On Ah Ball Ang Cool Bear Law Sya Nor Ma Ka Ball Da La Ma Ni Hun Doll Ma Jim Ba
La Ha La Ba Li Ta Ya Woon Baang Cool Sya Ya Woon Baang（加入亡者名）Saw Wa Ka

九，光明真言七印

智拳印 右手食指和拇指按左手食指頭，其餘三指握食指

オンボッケン アボギャ
嗡 朴肯 阿波羯也

外五股印 外縛兩手拇指、中指、小指立合，二食指附中指背但不相著

ベイロシャノウ
啤蘿 夏娜

五色光印 左手金剛拳安腰，右手五指開伸向土砂

マカボダラ
瑪卡波達 喇

寶生印 外縛二中指立合成寶珠形

マニ
瑪呢

彌陀印 外縛二中指立合成蓮葉形

ハンドマ
亨都瑪

智拳印 如前

ジンバラ
占巴喇

八葉印 二手虛心合掌，二拇指二尾指各相着，餘六指微曲開散，如開敷蓮花

ハラバリタヤ ウン
哈喇巴呢打也溫

次五色光印 光明真言五遍如前

オンアボキャ ベイロシャノウ マカボダラ マニ ハンドマ
ジンバラ ハラ バリ タヤ ウン

On Ah Ball Gya Bear Law Sya Nor Ma Ka Ball Da La Ma Ni Hun Doll Ma
Jim Ba La Ha La Ba Li Ta Ya Woon

十，光明真言六印

五色光印

先念光明真言三遍觀想光明真言圍繞加持，再念光明真言三遍，觀想亡者變𑖀阿字現空中

外五股印

再念光明真言三遍觀從𑖀阿字出金色𑖪𑖰 𑖨 𑖮𑖳𑖽 𑖏𑖽篦喇喚肯

智拳印

再念光明真言三遍觀想𑖀 𑖪𑖰 𑖨 𑖮𑖳𑖽 𑖏𑖽阿篦喇溫肯放五色光

金剛合掌

再念光明真言三遍，觀想從晏字涅槃點放大光，變成五輪塔，再變成胎藏界大日如來

加持予願印

再念光明真言三遍，觀想大日如來出光明真言，咒輪圍繞放光加持眾生

六地藏總印

再念光明真言三遍，觀想咒輪縮入大日如來身中

再觀想大日如來變成五輪塔，再觀五輪塔從頂肯溫喇篦四字，縮入變成一個阿字，念嗡朴肯呼亡者名念光明真言喚後加帕韃往生淨土梳哇卡，觀想阿字直飛西方極樂西界與代表彌陀之紇哩字，結合蒙深佛接引往生淨土

嗡　朴傾(稱亡者名)　阿波羯也　啤籮　夏娜　瑪卡波達喇　瑪呢　亨都瑪　占巴喇

哈喇巴呢打也溫　啪噠　(往生淨土)　梳哇卡

On　Pok King 稱亡者名　Ah Ball Gya　Bear Law　Sya Nor　Ma Ka Ball Da La　Ma Ni Hun Doll Ma

Jim Ba La　Ha La Ba Li　Ta Ya Woon　Park Tar　往生淨土　Saw Wa Ka

唱讚

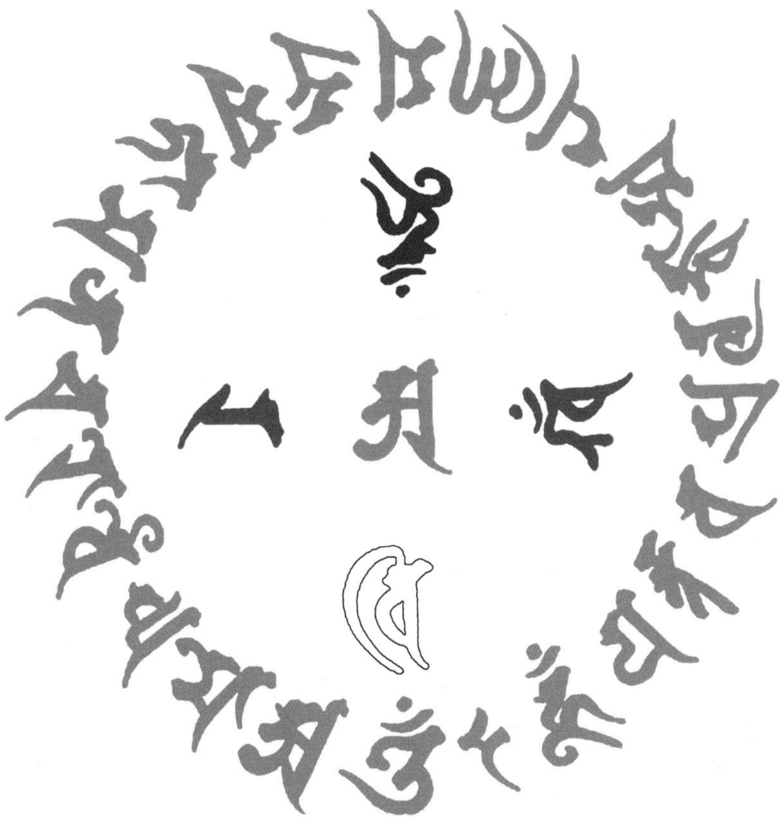

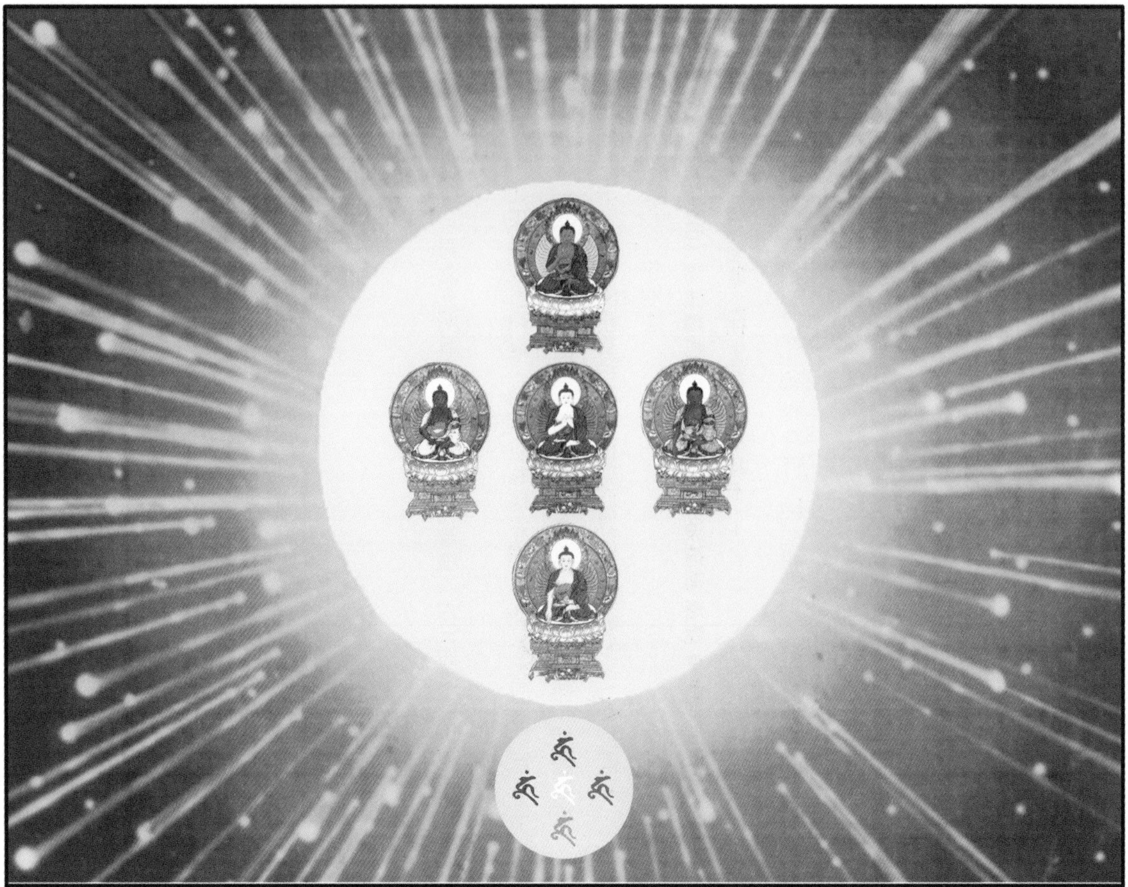

五方結界

觀 於光明藏中現梵書吽字，安置五方而成所結之界，蓋吽字乃萬法所從出，五方界內諸佛諸法所由來也

按 『雲棲補註』云：雖然結有方向，而界無涯畔，須想盡虛空偏法界總一化境，斷不可以五佛為限，五色為定也。『仁王觀智儀』：五種標幟為壇，一輪、二杵、三寶、四劍、五鈴標幟之下，先書梵字，中央白色鑁字，前方赤色岩字，右方黃色藍字，後方綠色覽字，左方黑色唅字。輪安鑁字上，杵安岩字上，寶安藍字上，劍安覽字上，鈴安唅字上。輪表法界清淨智，杵表大圓鏡智，寶表平等性智，劍表妙觀察智，鈴表成所作智。又法界智即毘盧如來，鏡智即阿閦如來，等智即寶生如來，察智即彌陀如來，作智即成就如來。又毘盧如來出生轉法輪菩薩，阿閦如來出生普賢菩薩，寶生如來出生虛空藏菩薩，彌陀如來出生文殊菩薩，成就如來出生藥叉菩薩。但真言密壇，各有出儀，不得隨意互用，反致譴咎，今略引之，要使行人明識五種表佛五智，為一切真言觀想之根而已，今茲結界，但就本文五方五色，藉吽字力用，各本光，想五方五佛手印、執持法器而已。

南無離怖畏如來
南無廣博身如來
南無甘露王如來
南無妙色身如來
南無寶勝如來

南無甘露王如來
南無廣博身如來
南無過去寶勝如來

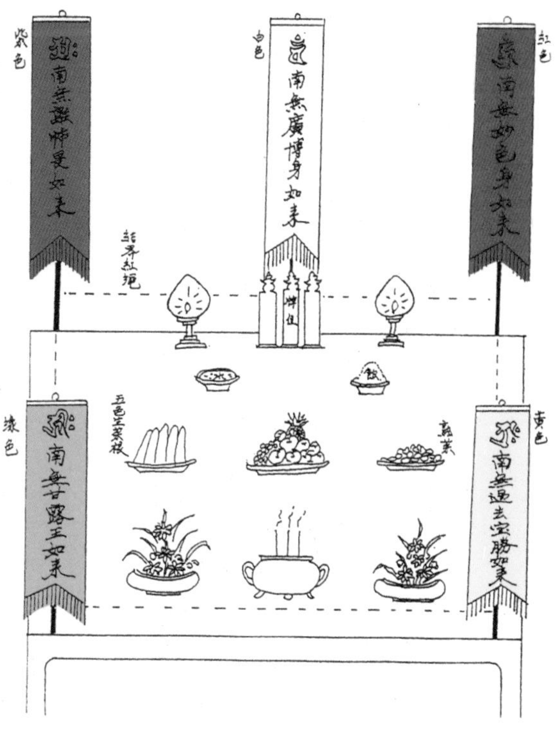
紫色
南無離怖畏如來
白色
南無廣博身如來
紅色
南無妙色身如來
綠色
南無甘露王如來
黃色
南無過去寶勝如來

入觀音三摩地

按 整個法會中均應觀自身為觀音菩薩，誦破地獄真言則觀自身為紅觀音。

『雲棲補註』云：觀音三摩地者，此定名大悲剎那定，入此定時，能於剎那問普利群生也，云何必須起觀音慢與入定耶，殊不知施食一法根於世尊作婆羅門時，曾於觀世音菩薩處受無量威德自在光明陀羅尼法，能變少食普遍法界，夫如是則觀音是施食之鼻祖也，今吾本具縛凡夫，不憑聖功而自作觀音，必難乎其為有濟矣。究理言之，我與觀音，實無殊別也，觀音是我本體，紇哩字是我本具，故慢之一字，即天上天下唯我獨尊之旨。又諸佛說法，必先入定鑒機，法華圓覺自有明徵，當會而審詳可爾，既欲起慢，先須入定，應觀自心，如秋月輪，光明皎潔，中有白色紇哩字，此字名阿彌陀佛一字咒，是大悲真體，利生妙智，所以若觀此字，則一切諸法之因，了不可得，本是離塵，自性清淨，當體即涅槃，所以西方三聖，初證此心印，便即運悲利生也。月輪者正吾人本體無相三昧也，所謂慧月在懷，靈珠在握，法界同徹，無不照矣，既入觀音定必契觀音體，體既頓證，何患輪相，用之不然乎。三大圓具，則自身等觀音，可謂慢不起，而自是觀音也。

誦六字大明真言

大眾同誦六字大明咒一百零八次

唵 嘛呢 叭咩 吽

『雲棲補註』云：俺嘛呢：如意，是離垢義，叭咩：蓮花，是滿心義，吽：生成義，擁護義。大眾同心誦六字大明神咒一百八遍，由心咒力，隨念清淨，俾十方世界總成一大光明藏，於此光明藏中安立壇場，作大佛事，法無不備也。正誦咒時，手持數珠，心存觀想，盡虛空際，大光明燭，於一室中燃百千燈，切勿飲一滴水、答一句、一念異緣，即非相應。

○次着座 如常揩念珠普礼言一遍 次置念珠

○次塗香 以右手風空取香塗左右掌及指端

想磨瑩五分法身戒定慧解脱

解脱知見也

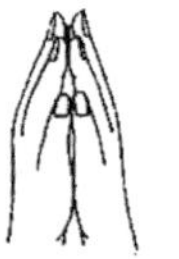

次三密観 蓮合中末少開

想掌中舌上心内各有[梵字]字変成八葉白蓮華上有[梵字]字変成月輪上有・[梵字]字 Woon 変成五鈷金剛杵各放光照身口意業中由此加持力三業罪障悉皆消滅

如是観了毎処誦・[梵字]字三遍

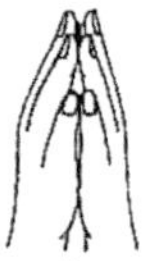

○次浄三業 蓮華合掌印五処 額右肩左肩胸喉 真言曰

[梵字] オンソハハンバシユダサラバタラマソハハン
[梵字] バシユドカン 五遍

断浄三業所犯十悪即成清浄

内心澡浴

On Ta Ta Gya Tall Doll Hun Ba Ya Saw Wa Ka

○次佛部　蓮華合掌而屈風指属火指中節二大指属二頭指側真言曰

オンタタギャトドハンバヤソワカ　一遍

即想佛部諸尊加持行者速令獲得身業清浄罪障消滅福慧増長

On Hun Doll Ball Doll Hun Ba Ya Saw Wa Ka

○次蓮華部　八葉印　真言曰

オンハンドボドハンバヤソワカ　一遍

即想観自在菩薩及蓮華部聖衆加持行者速令獲得語業清浄言音威粛令人楽聞無礙辯才説法自在

On Ba Zo Law Doll Hun Ba Ya Saw Wa Ka

○次金剛部　左覆右仰背相合於大指結合小指中間三指如三鈷杵形　真言曰

オンバゾロドハンバヤソワカ　一遍

即想金剛藏菩薩並金剛部聖衆加持行者令獲得意業清浄證菩提心三昧現前速得解脱

On Ba Za La Gi Li Ha La
Chi Ha Ta Ya Saw Wa Ka

次被甲 内縛シテ立合セ二中ヲ、鈎メ二頭ヲ不着ケ二中ノ背ニ、二大ヲ相並ヘ押シテ無名指ヲ、印シテ五処ヲ 真言ニ曰

オン バザラギニ ハラチハタヤ ソワカ 五遍

即チ想ヘ得テ被ルト如來ノ大慈大悲ノ甲冑ヲ、一切ノ天魔及ヒ諸ノ障者悉ク見テ行者ヲ、威光赫奕タルコト猶シ如ク日輪ノ、各起シテ慈心ヲ、不能ハ障礙スルコト及ヒ以テ悪人無シ能ク得ルコト便ヲ、煩惱業障身ニ不染着セ、亦脱レテ諸ノ悪趣ノ苦ヲ、疾ク證ス無上正等菩提ヲ

On Ah Me Li Tair Woon Park Tar

次加持香水 右ノ手ノ空水ヲ相捻シテ作シ小三古印ヲ、執テ取リテ索利ヲ小呪二十一遍加持シ、左ノ手ニ持シテ念珠ヲ、取ル数ヲ 真言ニ曰

オン アミリテイウン パッタ

次ニ取リ散杖ヲ以テ字ヲ加持スルコト二十一遍、次ニ以テ字ヲ加持スルコト二十一遍、想ヘ香水變シテ成ル乳水ト、又觀スルニ水ハ本性清淨ナリ、諸法モ亦本性清淨ナリ、即チ水ヲ灑ク自身及ヒ壇場ノ供物内外等ニ

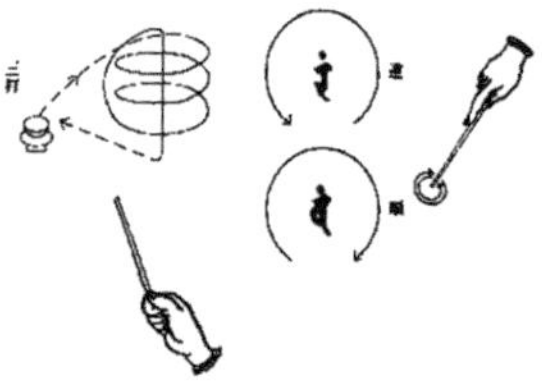

On Ah Me Li Tair Woon Park Tar

次加持供物 用ヒテ小三古印ヲ逆順ニ各三遍加持ス 真言ニ曰

オン アミリテイウン パッタ

即チ依テ加持ニ成ル清淨ノ妙供ト

啟請

為主者振鈴啟請

啟告十方　一切諸佛　般若菩薩　金剛天等
及諸業道　無量聖賢　我今眾等　以大慈悲
乘佛神力　召請十方　盡虛空界　三塗地獄
諸惡趣中　曠劫饑虛　一切餓鬼　閻羅諸司
天曹地府　業道冥官　婆羅門仙　久遠先亡
曠野冥靈　虛空諸天　及諸眷屬　異類鬼神
惟願諸佛　般若菩薩　金剛天等　無量聖賢
及諸業道　願賜威光　悲增護念　普願十方
盡虛空界　天曹地府　業道冥官　無量餓鬼
多生父母　先亡久遠　婆羅門仙　一切冤家
負於財命　種種類族　異類鬼神　各及眷屬
乘如來力　於此時中　決定降臨　得受如來
上妙法味　清淨甘露　飲食充足　滋潤身田
福德智慧　發菩提心　永離邪行　歸敬三寶
行大慈悲　利益有情　求無上道　不受輪迴
諸惡趣果　常生善家　離諸怖畏
身口意常清淨　證無上道

十方一切刹　諸佛菩薩衆　無量諸聖賢
及諸業道官　惟願大慈悲　降臨於法會
攝受花、香、燈、塗、果、樂，微分少供

觀 想心間紇哩字放光，出生六個吽字，化成六天母，各持妙供奉獻諸佛聖衆，間以唏啞吽三字咒加持之，令偏塵刹國土也。

按 『雲棲補註』云：此從心間紇哩字種放光出生六個吽字，各具一色，花—淡紅色，表布施，令人生歡喜；香—黃色，表持戒，令業行芬馥；燈—紅赤色，表忍辱，轉瞋恚火成大光明；塗—白色，表精進，潤澤法身；果—紅黃色，表禪定，成就佛果；樂—青綠色，表智慧，能出生種種法。故此六天母皆以六波羅密為体，一面四臂，上二手各持一供，下二手輪相交，窈窕美貌，展左跪右而作舞勢，奉獻諸佛，間以三咒字者，加持諸供，令遍滿恆沙諸國土也

附加 修東密者，可再結金剛合掌誦虛空庫菩薩廣大不空尼供養陀羅尼三遍，及三力偈一遍，則更圓滿。

オンアボキャホジャマニハンドマバジレイタタギャタ
ビロキテイサンマンダハラサラウン

On Ah Ball Gya Hall Za Ma Ni Hun Doll Ma Ba Zi Lay Ta Ta Gya Ta Bi Law
Ki Tair Sum Mam Da Ha La Sa La Woon

以我功德力　如來加持力
及以法界力　普供養而住　一遍

大輪金剛陀羅尼（七遍）

ノウマクシッチリヤヂビキャナン　タタギャタナン　アンビラジ
ビラジ　マカシャキャラバジリ　サタサタ　サラ
テイサラテイ　タライタライ　ビダマニ　サンバンジャ
ニ　タラマチ　シッタギリヤ　タラン　ソワカ

Nor Ma Cool Si Chi Li Ya Chi Bya Kya Nam
Ta Ta Gya Ta Nam Ang Bi La Ji Bi La Ji
Ma Ka Sha Kya La Ba Ji Li Sa Ta Sa Ta
Sa La Tair Sa La Tair Ta La E Ta La E
Bi Da Ma Ni Sa Baang Jya Ni Ta La Ma Chi
Shi Ta Gi Li Ya Ta Lang Saw Wa Ka

南無　司得里也　提維嘎難　打他噶打難
嗡　維喇及　維喇及　嘛哈　佳割喇　乇及里
灑打　灑打　灑喇諦　灑喇諦　得喇夷　得喇夷
維達嘛你　三槃戛你　得喇嘛底　細達　掰里牙
得覽　司乇哈

印 兩手內相叉，二中指各絞食指指背頭相柱，二食指直竪，二大拇指並伸直。

觀 面前空處現一金色普隆字，變成華嚴勝妙宮殿。盡虛空界生死六趣有情，速得入普集會大曼荼羅，等同聖者。

按 《大輪金剛陀羅尼經》云：「誦此咒廿一遍能成一切咒法，善事速得成就，能成一切印法、一切壇法，當入曼荼羅大壇，不用事壇。」大藏秘要云：「依教中說，一切真言手印，必從師受，若未入灌頂輪壇，輒結手印作法，得盜法罪，所作不成，若於如來像前，誦此咒廿一遍，即如見佛，即同入一切曼荼羅，所求諸法，皆得成就。」

On Key Li Key Li Ba
Za La Ba Zi Li Hall La
Mam Da Mam Da Woon Park Tar

次地界金剛橛（二地各端相拄。次以左水火押右水火上。次風空二指端俱相拄。向下三度觸地。真言曰）

オンキリキリバザラバジリホラマンダマンダウンパッタ　三遍

即想。下至金剛輪際成金剛不壊之界。大力諸魔不能搖動。少施功力大獲成就。地中所有穢惡物由加持力故悉皆清浄。其界随心大小即成。

On Sa La Sa La Ba
Za La Ha La Kya La
Woon Park Tar

次金剛墻印（形如先印。但張開二大指向前三度繞之。真言曰）

オンサラサラバザラハラキャラウンパッタ　三遍

即想。從印流出熾焰。以印右旋繞身三轉。稱前地界即成金剛堅固之城。諸魔惡人虎狼師子及諸毒蟲不能附近。

次道場観（焼香）　如来拳印　以右拳握左拳大指

観五輪世界上有字成八葉蓮花蓮花上有字変成蓮華蓮華変成観自在菩薩羯磨身放光明入三昧具萬徳荘厳背後有圓光頂上戴彌陀佛三身随機現之廿五有随救苦之恒沙眷属自然圍繞

作此観了加持七處　左膝　坦　右膝　心　額　喉　頂上也　真言曰

On
Pok
King

オンボッケン　七遍

次大虚空蔵印　二手合掌二中指外相叉二頭指如宝形　真言曰

On
Gya
Gya
Nor
Sum
Baang
Ba
Ba
Za
La
Call
Cool

オンギャギャノウサンバンババザラコク　一遍

即想從印流出無量諸供養具衣服飲食宮殿樓閣等

次小金剛輪　二手金拳二頭二小鉤結加持五処次仰印加持頂　虚空　坦上　本尊　九遍　九処加持

On
Ba
Za
La
Kya
La
Woon
Jya
Cool
Woon
Baang
Call
Cool

オンバザラシャキャラウンジャクウンバンコク　九遍

次寶車輅印　二手仰相叉二頭指側相拄二大指捻二頭指下真言曰

オントロトロウン　三遍

想成七寶莊嚴車輅請無量聖衆乘此車輅

次請車輅　前印大指来去　三遍　真言曰

ノウマクシッチリヤヂビキヤナンタタギヤタナンオンバザラギニヤウキヤラシヤヤソワカ　三遍

想車輅來至道場住虛空中

次大鉤召　内縛舒右風鉤之三度　明一遍

ノウマクサマンダボダナンアクサラバタラハラチカテイタタギヤタクシヤボウヂシヤリヤハリホラキヤエイキソワカ

次四攝　印如常

シヤクウンバンコク

本尊不捨悲願赴此三摩地所成淨土并無量俱胝聖衆證明功德

次拍掌

オンバザラタラトシヤコク

Nor Ma Cool Sa Mam Da Ba Za La
Down Sen Da Ma Ka Law Sya Da Saw
Ha Ta Ya Woon Ta La Ta Kang Mam

次從魔除遣 不動劒印慈救呪逆三轉明一遍 順三轉明一遍

ノウマクサマンダバザラダンセンダマカロ
シャダソハタヤウンタラタカンマン

左轉三匝。辟除一切諸魔。右轉三匝。即成堅固火界

On Bi Saw Hall La Da La Key Sya
Ba Za La Woon Park Tar

次金剛網印 如先墻印以二母指屬二風傍覆印順三轉 真言曰

オンビソホラダラキシャバザラハンジャラウンハッ
タ 三遍

由此加持故於上方覆以金剛堅固網。乃至他化自在諸天不能障難。行者身心安樂三摩地易得成就

Om Ah Sum Ma Gi Li Woon Pa Ta

次金剛火院印　以左手掩右手背令相著二闕立二大指二頭三轉　真言曰

オンアサンマギニウンハッタ　三遍

從印流出無量光焔右旋三匝即
金剛墻外便有火焔圍繞即成堅
固清淨火界火院

Om Sho Gya Lay Ma Ka Sum Ma Eng Saw Wa Ka

次大三昧耶　二手内縛立二中屈二頭立旋二中背如鈎二大附二頭下右旋三遍

オンシヨウギヤレイマカサンマエンソワカ　三遍

次獻閼伽　以右火空取器薫燒香三度次置左手持率印以右手作小三股印誦軍荼利小呪明三遍加持之次合左右手誦明一遍並偈次滴水返置本處　真言曰

Om Ba Za La Da Kya Da Woon

オンバザラダキヤダウン　一遍

伽陀曰　以本清淨水　洗浴無垢身
不捨本誓故　證成我承事

想浴聖衆無垢雙足
由獻閼伽香水令修行者三業清
淨洗除一切煩惱罪垢

Om
Kya
Ma
La

Saw
Wa
Ka

次華座 八葉印

オンキャマラソワカ 一遍

從印流出無量金剛蓮華一切聖衆得金剛蓮華座

Om

Ba
Za
La
King
Da
Tall
Sha
Kok
Cool

次振鈴

以右手取五股杵並鈴鈴取移左手安左腰次右五股杵三度抽擲誦奈三遍次逆三轉慈救呪一遍次順三轉慈救呪一遍次右五股杵安右腰左鈴當左耳五度振之真言五遍次當心三度振之真言三遍次當額二度振之真言二遍次鈴安左腰右五股杵逆順各三轉如先次先置鈴次置五股杵

オンバザラゲンダトシヤコク 十遍

次五供養印明

Nor
Ma
Cool
Sa
Mun
Da
Ball
Da
Nam
Bi
Shu

Da
King
Doll
Doll
Ba
Ba
Ya

Saw
Wa
Ka

塗香

以左手握右腕作施無畏勢

ノウマクサマンダボダナンビシユダゲンドドババヤソワカ 一遍

Nor
Ma
Cool
Sa
Mun
Da
Ball
Da
Nam
Ma
Ka
Ma

E
Ta
li
Ya
Bi
Yu
Doll
Kya
Tay

Saw
Wa
Ka

花鬘

内縛伸二風少曲二空閉立風側

ノウマクサマンダボダナンマカマイタリヤビユドギヤテイソワカ 一遍

Nor
Ma
Cool
Sa
Mun
Da
Ball
Nam
Da

La
Nor
Ma
Cool
Sa
Mun
Da
Ball
Doll

Ki
Sha
Tay

Saw
Wa
Ka

焼香

地水火相背二風側以空捻風側

ノウマクサマンダボダナンダラマダトバドギャテイソワカ 一遍

nor ma cool Sa Mun Da Ball Da Nam
Ah La La Kya La La Ba Lin Da
Da Bi Ba Lin Da De Ma Ka
Ba Li Saw Wa Ka

飲食 鉢印

ノウマクサマンダボダナンアララキャララ
ラバリンダダアビバリンダディマカバ
リソワカ 一遍

Nor Ma Cool Sa Mun Da Ball Da Nam
Ta Ta Gya ta ah lang Shi Saw
Ha lang Da Ba Ba Sha Nor Gya
Gya Nor Da Li Ya Saw Wa Ka

燈明

以右空押地水甲屈風着火背

ノウマクサマンダボダナンタタギャタアラシ
ソハランダババアナノウギャギャノウダリヤソワ
カ 一遍

次献壇供

是行者右方也 先塗香 次華鬘 次焼香 次飲食 次燈明

各以右火空取之薫焼香三度 次置左手持花印上右手作小三股印誦軍荼利小呪順三遍加持 次両手作同印合誦供之 但花鬘取花三葉散花鬘器前焼香取火舎直置左印上飲食下置壇加持之供燈明不取加持之結燈明印誦一遍供之

om bang Za La Sa
do Ba Sor Gya La Ka Ba Za La
Ah Tun Nor Ma Doll ta lang Ba
za la kya la ma kya law saw
wa ka

次四智讃 金剛合掌

オンバザラサトバソウギャラカバザラアラタンノウマ
ドタランバザラタラマキャヤタイバザラキャ
ラマキャロハンバ 一遍

On Ah Ball Gya Hall Za Ma Ni Hun Doll Ma Ba Zi Lay Ta Ta Gya Ta Bi Law Ki Tair Sum Mam Da Ha La Sa La Woon

次普供養 金剛合掌ノ二頭指ヲ如ニ宝形ノ並ヘ立ナニ大指ヲ

オンアボキャホジャマニハンドマバジレイタタギャタビ
ロキテイナマンダハラナラウン 一遍

次三力 金剛合掌了テ取香呂ヲ金一丁置ク珠呂ヲ

以我功徳力 如來加持力
及以法界力 普供養而住 取香呂金一丁置念珠香呂

次小祈願 金剛合掌

普供養摩訶毘盧遮那佛
普供養 本尊界會 大慈大悲
觀自在尊 蓮花部中 諸大薩埵
両部界會 諸尊聖衆 護法天等
所設妙供 哀愍納受 護持弟子
消除不祥 増長福壽 恒受快樂
無邊善願 決定圓満

次禮佛 金剛合掌

南無摩訶毘盧遮那佛
南無阿閦佛 南無寶生佛
南無無量壽佛 南無不空成就佛
南無四波羅蜜菩薩 南無十六大菩薩
南無八供養菩薩 南無四攝智菩薩

南無觀自在菩薩摩訶薩 三遍
南無金剛界一切諸佛
南無大悲胎藏界一切諸佛

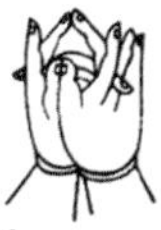

次入我我入観 弥陀定印
觀想我既成本尊功徳莊嚴具足圓満
眷屬聖衆周匝圍繞坐曼荼羅已成尊
如是坐曼荼羅相對我本尊入我身加
持護念施利益我入本尊身中恭敬供
養證得其功徳與本尊一體無二也
稍久而出観

次本尊加持
アビラウンケン
Ah Bi La Woon King

焼香
次正念誦
オンアロリキャソワカ
On Ah Law Li Kya Saw Wa Ka
取念珠薫焼香三遍次左右移之三遍入掌當心誦
オンランソワカ 三遍
On Laang Saw Wa Ka
オンベイロシャノウマラソワカ 三遍
On Bear E Law Sha Nor Ma La Saw Wa Ka

千轉念珠真言 三度旋轉念珠
オンバザラグキャジャハサンマエイウン
On Ba Za La Cool Kya Jia Ha Sum Ma A E Saw Wa Ka

本尊真言
オンアロリキャソワカ 百遍
On Ah Law Li Kya Saw Wa Ka

念誦已珠入掌捧頂

修習念誦法　以此勝福田

法界諸有情　速成大日尊

珠薰燒香一遍次移左手置左机也

八、宣佛號

南無本師釋迦牟尼佛◎三稱

九、偈示唯心◎

若人欲了知　三世一切佛◎

應觀法界性　一切為心造◎

十、脫苦來會

(一) 破地獄真言(唸四十九遍)

唵。伽囉帝耶娑婆訶.

On
Gya
La
Tair
Ya
Saw
Wa
Ka

嗡伽羅地耶 司乏哈

印 左手金剛拳安腰，大指按無名指根，中、小、無明三指握大指，食指頭按大指背。右手作拳，大、食指於每誦真言至未字時，向下相彈。

觀 想舌心印三處，皆有紅色紇哩字。放光如日，觸照地獄，悉皆破壞，一切有情，咸識本心．來趨法會。

附加

《瑜珈集要救阿難陀羅尼焰口軌儀經》以智炬如來心真言破地獄故今列出：以供參考。

智炬如來心破地獄眞言（三遍）

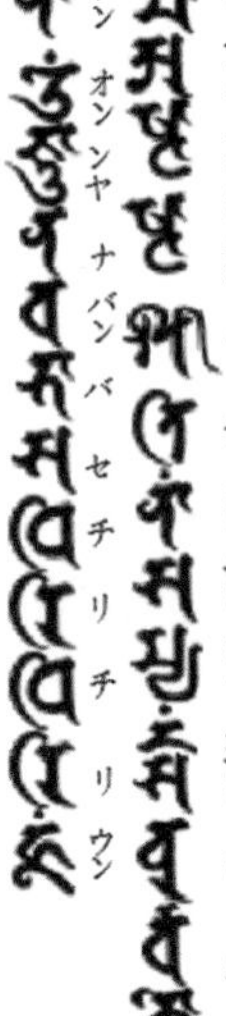

ノウボアシュタシュタシチナンサンシャクサンボダク

チナンオンンヤナバンバセチリチリウン

Nor Ball Ah Shu Ta Shu Ta Shi Chi Nam Sum Sya Cool Sum Ball Da Cool Chi

Nam On Nya Na Baang Ba Se Chi Li Chi Li Woon

拿摩 阿瑟吒 瑟吒 攝諦南 三弭牙三勃塔

俱嗚南 嗡 惹辣 納縛婆細 地哩 地哩 吽 三遍

印

兩手金剛拳，伸食指、小指，左右手小指相勾，右指在上，食指相接，兩手掌心向自己。誦至地哩地哩時，小指相互扭轉，至吽字時，雙手往兩邊拉開，三誦咒三掣開。

觀

《雲棲補註》云：「結印誦咒，增長自心成紅觀音，心、舌、印上三處皆有紅色紇哩字，放光如日初出之狀，三光同照阿鼻地獄，彼蒙光照，悉皆破壞。」由此印咒威神力故，所有諸趣、地獄之門，隨此印咒，豁然自開。

（二）普召請真言（唸二十一遍）

南無部部帝唎。伽哩哆唎怛哆誐哆耶。

弟子眾等　仗三寶力　一心召請　法界所有
地獄有情　孤魂餓鬼　一切鬼神　無始劫來
父母師長　先遠祖宗　知識檀越　冤親債主
及此世界　刀兵諸災　死亡有情　山神土地
十方英靈　法界孤魂　佛子……　……
悉皆來臨　長跪合掌　恭敬念佛　待食法味

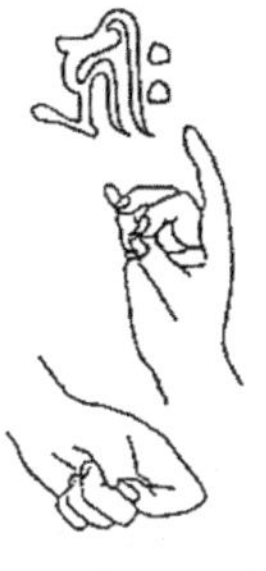

On	ヲン
Ball	ボ
Hall	ホ
Li	リ
Kya	キャ
Li	リ
Ta	タ
Li	リ
Ta	タ
Ta	タ
Gya	キャ
Ta	タ
Ya	ヤ

南無　部部地利　伽哩達利　打塔噶打牙

印 左手金剛拳安腰；右手大指及中指相捻，餘三指微彎，每誦咒時食指微彎，作召請狀。

觀 觀想右手印上有白色梵文赫利字種放光，勾召六道餓鬼，尋光來至道場。

附加

《瑜伽焰口施食儀》中，除普召請真言外，更有召請餓鬼真言，故今列出，以作參考。

召請餓鬼真言

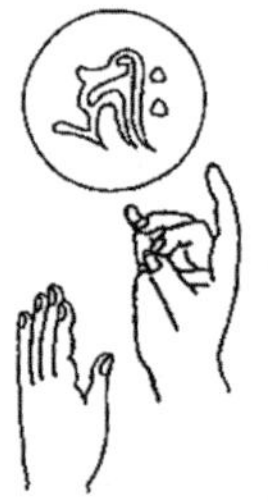

オン ジノウ ジキャ エイ ケイ キ ソワカ

On Ji Nor Ji Kya A E K E Key Saw Wa Ka

唵　即納　即葛　移希曳歇司乏哈

印　左手結施無畏印；右手向前，大指捻中指，食指每誦真言末字，微屈如鉤召。

觀　《雲棲補註》云：左手願（中指）上，有月輪，中有白色紇哩字，放光至閻魔界，勾攝一切有情。

（三）解冤結真言（唸二十一遍）

唵　三打陀囉伽陀娑婆訶

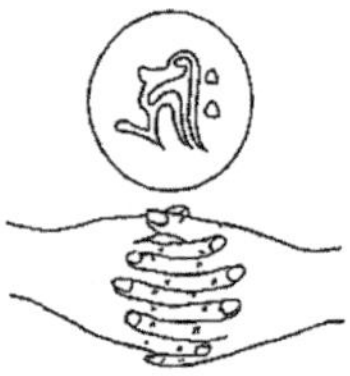

オン サン バ ラ ギャ タ ソワカ

On Sum Ba La Gya Ta Saw Wa Ka

唵　三打陀囉伽陀娑婆訶

印　兩手外相縛，每次誦真言至末字時則解開。

觀　觀想心月輪上，有一白色梵文吸哩字，放光普照六道眾生，各承佛力及咒力，無始冤結一時清淨。

（四）法師第一次開示

十方法界。六道羣靈諦聽。夫眞空湛寂。原無世界衆生。自性天然。奚有果報諸法。只因纔迷一念。則十界條分。長驅六塵。則萬境紛擾。變妙有而為幻有。九道之無明。當情迷眞空而著頑空。四生之垢纏紛起。由是升沉不已。生死無窮。人天雖樂無央。福盡還墮三途。劇苦交煎。救拔匪易。言其衆苦。實可悲傷。今仗施食之勝緣。普濟塵勞之罪輩。於茲憑衆誦偈。直示唯心法門。令悟自心。所具所造。譬如明鏡。能含能照。善惡報應。當自受之。因果循環。毫釐無爽。然後誦呪。密覆所有地獄。遍消八難三塗。四生九有。一切拘禁。悉共解除。次誦普召請眞言。普召十方。六道羣靈。以及古今橫厄。諸災邇遙。被難等輩。承斯呪力。同來道場。既來道場。已得解脫。奈有無始。寃結牽纏。今若共處共筵。恐致互見互恨。次誦解寃結神呪。呪力難思。應時冰釋。即此所安所遇。必能同見同歡。由此同歸三寶。同聞法音。同受法食。同得解脫。汝等一切羣靈。各發至誠。長跪掌。隨衆同誦。迎請三寶。

十一、迎請三寶

（一）宣請法寶（同唱七遍）

南無大方廣佛華嚴經。

（二）宣稱三寶（唸七遍）

南無常住十方佛

南無常住十方法

南無常住十方僧

南無本師釋迦牟尼佛

南無大悲觀世音菩薩

南無冥陽救苦地藏王菩薩

南無啓教阿難陀尊者。

（三）法師第二番開示

上來迎請三寶。宏慈必定光臨。惟汝等各具至心。投誠皈依。夫三寶者。千生罕遇。萬刧難逢。皈依者。福增無量。禮念者。罪滅河沙。譬如靈丹妙藥。百病蠲除。是故三寶無上。功德廣大。不可思議。衆生投誠。佛種菩提。由是生焉。我今為汝。稱唱三寶宏名。汝等隨我音聲。皈依三寶。

十二、秉宣三寶

（一）皈依三寶（擊引磬上下和唱各三遍）

歸依佛「歸依佛兩足尊「歸依佛不墮地獄
歸依法　歸依法離欲尊　歸依法不墮餓鬼
歸依僧」歸依僧眾中尊　歸依僧不墮旁生」
歸依佛竟　歸依法竟　歸依僧竟」三遍

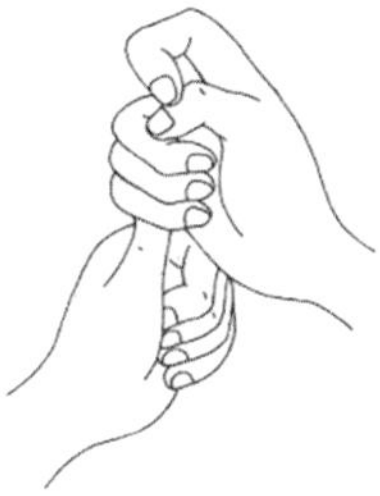

七遍

嗡　僕　刊姆

印　以右拳握左拳大拇指

觀　觀想心月輪上，有一白色梵文刊姆字放光普照所召一切眾生，一心同皈三寶。

按　此咒亦名淨土變，誦此真言能變大地為黃金琉璃地。嗡、僕、刊姆三字為毘盧遮那佛之法化報三身，故又名毘盧遮那佛入三身真言。

(二)法師第三番開示

汝等六道羣靈。既已皈依三寶。成佛種子。堪進菩提。汝等當復思惟。自從無始。身口意三業不淨。貪瞋癡三毒熾然。念念之間。造諸惡業。無邊無際。若不勤求懺悔。豈有消亡。故今依普賢菩薩懺悔偈示之。汝等恭對三寶。隨音發露。懇切至誠。求哀懺悔。

十三、懺悔三業

(一)唱普賢懺悔偈

1 一字引磬上下和唱各三遍
2 功德主代表禮拜和完

往昔所造諸惡業　皆由無始貪瞋癡
從身語意之所生　一切業障皆懺悔

オン サラ バ ハンバ ダ カ ナウバ ザラ ヤ ソワカ

On Sa La Ba Hum Ba Da Ka Nor Ba Za La Ya Saw Wa Ka

嗡　灑爾乏　爸叭　達哈拿　乏及喇牙　司乏哈

印 兩手內相叉，兩中指伸直，指頭相抵，左手大拇指壓左手大拇指上，壓於食指下收入掌中。

觀 觀想一切眾生發懺悔心，又想二豎指上有白色紇哩字入彼鬼身，如日爍露之狀，銷鎔罪垢，猶如墨汁，從足下流下滲入地中，至金剛際。

附加

『瑜珈集要救阿難陀羅尼焰口軌儀經』中有召罪真言及摧罪真言，故特列出，以供參考。

召罪真言

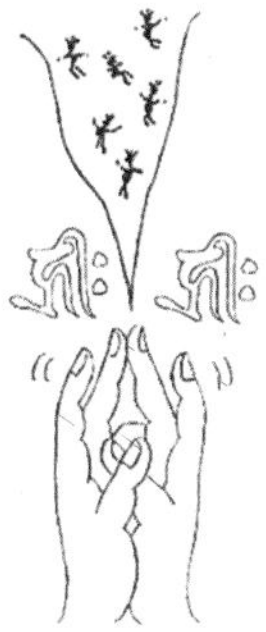

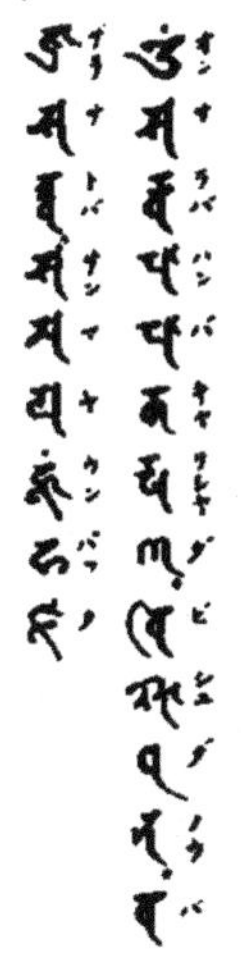

On Sa La Ba Hum Ba Kya Li Sya Da Bi Siu Da Nor

Ba Za La Sa Doll Ba Sum Ma Ya Woon Park Tar

嗡 灑爾乏 爸叭 羯哩沙拿 月戌達牙 乏及拉薩埵 薩麻牙 吽 夏拉

印

兩手內相叉，兩中指伸直，指頭相抵，左手大拇指厭左手大拇指上，兩食指微曲如鉤，每誦真言一遍，則向內彎，召彼眾生之罪，盡入掌中。

觀

《金剛頂瑜珈念誦儀》云：「於進力度端各想一紇哩字，出光勾召自他身中所有障罪，唱密言時，心想彼罪障如鬼，黑色髲毛鬈豎，二羽各齊想勾攝彼罪入於掌中，結成罪山。」

『勾罪經』云：「自身觀自在菩薩，心月輪上，想白色紇哩字，放出火光如勾，入彼身中。口誦密言，勾攝一切有情三口惡趣業，其罪黑色，猶如煙霧，而合入我掌中，變成諸鬼形。」

按

《雲棲補註》云：「問：罪無實体，云何彼如煙霧耶?答：雖無實体，卻能充塞天地，障蔽心目，不能得見諸佛清淨境界，今借諸霧為所緣境，實有益於事也，既召入掌，必當為彼而摧破之。」故更誦摧罪真言。

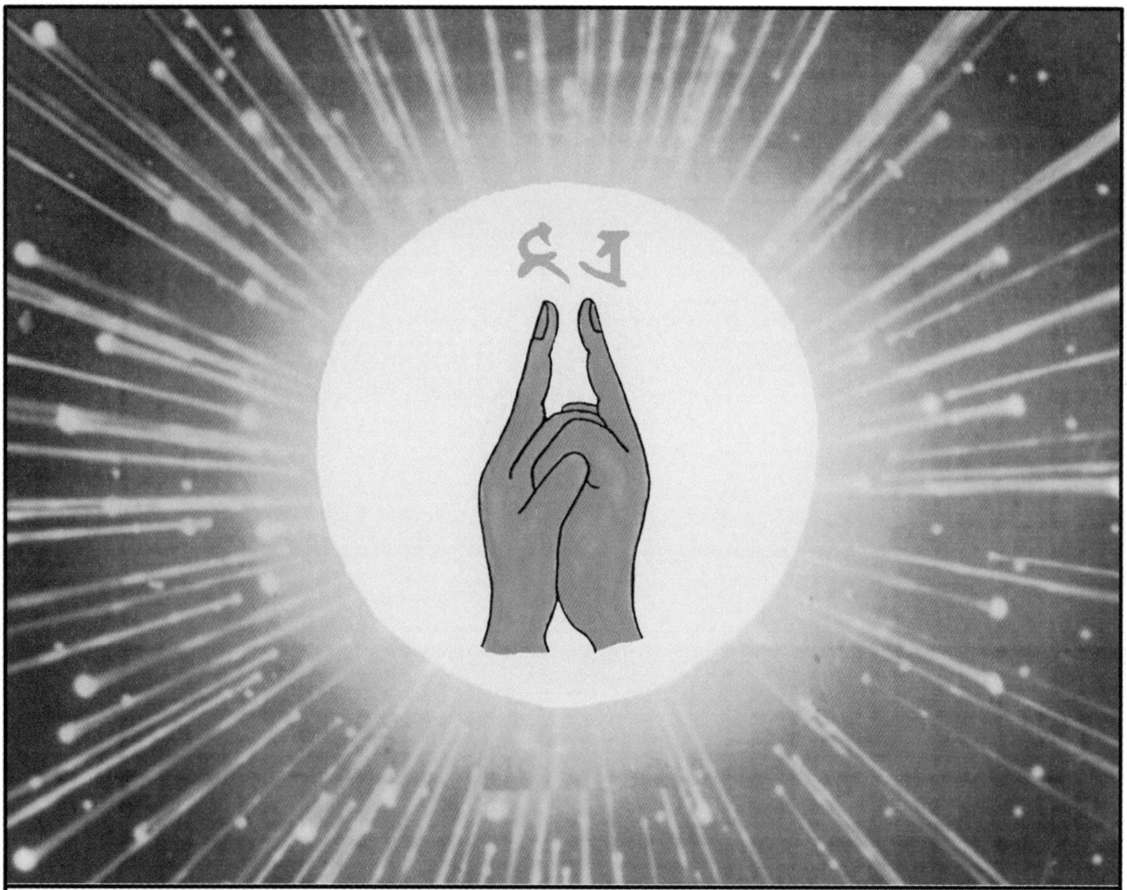

摧罪真言

オン バ ザラ ハ ニ ビ ソホ タ ヤ サ ラバ ハ ヤ マ ンダ ノウ
ニ ハラ ボ キシヤ ヤ サ ラバ ハ ヤ ギャ チ ビャク サ ラバ サ トバ
ナン サ ラバ タ タ ギャ タ バ ザラ サン マ エイ ウン タラ タ

On Ba Za La Ha Ni Bi Saw Hall Da Ya Sa La Ba Ha Ya Mam Da Nor Ni Ha La Ball Ki Sya
Ya Sa La Ba Ha Ya Gya Chi Bi Ya Cool Sa La Ba Sa Doll Ba Nam Sa La Ba Ta Ta Gya
Ta Ba Za La Sum Ma A E Woon Ta La Tar

嗡 乏及拉 叭尼 月斯普吒牙 灑爾乏 阿巴牙 班
塔拿尼 不拉 穆恰牙 灑爾乏 阿巴牙 葛諦毘蘗
灑爾乏 薩埵喃 灑爾乏 打他噶打 乏及拉 嘛牙
吽 達拉 吒

印 接前召罪印，右手食指壓左食指，進入左右大拇指與無名指中間，右手食指及大拇指成環狀，左手大拇指與食指亦成環狀，左右手大拇指及食指用力往下壓。

觀 誦咒時，二中指搖動，至後一遍，拍手作聲，觀彼罪山如瓦塔而倒。問：「罪無實体，云何摧耶？」答：「正謂之無，故今摧之，若決定有，則不能摧也。」

按 《勾罪經》云：「自身增長成四面八臂觀音，前面青色、右黃、左綠、後紅，想心月輪上青色紇哩字，放光照前六道所召之罪，結成罪山，前兩手結摧罪印，左顧上有怛囉字；右刃心上有吒字，並金色，右第二手持杵，右第三手持箭，右第四手持劍。左第二手持鉤，左第三手持弓，左第四手持羂索，身出火光，坐日輪蓮花，足踏烏麻怖畏，誦咒時，二中指搖動，至後一遍，拍手作聲，觀彼罪山，如瓦塔而倒。」

(二) 法師第四番開示

汝等六道羣靈。既能懺悔。罪必清淨。但汝等從無始來。所造業種無量。若能久勤懺悔。方始漸次盡除。又復當知罪從心起。懺罪從心。心若滅時。何罪之有。必須隨時隨境。分別不生。罪根即滅。是名真懺悔也。既勤懺悔。當發四弘誓願以為基。磊疊行山。應修六度。功勛而成滿。我今為汝。申說四弘誓願之偈。汝等長跪虔對三尊。隨我音聲。志心發願。

十四、發四弘誓願

1 一字引磬上下和唱各三遍
2 功德主代表禮拜和完

(一) 事願

衆生無邊誓願度　煩惱無盡誓願斷
法門無量誓願學　佛道無上誓願成

(二) 理願

自性衆生誓願度　自性煩惱誓願斷
自性法門誓願學　自性佛道誓願成

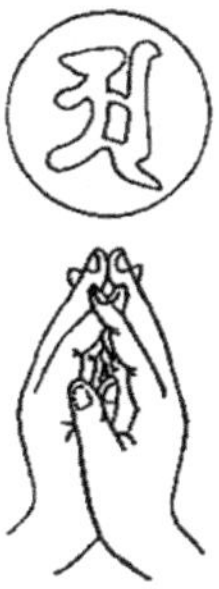

On Ball Ji Sit Ta Ball Da Ha Ta Ya Me

嗡　箔提　吉打　母得叭　達牙彌

印 二掌虛合如蓮花，先作金剛合掌，然後二中指相柱。

觀 想與諸佛子等，同發四宏願，觀心佛衆生，三無差別，於一念間，融成廣大月輪，清涼皎潔，與虛空等，於月輪中，想一金色阿字，如秋毫之末，非有非無，不加了知，當爾之時，煩惱、菩提、生死、涅槃，了不可得。

（三）法師第五番開示

汝等六道羣靈。既發願已。當知願如大海。深不可窮。行若高山。填方成滿。須修六度之大行。方填四弘之誓海。欲填誓海。急當自利利他。自利則必使三業清淨。難行能行。難忍能忍。曆劫勤苦。永無退志。利他則六度勤修。萬行無虧。廣度衆生。辛勞無厭。自利既精。利他則廣。六度萬行。普化圓融。譬如救濟衆難。先須自力充盈。救人既多。行且益易。今則復念。汝等曆劫以來。所造定業。猶未盡消。故今更誦地藏菩薩滅定業眞言。即令滅盡。次誦觀音菩薩滅業障神呪。速使冰消。復由夙造慳貪。致今咽喉常鎖。故誦開咽喉眞言。使令開豁融通。堪享清淨法味。上仗顯密之靈詮。盡解內外之諸障。然後進求三昧耶戒。使戒根以全淨。若明珠之朗潤。所修功德。悉獲圓成。次誦變食之密言。每粒變七。七復成七。七七無盡。所謂即此一食。出無量食。而無量食。咸趣一食。一為無量。無量為一。一一出生。重重無盡。充塞虛空。周偏法界。普濟飢虛。離苦得樂。次誦變水之密呪。變凡水而成甘露。為性海以周法界。一切羣靈。普得清涼。此食此水。互偏互融。嚐之沾之。六根清淨。見者聞者。衆苦解脫。一字水輪呪。此食此水。淨極妙融。乳海眞言。此食此水。體新潔白。更持七如來之洪名。即聞即脫。遂升蓮華臺之妙體。且樂且榮。汝等羣靈。志心諦聽。

十五、持咒滅罪（鳴魚直唸）

（一）地藏菩薩滅定業真言（廿一遍）

唵 鉢囉 末隣 陀寧 娑婆訶

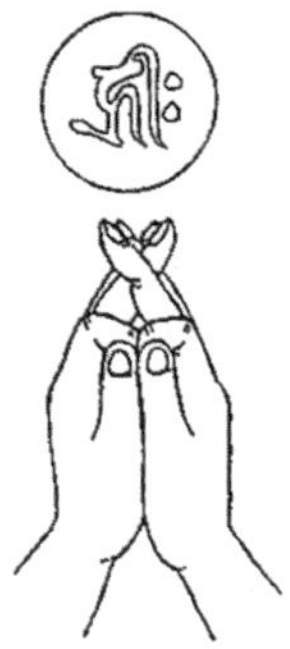

オンハラマリタニソワカ

On Ha La Ma Li Ta Ni Saw Wa Ka

嗡 砵喇 嘛尼 達你 司乏哈

印 兩手金剛合掌，二食指屈，二大指壓二食指上。名定業印。

觀 誦時觀想自身心月輪上，有一青色梵文赫利字，放光普照諸鬼眾，所有定業，當下消滅。

按 《雲棲補註》云：「上來召摧皆滅不定業，尚餘二種，諸佛出世不通懺悔之業，今當破之，決定之業，理固難轉，今藉禪定、印、咒、觀想之力，遂能轉彼無始障難，與一切罪業，當下消滅，如湯消冰也。』

（二）觀音菩薩滅業障真言（廿一遍）

唵 阿嚕勒繼娑婆訶

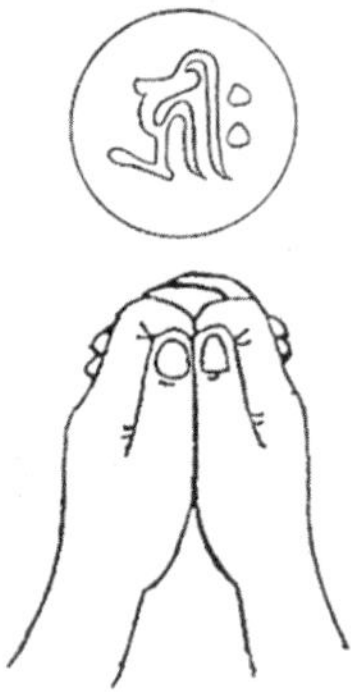

On（オン） Ah（ア） Law（ロ） Li（リ） Kya（キャ） Saw Wa Ka（ソワカ）

嗡 啊羅里割 司乏哈

印 兩手金剛縛，中、小、無名三指外相叉，二食指屈 二節，與大指相捻，名懺悔滅罪印。

觀 誦真言時，自身觀自在菩薩，應想二屈指上並 心月輪上，有一白色梵文疏哩字，放光入彼法界有情身中，如日爍露之狀，罪垢消鎔，猶如墨汁，從足流出，滲至金剛際。

按 《雲棲補註》云：「問：前已摧破，今復懺者何也?答：前有召摧，皆有三密之力，摧滅罪性，至此方是於彼發露懺悔，謂自此懺悔之後，永不復作也。」

（三）開咽喉真言（廿一遍）

唵。步步底哩伽哆哩。怛哆誐哆耶。

On Ball Hall Tair Li Kya Li Ta Li Ta Ta Gya Ta Ya

嗡　部部底哩　伽達哩　打他噶打牙

印　左掌持食器，右手大、中指相捻，餘三指相分去微微做屈勢，每咒至末字，中指點取所觀想食器上方青色蓮花上白色阿字流出清淨性水，彈灑虛空。

觀　觀自身觀自在菩薩，心月輪上白色紇哩字放光，照諸有情，想左掌中有青色紇哩字，變成青色蓮花，花上有白色阿字，流出性水，極其清涼，以右手忍度點取，隨誦隨彈，遍灑虛空，想諸鬼眾，得觸此水，喉喉自開，清涼潤澤，通達無礙。

十六、授三昧耶戒

三昧耶戒真言（擊引磬唱廿一遍）

唵三昧耶薩埵鋑。

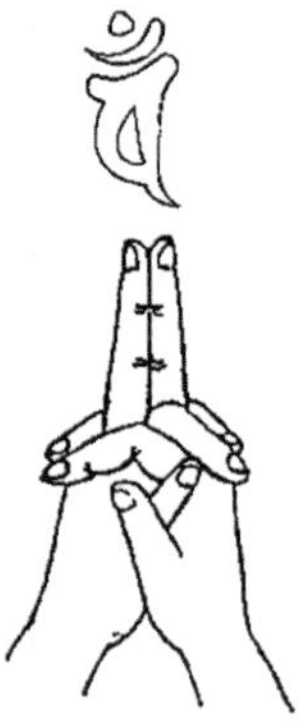

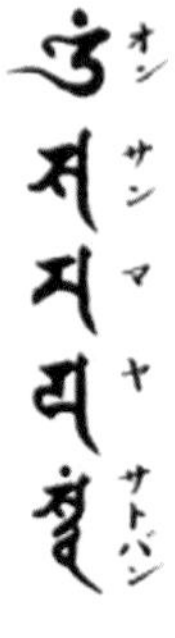

On
Sum
Ma
Ya
Sa
Doll
Baang

嗡　三嘛牙　司都　凡姆

印　二手金剛縛，二中指伸如針。

觀　觀想印中有白色鑁字，放大光明，普照所召一切有情，蒙光照觸，三世諸佛戒波羅密一時圓滿，法界善法，想為光明，流光灌頂，貯彼身中，身同普賢，坐大月輪，紹諸佛職，為佛嫡子。

按　《雲棲補註》云：「戒即法身，悟此者如初生也，又非四生之生，乃從如來口生，從法化生也。內障既淨，外相自嚴，又發大心，並受佛戒，方名法器，堪受法食，淨名云：於法等者，於食亦等。若非其器，縱受甘露，翻成毒藥，如獅子乳要琉璃瓶貯之，若非其器則裂。既稱佛子，當施之以法食，資養彼法身慧命，不斷佛種也。」

十七、法味變食（鳴魚直唸）

（一）變食真言（四十九遍或一百零八遍）

南無薩嚩怛他誐哆嚩嚕枳帝唵三跋囉三跋囉吽

ナウ ボ サ ラバ タ タ ギャ タ バ ロ キ テイ

Nor Ball Sa La Ba Ta Ta Gya Ta Ba Law Ki Tair

ヲン サン バ ラ サン バ ラ ウン

On Sum Ba La Sum Ba La Woon

拏摩 灑爾乏打他噶打 乏羅割得

嗡 三拔喇 三拔喇 吽

印 左手持食器，右手大、中指相捻，每咒誦至三拔拉，三拔拉時相捻，誦至吽字大、食指相彈。

觀 師以右手怖畏彈指遣左手魔，觀赤色吽字放光，唸吽吽發怛三偏，次想變空，唸唵欹三偏，於一念間，頓成勝妙之手，左掌中出一紅色紇哩字，變成紅蓮花，花上想白色鑁字，明點中流出無盡飲食，想面前水器，盡成摩羯陀國之斛，盛滿勝妙飲食，再想字種流出飲食。偏滿法界，唸唵阿紇哩吽或三七偏，或七七偏，或百八偏，當自知時，次唸施食真言，每一唸，於明點中取飲食，彈灑虛空，施諸餓鬼，一一各得摩羯陀國之斛，四斛九斗，食已，悉拾苦趣，具足無量功德，圓滿吉祥，此之印咒，乃釋迦如來，於無量劫前觀音菩薩身親獲授受，及傳阿難，亦止此一章而已，前後印咒皆是金剛上士遵瑜珈部集出，是印咒者乃無量威德自在光明如來之印咒，於中觀門不可不精用心，此若不到，則前所作功德唐捐矣。

（二）甘露水真言（四十九遍或一百零八遍）

南無蘇嚕婆耶。怛他誐哆耶。怛姪他。唵。蘇嚕蘇嚕。鉢囉蘇嚕。鉢囉蘇嚕。娑婆訶。

オン ソ ロ ハ ヤ タ タ ギャ タ ヤ タ ニヤ タ
オン ソロ ソロ ハラ ソロ ハラ ソロ ソワ カ

On Saw Law Ha Ya Ta Ta Gya Ta Ya Ta Ni Ya Ta On Saw
Law Saw Law Ha La Saw Law Ha La Saw Law Saw Wa Ka

拿摩 蘇嚕叭牙 打他噶打牙 打笛牙他
嗡 蘇魯 蘇魯 砵喇蘇魯 砵喇蘇魯 司乏哈

印 右手結妙色身如來施甘露印，豎臂展五指向外，左手持食器。

觀 觀想食器上有一白色鑁字流出甘露法水，清涼、甘美、滋養，廣大如海，沾此水者，普得清涼，猛火息滅，身心潤澤，離飢渴想，永得清淨妙樂。

按 《雲棲補註》云：「自身想觀自在菩薩，心月輪上白色紇哩字放光照前鬼眾，並想右忍指上有一月輪，輪中有白色鑁字，流出甘露如水銀色，是真智所成，左手力智點水彈洒虛空，如細雨下『觸此水者，悉具色相，猛火息滅，普得清涼，離飢渴消，滅心報障。』」

（三）一字水輪咒（廿一遍）

唵鍐鍐鍐鍐鍐。

オン バン バン バン バン バン

On Baang Baang Baang Baang Baang

嗡 凡姆 凡姆 凡姆 凡姆 凡姆

印 每誦咒時，引右手臨食器上方稍離，手微波動。

觀 《施餓鬼經》云：「毘盧遮那一字心水輪觀真言印，先觀想此鍐字，於右手心中，猶如乳色，變為八功德海，流出一切甘露醍醐。即引手臨食器上，誦此鍐字一七遍即展開五指向下臨食器中。觀想乳等甘露自鍐字中流出猶如日月，一切鬼等皆得飽滿，無所乏少。」

（四）乳海真言（廿一遍）

南無三滿哆沒馱喃。唵鍐。

ナウ マク サン マン ダ ボ ダ ナン バン

Nor Ma Cool Sum Mam Da Ball Da Nam Baang

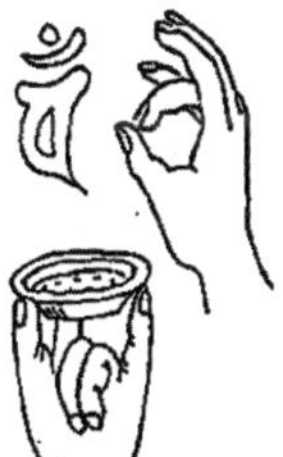

拿摩 三滿達 勃馱喃 嗡 凡姆

印 左手持食器，右手點取食器中甘露水，彈洒虛空。

觀 想手中前白色鍐字，明點中流出甘露，以右手點取，彈洒虛空，如雨下注，凡所至處，即成長河酥酪。

南無阿彌陀如來
南無甘露王如來
南無離怖畏如來
南無廣博身如來

十八、宣稱七如來聖號（三稱）

南無多寶如來

南無寶勝如來

南無妙色身如來

南無廣博身如來

南無離怖畏如來

南無甘露王如來

南無阿彌陀如來

印 金剛合掌。

觀 《瑜珈焰口施食儀》云：「誦七如來名、結諸手印，總不離自身觀音也，稱名號時，應想自己兩眉中間，放出一光，盤旋虛空，中有蓮花，花中坐一如來，次想面前六道諸鬼神眾，合掌頂上，隨吾音聲，三稱三禮，然後長跪合掌，志心聽受，使諸佛之真言德號，一歷耳根，永為菩提道種。」

南無多寶如來

諸佛子等，若聞多寶如來名號，能得法性智慧，財寶具足，稱意受用無盡。

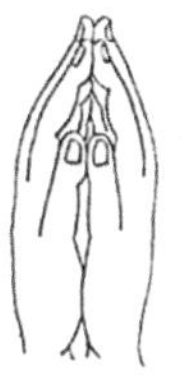

ナウ ボ ハラ ボ タ アラタンナウ ダ タ ギャ タ ヤ

Nor Ball Ha La Ball Ta Ah La Town Nor Da Ta Gya Ta Ya

南無巴噶乏得 波虎 拉達拿牙 打他噶打牙

印 空心合掌。

南無寶勝如來

諸佛子等，若聞寶勝如來名號，能斷生死煩惱業火，得無上法性智寶。

ナウ ボ アラ タンナウ サン バンバ ダ タ ギャ タ ヤ

Nor Ball Ah La Town Nor Sum Baang Ba Da Ta Gya Ta Ya

南無巴噶乏得 拉達拿 吉都拉加牙 打他噶打牙

印 中指、無名指、小指內相叉，二食指頭相拄，二大拇指側豎不下壓。

南無妙色身如來

諸佛子等，若聞妙色身如來名號，不受醜陋，具足相好，圓滿殊勝，端嚴第一。

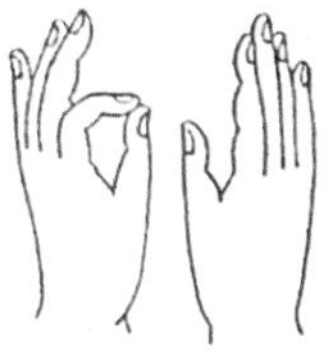

ナウ ボ ソ ロ バ ヤ ダ タ ギャ タ ヤ

Nor Ball Saw Law Ba Ya Da Ta Gya Ta Ya

南無巴噶乏得 蘇魯叭牙 打他噶打牙

印 左手豎胸前，大拇指與食指相捻，右手曲舒展，二手掌皆仰下向前。

南無廣博身如來

諸佛子等，若聞廣博身如來名號，能消餓鬼針咽、業火、清涼通達。

ナウボ ビボラ キャタラヤ ダ タギャタヤ

Nor Ball Bi Ball La Kya Ta La Ya Da Ta Gya Ta Ya

南無巴噶乏得 必不拉噶 得拉牙 打他嶋打牙

印 左右手曲如拳，左手大、食指對肩彈；右手大、食指對胸彈。

南無離怖畏如來

諸佛子等，若聞離怖畏如來名號，能令離諸怖畏，常得安樂。

ナウボ ビキャタタラ ナウヤ ダ タギャタヤ

Nor Ball Bi Kya Ta Ta La Nor Ya Da Ta Gya Ta Ya

南無巴噶乏得 微噶達 得拉納牙 打他噶打牙

印 右手胸前覆，大拇指、無名指相捻，左掌仰於右掌下大拇指、食指相捻微動。

南無甘露王如來

諸佛子等，若聞甘露王如來名號，欽得甘露法味灌注身心，永得安樂。

ナウボ アミリド アランジャヤダタ ギャタヤ

Nor Ball Ah Me Li Doll Ah Lan Jya Ya Da Ta Gya Ta Ya

南無巴噶乏得 藍魯叭牙 打他噶打牙

印 右掌胸前豎直，大拇指、小指相捻，餘三指直豎；左手大拇指食指相捻，著右手腕ｰ餘三指曲如拳。

南無阿彌陀如來

諸佛子等，若聞阿彌陀如來名號，能令往生極樂，連花化生，入不地。

ナウボ アミタ バヤダタ ギャタヤ

Nor Ball Ah Me Ta Ba Ya Da Ta Gya Ta Ya

南無巴噶乏得 阿彌打 補打牙 打他噶打牙

印 右上左下，二食指屈二節，指尖抵拇指第一節，兩拇指相柱。

拿摩一切世間廣大威德自在光明如來（一遍）

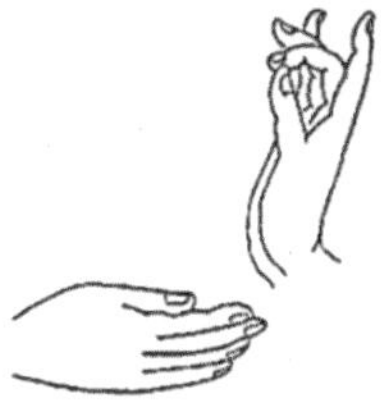

諸佛子等，若聞世間廣大威德自在光明如來名號，能令汝等獲五種功德：一者、於諸世間最為第一。二者、得菩薩身，端嚴殊勝。三者、威德廣大，超過一切外道天魔，如日月照於大海功德巍巍。四者、得大自在，所向如意，似鳥飛空。五者、得大堅固，智慧光明，身心明徹，如琉璃珠。

ノウボロキャビジチリナンティジャシンバラハラバヤタタ

ギャタヤ

Nor Ball Law Kya Bi Ji Chi Li Nam Tair Jya Shin Ba La Ha La Ba Ya Ta Ta

Gya Ta Ya

南無巴噶乏得 盧迦維斯諦 阿捺弟夏薩拉

補拉叭牙 打他噶達牙

印 右手曲仰掌，中、大指相捻，左手仰上五指舒展。

十九、結願正施

（一）咒力加持

神咒加持（淨法食 法施食 甘露水） 普施河沙衆（佛子 有情 孤魂）

願皆飽滿捨慳貪 速脫幽冥生淨土

歸依三寶發菩提 究竟得成無上道

功德無邊盡未來 一切（佛子 有情 孤魂） 同法食

右手無名指寫水中（嗡阿吽）各一字，（凡姆）七字。在唸第一次生淨土處用中指點水向地上一彈水跪下，觀大地變成黃金琉璃地。

（二）正施祝願

汝·等·佛·子有情孤魂 眾·我·今·施·汝·供·
此·食·偏·十·方·一·切·佛·子有情孤魂 共
願·以·此·功·德·普·及·於·一·切·
施·食·與·佛·子有情孤魂 皆·共·成·佛·道·

此偈至至最後句「道」字，時右手持甘露器，左手金剛拳安腰面向東立，即將食米水倒置出生台上，分作三份，一份施水族，一份施毛群，一份施他方有情。淨地亦可，不可置於石榴、桃樹下，令鬼神懼怕不得受食。

（三）施無遮食真言（三遍）

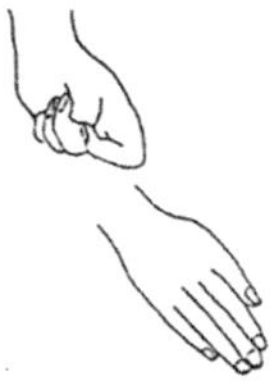

唵·穆·力·陵·。娑·婆·訶·。

オン ボ リン ナ ソワカ

On Ball Lin Na Saw Wa Ka

嗡 穆利陵 司乏哈

印 左手金剛拳安腰，右手結施無印，舒五指垂掌向外。

觀 觀想道場法食融通，悉無遮止，六道眾生皆獲平等。

附加 障施鬼眞言《雲棲補註》云：「此後恐彼等業障深重，雖已普施甘露，未及聞名睹相，而其報障猶存，卒難解脫。或見飲食仍變猛火，我今再誦密言加持前食，盡成法食，不復轉為苦緣也。」

觀 觀自身為觀音，左手掌中有白色鑁字，明點中流出甘露，從左掌而下，右手接取往彼鬼眾頂門，滅其業火，普得清涼。

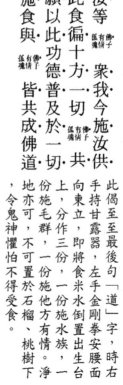

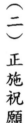

（四）普供養真言（三遍）

唵·誐誐曩三婆嚩伐日囉斛·

オン ギャギャノウ サンバンバ バザラ コク
On Gya Gya Nor Sum Baang Ba Ba Za La Call Cool

嗡 噶噶拿 三婆乏 乏及拉 吽

印 二手直合，二中指各屈二節，二大指壓二食指上，餘三指直合。

觀 觀想屈中指處有白色嗡字明點流出無盡供養，充滿十方剎海，普令六道眾生，遐邇一體，高下均平，老幼貴賤，強弱冤親悉得飽滿。

（五）誦般若波羅密多心經（一卷）

般若波羅密多心經

觀自在菩薩。行深般若波羅蜜多時。照見五蘊皆空。度一切苦厄。舍利子。色不異空。空不異色。色即是空。空即是色。受想行識。亦復如是。舍利子。是諸法空相。不生不滅。不垢不淨。不增不減。是故空中無色。無受想行識。無眼耳鼻舌身意。無色聲香味觸法。無眼界。乃至無意識界。無無明。亦無無明盡。乃至無老死。亦無老死盡。無苦集滅道。無智亦無得。以無所得故。菩提薩埵。依般若波羅蜜多故。心無罣礙。無罣礙故。無有恐怖。遠離顛倒夢想。究竟涅槃。三世諸佛◎依般若波羅蜜多故。得阿耨多羅三藐三菩提。故知般若波羅蜜多。是大神呪。是大明呪。

是無上呪。是無等等呪。能除一切苦。眞實不虛。故說般若波羅蜜多呪。即說呪曰◎揭諦揭諦。波羅揭諦。波羅僧◎揭諦。菩提薩婆訶。

(六)往生神咒(二十一遍)

南無阿彌多婆耶◎哆他伽多夜。哆地夜他。阿彌利都婆毗。阿彌利哆。悉眈婆毗。阿彌唎哆。毗迦蘭帝。阿彌唎哆。毗迦蘭多。伽彌膩。伽伽那。枳多迦利娑婆訶。

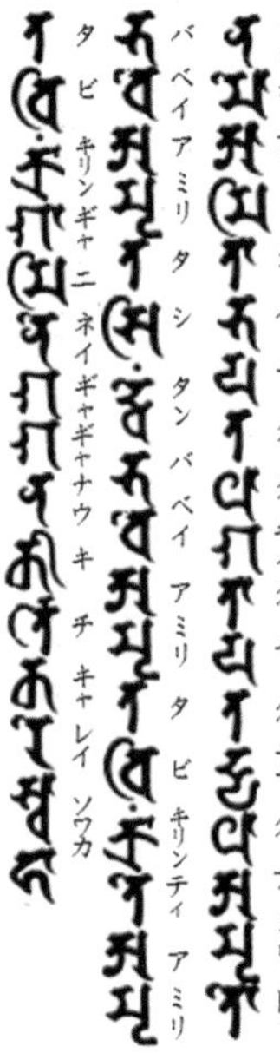

ナウボアミタバヤタタギャタヤタニヤタアミリト
バベイアミリタシタンバベイアミリタビキリンティアミリ
タビキリンギャニネイギャギャナウキチキャレイソワカ

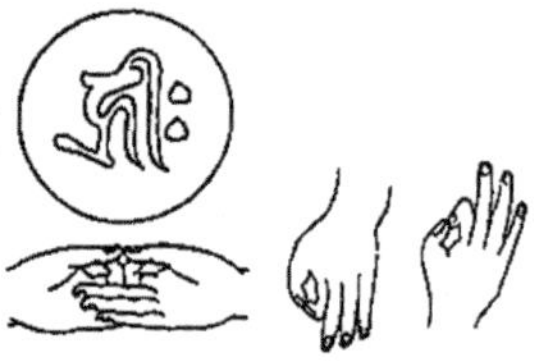

Nor Ball Ah Me Ta Ba Ya Ta Ta Gya Ta Ya Ta Ni Ya Ta Ah Me Li Tall
Ba Bear Ah Me Li Ta Shi Town Ba Bear Ah Me Li Ta Bi Ki Lin Tair Ah Me
Li Ta Bi Ki Lin Gya Ni Nir E Gya Gya Nor Ki Chi Kya Lay Saw Wa Ka

拿摩 阿彌打拔牙 打他噶打牙 打笛牙他 嗡 啊彌里多 德拔肥 啊彌里打 細迭拔肥 啊彌里打 維割林得 阿彌里打 維割林打 噶彌餒 噶噶拿 割底嘎咧 司乏哈

印 站立印：右手上揚當肩位置，手掌向外，大拇指與食指相稔；左手下垂，手掌向外，大拇指與食指相稔。坐時印：右上左下，二食指屈二節，指尖抵大拇指一節，二手大拇指相拄。

觀 觀想心月輪上有一紅色梵文紇哩字放光普照一切眾生，遇斯光者，罪障消滅，苦惱解脫，往生極樂國土。

大寶樓閣善住秘密陀羅尼（七遍）

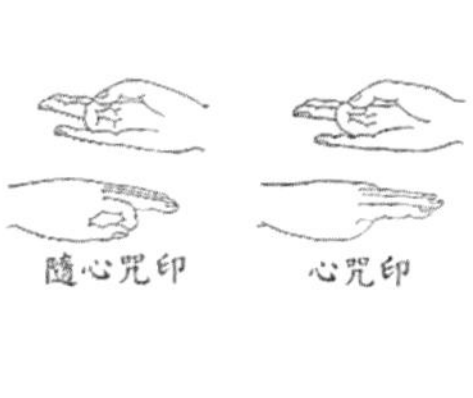

Nor Ma Cool Sa La Ba Ta Ta Gya Ta Nam On Bi Hall La Gya La Beer E Ma Ni Ha
La Beer E Ta Ta Gya Ta Ni Da Lu Sya Ni Ma Ni Ma Ni Saw Ha La Beer E
Bi Ma Lay E Sa Gya La Gang Bi Lay E Woon Woon Jim Ba La Jim Ba La Ball
Da Bi Law Ki Tair E Gu Kya Ji Shu Ta Gya La Bear E Saw Wa Ka

拿麥 灑爾乏 打他噶打難 嗡 維補拉 噶爾別 嘛尼 砵喇別
打他噶打 你達爾夏餒 嘛尼嘛尼 蘇砵喇別 維嘛咧 灑噶喇
噶姆毗喇 吽吽 及乏拉 及乏拉 菩達 維羅割得 骨赫牙
提世帝打 噶爾別 司乏哈

印 虛心合掌，二大指並立，中間稍開，二食指中彎，柱二大指頭，如是左右二大指與二食指相柱作圓環狀，二中指相著微彎，如寶形，二無名指頭相柱，二小指開立。

觀 誦此咒時觀想自身心月輪上有一金色梵文拔字光普照一切眾生觸斯光者皆得解脫。

按 《廣大寶樓閣善住秘密陀羅尼經》云：「常於清旦，誦一百八遍，所求之事皆得成就。若有人登大高山頂，誦此陀羅尼，盡眼所見處，所有眾生滅一切罪，亦離一切地獄業，得免一切傍生身。誦心咒百萬，得一切如來灌頂。若誦隨心咒滿一百萬，所有鬼神作障難者，悉來接足禮拜白言：『持明者，救護我等，勿斷我命，所使我者，決定得了，我皆成就』乃至誦十萬遍，得見一切如來。」

心咒 嗡 嘛尼 乏及里 吽 帕韃

隨心咒 嗡 嘛尼 達里 吽 怕都

佛頂尊勝陀羅尼

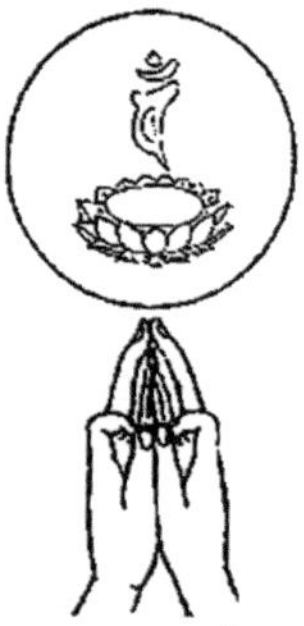

On オン
A ア
Me Li ミリ
Ta タ
Tair ティ
Jya ジャ
Ba バ
Chi チ
Saw Wa Ka ソワカ

心真言 嗡 啊彌里打 得戛乇底 司乇哈

印 尊勝宮印

觀 《持松阿闍梨編佛頂尊勝心真言最略念誦法》云：「結印誦咒七遍已，然後解除印相，結印時，須以淨布蓋覆，不令外現，用數珠記數誦萬八百遍，或千八十遍，或百八遍。當誦之時，想胸一肘遠近有一月輪，徑圓一肘，清淨極圓，在月輪中，有一蓮花，花上有一梵書康字(觀刊姆字或凡姆字，今多用凡姆字)白色放大光明，漸舒徧滿法界，所有一切眾生，觸此光明者，皆免一切苦，身心清涼，得大智慧。誦畢之後，此光漸縮，然後復結本尊印相，誦咒七遍，想此功德，迴向法界眾生。念咒聲音，不得令他人，只令自己耳中聞，不得出大聲念。」

按 《佛頂尊勝陀羅尼經》云：「若人須臾得聞此陀羅尼，千劫已來，積造惡業重障；應受種種流轉生死，地獄，餓鬼，畜生乃至蟻子之身，更不重受，即得轉生諸佛如來，一生補處菩薩，同會處生。」

《雲棲補註》云：「若誦若持能淨業障，令生樂趣，現獲益壽，能閉惡道門，能開諸佛國，故此誦之，令圓滿佛事，畢利生之功德也。」

佛頂尊勝陀羅尼（一遍）

拿摩 拔噶乏得 得籟羅割牙 鉢喇底 維希世打牙
菩達牙 拔噶乏得 打笛牙他 嗡 維旭達牙 維旭達牙
灑嘛灑嘛 三鑾打 乏拔灑 司怕喇拿 噶底 噶哈拿
司乏拔乏 維須迭 啊毗勝佳覩曼 蘇噶打 乏喇
乏佳拿 啊彌里打 毗曬蓋 嘛哈 鑾得喇 叭臺
啊哈攝 啊哈喇 啊瑜 三達喇尼 旭達牙 旭達牙
噶噶拿 維須迭 烏失尼啥 維戛牙 維須迭
灑哈司喇 喇吸彌 三舉題得 灑爾乏 打他噶打
乏羅嘎你 啥得叭喇蜜打 叭里 布喇尼 灑爾乏
打他噶打 赫里達牙 提世打拿 提世帝得 嘛哈
母德咧 乏及喇 嘎牙 三哈打拿 維須迭 灑爾乏
乏喇拿 拔牙 徒爾噶底 叭里 維須迭 鉢喇底你
乏爾打牙 啊瑜 須迭 三嘛牙 提世帝得 嘛尼
嘛尼 嘛哈嘛尼 打他打 蒲打戈帝 叭里須迭
維司普打 菩提 須迭 戛牙戛牙 維戛牙維戛牙
司嘛喇司嘛喇 灑爾乏菩達 提世帝打須迭 乏及里
乏及喇噶爾別 乏及覽拔乏覩 嘛嘛 夏里覽 灑爾乏
灑得乏難 佳嘎牙 叭哩 維須迭 灑爾乏 嘎底 叭里
須迭 灑爾乏打他噶打 吸佳美 三嘛 吸乏灑 牙姆多
灑爾乏 打他噶打 三嘛 吸乏灑 提世帝得 菩提牙
菩提牙 維菩提也 維菩提也 萡達牙 萡達牙
維萡達牙 維萡達牙 三鑾打 叭里 須迭 灑爾乏
打他噶打 赫里達牙 提世打拿 提世帝得 嘛哈
母德咧 司乏哈

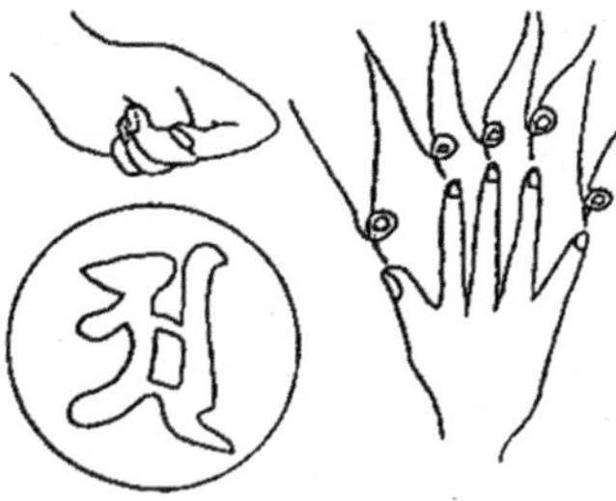

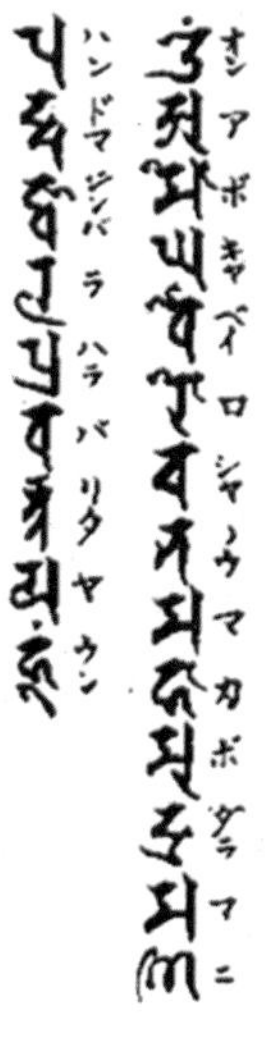

On Ah Ball Gya Bear Law Sya Nor Ma Ka Ball Da La

Ma Ni Hun Doll Ma Jim Ba La Ha La Ba Li Ta Ya Woon

嗡 啊摩噶 懷魯佳拿 嘛哈 母德喇 嘛尼
叭德嘛 及乇拉 碌喇乇爾打牙 吽

印 左手金剛拳安腰，右手豎臂展五指向外，指尖與肩平（放光印）。

觀 觀想心月輪上有一金色梵文阿字，放光普照眾生，觸光者，悉離苦得樂，並觀想右手五指間放出五色無量光明，普照苦惱眾生，能令其離苦。

按 《不空羂索神變真言經卷廿八》云：「若有眾生隨處得聞此真言二、三七遍，經耳根者，即得除滅一切罪障。若諸眾生，具造十惡五逆、四重諸罪，猶如微塵滿斯世界，身壞命終，墮諸惡道，以是真言加持土沙一百八遍，屍陀林中，散亡者屍骸上，或散墓上、塔上，遇皆散之。彼所亡者，若地獄中、若餓鬼中、若修羅中、若傍生中、以此真言加持土沙之力，應時即得光明及身，除諸罪報，捨所苦身，往於西方極樂國土，蓮花化生，乃至菩提更不墮落。」

先 七種印

智拳印 右手食指和拇指按左手食指頭，其
餘三指握食指
オンポッケン アボギャ
嗡 朴肯 阿波羯也

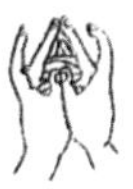

外五股印 外縛兩手拇指、中指、小指立合
，二食指附中指背但不相著
ベイロシャノウ
啤蘿 夏娜

五色光印 左手金剛拳安腰，右手五指開伸
向土砂
マカボダラ
瑪卡波達 喇

寶生印 外縛二中指立合成寶珠形
マニ
瑪呢

彌陀印 外縛二中指立合成蓮葉形
ハンドマ
亨都瑪

智拳印 如前
ジンバラ
占巴喇

八葉印 二手虛心合掌，二拇指二尾指各相
着，餘六指微曲開散，如開敷蓮花
ハラバリタヤ ウン
哈喇巴呢打也溫

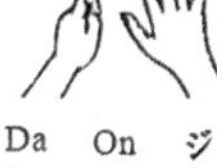

次 **五色光印** 光明真言五遍如前
オン アボキャ ベイロシャノウ
マカボダラ マニ ハンドマ
ジンバラ ハラバリタヤ ウン

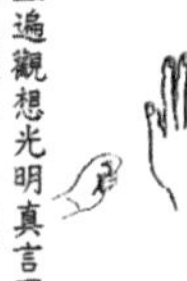

On Ah Ball Gya Bair Law Sya Nor Ma Ka Ball
Da La Ma Ni Hun Doll Ma Jim Ba La Ha La
Ba Li Ta Ya Woon

光明真言六印法

結五色光印

先念光明真言三遍觀想光明真言圍繞加持
再念光明真言三遍觀想亡者變阿字現空中

結外五股印

再念光明真言三遍觀從阿字出金色篦喇喚肯

結智拳印

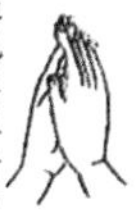

再念光明真言三遍觀想阿篦喇溫肯放五色光

結金剛合掌

再念光明真言三遍觀想從晏字沒槃點放大光
中間坐胎藏界大日如來

結加持予願印

再念光明真言三遍觀想大日如來出光明真言
咒輪圍繞放光加持眾生

結不動明王獨股印

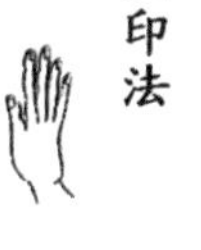

再念光明真言三遍觀想咒輪縮入大日如來身中
再觀想大日如來變成五輪塔，再觀五輪塔從頂
肯溫喇篦四字，縮入變成一個阿字，念嗡朴肯
呼亡者名念光明真言喚後加帕韃往生淨土梳哇
卡，觀想阿字直飛西方極樂西界與代表彌陀之
紇哩字，結合蒙深佛接引往生淨土

嗡 阿波羯也 啤蘿 夏娜 瑪卡波達喇 瑪呢 亨
都瑪 占巴喇 哈喇巴呢打也溫

咒願(一遍)

諸佛子等。從來所受飲食。皆是人間販鬻生命。酒脯錢財。血肉腥羶。葷辛臭穢。雖復受得。如是飲食。譬如毒藥。損壞於身。但增苦本。沉淪苦海。無解脫時。我今依如來教。精誠罄捨。設此無遮廣大法會。汝等今日。遇茲勝事。戒品霑身。於過去世廣事諸佛。親近善友。由此因緣。值善知識。發菩提心。誓願成佛。不求餘果。先得道者。遞相度脫。又願汝等晝夜恒常。擁護於我。滿我所願。以此施食。所生功德。普將回施。法界有情。共諸有情。同將此福。盡皆回施。無上菩提。一切種智。勿招餘果。願速成佛。願速成佛。

金剛解脫真言(十遍)

On Ba Za La Ball Ki Sha Ball Cool

嗡 乏及拉 目乞叉 穆

印 結奉送印，二手金剛拳，二食指相勾，隨誦而掣(食指勾散開，母指向外撥)。

觀 十誦十掣開後，復以上妙香花，擲虛空上，左旋解界，意為奉送，應想諸佛菩薩，及六道四生，悉皆不現，各還本位。

大金剛輪 七遍

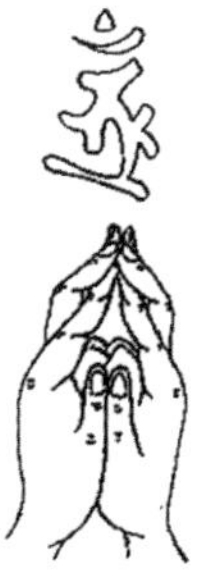

Nor Ma Cool Si Chi Li Ya Chi Bya Kya Nam
Ta Ta Gya Ta Nam Ang Bi La Ji Bi La Ji
Ma Ka Sya Kya La Ba Ji Li Sa Ta Sa Ta
Sa La Tair Sa La Tair Ta La E Ta La E
Bi Da Ma Ni Sa Baang Jya Ni Ta La Ma Chi
Shi Ta Gi Li Ya Ta Laang Saw Wa Ka

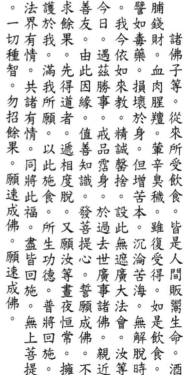

Da Nam Ball Loon

Nor Ma Cool Sum Mam Da Ball

一字 百遍

ノウマクサマンダボダナンボロン 百遍

Nor Ball Ba Gya Ba Tall Wu Shu Ni

Sha On Law Law Saw Ball Law Jim

Ba La Chi Shu Ta Shi Ta Law

Sya Ni Sa La Ba La Ta Sa

Da Ni A E Saw Wa Ka

佛眼 七遍

ノウボバギャバトウシュニシャオンロロソボロ

ジンバラチシュタシッタロシャニサラバラタサ

ダニエイソワカ

掐ニ念珠一可ニ能々祈念一

次後供養（焼香）

先理供

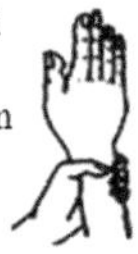

塗香 以ニ左手一握ニ智腕一作ニ施無畏勢一

Nor Ma Cool Sa Mam Da Ball Da Nam Bi

Shu Da Gang Doll Doll Ba Ba Ya Saw

Wa Ka

ノウマクサマンダボダナンビシュダゲ

ンドドバハヤソワカ 一遍

花鬘 内縛伸ニ柱二風一少曲ニ空輪一閉ニ立風側一

Nor Ma Cool Sa Mam Da Ball Da Nam Ma

Ka Ma E Ta Li Ya Bi Yu Doll

Kya Tair Saw Wa Ka

ノウマクサマンダボダナンマカマイタリヤ

ビユドギャテイツワカ 一遍

Nor Ma Cool Sa Mam Da Ball Da Nam Da
La Ma Da Tall Ba Doll Ki Sya Tair
Saw Wa Ka

焼香　地水火相背テ二風側ヲ相合テ空捻ル風側ヲ

ノウマクサマンダボダナンダラマダトバ
ドギヤテイソワカ　一遍

Nor Ma Cool Sa Mam Da Ball Da Nam
Ah La La Kya La La Lin
Da Ba Lin Da Da Ah Bi Ba Lin Da
Dair Ma Ka Ba Li Saw Wa Ka

飲食　鉢印

ノウマクサマンダボダナンアララキャ
ララバリンダダアビバリンダデイマ
カバリソワカ　一遍

Nor Ma Cool Sa Mam Da Ball Da Nam
Ta Ta Gya Ta Ah Laang Shi Saw Ha
Laang Da Ba Ba Sya Nor Gya Gya Nor
Da Li Ya Saw Wa Ka

燈明　以テ右ノ空ヲ押シ地水ノ甲ヲ屈ノ風ヲ著ケ火ノ背ニ

ノウマクサマンダボダナンタタギヤタ
アラシソハランダババアサノウギヤギヤノウダ
リヤソワカ　一遍

次献壇供ヲ　先塗香　次花鬘　次焼香　次飲食　次燈明　行者ノ右方也

各以右手火空取之薫焼香三度次置左手持花印上右手作小三鈷印誦軍荼利小呪順三遍加持次両手作同印合誦之供之但花鬘時取花三葉散壇焼香取之直置左印上飲食作置壇加持之供燈明不取加持之結燈明印誦之一遍供之

On Ah Me Li Tey Woon Park Tar

次獻閼伽（軍荼利小咒、オンアミリテイウンハッタ）

伽陀曰，

オン バ ザラ ダ キャ タ ウン 一遍

至心奉獻 漱口香水
惟願本尊 哀憫納受
護持弟子 所作成就

想洗聖衆御口，

由獻閼伽香水，令修行者三業清淨，洗除一切煩惱罪垢，

次振鈴

左手取鈴微傾 左閼伽與火舍中間經過 振鈴三次

On Ba Za La King Da Tall Sya Call Cool

オン バ ザラ ゲンダ ト シヤ コク 十遍

次讚

四智梵

On Ba Za La Sa Doll Ba Saw Gya La
Ka Ba Za La Ah La Town Nor Ma Doll
Ta Laang Ba Za La Ta La Ma Kya Ya Ta
E Ba Za La Kya La Ma Kya Law Hum Ba

オン バン ザラ サ トバ ソウ ギャラ カ バ ザラ
アラ タンノウ マ ド タ ラン バ ザラ タ ラマ
キャ ヤ タイ バ ザラ キャ ラマ キャ ロ ハム
バ 一遍

次普供養

On Ah Ball Gya Hall Za Ma Ni
Hun Doll Ma Ba Zi Lay Ta
Ta Gya Ta Bi Law Ki Tair
Sum Mam Da Ha La Sa La Woon

オン アボ キャ ホ ジャ マ ニ ハン ドマ
バ ジレイ タ タ ギャ タ ビ ロ キ テイ
サン マ ンダ ハラ サ ラ ウン 一遍

次三力　金剛合掌

以我功徳力　如來加持力

及以法界力　普供養而住　取香呂金一丁 置念珠香呂

次小祈願　金剛合掌

普供養摩訶毘盧遮那佛

普供養　本尊界會　大慈大悲

觀自在尊　蓮花部中　諸大薩埵

兩部界會　諸尊聖衆　護法天等

所設妙供　哀愍納受　護持弟子

消除不祥　增長福壽　恒受快樂

無邊善願　決定圓満

次禮佛　金剛合掌

南無摩訶毘盧遮那佛

南無阿閦佛　南無寶生佛

南無無量壽佛　南無不空成就佛

南無四波羅蜜菩薩　南無十六大菩薩

南無八供養菩薩　南無四攝智菩薩

南無觀自在菩薩摩訶薩（三遍）
南無金剛界一切諸佛
南無大悲胎藏界一切諸佛
次廻向　取珠爐　金一丁
所修功徳　廻向三寶願海
廻向三界天人　廻向一切神等
廻向諸聖靈等　廻向聖朝安穏
廻向自他法界　廻向平等利益
廻向法界　廻向無上大菩提　置珠呂
次廻向方便　金合　懺悔隨喜云々
懺悔隨喜勸請福　願我不失菩提心
諸佛菩薩妙衆中　常爲善友不厭捨
離於八難生無難　宿命住智莊嚴身
遠離愚迷具悲智　悉能滿足波羅蜜
富樂豐饒生勝族　眷屬廣多恒熾盛
四無礙辯十自在　六通諸禪悉圓満
如金剛幢及普賢　願讃廻向亦如是
歸命頂禮大悲毘盧遮那佛

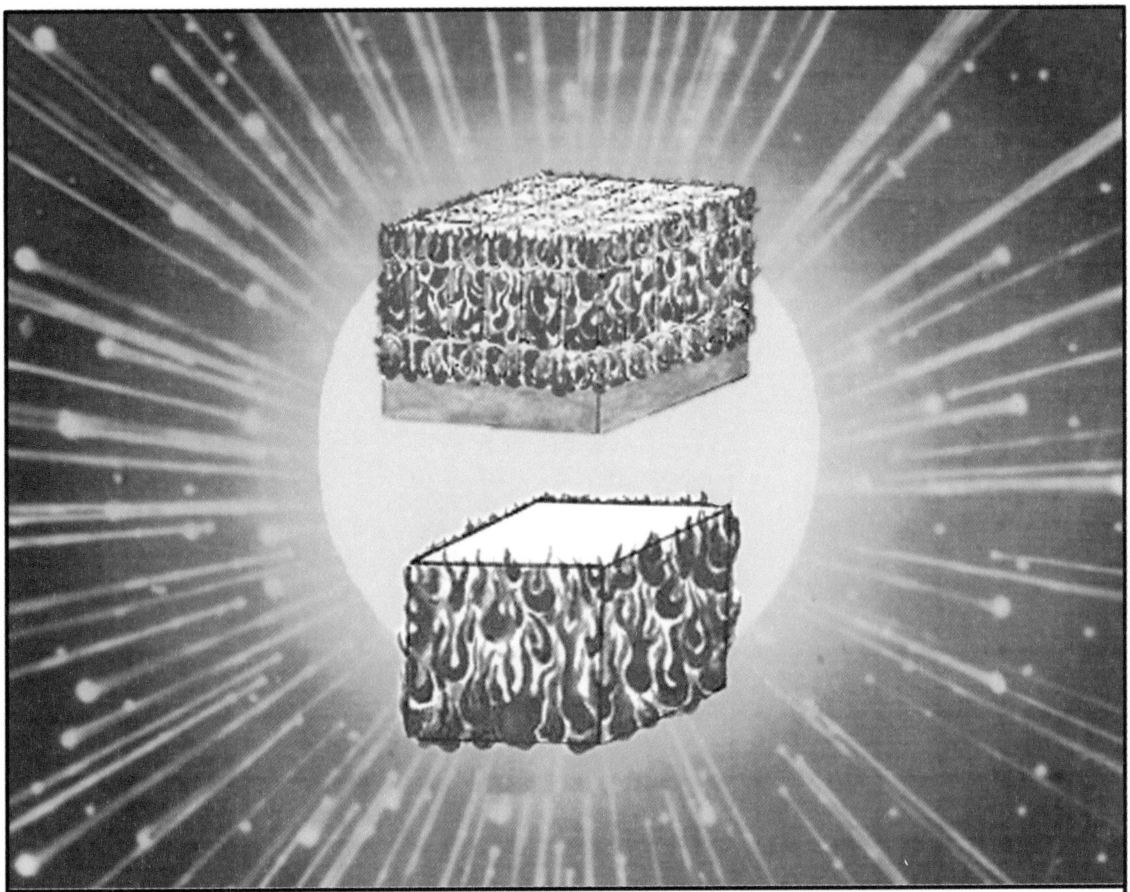

次解界

大三昧耶　火院　金剛網　從魔除遣
金剛墻　金剛橛 劃限之內不解之

大三昧耶

二手內縛立二中，屈二頭立旋，二中背如鉤，二大附二頭下左旋三遍

オン ショウギャレイ マカ サンマ エン ソワカ　三遍

On Sho Gya Lay Ma Ka Sum Ma
Eng Saw Wa Ka

火院

以左手掩右手背令相著開立，二大指逆三轉，真言曰

オン アサンマギニ ウン ハッタ

On Ah Sum Ma Gi
Li Woon Park Tar

金剛網

如先牆印，以二拇指屬二風傍覆印逆轉 真言曰

オン ビソホラ ダラキシャ ハザラ ハンジャラ ウン ハッタ　一遍

On Bi Saw Hall La Da La
Key Sya Ba Za La
Woon Park Tar

次從魔除遣

不動劍印慈救咒逆一轉

ノウマク サマンダ バザラダン センダ マカロシャダ ソハタヤ ウンタラタ カンマン

Nor Ma Cool Sa Mam Da
Ba Za La Down
Sen Da
Ma Ka Law Sya Da Saw Ha Ta
Ya
Woon Ta La Ta Kang Mam

On Sa La Sa La Ba Za La
Ba Zi Li Hall Ha La Kya La
Woon Park Tar

金剛墻

形如先印但張開二大指向前三度繞之 真言曰

オンサラサラバザラハラキャラウンパッタ 一遍

On Key Li Key Li Ba
Za La Ba Zi Li Hall
La Mam Da Mam Da
Woon Park Tar

次地界金剛橛

二地各端相拄次以左水火押右水火上次風空二指端俱相拄向下三度觸地 真言曰

オンキリキリバザラバジリホラマンダマンダウンパッタ 三遍

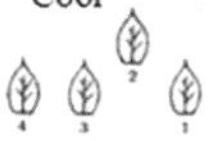

撥遣的花

On Ba Za La
Ball Key Sya Ball Cool

次撥遣

以右手取下左花鬘殘花殘正面一葉上合左右中指挿之誦真言以右手火風二指置垣上花鬘外也

オンバザラボキシャボク

On Ba Za La Ta La Tall
Sya Call Cool

次拍掌

オンバザラタラトシャコク

On Ta Ta Gya Tall Doll Hun Ba Ya Saw Wa Ka

次佛部　蓮華合掌而屈風指属火指中節二大指属二頭指側真言曰

オン タ タ ギャ ト ドハン バ ヤ ソワ カ　一遍

即想佛部諸尊加持行者速令獲得身業清淨罪障消滅福慧增長

On Hun Doll Ball Doll Hun Ba Ya Saw Wa Ka

次蓮華部　八葉印　真言曰

オン ハン ドボ ドハン バ ヤ ソワ カ　一遍

即想觀自在菩薩及蓮華部聖衆加持行者速令獲得語業清淨言音威肅令人樂聞無礙辨才說法自在

On Ba Zo Law Doll Hun Ba Ya Saw Wa Ka

次金剛部　左覆右仰背相合於大指結合小指中間三指如三鈷杵形　真言曰

オン バ ゾロ ドハン バ ヤ ソワ カ　一遍

即想金剛藏菩薩並金剛部聖衆加持行者令獲得意業清淨證菩提心三昧現前速得解脫

On Ba Za La Gi Li Ha La Chi Ha Ta Ya Saw Wa Ka

次被甲（内縛立合二中鈎二頭不着二中後二大相並捻無名指印五処）真言曰

オンバザラギニハラチハタヤソワカ　五遍

即想得被如來大慈大悲甲冑一切天魔及諸障者悉見行者威光赫奕猶如日輪各起慈心不能障礙及以悪人無能得便煩惱業障身不染着亦脱諸悪趣苦疾證無上正等菩提

㊉十二普結回向

〇普回向眞言 上來施食功德、回向一切有情、皆發無上菩提之心、自利利他、早生極樂、同證佛乘、又諸有情、無善根者令種、有善根者增長、庶勿戀於輪迴。皆速成於佛道。 引磬同唱

唵。娑摩囉。娑摩囉。彌摩曩。薩哈囉摩訶咱哈囉吽。七遍或十四遍

〇吉祥偈 此偈、願施食功德、以冀三寶及護法諸神、常降吉祥。

願晝吉祥夜吉祥 晝夜六時恒吉祥

一切時中吉祥者 願諸上師哀攝受 三寶哀攝受 護持常擁護 三遍

法師撫尺開示

上來宣揚施食法門。汝等佛子。得悟玄妙之心。同入清凉之地。偈示萬法唯心。呪破衆苦關鑰。皈依三寶。趣妙果。脫苦輪。道歸解脫之門。堅發四弘。求佛道。度衆生。勤向涅槃之果。先由懺悔之力。誓願轉深。更以滅定業之功。根源方淨。然後進求三昧耶戒。大乘無作戒體圓成。變諸食色香味。互徧互融。化此水為甘露。普降普潤。更聞七如來名。即脫六道界苦。如是平等法會。貴賤均沾。無遮道場。怨親無間。以上經呪功德。咸融般若心經之眞空。顯密諸章。悉隨往生淨土之秘藏。普回向呪。法界衆生。盡成菩提。唱吉祥偈。大地有情。常得如意。今汝遇緣既勝。已聞出世法門。常當自覺自明。不得迷心迷境。一落冥界。萬刼難回。汝既領悟。早冀圓超。彼佛垂慈。即令解脫。蓮花托體。光明滿身。常聞彌陀妙音。直悟無生法忍。汝等至心。隨衆和音。念佛回向。

如有文疏在此宣讀

南無大乘常住三寶　三稱

三結願念佛回向　大衆起立站定和音同唱

○結願生淨土偈　○讚彌陀佛偈

四生登於寶地　三有托化蓮池
河沙餓鬼證三賢　萬類有情登十地
阿彌陀佛身金色　相好光明無等倫
白毫宛轉五須彌　紺目澄清四大海
光中化佛無數億　化菩薩衆亦無邊
四十八願度衆生　九品咸令登彼岸

南無西方極樂世界大慈大悲阿彌陀佛

南無阿彌陀佛　繞念　繞念畢衆至六道群靈位前東西站齊如人衆多者即歸壇如前對面站齊舉唱觀音聖號等

南無觀世音菩薩　各三稱
南無大勢至菩薩
南無清淨大海衆菩薩

○回向文　引磬領唱

一心皈命、極樂世界、阿彌陀佛、願以淨光照我、慈誓攝我、我今正念、稱如来名、為菩提道、求生淨土、佛昔本誓、若有衆生、欲生我國、志心信樂、乃至十念、若不生者、不取正覺、以此念佛因緣、得入如来大誓海中、承佛慈力、衆罪消滅、善根增長、若臨命終、自知時至、身無病苦、心不貪戀、意不顛倒、如入禪定、佛及聖衆、手執金臺、来迎接我、於一念頃、生極樂國、花開見佛、即聞佛乘、頓開佛慧、廣度衆生、滿菩提願、十方三世一切佛、一切菩薩摩訶薩、摩訶般若波羅蜜、

○六道羣靈讚

六道羣靈．脫生死鄉．少隨法水悟眞常．直下自承當．返照迴光．何地不樂邦．

南無超樂土菩薩摩訶薩 三徧 念佛齊歸壇、向佛收佛號、三皈依三拜畢、又三拜回寮。

○三皈依

自皈依佛 當願衆生 體解大道 發無上心

自皈依法 當願衆生 深入經藏 智慧如海

自皈依僧 當願衆生 統理大衆 一切無礙 和南聖衆

蒙山施食念誦說法儀終

唐密圖解大蒙山施食念誦說法儀解說

高野山真言宗第五十三代傳法阿闍梨釋寬濟解說

youtube.com/watch?v=FeuL14P8C0w

大蒙山施食第一講：源流歷史

我們今天就講一講放蒙山，因為我們將會出一本《放蒙山》的書，講這個大蒙山施食和我們這個唐密圖解大蒙山施食儀。這個唐密，因為我們在大蒙山施食裡面加了很多字種進去，加了悉曇體進去，那些梵文。因為我們剛巧有個徒弟，他是梵文碩士，也會日文。所以就把咒加上梵文，所以叫唐密。我們還有製作一些動畫，一部分是平面3D的動畫，即是那些字種放光、瓔珞車等等。這個剛剛好阿June的老公吳某就是做這些的，剛剛做好。所以因緣和合，我們就出一本這個《放蒙山》書。

這個以前未有人做過的，又平面又動畫，又是這個唐密，又悉曇體。加上悉曇體，每條咒都加悉曇體，還有整理以前那些焰口資料，所有的東西加進去，那麼變成現在（這本書）。都是整理些有用的東西，即是大家就可以參考。因為這些資料是很難得的，所以我們花時間去找，找完之後編輯成一本書就可以保存下來，那麼將來的人要學的時候就不用找那麼多資料了。

我們放蒙山其實是一個很重要的法來的，那麼我放蒙山很早就開始了。我一九七七年皈依，去佛青那邊皈依，皈依暢懷法師。皈依完之後就看看佛青的結緣書，課誦本裡面有放蒙山。我想：「哎呀，放蒙山好啊！」。那時候因為剛開始學佛，很發心的，地獄不空誓不成佛，要渡眾生。那麼就拿回去，拿回家中就對著香港仔天主教墳場放。那時候住在薄扶林中心的，那時租房住，那一間是特別便宜的，因為什麼呢？整面窗戶對著薄扶林天主教永遠墳場，經常看到那些墳墓，這一次可好了，就在那裏施食，就開始做了，剛開始也不懂得觀想，也不懂什麼，即使觀想也不會，才剛剛會讀那些字，但是觀想就不會，那麼就這樣放。但是放著放著又有效，放了十天八天之後，你放錯了又會有叮叮叮（響聲）來提醒你。有時你太累了，回到家沒有放，那麼又會叮叮叮（響聲），時間到了他又會提醒你的。那些東西真的，他真的來吃啊。所以你做的好，那段時間又順利點。你放得不好，那段時間又好像沒那麼順利。所以就一直放了，放到現在。七七年到現在，四十二年。出家三十二年，學了佛十年才出家，但剛皈依就開始放蒙山了。

那麼有什麼好處呢？

放到現在也沒有看醫生，四十多年都沒有看過醫生，即使病，但是這兩年好像傷風咳嗽也沒有了，以前有的，那麼現在也沒有了。傷風咳嗽就自己弄些東西吃，那麼就會好了。所以從來都沒有看過醫生，做事又順利，即是比較順利，即是廟宇等諸如此類。我以前什麼都沒有的，拍手無塵。到現在有三個道場，雖然說不是很大，又不是說有錢，不過叫做夠用了。可以專心修法、弘法，身體也沒有問題，錢也沒有問題，人也沒有問題。因為沒有結婚，沒有結婚就沒有冤家，沒有冤家就沒有債主。沒有冤家債主，徒弟又不敢吭聲。徒弟又不會反駁你的，一切聽你說的。那麼信眾就更加聽你說了，所以能弘法。這個算是挺好的了，做法師來說即是不錯的了。所以普通人不如意之事十有八九，我們不如意之事也有一二的，十有一二，有時候申請地政署那些就難搞點，都有些不如意事，但是不是那麼多，這個普通人就多了，所以這一個放蒙山是很有作用的。

什麼叫做修行呢？其實修行並不是說修自己的，把自己的性格變成菩薩一樣。即是跑去修，修得很好，打坐打得很好，可以證道。當然了，如果能夠證道就完全不同了。但是普通人是修不到證道的，所以就看不到修行的。即是只是你在念經也好，拜佛也好，念佛也好，你也看不到什麼，可況要成佛。要成佛就是要渡眾生，那麼什麼時候開始渡呢？成了佛才度嗎？等你成佛那些眾生都沒有了，所以當你學佛的時候就要開始渡眾生。那麼我們學佛的人能夠做的事情，能夠幫助到眾生的其實是有限的，因為威德又不夠，功力又不夠，什麼都不夠。那麼唯有施食是最省錢的，只是七粒米而

已，你供別的要錢，你買一份香蕉供佛也要錢，但是七粒像就不是那麼多錢，對吧，七粒米而已。那麼七粒米，七粒好遍十方。

所以這個放蒙山，天天放都花不了你很多錢，對吧。那些水又不花錢。那麼所以天天這樣放，天天這樣放你就變得心中安定點。因為有渡眾生，我們出家人負責應供，負責應供就是說我們本身不夠修行，是不能夠受供的。我們先欠著，修好的時候就會渡你了。所以這在修行的過程裏面你也要饒益眾生的，所以最能夠饒益眾生的就是這個施食。

施食是我們大乘才有的，小乘是沒有的，小乘是不講施食的。因為小乘是講斷煩惱了生死。出家以後就日中一食，樹下一宿，三衣一缽。先修五停心觀，修了五停心觀，多貪眾生不淨觀，多瞋眾生慈悲觀，多執眾生界分別觀，愚痴眾生因緣觀，多散眾生數息觀，這個叫五停心觀，把你的心停下來。打坐，只是打坐而已，所以小乘是打坐的。那麼打坐到有功夫的時候，到了這個奢摩他，即是初禪未到地定。初禪未到地定就是當你五停心觀有功夫，什麼叫做有功夫呢？什麼叫做奢摩他？好像數息觀。智者大師把它分開四個階段，第一個階段就是數到十分鐘不亂叫做粗心住，即是能安定下來。那麼半小時不亂叫做細心住。超過半個小時，那麼有時不見了外境，有時不見了自己的身體，有時不見了外面的東西，那麼這個就叫做欲界定。那麼再坐下去就初禪未到地定，這個就是奢摩他了。

奢摩他就是這個初禪未到地定，未到初禪。初禪叫做定生喜樂地，那個時候在定裏面不會出來，有時入到定，有時入唔到，有時一坐下去就坐多久都可以。這個身輕安，身很舒服。然後心輕安，這個心很平靜，坐下去好像一團光那樣，坐多久都定，心不會煩惱，這個就是初禪未到地定。

奢摩他得到之後如果繼續坐下去，那麼這個是外道定了，這個坐下去，這個定生喜樂地，初禪。二禪，離生喜樂地，三禪就是離喜妙樂地，四禪就是捨念清淨地。那麼外道覺得這些都是不足夠的。那麼跟著就修四空定了，這個空無邊處、識無邊處，即是意識無邊、無所有處、非想非非想處。

這個就是外道的極果了，叫做四空定。那麼四禪八定呢，其實八定是四禪加上四空定叫做四禪八定。那麼這個四禪八定之後呢，就可以證這個阿羅漢果了。

那麼初果的時候，初果是外道的，證不到果的。為什麼證不到果呢？因為外道到非想非非想處就是最高的了，這個叫頂墮，到最頂的時候就墮落。為什麼呢？因為這個阿難尊者，這個舍利弗目揵連的師傅，叫屈頭蘭佛，他就在河邊打坐。那麼他打坐的功夫很好，但是河裏面有些魚在跳，妨礙他打坐就很生氣。接著有些鳥兒在樹上面叫，令他很生氣。他說：「我將來一定要把你們吃光。」結果他就一直修，修到空無邊處、色無邊處、無所有處、非想非非想處。結果去了非想非非想處天。八萬劫後就下來，因為八萬劫就把福享完了，下來就變成一隻飛狸，飛在樹上面可以吃鳥兒，潛進去水裏面可以吃魚。

所以這個外道是未究竟的，雖然到非想非非想處天是好的，但仍然是不究竟的，因為未出三界。

要出三界需要怎樣呢？

這個到奢摩他的時候，佛就說要修四念處：觀身不淨、觀受是苦、觀心無常、觀法無我。這個就是佛教的，屬於小乘佛教的。

這個小乘佛教的四念處。別相念，即是剛開始未有功夫就一個一個觀。有功夫的時候叫總相念，觀一個就可觀到其他幾個，觀身不淨、觀受是苦、觀心無常、觀法無我。觀到其他四個，這個叫做總相念。那麼總相念之後，修得純熟了就有這個煖、頂、忍、世第一法，這個四加行位。

四加行位就是說未證道之前的那個位置。經過這個階段可以證初果了，所以四加行位【暖、頂、忍】中，下忍的時候還在修這個，這個都是四聖諦。

那麼中忍的時候就修這個四諦十六行相。四聖諦，每個有四個，這個苦【苦、空、無常、無我】，集【因、滅、集、離】，道【道、果、行、出】。每個都有四個的，加起來就是。四諦十六行相那麼這個證了之後呢？

上忍的時候就修這個八諦三十二行相，即是欲界有四諦

十六行相，色界、無色界也有四諦十六行相，加起來叫做八諦三十二行相。

那麼修這個暖，這個煖、頂、忍、世第一法，到最後一剎那的時候叫世第一法。那個時候，一剎那就斷了八十八品的見惑，見惑斷了就證道了，叫入流，證初果。由這個初果阿羅漢一直修下去，經斷八十一品的思惑，每個斷幾品，一路斷八十一品的思惑，就變成這個四果阿羅漢。

其實這些阿羅漢是未解脫的，為什麼呢？他們去了五淨居天，所以這個也是一個生天法門，雖然說跟其他的天不一樣，但這些是佛教的。

五淨居天就是四禪天，總共有十八天，這個四禪天後面有五個天叫做五淨居天：無梵天、無熱天、善現天、善見天、色究竟天。這個叫五淨居天。五淨居天是三乘聖人住的，即是這個二乘聖人住的地方。

這個二乘聖人證了道就會在這裏，所以證了初果叫做一家家，一家家一次。證了初果叫七家家，七次五淨居天，七次在人間。那麼證了二果叫做一家家，一次在五淨居天，一次在人間。證了初果叫做不來果，不回來了。那麼證了四果入無餘涅槃，永遠都在五淨居天，在天上面打坐而已，天上享福而已，其實是未完的，那麼所以是未究竟的。但是你問上了天上面，天福享盡會不會墮落呢？又好像不會。所以他這個五淨居天就很有意思的，既不像外道哪些非想非非想處天，但又好像不會再下來的，亦未究竟的。所以要等到有些佛菩薩出現，那麼才到那裏去渡他。善男子啊！你這個只是化城來的。未到究竟的，你應該下來渡眾生。

所以他們才會迴小向大，他們就是六地了。因為這個清淨地嘛，六地，因為他的心清淨。他迴小向大，六根清淨，六根清淨地。剛迴小向大就是六地，那麼迴小向大是初地，然後再一下子就跳到六地。所以這個是小乘的。

因為佛當時在印度出生，沒有辦法，印度是這樣修行的，即是修苦行的。所以要適應他們。但是後來就越來越多這個在家人了，這些是出家人才能修的。

為什麼呢？因為在家人最多只能證得三果，因為佛不准許有四果的阿羅漢是在家人。為什麼呢？因為這樣會擾亂僧團。即是你不可以在家人比出家人厲害。始終也是出家人厲害點，所以如果證了這個三果阿羅漢，他七日就要入涅槃了，即是不可以證四果的，即是三果是可以，到四果就七日要入涅槃了。

總言之他證得最高果位，七日就要入涅槃。所以這個是適應小乘，是斷煩惱了生死，是適應出家的。出家人日中一食、樹下一宿、三衣一缽，這個是疾斷煩惱，這就變了小乘。但是後來學佛的人多了，有很多居士，越來越多在家人。在家人學佛就不能夠日中一食、樹下一宿、三衣一缽。你不可以，因為你要生活的。那麼你不可以說坐著坐著就有錢，所以你就不是打坐了，你要上班下班奔波勞碌，回來又要交租金，又要交電費，又要交水費，又要交稅，諸如此類一大堆煩惱。你就不可以好像出家人那麼清淨，日中一食、樹下一宿、三衣一缽。那麼不清淨的時候，唯有就想別的辦法，這個時候就大乘興起了。那些叫做小乘，自了的，自己解脫的。

大乘就是消業、積福、求解脫。在家人唯有消業了，因為我們與生俱來就是有些業的，有冤家債主跟著你。即是你無業不生娑婆，所以始終都有些障礙的，人生始終都有些障礙。有些障礙的時候就要消業了，最少都要擋著那些業。業未到的時候就要先擋著，當業到的時候就沒辦法了，那些東西已經發出來了，發出來就沒法收了。因為要病就會病，已經病了沒辦法收了。所以未病的時候你就要做功夫，你可以放生、放蒙山。

為什麼要放蒙山呢？就是說放蒙山是一個常課來的。放大蒙山就是超渡，放這個小蒙山就是常課。為什麼叫做放蒙山呢？蒙山是一個地方來的，在南宋的時候有一位法師，叫不動法師，又稱作甘露法師。這個法師是西夏的國師來的，所以他就在蒙山那裏住，天天放蒙山。有人見到有些人「拿」一著兜上去山上，就問他們做什麼呢，他說有法師在施食，我們去吃東西，原來那些全部是鬼來的，所以個個都走上去。因為他就要饒益眾生，就在大藏經裏面找些施食的法門，那麼整理了一個小蒙山出來。其實大藏經裏面有幾部經，第

一部就是這個不空三藏譯的《佛說救拔焰口餓鬼陀羅尼經》，就是講阿難尊者在山上打坐，有一隻焰口鬼，肚子很大、口很小、會噴火的，叫作焰口。焰口鬼來告訴阿難，你還有三天就命盡了。那麼阿難就很驚恐，便走去告訴佛，我看到一隻鬼，他告訴我還有三天的命。於是佛就教他施食，用咒來施食，那條咒就是一切世間廣大威德自在光明如來的咒。這條傳出來的咒就是觀音菩薩變食真言了，即說陀羅尼曰，便是這個陀羅尼。就叫阿難天天放。放的時候念這條咒，每隻鬼都得到摩揭陀國七斛的食物，一斛即是一個器皿，各施一斛飲食。其實他這條咒就是變食真言，變很多東西出來吃。

佛告阿難，若有善男子欲求長壽福德增榮。增加你的福報，速能滿足波羅蜜，所以可以長壽的。懺公就是專門提倡這個放蒙山法門的，他有座蒙山殿，即是起了一座蒙山殿，在蓮恩寺那裏，放到九十五歲。因為甘露國師就在這裏整集了一次。

其實最主要是這條咒，變食真言這條咒就是不空三藏譯的。不空三藏又譯了另一本就是《儀軌經》。這個《瑜伽集要救阿難陀羅尼燄口軌儀經》。這部經裏面就出了很多條咒，還有七佛，是一部儀軌來的。這部儀軌裏面有普召請真言、有催罪、滅罪、有破定業、有懺悔、滅罪，跟著還有這個七佛的咒。就是一部儀軌來的，還有誦七佛，這個叫做《瑜珈集要救阿難陀羅尼燄口軌儀經》。這個又是不空三藏譯的。

還有一部經，不空三藏總共譯了三部，一部叫做《瑜伽集要焰口施食起救阿難陀緣由》，這部也是不空三藏奉詔譯的。這三部中，這部就沒有咒的，裏面就講要放燄口、要施食的原因，這三部經都會整理進去那本書裏面的，即是大家可以去參考。由於這三部，所以不動國師，不動法師，西夏的國師，他要放(蒙山)就用這三部經中有的東西拿來整理，整理了一個小蒙山的法本出來，就是我們這個課誦本裏面看到的。

這個課誦本是什麼時候開始有的呢？是這個雲棲，即是明朝的時候。明末四大家蓮池，蓮池就是袾宏(法師)，把放小蒙山放進這個課誦本裏面，每天每個道場都放小蒙山，最後到興慈法師的時候把這個小蒙山加了六個開示進去，就變成大蒙山變成一個法會了。剛好做三個小時 這個就是放大蒙山大法會，所以蒙山有小蒙山，有大蒙山。興慈法師是近代的人，一九五二年才去世，我是一九五二年出生，不知道是不是他呢？真的不知道，這些事情很難說。所以他是五二年圓寂的。

這個就變成大蒙山，我們還有一個就是瑜伽燄口。瑜伽燄口就是傳到元朝的時候，元朝就是喇嘛教，他就又照這三個陀羅尼裏面的咒，破罪、滅罪、招罪、開咽喉真言、變食真言那些加上些密宗的東西。加上什麼呢？加上這個獻曼達供，獻三十七供。這個是西藏的東西，中國是沒有的，東密也沒有獻曼達的，因為獻曼達這個事情我們還是搞不定的。

為什麼搞不定呢？因為我們覺得曼達是外面的東西，怎麼會能夠獻得出來呢？要自己有才可以的。獻曼達，曼達又不是屬於你的，四大部洲屬於你的嗎？這個須彌山，四大部洲，還有更大的，那些七寶是你的嗎？不是你的又怎麼獻呢？不過西藏有西藏的一套，所以只能夠他做他的，我們最多不做，對吧。所以東密是沒有獻曼達的，因為搞不定這個理論，所以(元朝)加了獻曼達進去。最後有加上百字明。

百字明其實是東密的。先出的是不空三藏，又是不空三藏的儀軌。在大日的儀軌中有這個百字明，我們百字明有分開兩個的。一個叫做金剛百字明，一個叫做蓮華百字明。這個金剛百字明是金剛界的，即是金剛界用的百字明。蓮華百字明就是蓮華部的。蓮華百字明在日本也有用過，就是這個千手觀音，觀音當然是蓮華了，觀音嘛。如意輪觀音、千手也有蓮華百字明。西藏用金剛百字明。【嗡 班雜沙埵 沙嘛雅 嘛奴 巴拉雅】，這個是金剛百字明。藏密是沒有蓮華百字明的，又沒有用蓮華百字明，其實差一點而已。【嗡 亨都咩 薩埵 薩埵 三孖也】，這個【亨都咩】跟【巴渣啦】而已。但是東密是沒有在用的，很少用這個百字明的。新義有用過百字明，但是弘法大師就沒有用這個百字明。

我們就用大輪陀羅尼，因為大輪陀羅尼可以消你壇上面的罪，盜法罪。即是你沒有入壇，但是你又要念咒，所以古德來講要放蒙山、放焰口。學這些東西你首先就要念二十一遍大輪陀羅尼，所以我們放蒙山，放焰口也好，放什麼也好，都先念大輪陀羅尼。如果學的時候，你可以先念二十一遍，就沒有這個沒有入壇的罪，即是不用灌頂就可以念咒了。如果不是的話，你就要灌頂。現在灌頂就比較難了，因為那個密法已經斷了，所以念這個。

大輪陀羅尼，東密就用到最後，最後就用來懺悔。即是修完供養法之後加念大輪陀羅尼就完了。即是消(沒有)入壇的罪。這個放焰口就不同了，放焰口的開始就念大輪陀羅尼，最後是金剛薩埵百字明。東密也有的，不過沒有在用。所以這個就是瑜伽燄口，我們也放了進這本書裏面，大家可以參考。

我們現在要講的就是東密的大蒙山。為什麼呢？因為我們經常做放蒙山。如果你放小蒙山就沒什麼力的，放大蒙山又太長了，而且大蒙山裏面那些咒音，我們還是用回悉曇體梵文。因為如果不念完六個開示的話，平時我放半個小時，用不了半個小時就可以做完，我們用第二個開示而已，叫他皈依那個。

這六個開示都是這個興慈法師的，興慈法師是近代的人，所以不是不空三藏的東西。即是你用少一點也沒所謂的，不過當然，法會是大家一起念的當然要講了。開示都是重複以前的東西，所以我們希望整理一套出來，學密宗的人就可以做一個完全是梵文的，有日文注音。我們當然是有日文注音，完全是梵文的，這個放焰口，我們放蒙山，就加供養法進去。

因為整個放蒙山過程，雲棲，即是蓮池說整個過程都要觀自己是觀音。左手執持妙蓮華，右手開敷作折勢，這個是聖觀音來的，即是整個過程都要觀自己是聖觀音。所以我們修聖觀音的供養法，入這個聖觀音的三昧來放蒙山，變成我們好像修供養法，但是我們最後加蒙山進去。整個法就適合這些顯也學(密宗)，密宗也學顯教。顯教當然可以念了，你念二十一次大輪陀羅尼，就可以把咒全學了。不懂，那麼慢慢學，我們下一堂會注音，會教你怎麼讀，整個儀軌是怎麼樣的，下一堂才講。

大蒙山施食第二講：放大蒙山緣起

youtube. com/watch?v=zlczJ3q1ygk

我們繼續講放大蒙山，上一次就講了大概的緣起。因為這本書很大的(頁數多)，所以就要一個一個去註解。首先第一頁有緣起，緣起就是說放蒙山是怎麼來的呢？放蒙山的緣起，我們普通施食來講，普通救渡餓鬼有四種的。一個就是這個小蒙山，一個就是大蒙山，一個就是焰口，一個就是水陸。

打水陸就是最大的法會來的，打水陸就是梁武帝做夢，夢見一個出家人告訴他，因為白起坑趙卒四十萬，所以業很重。那些人得不到解脫，叫梁武帝想辦法去超渡他們。梁武帝醒來之後和志公商量，在大藏經裏面找些超渡的方法來超渡他們，做了一個大法會出來。

打水陸分開很多個壇的，裏面有請聖。有個內壇，內壇就掛滿畫，請哪一位就掛哪一位的畫。普通的燄口來講最少有一百二十幅畫，請阿難尊者、請辟支佛、請十地閻羅，即是最多就是畫了。有大壇，大壇就拜梁皇懺。又有華嚴壇，專門念華嚴經的。又有法華壇，專門念法華經的。又有諸經壇，諸經壇專門念經的。念什麼經呢？

有一次西方寺就打水陸，我在尸羅精舍，我師父就說，因為諸經壇那邊請不到那麼多法師，就叫我在尸羅念，迴向。念什麼呢？念一百二十部梵網菩薩戒、一百二十部金剛經、一百二十部彌陀經，這個就是諸經集。

所以這個放燄口是一個大法會，即是集中各部經的力量。有梁皇懺，有其他，這個和現在清明法會就很相近了，但是他沒有內壇而已。清明法會沒有內壇，但是都是叫做萬緣法會。即是各個經也念，超渡力就很強，這個就跟其他緣起

不同的。其他那些蒙山、焰口、大蒙山都是這樣的，都是同一個緣起。

就說這個緣起，就跟這個不空三藏譯的瑜伽集要燄口施食起教阿難陀緣由。這個就是不空三藏譯的，奉詔譯，因為是皇帝命令他譯的。

爾時世尊，在迦毘羅城尼俱律那僧伽藍所與眾說法。爾時，阿難獨居靜處念所受法，即於其夜三更以後，見一燄口餓鬼，燄口餓鬼就是脖子很細，肚子很大的，噴火的，叫焰口。口吐火燄，頂髮生煙，身形醜惡，肢節如破車之聲，因為被燒著所以嘰嘰聲，飢火交然，咽喉如針，針鋒之細，牙爪如劍，苦毒無量。問是何名，答曰面燃，那麼這個叫面燃，他就叫做面燃。

我們放燄口的時候，放蒙山也有面燃大士，這個叫做面燃，因為他會噴火的，肢節又會燒著，被火圍著叫面然。這個面燃大士就有說是觀音菩薩變的，即是這個緣起。答曰面然，白阿難言，汝即後三日命終，生餓鬼之中。你過三天之後就會死，生在餓鬼之中。尊者聞之，心生惶怖，問餓鬼曰，大士，若我死後生餓鬼者，我今行何方便得免斯苦。如果死後是要生餓鬼的，那麼有什麼辦法呢？有辦法可以不受這個苦呢？答曰，若於來日晨朝，布施百千那由他恆河沙數餓鬼飲食，若餘鬼神等，並為我等供養三寶，汝得增壽，我得離苦。

這個就是說，如果你明天早上布施百千恆河沙，其實這個施餓鬼是在晚上的，多數都是戌亥二時，六點以後，有些很早的，現在做早課是四點多，也勉強吧。

鬼神最餓的是黃昏，所以那個時候施食是最好的。這裏講晨朝是因為他要布施，印度的布施是在早上的，多數在早上的，那麼施餓鬼應該是晚上的。以前沒有燈，所以他就晨朝施食。並為我等供養三寶，汝得增壽了。所以阿難尊者就問佛，所以阿難尊者就活到一百二十歲。這個是標準來的，所以虛雲老和尚就活到一百一十七歲，比阿難尊者少三歲，不可以跟他比，他是尊者，大阿羅漢。

所以阿難尊者第二天就問佛了，白如是事，求救於佛，佛告阿難，我念過去無量劫中，曾作婆羅門仙時，於觀世音菩薩邊，受得無量威德自在光明如來陀羅尼，這個就是變食真言了。

這個無量威德自在光明如來，就是觀音菩薩現佛身的名稱。若持此咒七遍，能令一食變無量食，皆成甘露上妙之味，即能充足百千俱胝那由他恒河沙數一切餓鬼、婆羅門仙、異類鬼神，一一各得摩竭陀國所用之斛，此食此水，量同沙界，食之無盡，皆獲聖果，解脫苦身，或生淨土，汝即益壽。

摩竭陀國的斛就是二十升，所以很大個的，所以這裏就說念這個無量威德自在光明王如來。

那麼這個經就是這部瑜伽集要燄口施食起教阿難陀緣由，這個緣由就差不多，因為緣由中沒有出咒。不空又譯了一個是有條咒的集要施食儀軌經，有本叫做儀軌經。緣由就沒有出咒的。不空三藏又譯了一部瑜伽集要救拔阿難陀羅尼焰口儀軌經。這個儀軌裏面就出了很多咒了，所以放焰口就多數依照這部軌儀經的，所以他就有很多條咒。其實一條變食真言而已，他的緣起是一條變食真言。

普通來講放小蒙山也有咒，那些咒就不一定是燄口儀軌經，因為那個是早晚課來的，是日常的功課，所以那些咒沒那麼長。所以專門找一些咒沒那麼長的。就是雲棲的時候，把它整理進去那個課誦本裏面。為什麼叫做蒙山呢？上一次也講過了。在蒙山這個地方，有一個叫做不動法師或者甘露法師，就在蒙山那裏施食，有些人就見到一些鬼拿著缽走去那裏說，有法師在施食，我們去那裏吃東西，所以就叫做蒙山。那裏叫做蒙山，所以就叫做放蒙山。

那麼放蒙山，小蒙山就是我們普通做功課那種，大蒙山就是後來興慈法師加了六個開示進去。整理了兩個彌陀經進去，加了六個開示，變成一個長的法會了。做三個小時，差不多兩、三個小時。這個變成大法會了，所以我們平時放這個是小蒙山，就是課誦本裏面的，裏面只是幾咒就而已。變食真言、甘露水真言，破地獄那些。這個大蒙山就是一個大法會，有六個開示，就很長的。

我們在小蒙山一直都沒有字種觀想的，如果是普通的法本

，但是上一次我在佛青講座的時候，就找到一本名《靈巖山》的施食儀軌，靈巖山的課誦本。裏面放小蒙山的時候他有字種，也有觀想的。

靈巖山的課誦本為什麼會有梵文的字種呢？就是因為持松老法師曾去日本的，就學東密。學完之後他就回去上海靜安寺，我們也去過。靜安寺現在變成淨土道場，做經懺的。二樓就有一個展覽室，展出持松老法師那時的佛像，如意輪觀音那些。現在已經沒什麼密宗，只是有個展覽而已。

持松老法師就在靜安寺，但是就弘不起來。可能因為當時在打仗，或者因為他的法。因為他是有點麻煩。持松老法師學了所有日本的法，又接了傳法院流，又接了中院流，好像接了大概三個傳承。

三個傳承是剛剛相反的。一個新義，一個古義。傳法院流就是新義的，中院流就是古義的。古義就是由弘法大師在中國帶過去的，有本叫做取來的目錄（御請來目錄）。就照這本書，在唐朝拿回來的書，那些就是古義，他拿回來的那些叫做古義。

這個新義呢？就是過了很多百年有一個叫做覺鑁的，即是明治維新的時代，一六幾年。覺鑁本來是高野山的住持來的，但被高野山那些大眾不合。就被高野山那些人趕了出來，他就跑了去根來寺。根來寺我們也去過，很小的。走了到下面，他臨走的時候就把高野山的經全部燒掉，燒高野山的經。走就走吧，你去燒別人的經，本來這個高野山也有五、六十個法的。即是他可以有七十多個法的，新義有七十多個法。但是他燒掉了，剩下三十三個法，高野山現在中院流用三十三個法。其他法可以加進去的，可以在三寶院流加的，因為東寺也是弘法大師的。

覺鑁就走了，叫做新義。新義現在有豐山派、智山派，居士林就是新義的。新義和古義有什麼不同呢？最重要是法身可不可以說法，新義就說法身不說法的，古義法身可以說法的，差別在這點。

但是差別在這點，又不只是這點。覺鑁又把一些東西改了，因為他要跟高野山不同，所以好像刻意改成相反。比如說人家加持左邊，他就加持右邊。加持右邊，他就加持左邊。東西就跟高野山剛剛相反。所以我們學密宗的時候，就不可以新義古義一起學，現在持松老法師的問題就是接了兩個法，就不知道哪一樣好。兩個法是對頭來的，因為覺鑁燒了別人的經，那麼古義當然很生氣了。他又改了，古義又很生氣，當然不喜歡覺鑁了。

所以並不是每一個法都可以修，因為每一個都有自己本宗的護法。新義有新義的護法，高野山有高野山的護法，春日四社大明神，四個大明神，狩場明神，高野山的山神，加上丹生明神、氣比大明神、嚴島大明神，春日四社大明神那些。

新義就不一樣，新義去了長谷寺，長谷寺有不同的護法。所以不同的護法修起上來的時候，修這邊多的話那邊又不高興，修那邊多的話這邊又不高興。所以我們去學東西的時候，尤其是藏密、東密、修驗道，你只能要一個，你就專修一個就好了。

如果你修得多就很雜了，現在好像有地盤那些社團，你去了這個社團，你就不可以又去那個社團。比如我現在要修古義，去了古義的話，我本來有修驗道，我最先是跟惟勵法師學修驗道的，因為那個時候不知道是什麼來的。

台灣那時惟勵法師在不動寺，那麼就去學，原來是修驗道來的。後來轉了做古義時候就放修驗道的東西，不能夠兩個一起修，因為護法不同，兩個護法不同，一起修就會有麻煩，對吧。去了哪邊修自然全部都是哪邊保護你了。如果你兩邊都修，兩邊都不討好。所以有些人就修到亂七八糟，就是這個原因。

所以持松老法師是第一個，他接了兩個法，接一個法就夠了，接兩個法做什麼呢？又接新義又接古義，結果他的法又弘不起來，弘不起來還有一個原因，可能是打仗。走了去靈巖山，所以他在靈巖山傳給慈舟老法師。

靈巖山的課誦本裏面就有東密的字種，還有註解，有怎樣觀想的註解。怎樣觀想的註解多數都是用蓮池的，即是用蓮池大師註，有註放焰口的註解，他註得很詳細的，所以現

在我們都是用蓮池大師那個註解。即是怎麼觀想，怎麼去做，都是用蓮池大師那個比較穩妥。

所以他就走去靈巖山，那時就教慈舟老法師，慈舟老法師傳給懺雲法師。所以我們去到台灣的時候，就接觸到懺公那本書。他也不是小蒙山，是中的蒙山，又不是大蒙山。他每個咒都有字種，有觀想那些，是照持松老法師那套東西，加了些蓮池的觀想，就整理成一本放蒙山的書。他在蓮因寺有個蒙山堂，專門放蒙山的一個小房間。專門放蒙山，一世都在推廣蒙山，所以我們去到台灣的時候就接觸到懺公這本書。

我們專門走去蓮因寺，走去水里，專門走去就問懺公怎樣修。懺公說就是這樣，沒特別的修法，所以我們以後都是這樣用。回來的時候我們也是一直都是用台灣那本書的，比較簡單點，又不是大蒙山那麼複雜，又不是小蒙山那麼簡單的。這個中間的，裏面加了啟請，啟請也是(來自)軌儀經裏面的。加上開示，加上(對)餓鬼的開示，也是軌儀經裏面的。所以加了很多東西進去。但有一個問題，我回來香港的時候已經整理出來，這些彩色的圖片，怎麼樣觀想都已經整理了一套出來。但是問題就是咒音還是不行的，為什麼呢？

因為持松老法師應該是懂日文，但他又不用日文，那時候可能因為正在打仗，打日本，還用日文嗎？會被人罵。所以他不用日文，不用日文的時候就變了用中文去註解。中文註解的話，每個(地方)口音也不同，即是現在我們看到大藏經裏面的咒，我們是不懂唸的。為什麼不會唸呢？因為他是當時的口語，不是國語(現時的官方通用語)。我們在唐朝的時候，其實我們的國語(官方通用語)，正式的國語是廣東話來的，秦朝也是講廣東話的。

為什麼會傳到下來南方呢？就是當時有個大將叫做趙佗，帶了二十萬兵去打仗，下來打南越，即是打南方這邊。打著打著秦國就沒了，秦國就被人滅了，秦二世被人推翻了。他就不能上去(北方)，不能上去就留在南方，就變成南方的語言了，把他們秦朝的國語就帶了下來南方，南方就全部講廣東話。其實真正的國語是廣東話來的，民國的時候，要決定哪種是國語的時候，就大家投票了，投票投到最後大家的票數都相等。孫中山為了息事寧人，不想得罪北方的人，就說北方(的方言)做國語吧，所以就投了他的一票進去。本來應該是我們的，他是香山人，他應該是南方人來的，南方人投南方是很正常的，投南方的話(廣東話)就變成了國語，我們就不用那麼麻煩。所以現在變成我們要學國語，原來國語應該是南方的。

所以現在你看到大藏經裏面的國語，唐朝譯的。唐朝譯的時候是講什麼話呢？講潮州話，講閩南話，講客家話。秦朝是講客家話，閩南話、潮州話那一些語言，所以好像韓愈哪些，他傳下來的，所以就變成潮州話了。所以正式的語言是客家話來的。你現在看它的咒音，用國語(普通話)讀是錯的。怎麼讀呢？當時二千多年前的客家話又是怎樣的呢？是沒辦法考證了。

所以在這裏卡住了，那些咒音還是不太順暢的，不太正確。後來我們學日本(東密)的時候，用日語注音，日語注音就比較準確一點，還有他們保持悉曇體的梵文。所以我們現在這本書就把悉曇體的梵文找了出來，找了注音，你也可以讀梵文的。

我們有個弟子，有個行法阿闍梨是梵文碩士，正在念碩士。他就把這些咒整理成梵文，還有拼日本語上去。為什麼要聽日本語呢？唸梵文不就好了。問題就是，第一，日本用了一千二百年，所以那些護法神已經聽習慣了，你突然間改了不知道行不行的，不知道有沒有效。第二就是這個日文的拼音，這個平假名是注外來語的。當時弘法大師是第一手資料，所以他註音的那些咒就比較準確一點。因為他去到中國的時候，學了三個月梵文才去跟惠果學密宗，對梵文認識是很深的，所以他的註音是第一手，即是唐朝時候的讀音，所以我們就沿用這個日文。

那麼你問，如果我們現在研究梵文的可以用梵文，不需用日文嗎？不是說不行，也差不多。因為日本，第一，他沒有捲舌的音，譯也譯不出捲舌的音。第二，他也有些口語。因為有些說話，有些音是拼不到的。但是比我們的一合、二

合、三合好，這很難搞的，但是他也是有些音沒那麼好。那麼直接讀梵文不就好了？不是說不好，你可以讀的，如果你懂的話可以讀的。不過問題就是，如果我們用梵文來讀這些咒的時候，我們可以讀到日本所有的咒。因為他都出注來了，用了一千二百年，所有的咒都譯出來了。如果你用自己的說話去讀的時候，變成就跟日本那邊脫了節，你就不能夠用日本那些陀羅尼註解，因為是他有陀羅尼注音。日本那些陀羅尼注音，你現在讀日文的時候看到咒就會讀了，在日本的時候都沒問題，所有法本你拿起來就會讀。

如果你是用梵文的，你自己整理些梵文出來，那不是說不行的，那麼就改。第一，那些護法神未必聽得懂，又不知道你讀得準不準確。因為現在梵文在印度也沒有了悉曇體梵文，因為悉曇體是波羅王朝的時候用的，波羅王朝密宗興起的時候用。後來在元朝的時候就是用蘭札體的，清朝就用城體，現在印度用天城體。天城體是畫一條線然後勾來勾去，這個叫梵文，不同以前悉曇體的梵文。印度是沒有歷史的國家，所以悉曇體的梵文現在幾乎很少人認識的，所以要在中國裡找些悉曇體的梵文專家去考證，所以這個梵文還是未發展得很完善。

第二，因為日本用了千二年，所有的咒都注了音，所以如果你是讀日文的話就容易一點了。不是說一定要讀日文。我們現在也注了音，裏面就有注音的。所以我們看到這本書的時候，我是天天放蒙山的。那麼看到這本書，就決定要學東密了。為什麼呢？因為裏面有些咒音，有些其他的觀想之類，而且有傳承等等。所以那時就開始學密宗，所以學密宗其實是為了修放蒙山的，所以為了放蒙山去學密宗。當然一學就學整套，傳法阿闍梨需要灌頂等諸如此類的法，最重要還是天天放蒙山的咒音可以準確一點，即是觀想諸如此類。所以我們這本書就是照這裏的。這個蒙山就在四川雅州名山縣西十五里，山有五峰，前一峰最高叫做上清峰，產甘露。宋不動法師於中修道，亦稱甘露法師。所以不動法師又叫做甘露法師，因為上清峰就產生甘露的。大懺悔文和施食儀軌皆不動法師所擷集，所以叫做蒙山施食。

蒙山施食後來傳到元朝的時候，八思巴他們跟著就加了些。因為蒙山施食是歷代個個都施食的，加出來很多個不同的版本，到元朝的時候就加了曼達供。曼達供是藏密才有的，東密沒有。東密就認為不是我的東西就不能夠供的。為什麼呢？不是我的東西供什麼呢？藏密認為可以就去供，但是白宮不是我的，怎麼去供白宮呢？我把白宮供給你，你又不是擁有四大部洲，四大部洲也不是你的，四大部洲是你的就好了。因為四大部洲，所以供須彌山、四大部洲，你在裏面住的，你怎麼供呢？所以我們東密就不搞曼達供，藏密就有。因為他加了些藏密的東西進去。我們東密本來就唸阿囉列卡 梳哇卡，聖觀音的。但是西藏密宗咒念唵嗎呢唄咩吽的，四臂觀音，加了四臂觀音，加了這些進去，就變了瑜伽焰口了，所以現在放焰口就是有曼達供的。還有不空的儀軌經裏面的咒，好像有催罪、滅罪這些，形成一本很大本超度餓鬼的書。我們現在這部放蒙山的儀軌，我們就照懺公的版本，然後就考證了這些咒，合起來，插入大蒙山儀軌裏面，變了一個東密的大蒙山，我們放唐密的大蒙山。如果照懺公那一本，我們就不能夠搞大蒙山，我們是法會來的，所以經常都做的。所以我們就把大蒙山加進去，合成一本叫做蒙山施食的東密儀軌。裏面有觀想，我們也做了些立體動畫，阿June的老公吳某做了些動畫進去，就變成容易觀想一點，希望這本書可以加上蓮池大師的觀想進去就變成一本新的東西，又是東密的，又校對過這些咒，希望這個功德能夠大點。

我們今天先說到這裏了。

大蒙山施食第三講：放大蒙山的條件 youtube. com/watch?v=uZGYlldMSpus

我們繼續講大蒙山施食，這是第三講。上一次我們講了大蒙山的源流歷史和它的緣起，現在就講到真的要放蒙山了。講到放蒙山那些人就很害怕的，因為一會兒又說怕放了有問題，又說什麼的。究竟怎麼樣才可以放蒙山呢？

照瑜伽集要救阿難陀羅尼焰口軌儀經說，如果你要施食，不只是放蒙山的。放焰口、施食，這些施食的法門。佛告阿難，若要受持施食之法，如果想受持施食的法，須依瑜伽甚深三昧阿闍梨法。若樂修行者，應從瑜伽阿闍梨學，發無上大菩提心，受三昧耶戒，方可入大曼荼羅得灌頂者，然許受之。受大毗盧遮那五如來五智灌頂，紹阿闍梨位方可傳教也。

所以正式放蒙山來講是要阿闍梨，阿闍梨就是要做完四加行。如果照高野山的規矩就是三月得度，要先得度了，得度即是出家了。不過現在我們就改了，改成在家人都可以學的，不是一定要出家人的。因為這個十大弟子裡面有個在家人叫做吳般，他都是十大弟子，即是惠果祖師的十大弟子。所以不是一定要出家人才可以學。

這個得度，先講高野山的規矩。三月得度，六月就受三壇大戒。受三壇大戒，沙彌戒、比丘戒、菩薩戒，三壇大戒。受了三壇大戒就可以傳法本給你，傳四加行法本。做三個月，即是九十日，四加行總共要做九十日。以前做三年的，二百五十日一個加行的，現在就縮短到七日了，所以要九十日。六月到十月做完之後就可以考試，考完試之後就可以灌傳法阿闍梨了。傳法阿闍梨完了之後你只是傳法阿闍梨而已，不可以教別人的。所以要到十二月的時候，有個教授試。考了教授試就可以正式教人了，成為高野山正式的師父，正式的阿闍梨。

所以阿闍梨並不是容易得的，所以我們整理這個法本就是為了阿闍梨，因為阿闍梨要求的。我們既然是放蒙山，我們有那麼多阿闍梨，我們開了九居四加行專修班，總共有二十五個法師做了傳法阿闍梨，二百零五個行法阿闍梨，在家人行法阿闍梨。所以在家人做完四加行，我們就傳給他許可灌頂，允許灌頂。允許灌頂即是許可灌頂了。許可灌頂可以許可他修和教三部的法。金剛界、胎藏界、蘇悉地三部的法。所以這個是許可灌頂。如果出家人做完之後我們就給他灌傳法灌頂，傳法灌頂就久了，是一個大灌頂，每個人要灌兩個小時，所以要很久的。這個叫做大灌頂，出家人才灌的。如果你在家人都灌了傳法灌頂，那就大件事了，時間不夠。

在中國來講，好像只有我們灌過傳法灌頂，其他雖然有灌頂，有阿闍梨灌頂，有什麼灌頂，但始終都不是中院流的灌頂。我們是中院流圓融派的灌頂，中院流來到我們這裡，我們依照中院流的規矩去灌頂。我們好像是第一個去灌的，其他那些，以前持松老法師、大勇法師都沒灌過傳法灌頂，行法灌頂都沒灌過。行法灌頂是只有我們才有，行法灌頂日本也沒有的。行法灌頂即是許可灌頂了，日本也沒有的。日本還在爭論，究竟是灌完傳法灌頂才灌行法灌頂，抑或行法灌頂完了才灌傳法灌頂。他們都沒一定的，沒統一的意見。不過照小野大僧都流就說應該是灌完許可灌頂才灌傳法灌頂。所以在家人給他灌了許可灌頂，你日後有機會，你想學深一些的，那你可以去高野山灌傳法灌頂的。

所以現在就知道了，現在他們已經問清楚，即是要用多少錢，好像是用七十八萬。為什麼是七十八萬？皈依就要十萬，度牒費又要三萬，這就是十三萬了。接著你又要買衣服，買衣服的話六萬。接著你又要去受三壇大戒，三壇大戒要三日的，三日收你六萬。這裡十二萬，十二萬加上十三萬即是二十五萬。接著學四加行就要五十萬，他給你幾張折紙教你怎樣學，會找人來教也說不定，你去他那裡學也說不定。總言之就是收五十萬，加起來就是七十萬了。你如果要考傳法灌頂，就幫你報名。

十月考傳法灌頂，考試就多數都行的，考筆試而已。考筆試完了之後給你傳法灌頂，收十萬，即是八十萬。八十萬日圓，不是港幣。八十萬日圓即是五萬多，六萬左右。你還有

一些零零碎碎，去三、四次，去一次得度，去一次三壇大戒，去一次傳法灌頂，至少去三次。每次收你一萬元，你都要三萬，加起來就差不多十萬（港幣）左右。如果有十萬元多餘錢都可以的，不過學了又有什麼用呢？學了之後沒用的。不過如果你是我們的行法阿闍梨，我們是有在家人，出家人就不用去了，出家人都灌了傳法灌頂。在家人灌行法灌頂，你四加行已經做完，你只是給他錢就可以了。所以你如果有十萬你可以去拿個高野山的傳法灌頂。如果你是高野山的傳法阿闍梨，又是我們的行法阿闍梨，你就可以用圓融派的法。我們一大套圓融派聖教，裡面有很多灌頂儀軌，很多皈依、灌頂等東西給你，即是弘法那些東西可以用。如果你直接在高野山那裡得到傳法阿闍梨，那你自己去找高野山拿了，這些不關我們事了。

出家人當然可以去拿傳法阿闍梨了，即是你又拿了高野山的傳法阿闍梨，用八十萬，但是弄一弄就變成十萬港幣了，所以有沒有這個必要。那當然了，我們現在行法阿闍梨、傳法阿闍梨，全部都可以做這個法本了。如果你說沒有受戒的，沒學四加行的都有辦法。好像以前學放焰口那樣，念二十一次大輪陀羅尼。我們的法本裡面有大輪陀羅尼，你照著他念二十一遍入壇，即是當是入所有的壇了，不會犯盜法罪。

我們中國密宗的傳承已經斷了，由三武一宗之亂之後到宋朝還有一點，到最後完全沒有了。最後過去了日本，即是空海大師帶了過去日本，所以我們就沒了傳承的。所以以後那些人，即是自從唐朝正式灌頂之後，那些人要放焰口也好，多數放焰口了，放蒙山就不用的。因為放大蒙山就大概是要的，即是都可以即是要求高一些的。因為他是師父、法師，多數都能放的。但是放焰口就要學了，因為有很複雜的觀想。他都是念二十一次大輪陀羅尼。如果你真是要修這個簡修的法本，即是念二十一遍大輪陀羅尼穩妥些。小蒙山呢？小蒙山就不用了，小蒙山是人人都能放，沙彌放的，所以小蒙山就不用的。但是小蒙山和大蒙山，和我們這個大蒙山都不是差很多的。與我們這個大蒙山當然有分別的，我們這個是唐密的大蒙山。但是如果你說普通的大蒙山，都沒什麼分別的，因為蒙山就是小蒙山，被興慈法師就加了些東西進去變成的。

興慈法師是近代的人了，一九五二年才圓寂的，我一九五二年出世，不知道是那個呢。他在小蒙山裡面多加六個開示進去，再加上兩個彌陀經，變成了大蒙山了，變成一個法會，即是多加六個開示。如果你除去那六個開示，沒了兩次彌陀經，這就是小蒙山，和小蒙山一樣的。

所以放蒙山就不是一定要念二十一次大輪陀羅尼的。你是法師，或者你是居士也好，法師也好，你要念的話，你可以唸二十一次。如果你說放真正的大蒙山，當然最好是法師了，如果居士都是勉強些，為什麼呢？因為要有修行的，沒修行的時候就沒什麼力。但是放蒙山就沒聽過有人出問題的，這麼久都沒聽過放蒙山出問題的。為什麼呢？因為放蒙山就是一個施食的法門，施食的法門是不會出事的，即使放得不好，最多是鬼不來吃而已。如果你要穩妥一點，你可以放簡單的。我們（的書）後面那裏還有一個簡單的，中院流的施食，餓鬼施食，施食儀軌，你可以放顯教的小蒙山，亦都可以放中院流的施食儀軌。中院流的施食儀軌是很簡單的，其實施食儀軌一直都很簡單，只有一條大咒變食真言而已，其他真言都是後來加進去的。所以沒有受過（灌頂）都可以放的。

若不爾者遞不相許，設爾修行（自招殃咎）。如果自己去修的話就容易出問題了，就有盜法罪，所以要念二十一次大輪陀羅尼。如果你真的要放這個儀軌，你又沒有那麼快就做四加行，或者你也不想做四加行的，那你就念二十一次大輪陀羅尼。大輪陀羅尼就說是消一切的盜法罪，所以可以消一切的盜法罪。大輪陀羅尼跟西藏的百字明一樣，金剛薩埵百字明。金剛薩埵百字明就是懺悔的，這個大輪陀羅尼就是懺悔盜法的罪的。所以我們修完法之後，就念大輪陀羅尼七遍，用來消修法時的罪。這個是中院流的規矩，但是有些儀軌是不空三藏的儀軌，好像大日如來的儀軌，他就有念金剛薩埵的。

東密的金剛薩埵分開兩個金剛薩埵的，一個就是金剛界的金剛薩埵，一個就是蓮華部的金剛薩埵。金剛薩埵【唵、巴

渣喇、巴渣喇、薩埵、三孖也】。如果你是蓮華部的，好像這個千手觀音儀軌有金剛薩埵，如意輪儀軌有金剛薩埵，這些都是新義加進去的，古義沒有的，古義全部都是用大輪陀羅尼，有加進去的都是蓮華部的金剛薩埵。變成【唵、亨多孖、亨多孖、薩埵、三孖也】。西藏是【嗡、班紮薩埵薩瑪雅、嘛努巴拉雅、班紮薩埵底諾巴、底叉知桌美巴哇、蘇都卡約美巴哇】。他們全部都是念金剛薩埵，念金剛界的。所以我們也有金剛薩埵。所以放焰口的時候，入壇的時候念大輪陀羅尼，最後就念金剛薩埵消業，這個也對的。這個不是學西藏的，我們也有金剛薩埵。西藏的金剛薩埵沒有分開胎藏界和蓮華部，所以沒有分胎藏界和金剛界，我們是有分開的。

總言之你還是害怕，你可以放小蒙山，用東密簡單的儀軌。再怕的話，最好就是十二天神供。我們有十二天神供，出了一本書《十二天神供和星宿供》，供你那六個星。這個就是供神供佛的了，供星、供神、供佛、供十二大天。十二大天，最多你供得不好他不來吃而已，不會有問題的。你問施餓鬼，雖然麻煩一點，不過施餓鬼法是有很大作用的。如果你施餓鬼法做得好的時候，作用是很大的。所以雖然是麻煩，但是一定要做，一定要講，一定要傳這個法。

若欲供養，施餓鬼法，諸佛菩薩，以前咒加持奉獻，諸佛菩薩一切賢聖歡喜，恒為諸佛憶念(稱讚)，諸天善神常來擁護，是人即為滿足檀波羅蜜。佛告阿難汝隨我語，如法修行廣宣流布，令諸短命薄福眾生，普得見聞常修此法，延長福德增長，是時佛說阿難及救拔焰口餓鬼一切眾生陀羅尼經。

所以這個可以令壽命延長，所以懺公九十五歲才往生。他有一個蒙山堂，專門放蒙山的。所以我放蒙山放了四十多年，由這個一九七七年皈依之後，就拿了本放蒙山，對著天主教永遠墳場放。因為住在薄扶林中心，對著天主教永遠墳場。放的時候那些餓鬼真的來吃，你放得不好又【叮叮叮】，有時不記得放，太累了想睡覺他又【叮叮叮】，把你叮醒了去放，所以真的來吃的。放到現在也沒有看過醫生，即是沒有看病，四十多年也沒有看過病。所有的事也算得上是挺好的，也不是說什麼都如意，不過大部分都如意。錢又沒問題，又沒有什麼特別大的障礙。所以施餓鬼法，不講不行的，即是這麼好的法，大家都可以得到受用。因為原本是你的冤家債主，現在變成你是他的米飯班主，這個很重要的。

我們講完這個資格之後，跟著我們就要講佈壇了。首先我們有個壇，這個壇就是照瑜珈集要救阿難陀羅尼焰口軌儀經，不空三藏奉詔譯的。他這裏就有個結界的，結界在中間部分，四角竪幖，若欲作法先自護持弟子，亦爾定知日巳，即是知道哪一天要放。選擇淨地，選擇一個清靜的地方，精華大舍間靜園林，即是園林。鬼神愛樂流泉浴池，江河山澤福德之地，堂舍亦得，即是在家中也可以，如法塗摩，用香泥塗地，灑淨，隨施主力方圓大小，四角竪幖如法莊嚴，即是四個角四個標誌。即是竪高它，或者弄一個高台，放些東西上去，用五色綵安火焰珠，裏面有四個東西。即是火焰珠裏面有放東西的。又於珠內安置佛頂大悲隨求尊勝陀羅尼，安置佛頂、大悲、隨求、尊勝四個。

東北方就安置佛頂，即是佛頂陀羅尼，佛頂尊勝，大佛頂。【揶孖怙、三文打、波打喃、部隆】。東南方就安大悲，大悲咒。西南方安隨求【三巴拉、三巴拉】，這個是短，有個長咒的，因為你只是印出場長咒卷起來就放在四個角落，我可以置高它也可以的，這四個下面竪立些幡都可以。這個是經裏面講的，現在多數都不是這樣做的了，尤其是我們結界。如果是成為了阿闍梨的時候，自然有結界的了。念完大輪陀羅尼之後，我們跟著有金剛橛，布金剛橛，四枝金剛橛布下去。跟著有金剛牆，跟著又有金剛火院。又有三昧耶，又有金剛牆，又有布火院，又有金剛網，我們有結界的。這裏就是沒有講到結界，這裏講如果你要選擇一個地方的時候，首先要布壇，在清靜的地方，在郊外曠野，竪立四個標誌，裏面放大佛頂的咒，大佛頂、大悲咒、大隨求的咒和尊勝咒。又於四柱如法莊嚴，殊特妙好名吉祥幢，令百由旬內，無諸衰患即成結界。風吹影拂土散水霑，罪障消亡獲大福利，眼見耳聞普皆利濟。

所以放蒙山就用四枝幡，這裏是講四面布四個幡。淨壇現

在已經很少做了，現在代替了的就是一個施食壇。施食壇在日本是有賣的，日本賣廿多萬，他總共就有用五個幡的，用五個幡來代替的。五個幡就是經裏面所出的五尊佛。南無廣博身如來，白色的。南無妙色身如來，就是紅色的。南無離怖畏如來，就是紫色的。南無過去寶勝如來，就是黃色的。南無甘露王如來，就是綠色的。

日本就是做好的，一個櫃子上面有五枝幡豎立著。我們在惟勵法師那裏學，見到他就將五枝豎立在四邊，中間就豎立廣博身如來，所以就變成一個界了。這個界裏面就可以放面燃大士的像。我們有像的，放面燃大士，面燃大士拿著的幡就是十方法界一切六道群靈，已經代替了所有的六道群靈，都住在裡面了。如果你沒有面燃大士的像，你就中間放一個面燃大士的牌位，南無鐵圍山面燃大士菩薩，跟著左邊就安十方法界六道群靈，右邊就放一個牌位，就是你超度的，什麼盂蘭法會附薦諸靈，什麼附薦諸靈，或者有些特別為他做的超渡到的名字，就在裏面了，這個叫施食棚，一個棚。

施食棚就不是壇，它是棚來的，專門給餓鬼在那裏吃東西。最重要放水飯，水和飯合叫做水飯，是最重要的。跟著可以放些飯，放些餸菜，放些水果，五色根。日本很喜歡做法會放五色根的，無論你是超渡法會也好，普通法會也好都放五色根。五色根就是五種顏色的根，番薯就是黃色的，茄子就是紫色的，這個紅蘿蔔就是紅色的，青蘿蔔就青色的，跟著白蘿蔔是白色的，就算五色根。削了一條一條的，捆在一起叫做五色根。

日本可能因為他冰天雪地，所以沒有水果的，很少放水果，除了護摩有放水果之外，其他就沒有，可能因為冰天雪地找不到水果，所以他多數用蘿蔔的，多數用紅蘿蔔、白蘿蔔兩種，兩種一齊放壇上面。一根蘿蔔可以用七天，即是切開一個新的口，每天切一切就是新的口，就可以放七天。我們每一次切一點，每一天都是新的，那根蘿蔔切七天。供上去的都是一樣的，切口與你放新的都是一樣的。

所以這個就是施食的棚，有了施食的棚之後，你才可以修施食。先講到這裏，下次我們再繼續講。

大蒙山施食第四講：面燃大士壇youtube.com/watch?v=g27Z-6CvdcY

我們繼續講蒙山施食念誦說法儀軌。大蒙山我們經常都放的，因為我們清明、重九、盂蘭法會都會放蒙山的。所以我們就做了一個適合放蒙山用的唐密的儀軌。放蒙山用的唐密儀軌，放蒙山儀軌不是很好了嗎？放蒙山儀軌雖然是好，但他是沒有唐密的東西，又沒有觀想等等，所以我們加了供養法進去。

我們這本書是根據懺公的儀軌。因為我們到台灣的時候，就用懺公的儀軌放蒙山。我在香港的時候，就用課誦本那個，後期就改成靈巖山的，因為靈巖山那個有字種，有觀想。那時也不太懂東密的，後來就去到台灣的時候，懺公就整理了一套放蒙山的儀軌出來。他有個蒙山堂的，天天都放蒙山的，他的弟子也放蒙山的，就養成一個習慣，每個台灣的法師，尤其是持戒念佛那些法師，例如南普陀、靜律寺那些，每個法師都放蒙山的，即是養成了一個習慣。當然蓮恩寺就天天都放。即是每一個人都自己放蒙山，即是在大眾做完放蒙山之後自己再放蒙山。因為大眾是大眾的，這個是佛堂放的，我自己在房間裏面，或者自己有時間的時候在殿裏面放。這個是自己的放蒙山，自己的蒙山和大眾的蒙山有什麼分別呢？大眾的蒙山是大眾的功德，參加早晚課的功德，自己放就是自己的功德。因為放蒙山的功德，上一次講過了，放蒙山有十大利益，可以長命，可以什麼。所以我們去到就學到放蒙山。

放蒙山他的儀軌裏面，那些咒音使用注音的，用中國字的，就沒那麼好了，因為咒音不準確的時候，放蒙山的力就打折扣了。即是我們現在學東密看回他的注音，其實也差很遠的。

現在東密的注音，雖然也是日文注音，但為什麼不用梵文呢？梵文也可以，但是你用梵文，個別的咒是可以的。即是你想準確點，個別的咒是可以的。但是全部的咒呢？就難搞了。為什麼呢？因為日本用了一千多年的注音，弘法大師從中國帶過去的咒，已經被注音的，即是第一手注音，注了做

日文。你不照他來念的話，你自己改，改成梵文，算你梵文是厲害，是準確也沒有用的，為什麼呢？因為那些護法神已經聽習慣了，所以只能夠慢慢改，不是說不改，而是一點點地改。即是慢慢的一點一點地改，不可以一下子全改了。一下子全改的話他們就聽不明白。護法神聽不明白，咒就沒有力了。所以日本念了一千二百年，你照著念的話那個力量仍然保持著。所以就用日文注音。中國的注音上一次也講過了，每個地方都不同方言，注的音也不知道讀什麼音才對，對吧。所以就要整理一本是唐密專用的，即是我們自己的放蒙山。

現在我們的阿闍梨也多了，阿闍梨有二百多個麼行法阿闍梨，在家人的行法阿闍梨有二百多個，出家人也有二十多個，每個都要求放蒙山的。我們東密有個簡單的，中院流聖教裏面有個簡單的施食儀軌。這個就是我們在高野山做早晚課的時候，在迴廊外面施食。大家一起出去迴廊跪著念，是短的儀軌來的，跟我們的小蒙山差不多。但是這個是不夠力的，肯定是不夠整個蒙山那麼有力。所以他們就要求做一個比較詳細點的，給阿闍梨用的。

上一次就講過要做阿闍梨就要十萬港幣，去日本學要十萬元，在我們這裏學呢，就不花錢的，我們是不收錢的，為什麼是不收錢呢？第一，我們是不用法來賺錢，因為我們是非牟利慈善團體。我們是總幹事，是不可以拿錢，在什麼情況之下都不可以拿錢，是政府規定的。所以錢不是我們的，錢是佛堂的，所以我們所有的東西都是佛堂的。佛堂就不一定要每樣事情都賺錢的，對吧。反正都不是我們的錢，變成我們就不蓄金錢了。我們沒有私人錢的，全部都是佛堂的。所以我們沒有用法收錢的意欲，所有的法都只不過為了弘法而已。

那麼為了弘法，所以我們學四加行，首先就上我們的網站，圓融佛學院，我們的網站叫做圓融佛學院。我們在上面講經，顯教也有，密教也有。我們放了這個一千套，現在一千多了，一千多套movie上傳去這個youtube上面，變成一個佛學院了，裏面有印度佛教史，有講經：妙法蓮華經、華嚴經、戒律、優婆塞戒經等等，又有密教的東西，一大堆，變成圓融佛學院。你上去圓融佛學院那裏找密教，有一個怎樣入門的，就是網上面做這個皈依發菩提心和受佛性三味耶戒，皈依發菩提心和佛性三昧耶戒。

皈依發菩提心和三味耶戒為什麼可以在網上面(傳)呢？學我們的四加行，要做阿闍梨，很簡單的。無論你在哪一個地方，加拿大也好、英國也好、大陸也好、台灣也好、新加坡也好、馬來西亞也好，你只須在網上依照這兩個視頻，或者download這兩個視頻，做皈依發菩提心。皈依發菩提心是靠自己的，所以你可以網上面做，你只要誠心就會做到了，即是不是一定要師父在面前的，不是說一定要來(佛堂)。你沒辦法來的，因為過來要錢的，而且要時間，對吧。而且每個人都來找你，你也很麻煩。所以我們就因為不同時間來，不一定是同一個時間。當然我們一年有兩天是做大眾的皈依發菩提心和授佛性戒，二月三月左右就做這個。一開始就做，但是不一定能配合到時間的，剛好沒時間的話，就可以在網上面皈依發菩提心和佛性戒。都說明是佛性戒了，當然是自己發心的，所以這兩個可以在網上面做的。

你在網上你做完之後你就send email給我們網站的管理員，他就會給你一個link(下載連結)，download四加行的法本。一大套，十幾二十gb左右，我有廣東話的，亦都有普通話的。有普通話注音的，有廣東話的，自己就可以做四加行了。做完四加行就來做行法灌頂，如果是出家人就做傳法灌頂，在家人做行法灌頂。如果你要有串念珠的，要一百多元。如果你要有法衣，做加行多數都要有法衣，方便袈裟，即是半截衣，這個角截衣是二百多元，加起來四百元左右。十九件的銅器，包括火舍、六供杯、鈴杵、鈴杵盤、五鈷、三鈷等等加起來十九件，也只是一千多元，可以二千元左右就可以學了。日本就要十萬元，如果有錢去日本學也好的。不過日本學完沒有資料給你，他們沒有弘法資料給你。但是你在我們這裏學完就有弘法資料給你，可以在我們這裏學完再去日本學也行的，兩面都拿到。

如果你說不想學那麼多東西，念二十一遍大輪陀羅尼，二

十一遍大輪陀羅尼就可以代替入壇了。因為念大輪陀羅尼經，大輪金剛陀羅尼經裏面講，誦此咒二十一遍能成一切咒法，善事速得成就，能成一切印法一切壇法，當入曼荼羅大壇，不用事壇。即是不用入壇了，不用做事相的事，當入壇。大藏秘要裏面講，依教中說，一切真言、手印，必從師受，若未入灌頂輪壇，輒結手印作法，得盜法罪。

所以經裏面講，所有的手印，所有的事情，都要有師傳的，有灌頂的，最好是有灌頂。但是我們中國從三武一宗之亂之後，灌頂儀軌已經失傳了。密宗只剩下唐密，唐密剩下四個法，都沒什麼特別灌頂，更加沒有四加行。

剩下的四個法，一個穢跡金剛，一個準提，一個就是大悲咒，一個就是尊勝陀羅尼。唐密只剩下這四個法還有法本在。但是這些法本都沒有正式的傳授，都沒有正式的供養法或者正式的做四加行。所以以前的人要學的話，都是念二十一遍大輪陀羅尼。念二十一遍大輪陀羅尼是放焰口的，法師要學放焰口裏面結印念二十一次，若於如來像前誦此咒二十一遍即如見佛，即同入一切曼荼羅，所求諸法皆得成就。所以你要修一個法是你未有修過的，你想學這個法，你就結手印，念二十一遍大輪陀羅尼。大輪陀羅尼咒在後面，我們日後講到大輪陀羅尼那裡再講。所以你可以結大輪陀羅尼。每個想放大蒙山的，但是都沒有特別去學，沒有特別去學的話，那些咒音就未必一定準確。所以如果想修這個，要不就做四加行，這個最好，做完之後就可以灌行法阿闍梨，不收錢的，十二月灌頂。出家人就可以做傳法阿闍梨，都是不用錢的。這個最好。你說做四加行都要幾個月，是很麻煩的。不做的話，你可以結二十一遍大輪陀羅尼。

放蒙山講了資格之後，我們就要講壇。我們總共有兩個的，一個就是面燃大士壇。面燃大士的壇，顧名思義就有面燃大士，南無鐵圍山面燃大士菩薩，十方法界六道群靈。如果你有面燃大士的像就沒有問題了，因為他拿著的幡就是十方法界六道群靈，一個面燃大士的像就代表全部了。我們有面燃大士的壇，我們還有五色幡。五色幡是南無廣博身如來，白色的。南無妙色身如來，紅色的。南無離怖畏如來，紫色的。南無過去寶勝如來是黃色的。南無甘露王如來，是綠色的。這是五色幡。五色幡在日本也有賣的，二千元左右。我們的五色幡就是香港造的，上海街那邊造的，是一樣的。我們還有字種有其他的。

日本有個餓鬼棚，木字部首加個朋友的朋。餓鬼的棚即是餓鬼在那裏吃東西。這個就有五色幡並排在一起，就在後面形成一個壇。這個壇要二十多萬，即是差不多一兩萬港幣。不過它只有三呎。那我們就自己做面燃大士的壇，我們就豎立五支柱，然後掛上五色幡，看圖片就明白。最主要是面燃大士，他有水和飯。跟著有食物、有些餸菜、有些生果，有些其他的。有香爐用來上香，有花即是莊嚴，跟著最緊要是五色根。五色根就是五個顏色的根。蘿蔔就是根，白蘿蔔、紅蘿蔔、青蘿蔔，有三種色了。跟著黃色就用蕃薯，日本也是用番薯，番薯是黃色的。跟著是茄子，茄子就是紫色的。五色根就剛剛好了。日本做什麼大喜慶都是用這些，灌頂什麼的。所以我們做法會就放這個，做大法會就放五色根。當然我們平時做就不用了，即是平時自己修行就不用，做大法會就要。這個叫做面燃大士壇或者叫做餓鬼棚。

跟著我們還有個大壇的。大壇的話，我們只是放張枱出來就行了。我們的法器，鈴杵盤、五鈷、鈴，加上六供杯，加上塗洒，那些都是一尺多。我們用最小那種，叫【豆器】，即是小型的法器。因為香港普通地方都很小，所以我們用小型的法器。有些法器很大，有些法器很小，我們用小型的法器。所以我們面前放一盤，用個普通的托盤應該能放得下那十多種法器。有放在托盤上就可以做了，即是整個托盤拿來拿去，換東西又容易，這個就可以做了。

大壇又設好了，點好了香、蠟燭那些，我們跟著就開始了。開始的時候，首先當然是淨壇了，即是跟大蒙山施食的儀軌一樣。我們這本書是大蒙山的原法本，即是沒有刪減的，只是多加些東西進去。多加些什麼呢？多加些圖畫，多加一個動畫，那些觀想的東西進去。雲棲的註解，蓮池大師的註解，註每一個觀想是怎麼做的。加上懺公那些東西，加上日本的供養法進去，其實就很圓滿的。

我們設好壇之後就淨壇了，唱楊枝淨水讚。跟著就念大悲咒三次，大悲咒就看地方的，如果你一次就能念完就念一次。一次能繞三圈就念一次，如果不是就念三次。跟著就念南無甘露王如來菩薩摩訶薩，跟著念完之後就拜三次，跟著一邊念一邊拜，跟著就去面燃大士的位那裡先上供，唸佛至面燃大士位前。西方極樂世界，大慈大悲阿彌陀佛，南無阿彌陀佛。一直念，念到面燃大士的像前面，即是面燃大士的壇前面，唱香雲蓋菩薩，三稱南無面燃大士菩薩，誦心經一遍，跟著就念往生咒，跟著就念變食真言，跟著就念甘露水真言，跟著就念普供養真言，然後唱讚了。到唱讚那裡，淨極光通達，寂照含虛空，卻來觀世事，猶如夢幻中，這是面燃大士的讚來的。跟著面燃大士統領法界孤魂，人人父母及宗親，僧行覺靈等眾，無遮咸資，乘斯妙善悟無生，會入龍華普應，這個就是唱普通的伽藍讚。

那些小讚的或者你只是讀也可以，這個是西江月，妙鼻西江月這個詞來的，多數主法念就可以了，就這樣讀就可以了，不是一定要唱的。唱是後面孤魂那個。孤魂佛子，莫住泉鄉，少隨法水悟真常，直下自承當，返照迴光，何地不天堂，南無生淨土菩薩摩訶薩，摩訶般若波羅密。這個就是面燃大士前面的迴向，其他的，好像放蒙山也很少做這個的。

跟著就靈前迴向了，跟著又念佛，念到靈前，即是超渡牌位前面。跟著就每個人都上香。面燃大士上香那些是要剛剛有人往生要超渡的幾個人而已，靈前上香就每個都要上的，跟普通的一樣。然後唱蓮池海會佛菩薩，南無蓮池海會佛菩薩，跟著誦彌陀經。誦完彌陀經跟著就念往生咒，跟著變食真言三遍，甘露水真言三遍，普供養，跟著唱彌陀大讚，阿彌陀佛，無上醫王巍巍金相放毫光，苦海作慈航，九品蓮邦，同願往西方，願生西方淨土中，這個就是靈前迴向。

迴向了之後，跟著回到殿的中間，就起蓮池海會彌陀如來這個讚了，這個讚本來是小讚來的，但我們現在改成大讚，因為要拜得久了，所以念到後面，南無蓮池海會佛菩薩摩訶薩，我們要拉個好像香雲蓋那樣的調。跟著主法法師升座，跟著慢剎鼓，跟著就誦彌陀經一遍。誦完彌陀經，因為兩次彌陀經的，兩次彌陀經誦完之後就下來拈香，就唱彌陀大願王，阿彌陀大讚，唱完彌陀大讚就可以休息了。

這就是開場的儀式，止息，止息一會開始做密宗的東西。這個就是和一般的蒙山一樣，不過我們加了面燃大士進去。如果你自己放的，好像我們自己放，其實是放半個小時而已。為什麼呢？因為我們趕時間。我們要去講經，所以不用放太久，放半個小時。你放半個小時，但是佈壇都要半個小時，又要摘葉子，又要香印，又要其他的，搞完都半小時了，加起來一個小時。所以半個小時，我們就不念阿彌陀經了，我們在面燃大士那裏念大悲咒，即是代替灑淨。

如果念完大悲咒，然後供面燃大士，跟著我們就去靈前，再唸心經，跟著就可以正式放密宗的蒙山。有六個開示的，我們不用每一個都念，因為不夠時間。六個開示都是有些重複，我們念第二個就好了，要教他皈依。所以我們半個小時就可以放完整個蒙山，最重要是變食真言，變食真言可以念多一些。念二十一遍也好，念四十九遍也好，主要看看有沒有時間，不要人家說念三遍你就念三遍，三遍是不夠的。因為你觀想多久，眾生就得到多久的利益，因為你不觀想的時候，停了下來，那些東西已經消失了。所以你要念久一點，令到他們吃的飽吃得好。我們今天就講到這裏，下一次才正式講放蒙山。

大蒙山施食第五講：唐密開位儀軌youtube. com/watch?v=wwLLIT_cDag

我們繼續講唐密的大蒙山的儀軌。這個大蒙山，我們上一次講了，照平常去做。蒙山我們可以照平常的法本做，亦都可以照我們的法本。不過我們的法本是給我阿闍梨做的，裏面有些唐密的東西，如果你不是阿闍梨的話，都可以做的，

唸二十一次大輪陀羅尼，都可以學。但是你說不想學，我只是想看看這些觀想，看看其他，也沒有問題的。因為裏面有蓮池大師的觀想，有什麼的，比較好點，有字種有其他的，即是比完全什麼都沒有的好。

我們現在首先要灑淨，楊枝淨水，跟著灑淨。灑完淨之後就靈前迴向。靈前迴向之前，我們就供面燃大士，有面燃大士壇位的話，就念面燃大士。跟著念完之後就念彌陀經，上位念彌陀經。跟著念彌陀大讚就休息了。因為法會(時間)長，所以中間就要休息。那麼我們在休息後面，我們加多了唐密開位儀軌。因為唐密開位儀軌是很有用的，因為我們多加了召請、皈依、發菩提心，有很多東西的。

開位儀軌並不是只是開牌位的，開骨灰位也可以，或者你去殯儀館做佛事。我們平時就不會去殯儀館的，但是有些熟悉的我們也會去殯儀館。即是有些熟悉的自己人，自己家人當然要去。我們去殯儀館都是做這個儀軌的，都可以做這個儀軌的。這個儀軌你覺得短了點，你可以加長光明真言。光明真言可以念很多次都可以。所以上一次大師父往生的時候，你們要助念，念八個小時阿彌陀佛，我念八個小時光明真言，所以都可以念挺久的。普通來講我們牌位念二十一次，但是骨灰的話我們就念一百零八次，因為一百零八次加持沙土，我們那些光明沙，平時也有加持的。所以你去每一個道場，去日本每一個道場，他的大壇的大塔後面都有個沙瓶的，那個沙瓶就是專門放光明沙的。平時你做功課時可以加持沙的，加持到要用的時候就可以用。如果你的道場(已經)幾百年(歷史)，那些光明沙就加持了幾百年。我們現在大壇天天都做光明真言的。

我們大壇是有做光明真言的，以前一天胎藏界，一天金剛界。後來覺得胎藏界和金剛界也是差了一點而已。所以後來全部做金剛界了，九重次第和五方便而已，所以做金剛界。所以開位儀軌其實是光明真言，用光明真言的，所以最重要。東密來說，要超渡的話最重要是光明真言。因為東密有土砂加持法加持沙土，平時就可以做土砂加持法。平時那一條五色繩綁在手上這樣加持，天天加持一百零八次，到你要用的時候就馬上能用了。如果你說平時我開牌位沒有那麼多的，開骨灰的時候要不要用？也可以拿沙來加持一百零八次，什麼沙都可以的，不過最好是恆河沙，我們用恆河沙的。日本沒有恆河沙，日本用塑料顆粒，一粒粒金色的塑料顆粒，他們當成光明沙來用。臺灣也有些是用塑料顆粒。其實這些還是要天然的好，即是起碼要用水晶粒，用什麼材質都好過塑料顆粒。因為要用天然的，可以吸收能量的。但是塑料顆粒就吸收不到的，因為你是一些化學東西來的，是根本沒有用的。好像念大悲咒水，你用些開水來念大悲咒水已經是沒有用，要用些活水，用礦泉水，用活水才可以的。所以這些光明沙也是要自然的，不可以人造的，因為它吸收不到能量。所以開位儀軌其實是用光明真言。

怎樣去用光明真言呢？所以你就要去學會光明真言七印法了，光明真言六印法，就可以超渡人。所以我們作為法師來講最重要是兩件事。一件就是幫人消災延壽，做護摩、息災。一個就是超渡，給亡者超渡。光明真言超渡法都可以做護摩，光明真言護摩都可以超渡的。所以光明真言是我們要學的東西。一個是藥師佛或者準提，加上光明真言，這個就是一個生一個死，一定要做的。

我們現在就講解開位儀軌，開位之前就要灑淨的，未灑淨之前就要塗香、三部披甲。如果你不塗香，不三部披甲，不灑淨都可以，因為你最先大悲咒已經灑淨了。你一去到就請他來也可以。但是我們是東密的，做全套就好點，即是從頭到尾做。雖然說有大悲咒，但是有時又沒有大悲咒，三時繫念就沒有大悲咒。你開牌位的時候就要由塗灑開始，那你現在大蒙山有大悲咒，其他的沒有。三時繫念、地藏經那些沒有大悲咒的，所以我們就要由塗香開始。塗、灑是兩個法器來的，是東密的法器來的。我們東密有些叫豆器，豆器就是小小的，要來出門用的，它有十九件，有鈴杵盤，有塗灑，也有其他的。我們用著用著就會整套用上，到時候才放出來。

現在我們先用塗灑，首先塗灑有兩隻杯，一隻放塗香一隻放水塗香一般來說都是買回來的，日本買回來的，又不是很

貴。因為日本用得多，塗香價錢可以差很多，有些很便宜，有些五百元日圓，有些就二千多日元，那麼十五克，十五克即是半兩，三十克是一兩。半兩就是十五克是五百日元，五百日元即是多少？三十多港幣而已，如果你沒有塗香的，我是顯教沒有的，用沉香，沉香粉，沒有的用檀香粉，沉香粉、檀香粉加少少冰片進去那就如法了，就跟他的一樣。日本那些塗香是甜的，為什麼它是甜的呢？我發覺日本是很多梅的，梅酒、梅什麼的，他加一些梅子進去。梅就好像話梅那樣，甜的，它就會有甜味了。梅子有甜味的，所以加進去的話那些塗香就很甜了。應該他的秘方，松榮堂哪些，他有幾百年的秘方。我想都是那些東西來的，都是沉香、檀香，再加梅子，就差不多了，加一些冰片進去。這四種東西，然後加加減減特別的香料，水就用閼伽水，閼伽水又叫做花水。

花水以前就在天未亮的時候拿著個東西去花叢，去敲打樹葉讓那些水掉下來。即是露水，即是這些水是未掉到地上的，所以是清淨的。但是現在花水都是髒的了，所以最好使用礦泉水。礦泉水比蒸餾水好，蒸餾水已經煮過了沒有靈性，所以用礦泉水。如果你沒有礦泉水，要特地做些閼伽水出來，你可以做的，跟灌頂的水是一樣的。灌頂，我們用檀香、沉香，加上鬱金，丁香。四種東西煮出來，煮一大壺放在冰箱中。逐天逐天倒點出來，就如法一點。不過我們一般都是用清水的，用乾淨的水，最好就是礦泉水。因為礦泉水是清淨的，而且他拿回來沒煮過，蒸餾水有煮過就差點。

塗香、塗灑。先塗香，左手取，拿了放在右手上磨，在手上磨，跟著又磨另一隻手。戒香、定香、慧香、解脫香、解脫知見香、五分法身香，這個就叫做塗香。為什麼叫塗香呢？就是以前修法的時候都要更衣沐浴的，你見我們的法本、懺本，全部都要更衣沐浴的。但是印度不洗澡的，印度都沒有水洗澡，大多是用塗香的，所以我們塗香是代表更衣沐浴，就比較方便點，所以每一次修法我們都要塗香的。

塗香，首先清淨自己的手，清淨自己的身體，戒香、定香、慧香、解脫香、解脫知見香、五分法身香。塗抹自己的身體，清淨自己的身體，跟著就三密觀了。三密觀就是身口意三業，身口意三業經過加持之後就變成三密，變成密宗的三密。口的妙用就是口密，意的妙用就是意密，身的妙用就是身密。因為身體可以結印的，所以身口意三密其實就是身口意三業，加持身口意三業變成身口意三密。十八道就沒有做到這個的，但是做金剛界、胎藏界、護摩都要三密觀的。三密觀是加次自己的身口意。

首先就結蓮花合掌，蓮花合掌就是合起來，中指離開一點變成未開敷的蓮花，即是蓮花苞開了一點點。完全未開的就是蓮花苞了，如果開一點點就是未開敷的蓮花。想掌中，這個手掌裏面，舌上面。手掌就是身，舌上面就是口，心外就是意，這三個地方有個𑖮𑖳𑖽喚字，有個𑖮𑖿𑖨𑖱𑖾嘰咧怙，𑖮𑖿𑖨𑖱𑖾就變成八葉白蓮花，上面有個𑖀阿字變成月輪，月輪上面有個𑖮𑖳𑖽喚字，𑖮𑖳𑖽字變成五鈷杵各放光明照身口意三業。

由此加持力，三業罪障悉皆消滅，消滅三業，要念十次的。身三口四意三，你見到喚喚喚，觀想手掌裡面有一個𑖮𑖿𑖨𑖱𑖾嘰咧怙就變成白蓮花，蓮花上面有個𑖀阿字就變成月輪，月輪上面有個𑖮𑖳𑖽喚字就變成五鈷金剛杵。當然你不能夠觀得那麼微細的，不過你觀得多也能的。簡單地由𑖮𑖳𑖽喚字變成五鈷杵，然後有蓮花，跟著由𑖮𑖳𑖽喚字變成五鈷杵都差不多了。

跟著喚喚喚喚喚喚喚，口就是在舌上面，觀想舌上面又有個𑖮𑖿𑖨𑖱𑖾嘰咧怙，變成八葉蓮花，蓮花上面有個𑖀阿字就變成月輪，即是橫向的月輪，有個月輪托著𑖮𑖳𑖽字的，上面有個𑖮𑖳𑖽字，𑖮𑖳𑖽字就變成五股金剛杵。跟著意三是心了，我們說的心意，所以心意喚喚喚，這個就是三次。觀想心裏面有個𑖮𑖿𑖨𑖱𑖾就變成白蓮花，蓮花上面就有𑖀字，𑖀字就變成月輪，月輪裏面有個𑖮𑖳𑖽喚字就變成五鈷杵，五鈷杵放光身口意業中。由此加持力，三業罪障悉皆消滅。所以就清淨我們自己的身口意。

跟著就做淨三業了，除了三密觀之外就做淨三業，淨三業也是剛才那個未開敷的蓮花，五處加持，額頭、左肩、額頭、右肩、左肩，胸和喉，念五次的On Saw Ha Hum Ba Shu Da Sa La Ba Ta La Ma Saw Ha Hum Ba Shu Doll Kan。

唸的時候手稍微挪動一點，觀想在那裡加持就可以了，即是觀想。第一次是額頭，跟著是右肩、左肩、胸、喉，這五

處加持。斷淨三業所犯十惡，即成清靜內心澡浴。所以前面的三密觀加持身口意，這個就加持自己的三業清淨，其實一樣的，但是有些沒有三密觀的，淨三業就每個都有。淨三業密宗稱作觀空咒，藏密稱作觀空咒。其實是加持三業。

觀想肯字放光，五處有字放光，清淨你自己的業障，跟著就佛部加持On Ta Ta Gya Tall Doll Hun Ba Ya Saw Wa Ka。這個就是佛部，佛部就是結這個缽印，缽印就是三隻手指合併著，這個叫做缽印，如來缽。這個佛部加持，想大日如來在中間，中間有大日如來加持你的頭頂，跟著就是蓮華部了。

蓮華部就觀想聖觀音就坐在你的右邊加持你，On Hun Doll Ball Doll Hun Ba Ya Saw Wa Ka。這個Hun Doll Ball Doll Hun Ba Ya Saw Wa Ka就是觀觀自在菩薩及蓮華部諸尊就加持行者的語業，令語言音威肅令人樂聞，無礙辯才說法自在，加持語業。身口意，也是身口意。

跟著到金剛部了，這個印要稍微向右邊的。八葉蓮印向右邊，下一個是金剛部了，三部加持，佛部、蓮華部、金剛部。金剛部是Ba Zo Law Doll Hun Ba Ya Saw Wa Ka，想金剛藏菩薩，並有金剛部聖眾加持行者，令獲得意業清淨，證菩提心三昧現前。我們就觀金剛薩埵，金剛藏菩薩和金剛薩埵是一樣的。觀金剛薩埵就是金剛部。

這個是三部加持，跟著就是披甲護身。因為世界上是五趣雜居地，有很多魔的。有很多魔的時候，我們每一次修法都會披甲護身的。做完的時候也要披甲護身，未做之前也要披甲護身。因為那些魔要搞你的話，尤其是你要超度要什麼更加多事。那些人有些喜歡你超渡，有些不喜歡你超渡，不喜歡你就會搞你，但是你披甲護身就會保護自己了。因為有些是惡人，有些是善人。惡人和善人死了變成善鬼和惡鬼。惡鬼的話你就很難搞了，所以就要披甲護身了。所以每一次我們都要披甲護身，靜坐都要披甲護身，所以所有的修法都不離披甲護身的。

經常要披著的，結三股印，然後兩隻手交疊，三股印On Ba Za La Gi Li Ha La Chi Ha Ta Ya Saw Wa Ka。這是五次，又是額、喉、左肩、右肩、胸五處加持。On Ba Za La Gi Li Ha La Chi Ha Ta Ya Saw Wa Ka(5次)。

即想披如來大慈大悲甲冑，一切天魔及諸障者，悉見行者威光顯赫，猶如日輪廓，各起慈心不能障礙。那麼修行者好像披著甲，那個甲在我們的圖片那裏就有了，即是好像以前的盔甲那樣，穿著盔甲那樣。那麼如果我們做到這個金剛界，這個和胎藏界那些有更多的披甲，要披十七次甲。又綁甲冑，又綁繩，又有其他的，那麼這個披甲就是簡單點。觀賞自己是披著甲，不能障礙，猶如日輪，各起慈心。及以惡人無能得便，有些惡的。煩惱業障身不染著，不要染著煩惱業障。即是做得好不好也不要起煩惱。凡夫的話未必每個都做得如法，做得不如法也不會被他騷擾，所以無論施食也好，放蒙山也好，做什麼也好，都要披甲護身。日本的施食還會隱形，首先唸隱形咒，念摩利支天先隱形，不用來找我。所以我們每一次修都做，每一次做三時繫念，做其他的，我們也是先隱形，什麼都不關我事。隱形每個都懂的了。一開始就隱形，我們後面有些資料是放小蒙山，我們加了日本資料，整套資料。其實我們是救拔餓鬼法集要，全部都加進去即是所有的資料，有施食通鑑那些，我們也加進去了。

跟著灑淨，加持香水。剛才是塗香，現在加持香水，加持香水就首先拿起念珠，先加持香水，加持香水二十一遍，加持用軍荼利小咒，叫做甘露軍荼利。軍荼利有很多個的，有蓮華軍荼利，有金剛軍荼利，這個叫做甘露軍荼利。On Ah Me Li Tair Woon Park Tar，這就是甘露水咒。甘露水咒加持二十一遍，加持的時候看著有光射下去On Ah Me Li Tair Woon Park Tar (21遍)。加持甘露水叫做佛歡喜咒，所有的供品用甘露軍荼利去加持都是令佛歡喜的。所以你加持先，到了我們獻六供的時候，我們也是用On Ah Me Li Tair Woon Park Tar。現在甘露水用On Ah Me Li Tair Woon Park Tar，所以這個是佛歡喜咒。我們加持下去，喃喃斑斑加持。我們首先拿起枝散仗交去右手，喃喃喃喃(21次)，斑斑斑斑斑斑斑斑斑斑(21次)，這部分是喃、斑加持。然後打三下，就是火來的，就是水，所以水火交融。喃喃喃喃，

觀想火燒這些水，斑斑斑斑斑就觀想水火交際，即是加些水，甘露水。所以水火交融的時候，加持就打三下，中院流的規矩就是這樣的，兩圈半。不過你可能最初就做的沒有那麼好，除非你做四加行，這個不要緊的，你怎樣都是會如法的，為什麼呢？有很多宗派的，有不同打法，這個中院流的規矩打三下，就觀想。灑淨的時候就可以唸，我今奉獻清淨水，無生無滅本來寂，自性清淨無瑕穢，頓證般若利有情，就是這首偈，這首偈就是在胎藏界裏面有個梵文的偈，梵文的偈的意思就等於這個了。

灑淨還有一些秘訣的，如果他是淹死的、溺死的，那麼灑淨的時候就念On Ba Lai Da Saw Wa Ka。Ba Lai Da 就是水天的咒。如果你加持亡者，他是橫死的，死於非命的，那就用十一面觀音的咒。你唸的時候On Ma Ka A Lou Ni Ka Ya Saw Wa Ka。如果是病死的，那就唸光明真言了。

當然如果你說一個法會中有病死，又有橫死，又有淹死，那當然是唸我今奉獻清淨水，無生無滅本來寂，自性清淨無瑕穢，頓證般若利有情。如果你去超渡的，特別超渡亡者的，去到殯儀館有死屍的，這個病死的你可以唸光明真言的。光明真言什麼都可以的，自然死用光明真言也行，自然死也是病，所以光明真言也可以的。用光明真言去加持他，那就更好，這部分就是加持香水。

加持完香水，我們就要召請。顯教就只是上香，上香也不知道他來不來，密宗就加個召請Nor Ma Cool Sum Mam Da Ball Da Nam。跟著盂蘭法會附薦諸靈或者蒙山法會附薦諸靈，A E K E Key Saw Wa Ka，A E K E Key就是請他來的。所以你做十八道的時候也有召請的，我們普通也是用大鉤召的。我們召請菩薩也好，請靈也好，都是用這個，普通的又是用這個的。這個Nor Ma Cool Sum Mam Da Ball Da Nam某某門上歷代祖先A E K E Key Saw Wa Ka。那就請他來，做三次請他來，就讀(亡者)名字，這個要做三次就是召請。

因為北方人做佛事，他就跟禪宗混合在一起，所以有些儀軌他就不注重的，好像召請哪些。但是如果你說去到藏密的話，他有用幡的，日本也有幡的，招魂幡日本也有的。道教就更加有了，道教也是有的。所以我們也加多個召請進去就好點。那給他打三皈依，觀想他皈依，皈依佛、皈依法、皈依僧，皈依佛兩足尊，皈依法離欲尊，皈依僧眾中尊，皈依佛不墮地獄，皈依法不墮餓鬼，皈依僧不墮旁生，皈依佛竟，皈依法竟，皈依僧竟，念三次，觀想他皈依三寶，所以給他打皈依。已經請他來了，當然是皈依，有皈依比沒有皈依好，所以我們這裏做三時繫念，人們很喜歡的。因為有皈依，差不多像受幽冥戒那樣。幽冥戒就多點長點，儀軌比較長，叫他受戒，但是皈依都好的。

那皈依之後就發菩提心了On Ball Ji Sit Ta Ball Da Ha Ta Ya Me，這個就是發菩提心。Ball Ji Sit Ta Ball Da Ha Ta Ya Me，可以念三次的。跟著就三昧耶，受三昧耶戒了，On Sum Ma Ya Sa Doll Ban。所以三昧耶戒的是佛性戒，佛性戒就是十四根本墮，守十四根本墮，其實不退菩提心而已，叫他在什麼情況之下都不要退菩提心，所以受三味耶戒。那麼如果那個眾生跟你受三昧耶戒，就是你的弟子了，所以無論他多惡也好，受了三昧耶戒也會聽你的，所以三昧耶戒是上師授徒弟的戒。即是徒弟對上師的戒，所以你給他受三昧耶戒，那就不會有問題，就算做得不好看來都沒什麼問題，當然要做到最好。所以每一次修法的時候都要盡自己的能力，不是每一次都隨隨便便，那就沒什麼用的。

三昧耶戒受完之後就可以念彌陀經或者心經，如果你時間短的話念心經，時間長的話念彌陀經。大蒙山就唸彌陀經，唸了兩次彌陀經。這次沒念完就在之後的靈前迴向念完。超薦之後就昇座又唸一次彌陀經，總共唸兩次彌陀經。如果你平時開位沒有那麼長(時間)的話就唸心經，即是心經就最普遍的。跟著開咽喉真言、變食真言、甘露水真言，按照普通顯教那樣念下去就行。唸完這個就唱讚，唱蓮池海會或者唱阿彌陀佛。

唱讚之前我們就要加持，唱讚之前要加持，加持完才唱讚。第一個就是念阿彌陀佛的咒，就結蓮葉這個(十指)合起來，中指拉開一點就變成蓮葉了。如果這個(二中指並立)就變了針，這個(二中指稍曲)就變成蓮葉，這個(二中指頭屈曲成

寶形)就變成寶，所以這個是蓮葉印。On Law K Jim Ba La Ah Laang Ja Key Li Cool，就是金剛部阿彌陀佛的印，還有胎藏界的On Sa Sa Cool，這個是胎藏界的，還有 Ah Me Li Tair Tey Say Ta La Woon，這個就是普通阿彌陀佛的，我們現在用的是金剛界阿彌陀佛的咒。因為我們站著，所以就結這個印念咒就比較好點。

跟著就結大寶樓閣了，這個是大寶樓閣根本印來的。On Ma Ni Ba Zi Lay E Woon，這個念三次，On Ma Ni Ba Zi Lay E Woon。念的時候，觀想一個紅色的𑖮𑖿𑖨𑖱𑖾嘰咧怙放光，那些眾生觸到紅色的𑖮𑖿𑖨𑖱𑖾嘰咧怙的光，就飛去西方淨土。那你現在念𑖥𑖾巴怙，唸大寶樓閣𑖥𑖾巴怙，𑖥𑖾巴怙就是佛部的印，所以在東密有兩個加持沙土的，一個是光明真言，另外一個是大寶樓閣。大寶樓閣就是說你登高一唸的時候，所有你看到的眾生都能夠得到解脫。所以這亦都是一個超渡力量最強的咒。除了光明真言就是大寶樓閣了。大寶樓閣有長咒，好像彌陀，好像往生咒那麼長。但我們凡是這種都念短咒，因為你這個是做法會的，不能讓別人一直站在那裡看你念，他也沒有本子拿著，也不知道你在做什麼，所以用On Ma Ni Ba Zi Lay E Woon。

大蒙山施食第六講：開位與光明真言youtube.com/watch?v=JpR-15WDOMo

上一次我們講唐密開位儀式，唐密開位儀式不是只有開位才用。開牌位，甚至我去殯儀館或者超渡也是用這個儀式的。這個儀式就差不多是土砂加持法。那日本的超渡儀式有土砂加持法，專門用光明真言。因為光明真言可以加持東西，加持些土砂，然後灑在亡者身上叫做光明沙。日本每一個道場都有一個沙瓶的，在大壇那裏都有一個沙瓶。

我們也有一個很大的沙瓶，我們有個兩尺的沙瓶，普通是不夠一尺的。他們天天念咒加持，用光明真言。到要用的時候，要去超渡要去做什麼，就在那裡拿些光明沙來用。土砂加持法最主要是用光明真言去加持，光明真言六印法，光明真言七印法。我們開位要淨三業，三部披甲，跟著就召請，結個召請印，跟著給他三皈依，打了皈依之後發菩提心，三昧耶戒。唸到三昧耶戒之後，跟著就可以念我們顯教的經了，念心經也行，念阿彌陀經也行，日本有時候會念理趣經。

念完彌陀經或心經，就念開咽喉真言。大蒙山是用彌陀經，是大法會，即是這是大法會，拉長它，起碼兩三個小時。念彌陀經，跟著就三真言，開咽喉、變食、甘露水真言，這些是照顯教那樣念的就行了。雖然有東密的讀音，但是因為大眾做的，大眾要知道的東西，全部都是東密的，所以用東密的讀音。如果全部都是顯教的，當然是用顯教的讀音。所以我們這個大蒙山施食儀軌，多數都是用顯教的，因為一齊(做的)大眾法會。那麼除非可以自己做的，好像我現在天天自己做，我就減了六個開示，六個開示我只是要第二個，第二個開示讓他皈依而已。刪除些開示，有些唱的變成讀就快很多了，我半個小時就搞定。

一個人做又不同了，即是天天做的又不同。做法會又不同，唸完三真言之後就唸三條咒，其實是四條的。一條是彌陀咒，一條是大寶樓閣，一條是尊勝咒。為什麼要念這三條咒呢？因為彌陀咒當然是送他去西方的，彌陀咒On Law K Jim Ba La Ah Laang Ja Key Li Cool。這個就是金剛界的彌陀咒，還有胎藏界的，Nor Ma Cool Sum Man Da Ball Da Num Sa Sa Cool，這個就是胎藏界的。還有一條是普通的彌陀聖號，On A Me Li Ta Tair Say Car La Woon，總共有三條咒的，我們當然是唸On Law K Jim Ba La Ah Laang Ja Key Li Cool。因為這是結八葉蓮印。如果結其他那些印念的時候，這條比較常用點，所以開位就用這一條。你可以念第二條的，念胎藏界也行，唸彌陀咒也可以。

彌陀咒當然是往生淨土的，第二條我們就加了大寶樓閣。大樓閣這條咒也是很重要的，經裏面說，你登高站著唸的時候，所有你看到的眾生都得到解脫，所以大寶樓閣就很重要的。結這樣的印，雙手這樣合起來結印，On Ma Ni Ba Zi Lay E Woon就是短咒來的。有長咒的，長咒也不是很長，好像往生咒那麼長，比往生咒長一點點，不過如果大眾法會唸

的話當然要快點。信眾也不懂，也不知道你念什麼，所以念快點。還有尊勝咒，尊勝咒就是念短咒On A Me Li Ta A Me Li Ta Tair Jya Ba Chi Saw Wa Ka, On A Me Li Ta Tair Jya Ba Chi Saw Wa Ka。那麼A Me Li Ta Tair Jya Ba Chi Saw Wa Ka就是短咒來的。

加持沙土除了光明真言之外，尊勝也可以的。尊勝陀羅尼就不是尊勝佛母，尊勝佛母是西藏的，所以尊勝陀羅尼是一個曼荼羅來的。他這個尊勝是講尊貴的佛頂，有八大佛頂，大白傘是其中一個，楞嚴咒的大白傘是其中一個佛頂，除蓋障佛頂、尊勝佛頂、大佛頂等八個佛頂。東土若無尊勝咒，孤魂難以出塵埃，講佛陀波利。我們有佛陀波利的舍利，在蓮池(淨苑)。佛陀波利來到中國的時候，去朝五台山時見到個老比丘，文殊的化身來的，就問他，你有沒有拿最重要的東西來？他答沒有，拿什麼呢？他問有沒有拿尊勝咒，他答沒有，那你回去拿吧。於是又回去印度拿尊勝咒，所以西域尊者往東來，卻被文殊化引開，東土若無尊勝咒，孤魂難以出塵埃。所以你加持二十一次，因為有亡者的時候，你加持二十一次沙土，尊勝咒加持二十一次就可以了。當然是用長咒，不夠時間用短咒都行。

例如我們十二天神供，多數都唸長咒的。短咒可以超渡，又可以滅罪，跟著就念光明真言了。光明真言六印法，先是光明真言七印。七印就是日本的，六印就是我們的。這個七印，第一，光明真言是出自不空絹索毘盧遮那大灌頂光真言和不空絹索神變真言經，第二十八灌頂真言的成就品，就出光明真言。

照不空絹索神變加持經裏面講，爾時十方一切剎土，三世一切如來毘盧遮那如來，一時皆伸右無畏手，摩清淨蓮華明王頂，同說不空大灌頂光真言曰，On Ah Ball Gya Bear Law Sya Nor Ma Ka Ball Da La Ma Ni Hun Doll Ma Jim Ba La Ha La Ba Li Ta Ya Woon，這個就是光明真言。所以光明真言是東密才有的，西藏是沒有光明真言的，西藏沒有念光明真言，那他用什麼來加持沙土呢？他用六道金剛咒哇 啊 哈 夏 沙 瑪，所以我們現在請到紅色的光明沙，以前是慧華，

慧華即是諾那(華藏)精舍的兩個修行人念的，已經死了十幾廿年了。現在我們在網上面都看到，四毫子一個，有些賣得很貴的，一元多，有賣四毫子一個，我訂了幾千個回來，快要被人請光了。他們是念哇 啊 哈 夏 沙 瑪加持的，但是他是藏密加持，我們請回來放在大壇上面唸光明真言就有光明沙了，自己去做個小瓶子就很難，問了很多次都不知道怎麼做個小瓶子。我們的光明沙、沙瓶那些都有加持。光明沙是很好用的。

不空絹索經裏面說，若有如法受持讀誦滿千萬遍，則獲七大善夢。所以你去高野山旅行的時候見到奧之院那些墓地，一支支豎立，光明真言一億次，光明真言兩億次，全部都是以億算數來唸的。他們日本唸完之後就做一條木條釘在墳頭，釘在墓地表示迴向。當然他的一億不是一個人唸，他是整個法會或者整班信眾一起唸的，他們有專唸光明真言的。入大曼拏羅會，若有過去一切十惡五逆，四重諸罪燼然除滅，若聞此呪二三七遍經耳根者，即得除滅一切罪障。所以光明真言是很重要的，光明真言可以滅罪，所以念光明真言來除障滅罪。

若諸眾生，具造十惡五逆四重諸罪，數如微塵滿斯世界，身壞命終墮諸惡道，以此真言加持土沙一百八遍。一百八次加持沙土，用光明真言加持一百八次。加持的方法就是，綁一條五色繩，念光明真言加持沙土，觀想有個嚚字，由繩入進沙瓶中，那麼這些沙就可以拿來用了。不然你臨急臨忙一百八次，在街上遇到有隻貓死了，你想加持他或者你經常帶著光明真言沙，我們經常都帶著光明真言沙。不然平時出去見到有貓有小鳥死了，你臨時找些沙灑上去，站在街上唸一百八次嗎？當然不好了，所以平時先唸好，可以很多次的。平時每天念，即使你馬馬虎虎念個十多年都是以萬次計算的，到你要用的時候就馬上有得用了，亦都可以拿起來唸一百八次，我們開牌位是念二十一次而已，但是我們開骨灰位是念足一百八次的。當一個修行，當加持而已。

以此真言加持土沙一百八遍，散亡者屍骸上或散墓上塔上，墓上也可以。彼所亡者若在地獄餓鬼修羅傍生等中，以此

真言加持力故，應時即得光明及身，除諸罪報捨所苦身往於西方極樂國土，蓮華化生直至成佛，更不墮落。所以這個光明真言加持沙土是專門的。那哇 啊 哈 夏 沙 瑪也行，藏密的，他也是要加持沙土的，所以他也有。但是藏密就不是專用光明沙的。

復有眾生連年累月，瘻黃疾惱苦楚萬端，是病人者先世業報，以是真言於病者前，一二三日每日高聲，誦此真言一千八十遍，則得除滅宿業所有病障。所以有人病的時候念是可以除病的，光明真言除病法。因為光明真言除病，所以你自己唸光明真言也不易生病，可以身體健康。

若為鬼嬈魂識悶亂失音不語，持真言者加持手一百八遍，摩捫頭面以手按於心上額上，加持一千八十遍則得除差。若諸鬼神魍魎之病，加持五色線索一百八結，繫其病者腰臂項上，及加持衣則便除差。光明真言除了可以超渡之外，他還可以降魔。所以我們一早就講，我們修光明真言可以降魔，降魔是最有效的。為什麼呢？你用穢跡金剛即是跟他打，普巴金剛、穢跡金剛這些即是跟他打架，打不贏你就大件事了。你用光明真言加持他的話，就算不行他也不會找你。加持你而已，想超渡你而已，超渡不了你又有什麼辦法呢，那是因為你業重，對吧。所以是安全的。

光明真言可以加持手，其實唸的時候已經一起(加持)了，即是沒有刻意加持手，然後蓋在他的頭上。一百八次，念完之後再蓋在他的頭上，其實你按著他的頭就念了。好像上一次我們講梁細妹，那個水警，那個小女孩就是撞邪。有東西走進小女孩身上，在尸羅精舍的時候，在地上滾著，痛得很辛苦，用光明真言加持她，加持了一會兒，她說很舒服，就知道這個光明真言厲害了。繼續加持下去，便很快醒來沒事了。她自己不知道剛才在地上滾，不知道自己痛得在地上滾，又說去找姊姊。所以光明真言的加持力是很大的，自從那一次之後，我就信光明真言。所以我們有幾尊是信的，一個是穢跡金剛。

有一次就有個人去美國唸書，撞到一隻鬼，男性來的，租地方住，那個鬼是男性來的。追著她，要跟她結婚，她就找李某某幫他迴向，李某某就拿了她的照片來找我。那時候穢跡金剛還放在貨櫃裏面，我對著那張照片唸穢跡金剛。昨天十點多唸的，第二天那個人就打電話過來，說十點多的時候就有一道光罩下來。我在香港唸時，就有一部紅色的光罩過去(美國)，那隻鬼就走了。所以穢跡金剛又是我們的專科。那準提、穢跡金剛、光明真言，這些是學東密的人要唸的。

光明真言加持光明沙，加持手，又可以加持五色繩一百八結。你唸光明真言的時候就打一個結，唸光明真言就打一個結，打一百零八個結。因為我經常都念光明真言的，看來也可以做些繩出來加持，誰要擋邪的給他一些。即是唸完之後打一個結綁在裏面。常訓就專門打大悲咒的，念完大悲咒之後就打一個結，表示咒的力就鎖在結裏面，可以加持給人，不過你可以用一條紅繩，即是量度長度，唸完之後打一個結，吹一吹他，唸完之後再打一個結，吹一吹他，變成咒就入進去，將來有人撞邪什麼的可以戴，我們也試過很多了，用光明沙也行的。

用光明沙，紅色瓶子的光明沙，我們經常派給信眾，那些也行。因為本身沙就有加持力的，所以光明沙是可以擋邪的，經常掛在身上，有事就可以用，沒事亦都可以辟邪。所以有邪東西搞的那些，我們每個都給他光明沙，每個都有效的。其實光明沙很好用的，不是亂講的。所以修行的事很難說的，要宿世因緣，即是你宿世是修那些，就事半功倍。

我在屯門大會堂講靜坐的時候，有個人問怎樣可以不出竅呢？那我問你是怎樣出竅呢？(情況)是怎樣的？他說，我坐著坐著看到自己在打坐。我問你(修)打坐很久了嗎？他說不是，我是聽你講才打坐，聽你講後，在屯門大會堂坐了幾次而已。打坐了幾次就有這些情況了，跟葉某某一樣。葉某某十多年了，他坐了十多年，整個人走了出來，看到自己。這個是欲界定來的，即是看到自己在打坐，整個走了出來看到自己再打坐。當然這種事也是搞不了的，其實也不是搞不了，是不要去搞這些事情，這些事情沒有意思的，就算你看著自己打坐又怎樣呢？因為已經到了奢摩他，已經入定了，不如觀吧。你喜歡小乘就修四念處，喜歡大乘就修四尋思證四

如實智，就可以證道。不要搞這些出竅，出著出著，好像葉某某那樣回不來，你就大件事了。但他這些事是很快的，他只是聽一聽，然後打坐他就有(境界)了，所以講宿世的，所以有些就你宿世有唸的時候很快就相應，如果你沒有唸的時候你就難點相應，所以光明真言很有效的。

日本就很注重光明真言的，什麼都用光明真言，超度又是光明真言。其實整個超渡法主力都是光明真言來的，他雖然有六地藏，也有唸六地藏，六地藏我們後面也有唸。六地藏就是六道的中陰身，超渡六道的中陰身，即是後面會唸。現在我們跟著下來看看念什麼，跟著大毘盧遮那大神變破地獄出三界成就五智佛慧真言。這兩條真言和後面那條，大毘盧遮那佛加持滅罪往生吉祥成就一切佛心真言。這個是弘法大師在青龍寺的時候，龍光院，惠果祖師特別傳給他的。傳給他的時候，這個是秘心肝，秘中秘又秘，即是普通外面的人就沒有跟他們提這兩條咒的。我們有本光明真言全集，即是集成，光明真言集成。現在也有得賣的，即是日本的。裏面講了(所有)光明真言的東西，都沒有這兩條咒的。這兩條可能是秘咒，他就不講出來，即是傳給些入室弟子的。

這兩條是用來超渡的，一條是破地獄出三界成就五智佛慧真言，一條就是加持滅罪往生吉祥成就一切佛心真言。所以這兩條都是秘咒來的，所以我們跟著唸大毘盧遮那大神變破地獄出三界成就五智佛慧真言。日本都可能有的，不過他是秘傳不出聲，不傳的時候，傳著傳著就好像沒有了。那些人不問就好像沒有了。我找到日本的兩本書，一個是常喜院。常喜院就是在這個樂西常喜院，就在金剛峰寺旁邊的，有赤地藏，停車場走進去，有常喜院那本(法本)，在舊書攤買到他那本常喜院的手抄本，六十七諸大事，六十六諸加持。即是寫了那些加持的法，有些秘印，什麼大黑天印，這是傳一個人的，即是很多傳一個人的咒，都沒有這兩條咒，在日本可能傳著傳著失了吧。所以我們就將這兩條咒公開，超度的東西不用那麼秘密。你拿回來自己加持，不如讓大家都知道。所以我們把一些法，應該公開的就公開，不公開的話，這兩條咒以後又變成沒人懂唸。這兩條咒沒人懂唸的時候，兩個八寶光明就加持不了。

第一，我們結無所不至印，這個是大惠刀印，又叫做無所不至印。即是這樣子，無所不至印跟尊勝印是一樣的，尊勝又是無所不至印。唸尊勝的時候觀想𑖪𑖽斑字放光，加持眾生，那麼每個咒都有個的。唸彌陀咒就觀想紅色的𑖮𑖿𑖨𑖱𑖾嘰唎怙。你唸往生咒也好，唸什麼都好，都有朵蓮花，紅色的蓮花，上面有個紅色的𑖮𑖿𑖨𑖱𑖾。例如你唸往生咒，很多紅色的𑖮𑖿𑖨𑖱𑖾，即是坐著蓮花飛出來，即是好像我們印出來的貼紙那樣。有個𑖮𑖿𑖨𑖱𑖾，其實𑖮𑖿𑖨𑖱𑖾是梵文更好。眾生碰到這個字種，他就往生淨土了，即是總言之很多𑖮𑖿𑖨𑖱𑖾走出來，遍虛空遍法界，眾生一接觸到就坐著蓮花往生淨土。大寶樓閣就觀想[悉曇字]巴怙，這個[悉曇字]就是佛，佛的咒Nor Ma Cool Sum Mam Da Ball Da Nam ba cool，這就是佛的咒來的。

大寶樓閣用來給佛坐的，大寶樓閣是講佛的大寶樓閣，所以觀個[悉曇字]巴怙。這個[悉曇字]是金色的，因為一般來講梵字我們也是觀金色的。除了阿彌陀佛觀紅色的，尊勝咒𑖪𑖽斑字就觀白色的，因為𑖪𑖽字是水。看是水抑或是火，這個是水所以觀𑖪𑖽字，我們是觀白色的，𑖨𑖽覽字就是觀紅色的，因為他是火來的。所以這個大寶樓閣觀字種就行了，觀字種放光，所以我們現在做了動畫效果，放光效果就很好了，光不斷射出來。你去意會一下，看看怎麼觀。

大毘盧遮那大神變破地獄出三界成就五智佛慧真言，結無所不至印，觀想自己是毘盧遮那佛，心中有三角火輪，三角火輪是三角的，蓮花上面有三角火輪，火輪中間有蓮花，三角火輪有蓮花在中間，蓮花上面有三粒摩尼寶，品字形排叫做三辦摩尼寶。有些摩尼寶是一辦的，有些就三辦的。這裏是觀三辦摩尼寶，毘盧遮那佛多數是觀三辦的，虛空藏那些是觀單辦摩尼寶。這裏講是觀三辦摩尼寶。有金色的𑖀𑖽罌字，𑖀𑖽字是阿字加一點，放五色光明，光明中有一百個金色𑖀𑖽字，代表百法，所以這個叫做百寶光明觀。一個𑖀𑖽字變出很多個𑖀𑖽字，充滿整個空間，充滿整個法界，放出無量摩尼寶，𑖀𑖽字又放出無量摩尼寶，碰到這些光明真言的，觸此摩

尼寶者往生極樂永離苦海。所以你念的時候就觀想自己是毘盧遮那佛，心中有個三角火輪，三角火輪裏面有個蓮花，蓮花上面有三瓣摩尼寶，每個摩尼寶裡面有個𑖀𑖽罯字，𑖀𑖽字放光，發出一百個𑖀𑖽字，變成整個法界都是𑖀字，這個叫做百寶光明。這個八寶光明，一個一個圓圈那樣，裏面有很多𑖀𑖽字，這個法很好用。即是說你超渡的道場裏面，放出很多個𑖀𑖽字，那些眾生接觸到𑖀𑖽字就飛去極樂世界，跟阿彌陀佛的紅蓮花上面有個𑖮𑖿𑖨𑖱𑖾嘰唎怙是一樣的，不過這個是用𑖀𑖽字，那個就用𑖮𑖿𑖨𑖱𑖾。𑖮𑖿𑖨𑖱𑖾是彌陀的心咒，𑖀字、𑖀字就是大日的心。大日是𑖀阿、𑖪𑖽斑。胎藏界大日是𑖀字，這個金剛界大日是𑖪𑖽字。這個𑖀字不生，𑖪𑖽字離言說，所以大日如來是𑖀字來的。𑖀字加一點是𑖀𑖽字，這個涅槃點來的，唸往生極樂，那麼這條咒On Pok King Ah Ball Gya Bear Law Sha Nor Ma Ka Ball Da La Ma Ni Hun Doll Ma Jim Ba La On Pok King Pok King，再唸1次，兩行，On Pok King Ah Ball Gya Bear Law Sha Nor Ma Ka Ball Da La Ma Ni Hun Doll Ma Jim Ba La Ha La Ba Li Ta Ya Woon Park Tar Baang Woon Ta La Cool Ki Li Cool Ah Cool Saw Wa Ka，就是這條咒來的。這條咒就不用加亡者超渡的名字，下面那一條咒可以加個名字。這條是成就五佛，沒有加名字進去，下面的就要加了。所以這條咒你平時可以唸，平時我們唸三次的。第一次就不用加名字。跟著就念後面那條咒了，兩條咒是一樣的觀想來的，兩條咒都是觀百寶光明，跟著唸就是這個大毘盧遮那佛加持滅罪往生吉祥成就一切佛心真言。

觀想結無所不至印，一樣是無所不至印。金剛合掌然後食指和母指相觸，觀想自身為毘盧遮那佛，心中有三角火輪，火輪中蓮花，月輪上有三瓣摩尼寶，三瓣摩尼寶內有金色𑖀𑖽罯字放五色光明，光明中有一百個金色𑖀𑖽罯字，放出無量摩尼寶，觸此摩尼寶者往生極樂永離苦海。

這條就要加字了，在哪裏加呢?-On Ah Ball Ang Cool Bear Law Sya Nor Ma Ka Ball Da La Ma Ni Hun Doll Ma Jim Ba La Ha La Ba Li Ta Ya Woon Baang Cool Sya Ya Woon Baang。加入某某法會附薦諸靈，或者某某堂上歷代祖先，加法會的名字上去，或者加某某府君上去，最後Saw Wa Ka。唸第一次就加，因為要念三次，其餘兩次就不用加了。因為你好像三時繫念那樣有二十多個，又要念三次，讀那麼久，如果你只有一個人，當然是加了，三次都加進去。當你(附薦諸靈)人多的時候，唸第一次就加，其他兩次就不用加了。Baang Cool Sya Ya Woon Baang，加本法會附薦諸靈，或者附薦諸靈，然後Saw Wa Ka就行了。不用全部唸的，你說只有一個人或者兩個人，那當然要唸了，這個就是光明真言。

光明真言這兩條咒日本沒有的，日本並不是沒有，是不公開的。但是他的秘本中沒有，秘抄也沒有，即是他手寫那本書，即是傳給住持的，為什麼呢？有些咒，那本六十七諸大事，六十六諸加持，有些咒是只傳一人的，是住持才可以傳的，住持傳給住持的，因為只傳一個人。例如大黑天的秘咒，弘法大師入定時的秘印，這些只傳一人的，很多都是只傳一人的，即是傳給住持。那本書不知道為什麼又漏了出來，公開了，可能他自己那一本不見了也說不一定，所以拿了出來賣，不理他。遇到就是我們的了，就不理了。但是傳著傳著可能失傳也說不定，現在又把他整理出來。

跟著唸完這兩條咒的時候，就可以結光明真言七印法。因為光明真言七印法是加持光明真言的，尤其是超渡，土砂加持法的時候用的。時我們念光明真言就沒有念這七個印的，比如我們修供養法就沒有念這七個印，但是土砂加持法就有用，所以他應該是用來土砂加持法用來加持。但是普通我們唸光明真言的儀軌就沒有這個的，即是沒有說念了七個印的才念的。

結七個印。第一，【嗡-朴肯】。這個是超渡的時候念的。【嗡-朴肯-阿波羯也-阿波羯也】，結智拳印。【啤蘿-夏娜】，這個就是胎藏界了。一個金剛界，一個胎藏界。【啤蘿-夏娜】，就是結外五股。【瑪卡-波達喇-波達喇】，大印。【波達喇】就是大印，【瑪卡】就是大，就是結五色光印。光明真言的印就是以五色光印為主的。其他還有些印，好像無所不至印那些就是了。【波達喇】就是結五色光印。跟著【瑪呢】就是寶了。跟著【亨都瑪】就是蓮花。蓮花是劍

指，寶就是中指結成好像寶一樣。蓮花就是直的，好像蓮葉那樣。【亨都瑪】就是蓮花。跟著【占巴喇】就是結智拳印了。【哈喇巴呢打也溫】，就是迴轉發菩提心。所以整個咒就是皈命不空，【阿波羯也】就是不空，【嗶蘿-夏娜】是大日，那麼【瑪卡-波達喇】就是大印，【瑪呢】就是寶，【亨都瑪】就是蓮花，【占巴喇】就是光明，【哈喇巴呢打也溫】就是迴轉發菩提心，金剛不壞。這個就是加持那個印的。

跟著就念五次光明真言，念多少次都可以，最少念五次。如果我們超渡的時候，接著就念六印法了，我們念二十一次的，所以超過五次。六印法就是觀想亡者往生淨土的。這個法日本也沒有的，不知道為什麼新義有，傳著傳著就傳了出來。六印法也是好的，有個觀想。你說往生淨土，怎樣送他往生淨土呢？我們就念六印法，真的有效。我們以前有個明師，明師是有陰陽眼的，看到的。經常開骨灰(位)的時候他都在旁邊看。他說，不夠啊，多念一些，多念一些，他現在慢慢從底部升上來，還不行還不行，多念些。我叫他不要再來了，老大，這樣搞下去很容易就不用下座了。經常這麼說，念得到，念不到，我怎麼知道你是真還是假呢？他又說有些念了又好像成功，有些念了也不行，所以光明真言多加個觀想進去就好了。因為萬法唯識，你觀想他去淨土他就會去淨土的了。所以還是多加光明真言六印法。

我們接著下去，如果土砂加持法，他就接著念光明真言的，那就變成土砂加持法。我們加持完之後想他往生淨土。我們開骨灰或者開牌位的時候，我們想念多些，唸一零八次光明真言，然後才唸六印法也可以。好像我們做放蒙山法會，我們多數是念很多的，唸一零八次，然後最後要結束才用六印法。

六印法就是首先結五色光印，亦叫做破斧印，斧頭的斧，破斧印，斜斜的破下去，又叫做五色光印。先念光明真言三次，觀想光明真言圍繞加持念三次，觀亡者的𑖀阿字升到空中。因為我們光明真言六印只有六次而已，只有六個，三六是一十八，我們還有三個多出來的，所以第一次光明真言我們都是破斧印。破斧印就觀想放五色光照那些牌位或者照骨灰，又或者照那些靈位。那些靈位慢慢就發菩提心了，慢慢就走出個阿字來。第二次又是結五色光印念三次。在五色光裏面𑖀字就走了出來在空中。這個第一次、第二次都是唸，都是五色光，第三次就是念毗盧遮那，結胎藏界的印。胎藏界有𑖀阿、𑖪𑖰篦、𑖨喇、𑖮𑖳𑖽嗅、𑖏𑖽傾。在旁邊那幅圖有𑖀、𑖪𑖰、𑖨、𑖮𑖳𑖽、𑖏𑖽，𑖀、𑖪𑖰、𑖨、𑖮𑖳𑖽、𑖏𑖽就是大日的印來的，大日如來的心咒，𑖀、𑖪𑖰、𑖨、𑖮𑖳𑖽、𑖏𑖽。觀想阿裏面走出𑖀、𑖪𑖰、𑖨、𑖮𑖳𑖽、𑖏𑖽。第一次𑖀、𑖪𑖰、𑖨、𑖮𑖳𑖽、𑖏𑖽，就是他本身的佛性。四智即是由𑖀阿就是法界體性智，𑖏𑖽傾就是大圓鏡智，𑖨喇是妙觀察智，寶生的平等性智，𑖮𑖳𑖽嗅字的成所作智。其實𑖀字就是我們的法界體性智，我們本身的智慧來的，發出來就是轉八識成四智。用來渡眾生的，轉八識成四智。所以𑖀、𑖪𑖰、𑖨、𑖮𑖳𑖽、𑖏𑖽，轉八識成四智。觀𑖀、𑖪𑖰、、𑖮𑖳𑖽、𑖏𑖽出來，再念光明真言。觀𑖀、𑖪𑖰、𑖨、𑖮𑖳𑖽、𑖏𑖽，然後就放五色光。當然第一個觀出來就沒有放光，第二個放光。放光就表示他起作用了，第一次就表示自性的。𑖀、𑖪𑖰、𑖨、𑖮𑖳𑖽、𑖏𑖽，再觀他放光的時候，就表示他已經成就了。所以你亦都可以觀字輪觀的。字輪觀就是𑖀阿、𑖪巴、𑖨喇、𑖮卡、𑖏嘰也。第二次可以觀成就了的時候，就是我們本有的佛性來的，我們本有的佛性現出來。𑖀字就是我們發菩提心，是本有的佛性，本有的佛性出現，出現𑖀、𑖪、𑖨、𑖮、𑖏，再第二次的時候是觀想加一點進去變成𑖀𑖽晏、𑖪𑖽斑、𑖨𑖽欄、𑖮𑖽勤、𑖏𑖽傾。涅槃點變成成就了，這個即是顯教的四尋思證四如實智。顯教講由十住、十行、十迴向跳到初地，中間有四加行位。四加行位是觀四尋思證四如實智，第一就是名尋思𑖀不生。𑖀不生不滅，名尋思。𑖪字離言說，不能講的，即是不要講，為什麼？所有的東西都是概念來的，你有概念的時候那些東西就現出來了，所以所有東西都是我們的概念產生出來的。心如工畫師，能畫諸世間，五蘊悉從生，無法而不造。所以那些變出來的東西全部都是自己的概念，要什麼就有什麼，所以你現在燒東西給祖先是引他變的意思，他自己可以變，不過變出來就沒有意思。不過你燒給他的，他就可以照著那些東西變，變出來的東西亦都有受用的，

即是覺得開心。所以這個就是所有的東西都是我們的心變出來的。所以奇怪就奇怪在，有些人不知道自己死了，即是剛剛死的時候，尤其是七天回魂那些，其實不知道自己死了。所以香港出過一個鬧鬼的故事，是有個人去送外賣，一家人在屋內打麻雀，四個人在裏面打麻雀，開門給他錢，他就拿回去，他的老闆就把錢放進抽屜裏，第二天打開有幾張冥幣在裏面，就罵那個人昨天為什麼收了冥幣回來，你今天小心一點看清楚才收。因為沒有多少人叫外賣，他認清楚看看是哪一家的，給錢的時候特別裝起來，找個袋封起來交給老闆。老闆特別找個抽屜收起來，第二天一看又是冥幣來的。老闆就說這一次我自己去，又是在門縫中塞錢給他。這次回來，第二天又是看到冥幣，跟著可怒也，報警！報警！找警察去拍門，也沒有人應，沒人應門就破門了，撞開了，原來四個人已經死了，打麻雀打著打著死了，不知道是燒炭還是其他，總言之死了。原來死了，怪不得收到冥幣了。於是就解剖，死因不明就解剖，解剖之後發現已經死了七天。解剖後還發現還有昨天的乾炒牛河，食物還在胃裏面，死了還要吃東西，奇怪了，東西怎麼能吃進去呢？你說這些東西究竟是真還是假的？

我們現在見到的東西，吃的東西，跟他們吃的東西，很有意思。他又能吃到東西，但是那些東西能留在胃裏面。你說他送了去，他們沒有吃，看一下也說得過去，但是吃了，即是能吃到的，還能吃進他的屍體中，真是奇怪了。所以世界，你說真的也好假的也好，什麼也是。所以有些人不知道自己死了。又一次小乘有個老法師，很多歲了。有一天就說，我不舒服啊，Body check檢查一下身體，看看有什麼。一看，那個醫生告訴他，你死了很久心、肝、脾、肺、腎都萎謝了，應該已經不在了。所以不講還好，講了他就馬上死了。所以他不知道自己死了，即是有時死了的人還跟著過堂，跟著吃飯，跟著其他，他不知道自己死了。有時是不想接受現實，所以你說燒東西，那些有要求的還是要燒給他。所以這個變出來的東西，我們就要首先拿出他的𑖀字，拿出他的佛性出來，轉八識成四智，現出四智，現出八識。成所作智是前五識，即是加上阿賴耶識、末那識加上妙觀察智，阿彌陀佛的妙觀察智。轉八識成四智，第二次轉八識成四智。跟著金剛合掌了，變成自己由個𑖀晏字就變成有一點，𑖀字那裡變成一個圓圈，跟著就可以觀由個𑖀字變成五輪塔，五輪塔就變成大日如來，即是自己就是大日如來了。

𑖀阿字是本有的佛性，當你修到見到𑖀阿、𑖪巴、𑖨喇、𑖮卡、𑖏嘰也放光，或者見到字輪觀有𑖀，有一點即是成就了，即是你就是大日如來了。所以所有的東西都變成大日如來，再結予願印。這隻手(的拇指)是合起來的，叫超渡印，又叫做接引印，都可以叫予願印。觀想𑖀宇圍著他，光明真言圍著大日如來，再唸到最後一次，結六地藏的印了。因為六地藏是六度，投生落到六度的，超渡六度的眾生往生淨土的。所以就觀想大日如來變成五輪塔，五輪塔就變成𑖀阿、𑖪𑖽篦、𑖨𑖽喇、𑖮𑖽喚、𑖏𑖽傾，四個字縮成一個𑖀阿字，念【嗡-朴肯】，即是叫亡者的名字，然後念光明真言，最後加【啪噠】往生淨土。這個時候就觀想這個𑖀字直飛去西方淨土那裏。西方淨土就觀一個圓圈，觀個月輪，裏面有西方境，這個難觀一點。一個月輪裏面有𑖮𑖿𑖨𑖱𑖾嘰列怙，𑖀字和𑖮𑖿𑖨𑖱𑖾字會合也可以，也是西方境的，容易觀一點。往生西方淨土。這個咒就是【嗡-朴肯】某某府君，【阿波羯也-啤蘿-夏娜-瑪卡波達-喇瑪呢-亨都瑪-占巴喇-哈喇巴呢打也溫-啪噠 往生淨土梳哇卡】。六地藏未散，你就補上六地藏印。日本超渡的時候一定用到六地藏的，因為六地藏是六度的中陰，往生極樂的。六度的中陰，因為你不知道他是哪一度的，所以你念六地藏是最好的。On Ka Ka Ka Be Sum Ma A E Ah Be La Woon King Saw Wa Ka那這個是六地藏往生淨土。

接著就唱蓮池海會，我們唱阿彌陀佛的小咒，或者你唱蓮池讚，蓮池海會。跟著就唱讚，接著就迴向。願生西方淨土中，就完了。這個就是開位的儀式，你說不觀可不可以呢？也可以，沒有說不可以的。觀的話就多點東西。因為亡靈就隨著你的思想，即是你的念力比他大，他就跟著你的思想走。那你說顯教什麼都沒有都可以，這個也可以的，不是說不行的，要看看你的功力，如果你是虛雲老和尚的話，不念也可以。如果你是比較弱的，唸了也不可以。或者這些很難講

行還是不行，即是沒有人確保你行不行的。即是你問，師父啊，是不是一定行呢？當然是沒有人確保你行不行，但是有做當然比沒有做好，所以我們就加了開位儀式進去。下一次我們就繼續正式講休息完之後的修法了，我們今天先講到這裏。

大蒙山施食第七講：召請十方 youtube. com/watch?v=0RO0eX6Z6rM

我們繼續講這一個放大蒙山的儀軌，我們最先當然是灑淨，大悲咒灑淨。灑完淨之後我們就靈前迴向，在牌位前面迴向，跟著就上座念彌陀經。開位的時候也念彌陀經，升座的時候也念彌陀經，如果自己放就改成心經就快很多，所以改成心經。念完彌陀經，接下來唱彌陀大讚，拜三拜，拜彌陀大讚。拜完之後就休息。第二就是法師就再上座。第一，法會就長，所以要休息。休息後法師要做事，法師上座的時候，你們休息而已，他還要做事的，他正在入觀音禪定。跟著就正式講超渡的儀軌。

要講超渡的儀軌就首先要結界，因為界內就有些護法神守著的，就算有餓鬼來，有什麼冤氣都不會搞事，只會變成吃得安樂點，所以放蒙山一般都要結界的。這裏講五方結界，五方結界其實是在平時結界用的。平時我們去大陸那些大殿，他都有些佛幡垂下來的。這個是正式的，有些就用咒的，好像大悲咒、尊勝陀羅尼，有些就用寶篋印陀羅尼。這個佛幡是擺在四面和中間，中間垂下來，就是五方結界，這個是平時結的界。這個餓鬼壇，餓鬼施食的地方都有個壇的，在日本有餓鬼棚。餓鬼棚就是木字邊那個棚，餓鬼在那裏吃東西的，所以它後面就有五色幡。五色幡有五如來，南無廣博身如來，南無妙色身如來，南無離怖畏如來，南無過去寶勝如來，南無甘露王如來。這個就是出自不空譯的陀羅尼經，儀軌經裏面出的。我們中國是多加兩個，阿彌陀如來，多寶如來，多加兩個進去，變成七如來。

其實正式來講只有五個如來，五個如來就代表五方的，所以我們可以造個這個棚，整個佈置就好像圖裡那樣，有生果，有香爐，有其他的，有五色根。五色根就是日本做大法會，他們都有五色根的。因為那些眾生喜歡吃那些根，五色根，紅蘿蔔、青蘿蔔、蕃薯，番薯是黃色的，跟著茄子，茄子是紫色的，白蘿蔔是白色的。所以三種蘿蔔，白蘿蔔、紅蘿蔔、青蘿蔔，加上茄子，加上番薯，番薯是黃色的，就是五色根。有生果，有些飯菜。台灣那些是很多的，整張枱都是東西。他那些桌子是特別的，放在桌子上，做完之後可以拿回家，這個就是壇了。

所以我們有面燃大士，可以放上去的，旁邊那幅圖就放了面燃大士。如果沒有面燃大士的話你就要做兩個牌位，一個是南無鐵圍山面燃大士菩薩，一個就是十方法界六度群靈。如果有面燃大士一個就夠了，他手上的幡就是十方法界六度群靈，他是拿著一支幡，所以兩個牌位都有了。旁邊也可以放牌位的，放些重要的牌位，歷代祖師一大堆的東西。所以如果在日本來說，所有的牌位都放在餓鬼棚上面，因為他的牌位不會很多。如果你是很多的就要貼在牆上。這個餓鬼棚就是出食的地方了，最重要是有水和飯。我們有飯菜，我們多數是四碗的，一碗水飯、一碗菜、一碗飯，又一碗水和飯。最重要的就是水和飯，即是水法。水飯是平時在日本吃飯的時候就給他一隻碟子，每人夾七粒，其實是七堆。七粒東西進去飯中用來佈施的，供養佛、供養法、供養僧，集中在一起晚上可以用來放蒙山。所以你是大眾吃飯，五觀堂的。每人夾幾粒放進碟中，最後用來放蒙山。這一個就是水飯來的，水加上飯。因為餓鬼他是吃水和飯的，因為有變食真言，有甘露水真言，所以水和飯最重要的。

跟著休息的時候，法師就入觀音禪定。觀音禪定多數是念嗡、嘛、呢、叭、咪、吽。就是藏密的，我們唐密，我們唐朝的密宗。為什麼叫做唐密，而不叫做東密呢？東密傳了去日本就叫做東密。那麼我們唐朝的密宗又是什麼意思呢？因為我們現在學的是唐朝的密宗。因為空海大師在西元八零二年就去中國，跟惠果祖師學，

八零四年就回日本。回日本的時候他就寫了御請來目錄。空海大師全集中有個御請來目錄，即是請了什麼經，什麼法器，什麼畫，都有記錄了。現在我們學的是中院流，中院流就是空海大師在龍光院受法。惠果傳了很多東西給他，那麼他回去這個高野山又建了一個龍光院，龍光院在山的正中央，所以叫做中院流。那麼所以我們主要是學中院流的法，是古義，即是這個古義是弘法大師流傳下來的。

那麼日本有古義，有新義，有一百四十多個流派，所以就亂七八糟的。因為有些是相反的，並不是說大家的註解不同那麼簡單，而是相反的。因為有些出去了，好像覺鑁，走了出去，他的新義和古義是剛剛相反的。你是左肩，他是右肩，剛剛相反的。那麼每個塗灑當然有不同了，每樣東西都不同的，那麼所以我們只是學一個就夠了。如果你去到日本，你不懂怎樣學的，一大堆東西都不知那個是對的。所以我們學了中院流，帶回來變成了唐密。因為空海大師在唐朝帶了什麼過去，我們就學了什麼回來。那麼道理上來講我們應該是比空海大師好的，因為他是日本人，他中文應該沒有我們更好才對，我們是學中文長大的，看中文大的，所以我們可以參考更多的東西。這個我們的經典有這個三百六十二部，六十二部是密宗的經典，帶過去日本的只是五十部而已，所以很多經典都留在我們中國。

那麼我們就念聖觀音，觀音在東密來講有十一個，即是能夠有咒和有法本的有十一個，最重要的是六觀音。六觀音就是如意輪觀音，天部的觀音，念這尊觀音可以脫諸天退未之苦，五衰相現的時候唸如意輪觀音增加福報；十一面觀音就是阿修羅道的，用來降服阿修羅，降服毘那夜迦天，降服了毘那夜迦天變成大聖歡喜天，這尊就是十一面觀音；人道的觀音就是準提觀音，準提觀音就滿眾生的願望，所以每個人都念準提，準提在中國特別流行的，所以我們出完這一部書。我們出了一部星供和十二天神供，跟著出一部放蒙山，因為這兩個是最重要的。不用修那麼多法的，修兩個就行了。一個就是供天，供天增加你的福報，供的多自然有福報，亦都不會浪費你很多時間，十分鐘供完。跟著是放蒙山，放蒙山可以消業，那些冤家債主追著來，你給他東西吃，他都當你是米飯班主，怎麼會搞你呢？所以我們放了蒙山四十年，到現在都沒有看過病，這麼好的法，提出來給大家研究一下，就算是這個彩色的法本，也整理了二十多年，（從日本）一回來就整理。這個其實是懺公的法本，我們再改良。我們從東密和日本學回來的東西加上梵文咒，加上些日本的儀軌，就整理成這一本。懺公那一本，雖然慧律法師出了一部放蒙山的，但是我們這部大眾可以用來放蒙山的，即是上面就是圖畫，下面就是文字，比較好用一點，自己用的。我們先講觀音。人間觀音就是準提觀音，畜生道的是馬頭觀音，餓鬼道的就是千手觀音，聖觀音就是地獄道的，所以聖觀音又叫做正觀音，其實他是正式的觀音來的，所以聖觀音是主要的觀音。如果你是藏密的話就容易了，藏密的聖觀音也是兩臂的，兩臂多加兩臂變成四臂，四臂加到八臂，變成後面一千隻手，變成千手觀音，大家都一樣的，所以正觀音又叫做聖觀音，左手執持妙蓮花，右手開作折勢，這個就是東密用的。

首先入觀音定，怎樣入觀音正呢？這個就考功夫了。當然對古德大德來講，你想入什麼定都可以了，經常修的就能入定。我們這些不是那麼好功夫的就要前行了，要前方便了，怎麼能夠變出來？瑜伽密，無上瑜伽是什麼都可以的，無上瑜伽時一變就變的，但這個瑜伽密就是給那些不是那麼好功夫的人，或者給一些很執著的人，一點一點變出來。所以我們要怎樣變自己做聖觀音，怎樣去請聖觀音下來，在東密叫做供養法。供養法，請他來供養，然後就放蒙山，即是入他的定就放蒙山，我入入我，自己變成觀音，所以整個法會都要維持自己是觀音菩薩。因為你去施食功德不大的，觀音菩薩施食才是真的。所以你整個法會都要變自己成觀音，就算念到七佛，不是觀自己是七佛，是觀自己頭上面有七個佛，或者眉間放出七個佛出來，自己仍然是聖觀音。我們這個就是供養法。你現在看我們桌子上面放了些法器，這個就是東密的法器。這套叫做豆器，豆器就是小的，他們日本多數用來出門用的，你外出的時候不能夠帶那麼大套法器，因為

大套的法器每個都很大，出門在外攜帶就不方便。這套豆器在香港就非常合適了，為什麼呢？香港地方小嘛，這套豆器擺好都未夠兩呎，加上香那些都不是很佔位置，所以我們就用這個放在桌子上面。本來就可以做個壇的，即是做個壇放蒙山。因為我們顯密一起做的，如果我們做個方壇，在四方壇那邊放，向著外面，但是中間有個大舍利塔，要搬開它的話就很麻煩了，所以我們就在壇裏面，在顯教的壇裏面放這套法器。那你說我是顯教的，又不方便放這些法器，那你可以不放的。但是這本書還是有用的，可以看看怎麼觀想。信眾就最好了，信眾拿到這部書，他可以照著來放，學怎麼觀想。這本書後面還有放焰口。你說這本書太過複雜了，看著頭暈，那你可以看原裝的，即是後面原版的放蒙山的儀軌，沒有加東西的，全部是中文來的，會容易看一些。但是經常放的話，還是要研究一下，怎樣能夠放得好點？如果不是，雖然說未法時代很難觀想，但是還是要觀的。不是不觀，佛說要觀，但你又說不用觀，怎麼可以這樣呢？尤其是你做阿闍梨，你做金剛上師。金剛上師都說不用觀了，那怎麼辦好呢？不用觀，眾生吃什麼呢？所以還是要觀的，還是要多研究一下的。

那我們這份法本是做出來給阿闍梨的。因為現在開了四加行班有八年，總共阿闍梨有二百多個，二十五個出家人是傳法阿闍梨，有二百零五個是在家人的行法阿闍梨。行法阿闍梨每年都有六、七十個，所以很快就到幾百個了，現在二百多個。他們也需要放蒙山，因為消業障最快就是放蒙山，因為天天放的。那麼天天放也不會花很多錢，七粒米，需要一點時間而已。如果你照這個儀軌來放，如果你刪了一些開示，六個開示是應慈法師加進去的。應慈法師是一九三零年才往生的，他是近代的。那我只讀一個開示，讀第二個而已，勸他皈依那個。那些讚唱的就變成讀，皈依佛，皈依法，皈依僧，本來是唱很久的，那變成讀就很快了，半個小時就放完了，半個小時到四十五分鐘。放的慢要四十五分鐘，快的半小時就可以了。

天天用半小時來放，日子有功，累積起來功德就越來越多

，所以人就慢慢會改的。所以最重要早上供天，晚上放蒙山。這兩個功課做了之後就不用擔心了。早上供天可以積福，這個供十二天神供。以前我們未有十二天神供的時候，還未學的時候，我們是拜齋天科儀金光明最勝王寶懺，所以有個懺文的，不過現在的人不用那個懺文，我們每朝都拜金光明最勝王懺，每晚都放蒙山。讀書的時候在南普陀也是這樣，所以到現在已經出了家三十多年，學佛四十年，所以放了四十多年蒙山。當然你說你已經是阿闍梨了，應該不用怎麼學了，已經懂做很多了。不是阿闍梨的話，教都好難，一下子要做不容易，就盡量學吧！現在最主要是把咒音讀正，還有觀想那些，講一講讓大家可以做的更好。要不一個法本剛拿來的時候都不是很容易做的好，特別是你不是阿闍梨的時候就更是不知道怎麼修，現在最少有個註解，雖然不是很詳細但是都可以用的。如果懂的當然是最好，如果不懂的也沒什麼所謂，還可以用舊的蒙山(法本)就行了。

那你說我沒有時間學四加行，學四加行也要三四個月，但是我又要學這份儀軌，那你就念二十一次大輪陀羅尼，放燄口也是這樣學的。放燄口的人要學放燄口，就二十一次，在佛前跪著念二十一次大輪陀羅尼。大輪陀羅尼在我們(這本書)後面就有，我們每個法都有大輪陀羅尼。大輪陀羅尼是入壇的，念了之後就不會有盜法罪了。很多人都怕盜法罪，其實就不用怕的，為什麼呢？那些法公開了，就沒有盜法罪。為什麼呢？因為如果你要去藏密，去跟仁波切學的話。仁波切，我要學四臂觀音，他就說首先要loon和key。loon就是怎麼讀，嗡、嘛、呢、叭、咪、吽，告訴你怎麼讀就是loon。key就是註解，怎麼去修這個法。那現在我們是視頻，youtube又好，什麼都好。你一開的時候，又有讀音又有註解，即是loon和key，好像仁波切親自教一樣。最緊要是他要定這些規矩，怕你有盜法罪，是因為密法是很深的法門，有息、增、懷、誅，怕你學錯的時候，不會重點就會修得不好了。但是現在時代進步了，有攝錄機有視頻，那你就不會學錯，就可以做了。

那我們要做這個法，我們當然要有一套法器了，這套叫做

豆器，日本要來出門用的。豆器很便宜的，一千多港幣而已。一千多港幣一套豆器，一共十九件，有塗灑、香爐、鈴杵盤，加起來都有十九件，也不是很貴的。如果要請的話也可以請到的。那我們接著下來講儀軌了。

翻去第二十二頁，我們就開始了。即是我們本來是入觀音定的，但是入觀音定的話我們是要前行的，請觀音來，然後我入入我，我變成觀音，那樣才能入觀音定。跟著唸完觀音咒之後我們就整個變成觀音，就一直這樣放。我們加多了很多東西進去，如果你說多了這麼多東西進去搞不明白，那也沒什麼所謂的，用回舊那個(法本)就行了。但是你說看看也是好的，研究一下看看怎麼放。這本書後面還有收錄了很多資料，放燄口的東西，跟著有施食通覽，所有施食的經典，不空三藏譯的經。所以這裡是有很多補充資料，看看也是很好的。

我們首先就著坐，著坐即是升坐即是坐著。摺念珠，著坐的時候，因為入壇的時候念珠是掛在手腕上的，所以上坐的時候就摺念珠。跟著搓【嗡-沙喇巴-他他羯也他-亨那孟那娜-嘰也羅咪】，普禮真言一遍，跟著就置念珠。置念珠是念珠繞三圈放回去。有很多學問的，不過不用講那麼詳細，講太詳細就變成四加行了。跟著塗香，打開塗香蓋子，跟著右手指拈些香，搓搓搓，搓在手心，跟著又搓在手心，搓十隻手指頭，跟著戒香、定香、慧香、解脫香、解脫知見香、五分法身香，想磨瑩五分法身，戒定慧解脫，解脫知見也，所以我們分開成戒香、定香、慧香、解脫香、解脫知見香、五分法身香。塗香就是代替更衣沐浴。因為你作法也好，打手印也好，雙手要清淨的。塗香就是代表清淨的意思，清淨自己雙手。跟著是三密觀，跟著就合掌，然後中指離開一點點，觀想掌中、舌上和心這三個地方各有一個𑖮𑖿𑖨𑖱𑖾嘰列怙，變成八葉寶蓮，八葉白蓮花，上面有𑖀阿字就變成月輪，月輪上面就有個𑖮𑖳𑖽喚字就變成五鈷杵，五鈷杵放光照身口意三業。

由此加持力，三業罪障悉皆消滅，即是清淨自己的身口意三業。所以第一次，【喚-喚-喚】三次，觀想掌上，即是上面有個𑖮𑖿𑖨𑖱𑖾變成蓮花，上面有個𑖀字，𑖀字變成月輪，月輪上面有個𑖮𑖳𑖽喚字，𑖮𑖳𑖽喚字變成五鈷杵。跟著觀想舌頭【喚-喚-喚-喚】四次，身三口四，觀想變成五鈷金剛杵，跟著就是心內，這個代表意，心是代表意，意三【喚-喚-喚】，把意變成金剛杵，變成三處清靜。所以這個就是三密觀，三密加持，將我們的三業變成三密。身口意是三業，本來是用來做業的，但現在用來加持眾生的，用來修法的就變成三密，這個叫做三密觀。

跟著是淨三業了，蓮花合掌，開一點點，剛才的印那樣，開一點點印五處，額、左肩、右肩、胸、喉，就念【嗡-梳哈亨巴-書烏打-沙喇巴-打喇瑪-梳哈亨巴-書烏多-勤】，再念一次，【嗡-梳哈亨巴-書烏打-沙喇巴-打喇瑪-梳哈亨巴-書烏多-勤】。這個就是淨三業真言。觀想斷淨三業所犯十惡，即成清淨內心澡浴，這就是淨三業真言。

後面就是三部加持了，佛部【嗡-他他嘰也拖-獨亨巴也-梳哇卡】，結缽印，三隻手指貼著叫做缽印，看那幅圖就會結了，講完佛部，就到蓮華部了。蓮華部【嗡-亨多播-獨亨巴也-梳哇卡】，這個就是這個蓮華部。佛部的話，觀佛部諸尊加持行者，速令獲得身業清淨，罪障消滅，福慧增長。觀大日如來加持你的頭頂。那麼蓮華部就是觀想聖觀音了，【嗡-亨多播-獨亨巴也-梳哇卡】，即觀想觀自在菩薩及蓮華部聖眾加持行者，速令獲得語業清淨，言音威肅，令人樂聞，無礙辯才，說法自在，所以這個是身口意三業。三業就是佛部，語業就是蓮華部，金剛部就是意業了，金剛部就是結這個印，這個兩隻手這樣結的，【嗡-巴佐羅-獨亨巴也-梳哇卡】。即觀想金剛藏菩薩並金剛部聖眾加持行者，令獲得意業清淨，證菩提心，三昧現前，速得解脫。這個我們有動畫的，我們現在那些動畫就差不多做完了，你可以用電腦看，亦都可以用平板電腦，其實現在我們修法來講，已經很少用紙張了，我們用平板電腦，尤其是做護摩，護摩有很多水很多油，會弄得很骯髒，把紙弄得很骯髒，很快就用完法本。所以用平板電腦就不怕了，平板電腦抹一抹就是了，擦一擦就乾淨，而且沒那麼容易壞的。

跟著就披甲護身了，第二十四頁，【嗡-巴喳喇-嘰哩-哈

喇雌—哈他也—梳哇卡】，就結三股印，即觀想披如來大慈大悲甲冑，一切天魔及諸障者，悉見行者威光赫奕，猶如日輪，各起慈心不能障礙，及以惡人無能得便，煩惱業障身不染著，亦脫諸惡趣苦疾證無上正等菩提。即是觀想自己披了甲冑，【嗡—巴嗟喇—嘰哩—哈喇雌—哈他也—梳哇卡】，現在這個就是披甲護身，所以我們每修一個法都要淨三業，跟著是三部加持，跟著就披甲護身。無論你修什麼法都是。因為你的法可能修得有些問題，那些鬼神會騷擾你，但是你披了甲就不怕，所以要披甲護身，尤其是你施食，有些人甚至會隱形的，日本就隱形，尤其是放小蒙山會隱形。念摩利支天的咒，這裏就沒有隱形。

披甲護身，跟著就加持香水，就用塗灑。灑的時候，就是香水了。跟著就拿起串念珠，加持【嗡—阿咪哩嗲—喚—拍韃】加持二十一次。雙眼看著水加持，這個又叫佛歡喜咒，又叫做軍荼利咒。凡是用【嗡—阿咪哩嗲—喚—拍韃】加持過的東西佛都歡喜的，所以叫做佛歡喜咒。

依加持力成清淨妙供，加持完水之後就拿起散杖，所以又要有散杖，拿起散杖，欄、斑加持，欄就念二十一次，【欄】(21次)，【斑】(21次)，一個順轉一個逆轉，先逆轉後順轉，(唸完後)打三下。接著灑淨了，轉兩圈半，這樣畫下來，灑淨有首偈可以唸的，日本不唸偈的，但是胎藏界那裏就有個偈的，那個偈的意思我們查過了，我今奉獻清淨水，無生無滅本來寂，自性清淨無瑕穢，頓證菩提利有情。供佛的念甘露水，在壇上面用甘露水，供祖先的用清淨水。那麼這個就是跟胎藏界的，胎藏界才有唸偈的。這個是梵文的很長的，我們平時灌頂都是用那個的，不過現在教你那個的話你要花時間去記，所以先省略。

我們跟著打開第二十五頁，灑淨完打三次，第一次是清淨環境，第二次清淨那些人，第三次是清淨自己的身體。清淨完整個環境後，跟著我們就啟請了。我們這個儀軌雖然是供養法，但是我們是沒有五悔，沒有發願，因為啟請就全部代表了，因為啟請就是我們要作法的內容。請什麼菩薩，作法的內容，為什麼要修這個法，這些在啟請那裏已經有了。

這個啟請文其實就是不空三藏譯的救拔焰口餓鬼陀羅尼經裏面的原文來的，所以啟請也是，另外【諸佛子等，從來所受飲食】這一句也是的。所以凡是這個法本出的，都是出自經文的。啟請可以念腔的，如果你說做法會，如果是平時我們自己當然不唱了，不唱就快很多的。

然後搖鈴，放燄口試搖兩個鈴的，我們這裏你搖一個鈴也可以，搖兩個鈴也可以，不過搖兩個鈴好點。這個調子是台灣調子來的，不是那些喃無，喃無也差不多，每個調子都差不多，但這個是台灣的。啟告十方，一切諸佛，般若菩薩，金剛天等，及諸業道，無量聖賢，我今眾等，以大慈悲，乘佛神力，召請十方。這個就是調子來的，你可以不用調子的，或者你自己創個調子出來。看來這個調子也挺好的，你有時間就唱慢點，沒有時間就唱快點。啟請，啟告十方，一切諸佛，般若菩薩，金剛天等，及諸業道，無量聖賢，我今眾等，以大慈悲，乘佛神力，召請十方，盡虛空界，三塗地獄。所以我們這裏出閻羅王，十殿閻羅。所以你看到一殿出了然後第二殿，就請閻羅王。閻羅王是判官來的，閻羅王和判官，閻羅王其實是人間做的，人間那些人，章太炎做閻羅王。即是人間有福德的人，因為他都比較正直點。

閻羅王基本就是地方官來的，正式的是焰摩天，焰摩天是掌管所有閻羅王的。召請十方，盡虛空界，三塗地獄，諸惡趣中，曠劫饑虛，一切餓鬼，閻羅諸司，天曹地府，業道冥官，婆羅門仙，久遠先亡，曠野冥靈，虛空諸天，及諸眷屬，異類鬼神，惟願諸佛，般若菩薩，金剛天等，無量聖賢，及諸業道，願賜威光，悲增護念，普願十方，盡虛空界，天曹地府，業道冥官，無量餓鬼，多生父母，先亡久遠，婆羅門仙，一切冤家，負於財命，種種類族，異類鬼神，各及眷屬，乘如來力，於此時中，決定降臨，得受如來，上妙法味，清淨甘露，飲食充足，滋潤身田，福德智慧，發菩提心，永離邪行，歸敬三寶，行大慈悲，利益有情，求無上道，不受輪迴，諸惡趣果，常生善家，離諸怖畏，身口意常清淨，證無上道。所以你身口意可以分開三次。身常清淨，證無上道。口常清淨，證無上道。意常清淨，證無上道。

跟著就念偈了，第二十六頁，十方一切剎，諸佛菩薩衆，無量諸聖賢，及諸業道官，惟願大慈悲，降臨於法會，攝受花、香、燈、塗、果、樂，微分少供。這裏就是觀六天女，六波羅蜜，六度波羅蜜，花、香、燈、塗、果、樂。天女有四隻手的，兩隻手是合掌的，另外兩隻手是捧著東西的，為了畫的方便，四隻手就分開，沒什麼所謂，總言之六個天女，不同顏色。第一個是花，第二個是香，第三個是燈，第四個是塗，第五個是果，第六個是樂，這個就是六天女。唸完之後可以唸供養陀羅尼On Ah Ball Gya Hall Za Ma Ni Hun Doll Ma Ba Zi Lay Ta Ta Gya Ta Bi Law Ki Tair Sum Mam Da Ha La Sa La Woon，以我功德力，如來加持力，及以法界力，普供養而住。這個註音我們就用英文註音的，因為我們試過用粵語有些是註不到音的，粵語注音沒有個sya字，sya字都不知道怎麼註。國語有些又註不到的，國語又沒有一些字的。所以粵語和國語都註不好的。其實也都註過一本是普通話的，但是普通話拼音(大陸)又不是一般讀的，其他人不會普通話拼音又讀不了的。所以我們的四加行法本就有註廣東話，註國語，跟著又註這個普通話拼音三個版本的，我們現在就把它整理成英文讀音。因為本來就是有羅馬拼音的，但是羅馬拼音的話有些人又要重新再學才懂，重新再學又要浪費很多時間，不去學的話又是不懂，所以又是很麻煩的。

因為你羅馬拼音和英文有些是不同，【r】他讀成【L】。那麼所以 我們現在就讀成英文讀音，所以On Ah Ball Gya Hall Za Ma Ni Hun Doll Ma，我們覺得是最好的，什麼人都懂，為什麼呢？因為就算是大陸人也是用英文來拼音的，多多少少也懂一點，所以英文是最好的，馬來西亞、新加坡那些地方，什麼都是讀英文，所以容易點。藏密現在全部都是英文拼音來的，他也都不是用羅馬拼音。因為羅馬拼音並不是每個人都懂，所以我們看那些藏密法本，他也是用英文讀音的，所以英文讀音就比較容易通行一點。我們下一次再講，太晚了。

大蒙山施食第八講：入觀音三昧 youtube.com/watch?v=6dgex8CGi3E

我們現在繼續講大蒙山，上一次就講到大輪陀羅尼。大輪陀羅尼是一條很重要的咒來的，因為修法的時候先念了二十一次大輪陀羅尼，就不會有盜法罪。念所有咒，所有印，都不會有盜法罪，如果沒有念就有盜法罪。所以那些經常怕盜法罪的人其實是不用怕的。你拿到這本書之後唸二十一遍大輪陀羅尼，那什麼印都可以結了。

大輪金剛陀羅尼經云：「誦此咒廿一遍能成一切咒法，善事速得成就，能成一切印法，一切壇法，當入曼荼羅大壇，不用事壇。」大藏秘要云：「依教中說，一切真言手印必從師受，若未入灌頂輪壇，輒結手印作法，得盜法罪，所作不成，若於如來像前，誦此咒廿一遍即如見佛，即同入一切曼荼羅，所求諸法皆得成就。」所以念了大輪陀羅尼之後就沒有到盜法罪了。

這裡觀想，就是觀想面前空處現一金色𑖥𑖿𑖨𑖳𑖽普隆字變成華嚴勝妙宮殿，盡虛空界，生死六趣有情，速得入普集會大曼荼羅等同聖者。所以念這裡我們觀大地變成一個大法輪清淨地上，跟著在法輪上面觀金色𑖥𑖿𑖨𑖳𑖽字，𑖥𑖿𑖨𑖳𑖽字變成兩層八柱的舍利塔，你當成宮殿也行，這叫做宮殿。你所有的作法都是在宮殿裏面了，在宮殿裏面又再結界的。所以你所作的地方變成清淨，變成每個眾生都入壇，所以你就沒有盜法罪。

大輪陀羅尼要懂唸才行，所以我們唸一次大輪陀羅尼：

Nor Ma Cool Si Chi Li Ya Chi Bya Kya Nam Ta Ta Gya Ta Nam Ang Bi La Ji Bi La Ji Ma Ka Sha Kya La Ba Ji Li Sa Ta Sa Ta Sa La Tair Sa La Tair Ta La E Ta La E Bi Da Ma Ni Sa Baang Jya Ni Ta La Ma Chi Shi Ta Gi Li Ya Ta Lang Saw Wa Ka　這個要念得熟的，念得熟就會快點，念得不熟就會比較慢。不過我們現在照日文注音那裡讀了一遍，懂日文就最好，你可以跟著日文注音唸。大輪陀羅尼要念得很快才行。

如果照懺公來講，做完三部披甲就可以念華嚴會上佛菩薩，所以他唸完大輪陀羅尼之後，又要作法念軍荼利六遍，唸

大我們念完大輪陀羅尼之後，就照供養法的規矩結界，先結界輪陀羅尼。但是他是召請之後才唸大輪陀羅尼，其實他也是用來消壇罪的，所以他才開始做軍荼利。因為加持香水，淨法界，淨三業，三部披甲，這些都是要傳授的。所以他是唸完大輪陀羅尼就做這三個，淨三業，三部加持，披甲護身，跟著就念華嚴會上佛菩薩。讀完大輪陀羅尼之後，怎樣變自己成菩薩呢？又沒有入菩薩的定。

懺雲老法師就跟慈舟老法師學，慈舟老法師就跟持松老法師學，持松老法師是在日本學的，但是他可能覺得太多了學不了，所以縮短了很多，卻沒有入菩薩的三昧。所以我們繼續做下去的話，我們就做回東密的。其實大輪陀羅尼可以在召請之前唸也行，不過召請就不是作法，所以他是召請之後念大輪陀羅尼，念完大輪陀羅尼二十一次之後，就可以接下面的法。

然後請菩薩來，請法爾如是的菩薩來到加持我們觀想出來的菩薩，然後再觀想我入入我，把自己變成聖觀音，然後才開始若人欲了知，就開始放蒙山，就變成有入觀音山三昧了。如果不是的話，你就沒有入觀音三昧，比【嗡嘛呢叭咪吽】還要麻煩，【嗡嘛呢叭咪吽】也有觀想自己是觀音。雖然懺公的法沒有的，但是法是好的，沒有他那本書也寫不出來這本書，為什麼呢？因為也有很多東西要參照他的，但是有些東西又不行。因為他不是學全面的，因為他相隔了幾輩。他是跟慈舟老法師的，慈舟老法師跟持松老法師，他隔了幾輩又沒有學過東密。他是未學過正式的東密，所以雖然是很喜歡東密，但是都要有機緣才行。

我們唸完大輪陀羅尼就照著規矩結界了，地方清淨了，變成整個都在宮殿裏面做了，我們就在宮殿裏面再結界。首先是結地界，地界就是結這個手印，On Key Li Key Li Ba Za La Ba Zi Li Hall La Mam Da Mam Da Woon Park Tar，觀想下次金剛輪際成金剛不壞之界，大力諸魔不能搖動，少施功力大獲成就，地中所有穢惡物，由加持力故悉皆清淨，其界隨心大小即成，所以這個叫做地界金剛橛，種四條金剛橛，即是好像壇上都有四條柱的。結手印種四條柱下去，手印就看著圖來結。現在教你手印的話教不來的，因為要講很久的。這四條柱種下去的時候，好像橛樹種下去，四個角落各種一條，地上也清淨了。

這個界究竟結多大呢？每個都不同講法的，我們真言宗的祖師賴瑜就說和房間一樣大，太大又不行的，大到法界那麼大，裡面有些眾生是不喜歡信佛的。比如你結界結得太大的時候，連那些外道也在界裏面，那樣又不行的，所以最穩妥就是你修法的房間有多大你就結多大，好像放蒙山，那個大殿有多大就結多大，即是觀多大。所以隨心大小即成，心量大就可以結大點。但是你要看看界內有沒有些不信佛的眾生，如果不信佛的，那些天魔就會鬧事了。我們後面還有除魔撥遣，還有些趕走魔的，那麼才穩妥的。所以最穩妥就是結我們的房子那麼大的範圍，或者寺廟的範圍。但是亦都可以說結了界之後你不見了自己，那個界要多大就多大，即是沒有什麼所謂的。總言之你放的時候，眾生進來的時候，眾生多點界就大點，眾生少點界就小點，隨著眾生多少，隨那些人多少而定的。

先結金剛橛清淨地上，種了金剛橛。跟著就種金剛牆了，金剛牆就是三鈷杵，圍繞著地結一幅牆出來叫做金剛牆，On Sa La Sa La Ba Za La Ha La Kya La Woon Park Tar，即想從印流出熾焰，以印右旋繞身三轉，前地界即成金剛堅固之城，諸魔惡人虎狼獅子及諸毒蟲不能附近。

先唸大輪陀羅尼變成一個大的宮殿，在宮殿裏面再種金剛橛，金剛橛四周再圍繞(三鈷杵)成金剛牆。種了金剛牆之後就要觀菩薩，你要先觀菩薩出來才行，所以要請菩薩。那麼就到道場觀了，觀五輪世界上有個嘰列怙字變成八葉蓮花，蓮花上有沙字變成未開敷的蓮華，即是蓮花苞，像圖那樣。未開敷的蓮華變成觀自在菩薩羯磨身，觀自在菩薩左手執持妙蓮花，右手開敷作折勢。觀觀音菩薩背後有圓光，頂上有阿彌陀佛，三生身體隨機現之，廿五有隨救苦之恆沙眷屬自然圍繞，很多菩薩圍繞。

先做道場觀，道場觀是觀想菩薩由什麼變的呢？菩薩由他的字種，所謂字種就是菩薩的種子字。菩薩有字種，有三昧

耶，然後變做菩薩。字種就是他本身的特性，比如說嘰列怙代表慈悲。沙字是觀音菩薩的字種來的，聖觀音的字種。千手觀音是嘰列怙，就有很多個不同的字種，變成他本身的三昧耶形。三昧耶形是未開敷的蓮華，表示菩提心，所以跟著變成觀音菩薩。跟著就要皈依了，加持七處，On Pok King 加持左膝On Pok King，加持壇On Pok King，加持右膝，跟著心、額、喉、頂。

七處加持之後觀想就實在了，即是皈依，On Pok King就是皈依的真言，On Pok King實在了之後就要供養，用大虛空藏印供養On Gya Gya Nor Sum Baang Ba Ba Za La Call Cool，即從印流出無量諸供養具，衣服、飲食、宮殿、樓閣等，那麼所以你觀了菩薩出來馬上就要供養他，跟著就要結小金剛輪。小金剛輪就是勾召，On Ba Za La Kya La Woon Jya Cool Woon Baang Call Cool，這裏要九處加持。首先就是五處加持，額頭、右肩、左肩、心、喉，跟著反轉手印加持九處。觀想、加持自己的頂、虛空，然後壇，然後本尊，這個叫做九處加持，代表他的三昧耶力的加持，就變成真正的觀音了。

當然只不過是你觀想出來的，所以要變他做真真正正的觀音，就要找瓔珞車去請了，去請法爾如是的觀音，去法界宮那裏，或者觀音菩薩住在普陀宮，就去普陀宮那裏請。這裏講所有的本尊都是在法界宮的，去法界宮那裏請。瓔珞車去請On Tall Law Tall Law Woon ，想成七寶莊嚴車珞，請無量聖眾乘此車珞，去到法界宮。到法界宮的時候，車門就打開了，跟著就念請車珞咒Nor Ma Cool Shi Chi Li Ya Ji Bi Kya Nam Ta Ta Kya Ta Nam On Ba Za La Gi Ni Ya Kya La Sya Ya Saw Wa Ka 然後大手指就打開，菩薩就坐進車中，然後一路來到道場這裏，車珞來至道場住虛空中，Jya Cool Woon Baang Call Cool，就入到你觀想的壇上，這個叫大勾召。

大勾召即是菩薩來到，勾召他下來，叫做大勾召，Nor Ma Cool Sum Mam Da Ball Da Nam Ah Cool Sa La Ba Ta La Ha La Chi Ka Tair Ta Ta Gya Ta Cool Sya Ball Ji Sya Li Ya Ha Li Hall La Kya A E K E Key Jya Cool Woon Baang Call Cool Saw Wa Ka，與我們觀想出來的菩薩結合成為真正的本尊了，再唸本尊，不捨悲願，赴此三摩地，所成淨土，並無量俱胝聖眾證明功德，然後拍掌On Ba Za La Ta La Tall Sya Call Cool，拍掌即是表示歡喜的意思。

菩薩已經來了，之後跟著還要從魔除遣，在這裡從魔除遣是因為我們用的是這一個胎藏界的儀軌，所以他是用不動的，如果是佛部的話就是用降三世了。所以法本有分開幾種的，胎藏立或者金剛界立，或者別行立，或者十八道立。金剛界立當然是念金剛界了，金剛界就是要唸五悔的，即是在文中唸五悔的，如果是胎藏界的話就唸九方便的，兩個不同的儀軌來的。即是你要看菩薩是金剛界還是胎藏界，這裡的觀音是胎藏界的，所以我們就用胎藏界。他的忿怒尊就是不動，所以我唸不動。

這裡唸不動六次，三次就是辟除，右三轉就成堅固的火界，先趕走那些魔，降魔撥遣，Nor Ma Cool Sa Mam Da Ba Za La Down Sen Da Ma Ka Law Sya Da Saw Ha Ta Ya Woon Ta La Ta Kang Mam。這個就是不動的咒，念六次，逆轉三次就是辟除，(順轉)三次就成堅固火界，先除魔之後就成堅固的火界。這個時候就蓋上金剛網了，你四面種了而已，但是你的頂上沒有，所以要金剛網On Bi Saw Hall La Da La Key Sya Ba Za La Woon Park Tar。由此加持故，於上方覆金剛堅固網，乃是他化自在諸天不能障難，行者身心安樂三摩地易得成就，所以就觀想蓋上網之後全部都是清淨的。還要在外面加火上去佈火院，金剛火院On Ah Sum Ma Gi Li Woon Park Tar，從印流出無量光焰，右旋三匝圍繞即成金剛牆，結三次金剛牆On Ah Sum Ma Gi Li Woon Park Tar，變成金剛牆了，外面有火焰圍繞，即成堅固清淨火界火院。跟著就三昧耶了，金剛界的火院裏面有三鈷杵圍著火院，就變成堅固了，三昧耶就是我們堅固的東西。On Sho Gya Lay Ma Ka Sum Ma Eng Saw Wa Ka，這個就是三昧耶了。跟著就獻閼伽水，蓋子當然要打開，跟著就要獻閼伽水了。那麼先看看這裏有沒有事供，有事供先獻閼伽水。我們拿的時候是兩隻

手指拿的，尤其是豆器，你這樣拿更方便。那麼先繞三次，跟著結持花印捧著它，唸三次 On Ah Me Li Tair Woon Park Tar，跟住就捧著唸「以本清淨水，洗浴無垢身，不捨本誓故，證成我承事」想浴聖眾的無垢雙足。

我們獻兩次閼伽的，一次就是漱口水，一次就是洗腳水，剛來時給他洗腳，結壇的時候就用漱口水，吃完東西漱口。獻閼伽水有咒的，On Ba Za La Da Kya Da Woon「由獻閼伽香水令修行者三業清淨，洗除一切煩惱罪垢」。跟著可以放回去。

跟著就是結八葉蓮印獻華座，花座請佛菩薩坐的On Kya Ma La Saw Wa Ka，從印流出無量金剛蓮華，一切聖眾得金剛蓮華座，除了觀音之外還有很多聖眾跟著來的，都有蓮華座。跟著就振鈴，先拿起五鈷杵。如果做過十八道的話就會懂做，不過現在有些人是沒有做過十八道又想學的，但是看來挺難學懂。最好先做完十八道，否則能學多少是多少。一手拿起鈴，跟著唸不動，Nor Ma Cool Sa Mam Da Ba Za La Down Sen Da Ma Ka Law Sya Da Saw Ha Ta Ya Woon Ta La Ta Kang Mam，唸一遍咒就繞三圈，先逆轉後順轉，也是唸一遍咒就繞三圈，Nor Ma Cool Sa Mam Da Ba Za La Down Sen Da Ma Ka Law Sya Da Saw Ha Ta Ya Woon Ta La Ta Kang Mam。

搖鈴，這個叫驚覺鈴，搖十次長的，在十八道那裏有詳細講的。鈴拿出來就不要讓它有聲響，唸他自他，他自他五次，前面念三次他自他、他自他、他自他，耳邊就唸兩次他自他、他自他，變成有十次他自他。跟著是自他、自他，念五、六次左右，跟著就單獨的他他他，念五、六次左右，這樣就完了。跟著再念不動，唸一次咒就三次逆轉，跟著就順轉，就可以放回金剛盤。

當然最好是先學十八道，要練習很久的。大家如果未接觸過十八道就難點，最好就是能參考一下。如果你說好像懺公那樣，做完之後不需要這些東西的。跟著南無大方廣佛華嚴經，這樣也行的。不過因為我們做這份法本是給阿闍梨做的，當然，不是阿闍梨也是可以做的，但是你就要自己學了。

那麼就要在十八道那裏學，即是十八道那裏講得很詳細的，現在講的話怎麼也不會詳細的。因為十八道是需要講很久的，這個做亦都做很久，四加行要做三個月的，所以大家參考一下就好。

當然，剛才供閼伽需要倒水，法本有寫。搖完鈴之後做五供養，首先有理供，跟著是事供，理供就是觀想的。旁邊那幅圖有五個菩薩，中間那個就是塗香了。跟著右下角那裏是花，跟著左下角那個是香，左上面那個是燈，旁邊那個就是食，這個就是五個供，即是觀想菩薩拿著東西來供養。

塗香，Nor Ma Cool Sa Mam Da Ball Da Nam Bi Shu Da King Doll Doll Ba Ba Ya Saw Wa Ka，這個就是塗香。塗香就結這樣的印觀想。塗香就是中間那個拿著個缽，裏面裝著塗香。因為那些印度人來到，要給他塗香的，即是洗完腳要塗香的。

跟著掛花鬘Nor Ma Cool Sa Mam Da Ball Da Nam Ma Ka Ma E Ta Li Ya Bi Yu Doll Gya Tair Saw Wa Ka。

跟著是燒香，燒香是點著香了Nor Ma Cool Sa Mam Da Ball Da Nam Da La Ma Da Tall Ba Doll Gya Tair Saw Wa Ka。

跟著是飲食，飲食就結這樣的印，Nor Ma Cool Sa Mam Da Ball Da Nam Ah La La Kya La La Ba Lin Da Da Bi Ba Lin Da Tair Ma Ka Ba Li Saw Wa Ka。

跟著是燈明，燈明就是些蠟燭來的，Nor Ma Cool Sa Mam Da Ball Da Nam Ta Ta Gya Ta Ah Laang Shi Saw Ha Laang Da Ba Ba Sha Nor Gya Gya Nor Da Li Ya Saw Wa Ka，這個就是燈明。這些就是理供。

理供後就做事供。理供就是觀想的，觀想五個菩薩拿著五種不同的東西供佛菩薩，這個叫做理供。跟著就是實際的供養了，實際的供養裡我們剛才就供了閼伽，有六供的，我們剛剛供了閼伽，旁邊那個就是塗香了，所以我們又要供塗香。供塗香，又是繞三圈然後唤供養塗香。跟著原本是要念偈的，不過很麻煩的事情，現在已經夠麻煩，還要念偈，不過中院流就沒有念偈的。

跟著供花鬘，花鬘是拿旁邊的，要放三個出來。當然十八道會講得詳細點，先參考一下，要一下就學懂是很難了。跟著燒香，又是這樣喚。跟著食物，食物就不用拿起來了，用手指指著就可以，這個是米，兩碗米就是代表食物。如果你說供這些，有些是用煮熟的，有些是用生的。不過你問施食的話煮熟的也行，不過作法的時候我們多數是用生的米，這個代表飲食，飲食指到手上，跟著就薰香三次，On Ah Me Li Tair Woon Park Tar，喚。跟住是燈明，指燈到手上，同樣On Ah Me Li Tair Woon Park Tar，喚，壇供就供完。

跟著就念四智讚，On Ba Za La Sa Doll Ba Saw Gya La Ka Ba Za La Ah La Town Nor Ma Doll Ta Laang Ba Za La Ta La Ma Kya Ya Ta E Ba Za La Kya La Ma Kya Law Hum Ba。你們回去慢慢念，這些字太小細了，日文註音的字太細小，看也不是看得很清楚，讀回英文。所以註英文就是這個意思。應該我們check過都沒有什麼問題的，跟著供完之後就是四智讚，每個菩薩都不同的，有些是念菩薩自己的讚。菩薩有自己的讚，可以念他們自己的讚。如果沒有的，金剛界是念四智讚。如果胎藏界又是另一條，不是四智讚，金剛界才唸四智讚。

跟著普供養On Ah Ball Gya Hall Za Ma Ni Hun Doll Ma Ba Zi Lay Ta Ta Gya Ta Bi Law Ki Tair Sum Mam Da Ha La Sa La Woon，以我功德力，如來加持力，及以法界力，普供養而住。

跟著就是小祈願了，然後金剛合掌。小祈願，普供養摩訶毘盧遮那佛，普供養本尊界會，大慈大悲觀自在尊，蓮花部中，諸大薩埵，兩部界會，諸尊聖眾，護法天等，所設妙供，哀愍納受，護持弟子，消除不祥，增長福壽，恆受快樂，無邊善願，決定圓滿。跟著是禮佛了，禮佛就是禮三十七尊，三十七尊就是在圖裏面。在這裡毘盧遮那佛及本尊前的南無二字是讀Law Ball，其他是南無，日文注音是Law Ball。南無(Law Ball)摩訶(Ma Ka)毘盧遮那佛，南無阿閦佛，南無寶生佛，南無無量壽佛，南無不空成就佛，南無四波羅蜜菩薩，南無十六大菩薩，南無八供養菩薩，南無四攝智菩薩，南無觀自在菩薩摩訶薩，這個讀三次，南無金剛界一切諸佛，南無大悲胎藏界一切諸佛。

次我入入我觀，念完三十七尊之後就觀我入入我，觀想「我既成本尊功德莊嚴具足圓滿，眷屬聖眾周匝圍繞，坐曼荼羅已成本尊，如是坐曼荼羅相對我，本尊入我身加持護念施利益，我入本尊身中恭敬供養，證得其功德，與本尊一體無二也。」這個是日本的我入入我，他沒有詳細講的，不過我們的我入入我比較詳細點。我們首先要變自己成聖觀音，觀自己的心中月輪就有個𑖮𑖿𑖨𑖱𑖾嘰列怙，𑖮𑖿𑖨𑖱𑖾嘰列怙就變成蓮花，蓮花上面就有個𑖭沙字。這個𑖭沙字就是本尊，聖觀音的字種來的，𑖭沙字就變成未開敷的蓮花苞，先由蓮花苞變成聖觀音，變成壇上有兩個觀音，一個是我們觀想出來的觀音，(另一個)是用瓔珞車迎請真正法爾如是的觀音下來，進入我們觀想的觀音的身裏面，變成跟真正的觀音沒有分別了。這個時候由壇上面觀想觀音的心放一個字種，𑖭沙字進入到你的心裏面，你又放一個𑖭沙字入到他那裏，如是者三次我入入我。放到我這裏，我再入他那裡，他再放過來，我又入進去，如是者三次。整個九重次第，跟著第二次是身口意，我變成精華進入聖觀音的身，聖觀音又變成精華進入我的身，如是者三次。我進入他那裏，他又進入我這裏，變成我跟觀音是無二無別，沒有分別，那麼才叫做我入入我。如果你說我又入本尊那裏，本尊又入我這裏，即是太粗略很難觀的。但是他本身這些是秘訣來的，這個秘訣現在也講出來了。這個就是第二次。我的精華入到他那裏，他的精華入到我這裏，如是者三次。跟著由他的心走出很多細小的觀音，這個是心的加持，走進你的心裏，然後你的心裏又走出很多細小的觀音走進他的心裏，如是者三次。變成我就是觀音，觀音就是我。這樣你才信自己是觀音的，要不什麼觀想自己是觀音，我們是凡夫何德何能呢?我們又怎麼會是觀音呢?

經過我入入我這個步驟之後，我們就確信自己是觀音了，可以念咒。首先本尊加持，這個是胎藏界，所以用Ah Bi La Woon King，跟住念本尊咒On Ah Law Li Kya Saw Wa Ka。Ah Bi La Woon King 是五處加持；結印唸 On Ah Law Li

Kya Saw Wa Ka 四處加持。跟著就可以添香了，添一些香進去，跟著就摺念珠。摺好念珠後在香爐上面就薰三遍，然後左右交替，左手交右手，右手交左手。跟著就念On Laang Saw Wa Ka，清淨真言，然後唸 On Bear E Law Sha Nor Ma La Saw Wa Ka，念珠的咒三次。跟著就念千轉念珠真言兩個手指頂著，念珠放下來，做過十八道的就很熟了On Ba Za La Cool Kya Jia Ha Sum Ma A E Saw Wa Ka，旋轉三次唸千轉念珠真言。做了這個之後你唸一次就等於一千次，加持念珠。跟著就念On Ah Law Li Kya Saw Wa Ka。唸的時候是二十一的，一隻手拿著珠頭，一隻手隔二十一次，間珠那裏，唸一顆就移一顆，On Ah Law Li Kya Saw Wa Ka，這隻手也移，那隻手也移，始終也是保持二十一次的。

如果你唸多了的時候就可以這樣唸，如果咒較長的話你也可以這樣唸的，兩種數念珠的方法。最先加持要這樣唸二十一次，這裏挪，那邊也挪。剛開始還未熟的時候就難挪一點，到最後如果念的多的時候，就可以這樣念。

念這裡一零八次的時候用瑜珈念誦，觀想壇上面的觀音口中出一個𑖭沙字，進入你的頭頂，由你的頭頂入到你的心裏，轉一轉之後又再出，從你的口中出來進入菩薩的腳裡。進入菩薩的腳，再去到心中，那麼再轉一轉，清淨之後再由菩薩的口入到你的頭頂。如是者一直旋轉，這個就叫做瑜珈念誦法。如果短的話可以整條咒，這條咒那麼短就可以整條咒，但是如果你覺得這條咒太麻煩，那就觀字種。這個就是瑜珈念誦法。可以整條受咒去觀也行，但是多數是觀字種，如果你是求聞持法的話是整條咒的。Nor Mo Ah Kya Sha Gie Lo Ba Ya On A Li Kya Ma Li Ball Li Saw Wa Ka，不是很長，整條咒這樣所有的字一起觀。但是這條咒，普通來講都是觀字種的，但是觀字種已經很難了，還要觀整咒那就更加難，所以唸完一零八次之後就放在頭頂。修習念誦法，以此勝福田，法界諸有情，速成大日尊。跟著薰香一遍就放下念珠，這個就是入觀音禪定。

我們已經講了那麼多東西，還是很快地講，因為這些要教的話需要教很久。不過你知道原來東密就是這樣的，東密就是這樣入三摩地的，並不是說自己觀自己是觀音就行了。那麼觀自己是觀音固然是行的，如果你是無上瑜伽的話，一想自己就是觀音，是瑜珈密就是慢慢做的，逐步逐步做，因為要推理的，要合乎情理。所以我們首先在壇上面觀菩薩的字種，變成三昧耶形，然後變成聖觀音，跟著就要用瓔珞車去法界宮那裏請真正的觀音下來，Jya Cool Woon Baang Call Cool，入到(壇上的)觀音中，這個觀音就是真的了。觀想的觀音和真正的觀音就沒有分別了。然後又要觀自己是觀音，我們心月輪裏面有個𑖭沙字，變成未開敷的蓮花，再變成聖觀音。這個聖觀音是我們自己觀的，壇上面那個雖然是我們自己觀的，但是已經經過真正的菩薩入到身裡，所以他是真正的菩薩，而真正的菩薩放光，放字種進你的心中，你再放字種出去。那麼你裏面有我，我裏面有你。你的精華就化為一束光入進菩薩的身體中，即是從頭頂入，那麼菩薩的精華又化為一束光入到你裏面，你的精華和他的精華，他裏面有你，你裏面有他。

其實這個就是身口意，字種是代表口，意是代表精華。跟著由菩薩的心放出很多很細小的聖觀音進入你的心中，你的心又放出很多聖觀音入到菩薩的心中，這個屬於身口意三密加持，你變成真正的觀音了。你整個放蒙山的過程都是觀想自己是聖觀音。當然剛開始時是難做點，但是你放得久了都可以做到。

這個就是本來一句而已，一句念完就上座，跟著入觀音三摩地念【嗡嘛呢叭咪吽】一零八遍，跟著念若人欲了知，南無本師釋迦牟尼佛。這個是比較簡單點，但是你會問，我們是凡夫又怎麼會變成觀音？所以就要經過那麼多的過程，你自己相信你自己就是觀音。其實我們本身就是觀音來的，不用相信。但是因為凡夫不能理解，所以要做那麼多過程，等你能夠確信你自己就是觀音，你才會放得有信心的。所以這就是東密的特色來的，我入入我。

如果你說持松老法師、懺雲老法師那個(法本)，他就直接大輪陀羅尼念完之後，三部加持，披甲護身，跟著南無大方廣佛華嚴經，他沒有做到入菩薩三摩地，都沒有念本尊咒

，整個儀軌你都不知道用什麼來放的，你念【嗡嘛呢叭咪吽】更好了，自己是四臂觀音去放，但是你根本都沒有念到，On Ah Law Li Kya Saw Wa Ka，那麼你不知道自己是聖觀音，都沒有想過用聖觀音放，所以我們的儀軌補充進去，供養儀軌就更圓滿點。

講得很快，這些字又細小唸得也不是很好，但是你們慢慢回去練吧，如果不明白就看回四加行那些資料。如果是做四加行的話我們又不收錢的，只要網上皈依，皈依了之後我們就會發連結給你，可以下載一套四加行的影片。有影片又有法本，你就可以照著逐個逐個去做了。當然講得比現在慢，現在不能講那麼久，如果你說懂的應該就會懂，如果你是阿闍梨的話這些應該都做過了，應該懂的。如果你說不懂那些人要講到你懂的話都要花很長時間，不過我們是約略講完之後，那麼你就知道原來東密是這樣放蒙山的。所以功德是不同的，即是做出來的事情是不同的。你要經過觀想，因為整個法界都是觀想。若人欲了知，三世一切佛，應觀法界性，一切唯心造；心如工畫師，能畫諸世間，五蘊悉從生，無法而不造。所以所有的東西，其實山河大地，所有的東西都是我們意識變出來的，所以我們要用意識變出來的作用來到做放蒙山就比較圓滿點。

講了那麼久你肯定是頭痛，就算是阿闍梨都聽到頭痛，因為講得快，那不懂得可以慢慢研究一下的。如果要做的話其實最好是先學做四加行，如果不做的話，那你可以直接入三摩地，可以只是唸完大輪陀羅尼之後就念On Ah Law Li Kya Saw Wa Ka，念一零八就可以放蒙山了。

南無本師釋迦牟尼佛，從若人欲了知開始念，當然念得越詳細功德越大。我也做了廿多年，所以功德是不同的。你有做的時候，始終都有功德的。

我們今天先講到這裏。

大蒙山施食第九講：正式施食youtube.com/watch?v=EFHhU6a3nRU

我們上一次講到入觀音菩薩三摩地。如果是顯教的話只是念【嗡嘛呢叭咪吽】，念一串珠左右就可以開始放蒙山了。因為你要先入觀音三昧才行，蓮池大師的註解說整個過程都要入觀音的三摩地。但是【嗡嘛呢叭咪吽】是藏密的，東密就很少念，而儀軌大多數是東密的，所以放焰口是念很多【嗡嘛呢叭咪吽】的。不過最後入觀音定的部份，如果照不空三藏譯的瑜伽集要救拔餓鬼軌儀經，他就沒有提到要入觀音三摩地的。但是在元朝的時候，就加多很多手印進去，那候就開始有觀音三摩地了。觀音三摩地是元朝譯的，瑜伽集要焰口施食儀，加入了觀音三摩地，觀音三摩地就在本書的二二三頁。

「即入觀自在菩薩三摩地，閉目澄心觀想自身，圓滿潔白猶如淨月，在心淨月上想𑖮𑖿𑖨𑖱𑖾嘰列怗字放大，放大光明，其字變成八葉蓮華，於華臺上有觀自在菩薩，相好分明，左手持蓮華，右手作開敷葉勢。」左手就拿著蓮花，右手就開敷即是好像撕蓮花花瓣那樣，這是聖觀音的法相。他這裏的敘述形容，「圓滿皎潔淨月上，字種放光成蓮華，華中有一觀自在，相好具足無比對，左手執持妙蓮華，右手於葉作開勢。

「菩薩思惟有情身，各具覺悟之蓮華，清淨法界無惑染，八葉各有一如來，如來入定跏趺坐，各各面向觀自在。」所以有八葉寶蓮，八個佛對著觀音。所以在瑜伽焰口儀軌裏面亦都有。

在本書的二七零頁，入觀音禪定，這裡畫了聖觀音拿著蓮花。但是奇怪的是他最後出的咒又不是出聖觀音的，是出Ba Za La Da Ma Ki Li Cool，這個是千手觀音的咒，所以他形容是聖觀音的樣子，但咒是念千手觀音的咒，而且平時的人都念【嗡嘛呢叭咪吽】。所以三個做法，究竟哪個才是對呢？我們當然是用聖觀音的。

第一，因為聖觀音就是正觀音，名稱叫做聖觀音，我們平時叫聖觀音，他的名稱其實叫做正觀音，正式的觀音，所以在密宗一提到觀音就是指聖觀音。如果沒有指名哪一個觀音，所以一定是聖觀音。入觀音三摩地的時候，是用聖觀音來入的，入了之後是念千手觀音的咒。可能因為是祖師整理出來，而不是佛說，因為這部不是經而是儀軌來的。所以他

在元朝的時候，可能很少分哪個觀音是哪個觀音。【嗡嘛呢叭咪吽】也唸，On Ba Za La Da Ma Ki Li Cool也唸。聖觀音也有觀音滅定業真言。所以法本用聖觀音的法相，但唸千手觀音。而且藏密中，他們超度的時候也是用聖觀音的，也是兩臂的聖觀音，所以我們用聖觀音，你可以念【嗡嘛呢叭咪吽】，就不用重新學千手觀音的咒。

所以要講一下放燄口，燄口就是照瑜伽集要施食儀軌整理出來的。所以畫也是聖觀音，但是念千手觀音的咒。以聖觀音為準，我們就做聖觀音的三摩地。入完三摩地之後，念完觀音菩薩即是自己是觀音菩薩了，跟著可以開始正式施食。在瑜伽焰口中，入了觀音定跟著就念觀音的咒，然後即刻就可以破地獄。

我們照大蒙山的儀軌，就不是先破地獄，而是先念宣佛號，南無本師釋迦牟尼佛，之後再接回大蒙山的儀軌。所以其實很簡單的，我們在觀音禪定那裏做多一點事，就比較容易觀自己是觀音。如果你只是入觀音三摩地。跟著就唸若人欲了知，就沒那麼詳細了。有些人是觀想不到的，多做一點那些人就能觀到。而且我們有那麼多阿闍梨，他們都是做東密的，所以多加一個東密儀軌進去。當然你可以用，可以不用。你覺得煩的話就唸【嗡嘛呢叭咪吽】，念完之後宣佛號，跟放大蒙山一模一樣。

放蒙山最重要的是你自己的威力，那麼威力從哪裏來呢？放得久就行了。我放了四十年而已，四十年都很有效了，即是有時候東西會發出響聲，有時很感應的，這個感應很厲害的。上一次星期六肥貓來開位，就是我們在大陸的工作人員。她來香港開位，開位之後她就說，開位的時候突然聽到有人叫她的乳名，她本名叫做徐某某。但那個聲音卻叫她的乳名。那麼她心想，沒有人知道她乳名的。後來想一想，原來是她已往生的祖父，是這樣叫她的。開位召請的時候就請了她祖父來，因為她祖母往生了，祖母的名字叫湯某某，她的祖父叫做叫做徐某某。當我們召請她祖母來上位的時候，她祖母和祖父都一起來了。所以你做多點事情是有用的，不是沒有用的，真的能請來的。所以我們就多加點東西進去。

跟著宣聖號，南無本師釋迦牟尼佛。跟普通的放大蒙山一樣。跟著「若人欲了知，三世一切佛，應觀法界性，一切為心造」，這首是華嚴經的偈。華嚴經裏面有很多偈的，這是其中一首偈。從前有個書生死了下地獄，他想起這首偈就一直唸。閻羅王怕了他，就送他回去，怕他再唸下去地獄都會空，所以這個就是清空地獄的。念這偈的時候就觀想地獄的眾生脫枷鎖，因為都空了。那些枷鎖，那些刑具，全部都空了，這樣才能夠脫身，才能夠來法會的，即是清空地獄的。

唸的次數照大蒙山儀軌，跟著唸破地獄真言，破地獄真言就是On Gya La Tair Ya Saw Wa Ka。我們找了梵文出來，梵文是梵文博士提供的。最後要彈指。破地獄真言是出自《施食通覽》，《施食通覽》是明朝的一個人寫的。《施食通覽》說在峽石這個地方，有一個做官的，他太太死了，死了之後發夢，有個冥官告訴他，可能是報夢，你全家人都唸破地獄真言。《施食通覽》的「破地獄靈驗」，本書二四九頁，「昔峽石有一朝士，姓徐，失名」，即是不知道他的名字叫什麼，姓徐的。「徐氏長婦因病忽亡」，姓徐的原配「因病忽亡，乃見一人身著王者之服，形貌雄偉，婦稽首拜問為誰」，見到一個王者，穿得很雄偉的，對婦人稽首拜，即是頂禮那個婦人，婦人就問為誰。「王答曰吾是冥官，緣汝家中大小每誦破地獄呪，使冥中一切罪人皆得解脫。」，為什麼會拜她呢？因為他家中大大小小都念破地獄真言，令到冥中一切罪人皆得解脫。「汝有是功我特來報謝」，你們有這樣的功德，我就特別來報謝。「婦驚曰妾是凡賤，豈當王者之至報謝，王曰汝雖凡人，他日舉家必生天，是故吾之為報，若是汝今已後當勿忘其呪也，呪曰：唵-佉羅帝耶-薩訶」。這條呪不是出自經典的，是出自夢裏面的。為什麼要選用這條咒呢？因為不動國師在蒙山這個地方施食的時候用這條咒。

本來在《瑜伽集要救阿難陀羅尼經》裏面，陀羅尼焰口軌儀經裏面有條就是智炬如來破地獄真言。那條就正式出自軌儀經的，不空三藏譯的。因為那條咒可能較長，他放小蒙山的時候要快。因為本來最先蒙山是小蒙山來的，

後來到應慈老法師，應慈老法師他是近代的人，一九三零年才往生的。他在小蒙山加入六個開示，就變得很長了。加唸彌陀經，多加六個開示就變成一個法會了。法會做兩、三個小時，本來小蒙山是十分鐘就搞定的。所以他用了這條短咒，這條短咒不是出自經典的，即是破地獄真言，我們也找到梵文，這兩條的譯音也一樣的。

結金剛拳安腰，大指彈指，觀想舌心印三處皆有紅色𑖮𑖿𑖨𑖱𑖾紇哩字，紅色𑖮𑖿𑖨𑖱𑖾嘰列怙破地獄的。放光如日，觸照地獄，悉皆破壞，一切有情，咸識本心，來趨法會。因為破了地獄才能來法會的，所以我們唸破地獄真言，念短的破地獄真言。法會唸四十九次，四十九次唸完之後就停一停。如果你要做東密的儀軌的話，我們就多加一條智炬如來破地獄真言。智炬如來這一條是出自不空譯的《瑜伽集要救阿難陀羅尼焰口軌儀經》，在《佛說救拔焰口餓鬼陀羅尼經》裡面也有。這些經全部都有破地獄真言，我們也有整理進這本書中。梵文是很容易找的，讀法是Nor Ball Ah Shu Ta Shu Ta Shi Chi Nam Sum Sya Cool Sum Ball Da Cool Chi Nam On Nya Na Baang Ba Se Chi Li Chi Li Woon。

《雲棲補註》，雲棲即是蓮池大師，蓮池大師他寫了一本《雲棲補註》，專門註解放蒙山的。他本身每天念十萬彌陀，跟著又有施食，天天施食，所以他對施食特別有研究。所以他寫了這一本《雲棲補註》，這個本來是註解焰口的，焰口當然有這條智炬如來，一般是用智炬如來破地獄，而東密也有一條短咒。現在念這一條《雲棲補註》，結印誦咒，增長自心成紅觀音。其實是觀聖觀音變成紅色的就行了，即是藏密也是這樣的。兩臂變成紅色。因為破地獄的時候要威力的，放紅色的𑖮𑖿𑖨𑖱𑖾嘰列怙，心上、舌頭和印上三處皆有紅色𑖮𑖿𑖨𑖱𑖾紇哩字，「放光如日初出之狀，三光同照阿鼻地獄，彼蒙光照，悉皆破壞。由此印咒威神力故，所有諸趣，地獄之門，隨此印咒，豁然自開」，地獄的門就打開了。所以觀想舌、心和印上面三處有紅色𑖮𑖿𑖨𑖱𑖾紇哩，放光照進地獄中，地獄就破了。我們會做觀想用的參考動畫，我們先做電子版，電子版就是電子書。而電子書在手機上是看不到，手機和平板電腦是用不到的，所以我們就專門做一個App，在手機和平板上次測試過是能看到的，也很清楚。我的平板差不多十吋多，跟法本差不多一樣大小。我們按一下動畫，它就會動會放光，會有字輪出現，有些法師出現，有嘰列怙放光等，這個就是新的工具。時代不同就會有不同的做法，以後信眾可以每人拿著手機下載那個app，在放蒙生的時候就可以按出來看看是怎樣觀想的，很方便。

跟著我們念普召請真言二十一次，【部部地帝唎-伽哩哆唎-怛哆誐哆耶】。這條咒和後面那條開咽喉只是差了一個字而已，其實這個咒少了一個字。普召請真言是【部部地帝唎-伽哩哆唎-怛哆誐哆耶】，開咽喉是【部部地帝唎-伽哆唎-怛哆誐哆耶】，差一個哩字而已。召請餓鬼真言梵文就是On Ball Hall Li Kya Li Ta Li Ta Ta Gya Ta Ya，跟【部部地帝唎-伽哩哆唎-怛哆誐哆耶】，也是差不多一樣，譯出來也差不多，這些短咒比較容易譯。所以那些中文也並不是全錯的，有些是太長了，所以譯得不好，短咒都沒什麼問題。

跟著就念一大堆文字了，這堆文字亦都是在軌儀經中出的，是懺公補進去的。所以唸完四十九次破地獄真言就停，我們就念智炬如來心破地獄眞言。跟著唸普召請真言，「弟子眾等，仗三寶力，一心召請，法界所有，地獄有情，孤魂餓鬼，一切鬼神，無始劫來，父母師長，先遠祖宗，知識檀越，冤親債主，及此世界，刀兵諸災，死亡有情，山神土地，十方英靈，法界孤魂，佛子某某某」，這裏可以加名字，例如盂蘭法會附薦諸靈，或者你有個別念的。所以我們幫亡者迴向的時候，會加他的名字進去，或者有病的就加他的冤家債主，某某的冤家債主。「悉皆來臨，長跪合掌，恭敬念佛，待食法味」。有迴向當然比沒有迴向的好，所以迴向是好的。

觀想右手印上有個梵文，白色的𑖮𑖿𑖨𑖱𑖾嘰列怙（赫利）字，𑖮𑖿𑖨𑖱𑖾嘰列怙放光，勾召六道餓鬼，尋光來至道場，真言：On Ball Hall Li Kya Li Ta Li Ta Ta Gya Ta Ya，用右手去勾召，左手就金剛拳安腰。

跟著召請餓鬼眞言，念到最後一句要多念一句，On Ji

Nor Ji Kya A E K E Key Saw Wa Ka，唸一句就夠了，A E K E Key。這就是我們做十八道時候的召請真言。召請真言可以大勾召，這個是最簡單的，不少法本都用這個的，在藥師佛法本中也用這個，觀想他們來道場，《瑜珈焰口施食儀》也是用這個的。左手願(中指)上有月輪，中有白色(幾列怙)紇哩字，放光至閻魔界勾攝一切有情。我們用聖觀音是破地獄的，聖觀音是地獄的觀音，所以就好點的，因為要破地獄去勾召他們來。

跟著念解冤結真言，【唵-三打陀囉伽陀-娑婆訶】，梵文是：On Sum Ba La Gya Ta Saw Wa Ka，也差不多。兩手外相縛，每次誦真言至末字時就拉開，即解開。「觀想心月輪上有一個白色梵文(幾列怙)紇哩字，放光普照六道眾生，各承佛力及咒力，無始冤結一時清淨。」這部分做動畫的時候很易做的，突然現個幾列怙出來。所以我們將來放蒙山的時候都是用平板電腦來放的，即是在平板電腦上按下去，動畫就會播放。有個月輪然後放很多光出來，跟著有個幾列怙現了出來，跟著就一直放光。所以有動畫和沒有動畫有什麼分別呢？放光可以觀想每個幾列怙滲入餓鬼裏面，每個光的末端都有個幾列怙，這個就是字種的作用了。字種滲入每一個眾生的心，變成威力就大很多。

因為萬法都是唯識的，你觀想什麼就出什麼。如果你說，我不觀想，顯教多數是幾列怙都沒有觀的，只是念【唵-三打陀囉伽陀-娑婆訶】。都可以的，不是說不行，不過需要看看你自己的威力，你的功力如何了。虛雲老和尚什麼都不用，但是普通人多觀想都是有些好處的。字種放光的時候，觀想每一束光裏面都有字種射到眾生身上，尤其是受三昧耶戒，幾列怙就解冤釋結。白色梵文，放光普照，六道眾生，冤結一時清淨。因為要解了冤結，來到才不會打架。因為他們大家都有冤有仇的，每個都是冤家債主，才會聚在一起，所以冤家債主有冤有仇。

現在破了地獄之後，法師第一次開示了，應慈老法師加的六個開示。那十方法界，六道羣靈諦聽，夫眞空湛寂，原無世界眾生，一直念念念，其實這些開示都是講他儀軌的，即是有普召請真言，普照十方六度群靈。我們自己放蒙山的時候即便沒有太多時間，最多可以用一個小時，準備東西和佈壇所需時間加起來，差不多只有半個小時放，所以我們只是用第二個開示，就是勸他皈依，很短的。

第一個開示是長開示，開示當然是由主法讀的。跟著是迎請三寶了，南無大方廣佛華嚴經，需要唱的，跟著宣稱三寶，唸七次南無常住十方佛，南無常住十方法，南無常住十方僧，南無本師釋迦牟尼佛。所以如果你自己唸的話就不用唱了，你不用唱那麼長，所以就會短點。我們只唸第二個開示，念完後我們就觀想，中間有個佛，南無本師釋迦牟尼佛，南無大悲觀世音菩薩。觀音菩薩是用聖觀音，在東密的時候講觀音菩薩大多是指聖觀音。如果指明千手觀音就講千手觀音，指明如意輪觀音就講如意輪觀音，指明準提觀音就講準提觀音，不空絹索觀音就講不空絹索。但是講觀音菩薩就是這個聖觀音了。我們用聖觀音做主尊，入聖觀音的三摩地。中間是佛，左手邊是觀音菩薩，右手邊是地藏菩薩，地藏菩薩拿著一支幡，在這三位前面的是阿難尊者。唸南無本師釋迦牟尼佛，南無大悲觀世音菩薩，南無冥陽救苦地藏王菩薩，南無啟教阿難陀尊者。

留下這個開示，這個開示很短的。「上來迎請三寶，宏慈必定光臨，惟汝等各具至心，投誠皈依，夫三寶者，千生罕遇，萬劫難逢，皈依者，福增無量，禮念者，罪滅河沙，譬如靈丹妙藥，百病蠲除，是故三寶無上，功德廣大，不可思議，眾生投誠，佛種菩提，由是生焉，我今為汝，稱唱三寶宏名，汝等隨我音聲，皈依三寶。」跟著唸皈依佛，皈依法，皈依僧，皈依佛兩足尊，皈依法離欲尊。我們平時是唸得快很，我們放的又不是大又不是小，這個叫中蒙山。觀想On Pok King。On Pok King就是皈依，字種就是傾字，傾字就是皈依的字種。

「觀想心月輪上有一白色梵文(傾)刊姆字，放光普照所召一切眾生，一心同皈三寶。」

「此咒亦名淨土變，誦此真言能變大地為黃金琉璃地，嗡、僕、刊姆三字為毘盧遮那佛之法化報三身，故又名毘盧

遮那佛入三身真言。」你不要小看這三個字種，三個字種是法報化三身來的，On Pok King這三個字，你不要小看它，是毘盧遮那佛法報化三身，又名毘盧遮那佛入三身真言。雖然短，但是威力大。這部分就是皈依佛，皈依法，皈依僧。

皈依完之後，法師第三番開示。我們自己放的時候不念，做大法會時當然唸。有時間可以全部念的，都沒有所謂。「汝等六道羣靈，既已皈依三寶，成佛種子，堪進菩提，汝等當復思惟，自從無始，身口意三業不淨。」這裏是勸他懺悔的意思，跟著這個懺悔三業。「往昔所造諸惡業，皆由無始貪瞋癡，從身語意之所生」，這裏三皈依時齋主就要出來。法師唱一句，你跟著唱一句，法師唱完齋主跟著唱。

這是大蒙山一般的儀軌來的，所以我們就不講，為什麼呢？因為大蒙山一般都是這樣做，沒有問題的。這本書雖然是東密的，也可以用來放大蒙山，因為只是多加東西進去，沒有刪減。因為顯教的整套蒙山都在裏面，但是加了些東密的東西，好像多加了智炬如來心破地獄真言。只有加沒有減，開示亦都全部有，可以用來放蒙山。

唸懺悔，「觀想一切眾生發懺悔心，又想二豎指上有白色𑖮𑖿𑖨𑖱𑖾(幾列怙)紇哩字，入彼鬼身，如日爍露之狀，銷鎔罪垢，猶如墨汁，從足下流下滲入地中，至金剛際。」所以召請之後兩隻手指縮進去結成這個印，印上面有個𑖮𑖿𑖨𑖱𑖾幾列怙，𑖮𑖿𑖨𑖱𑖾幾列怙放光入每一個餓鬼的身裏面。月輪裏面有個𑖮𑖿𑖨𑖱𑖾，放光照射每一個眾生，每一束光的末端都有個𑖮𑖿𑖨𑖱𑖾，入到眾生的身體。觀想是有動態的，這樣觀想是特別有力的。念懺悔真言，我們平時也有用懺悔真言，在灌頂的時候也有用的，On Sa La Ba Hum Ba Da Ka Nor Ba Za La YaSaw Wa Ka。你說我聽不清楚，影片有字幕的。我們現在先做字幕，有了字幕就可以照著字幕跟著來讀，字幕中咒音部分也是英文，所以很容易學的。所以你不用入三摩地是跟放蒙山是一樣的，跟著這條懺悔真言也可以，但是因為裏面有召罪，即是軌儀經裏面有召罪和摧罪。召罪即是召請那些罪，跟著摧罪是消滅這些罪，這個放焰口也有，軌儀經也有，所以我們就加進去。

皈依唱完之後信眾就沒事做，所以要停，最重要懂得停，維那要特別懂做東密的，懂得在這裏停，法師就可以做召罪真言了。兩隻手內相叉，其實兩隻手先是外相叉，然後變成內相叉，即是先外縛，召罪是先外縛。念這條咒：On Sa La Ba Hum Ba Kya Li Sya Da Bi Siu Da Nor Ba Za La Sa Doll Ba Sum Ma Ya Woon Park Tar。跟著就可以把罪困在裏面。「於進力度端各想一(幾列怙)紇哩字」，有𑖮𑖿𑖨𑖱𑖾幾列怙字放光召請。「自他身中所有障罪，唱密言時，心想彼罪障如鬼，黑色髪毛鬔豎」，即是那些業障好像鬼那樣，入進身體。二羽各齊想勾攝彼罪入於掌中，結成罪山。即是最先是打開雙手，外縛，跟著就召罪。召罪就念這條咒，跟著就內縛，縛了就成罪山。這個勾罪經云：「自身觀自在菩薩心月輪上，想白色𑖮𑖿𑖨𑖱𑖾(幾列怙)紇哩字，放出火光如勾，入彼身中口誦密言，勾攝一切有情，三口惡趣業，其罪黑色，猶如煙霧」，觀煙霧比觀人容易，有些黑色的煙霧。「而合入我掌中，變成諸鬼形」，其實即是鬼，黑色的煙霧變成鬼。

《雲棲補註》云：「問：罪無實体，云何彼如煙霧耶？答：雖無實体。這個蓮池大師的註解。雖無實体，卻能充塞天地，障蔽心目，不能得見諸佛清淨境界，今借諸霧為所緣境，實有益於事也，既召入掌，必當為彼而摧破之。」，因為罪是無形的，所以先變成有形，有形才能摧破，無形又怎樣摧破呢？罪又怎能摧破呢？就是觀想那些罪好像煙霧一樣在身裏面出來，入到你的手印裏就變成罪山。所有眾生的罪都在你的手裏面，跟著下面就可以摧罪了。罪無定相，不可以見到的，罪又怎能見到呢？所以要觀想它是一些煙霧，罪是一些黑氣，黑氣入進來就變成好像一隻一隻鬼。這個既召入掌而摧破之。

後面是摧罪，摧罪這條咒很長的，不過現在因為讀梵文，字太細小了，我已經是老眼昏花，所以看不清楚了。其實很小的字都能看到的，英文就可以看到的，英文就容易看點，所以我們照英文讀。如果你要慢慢去研究的話，其實我也看過很多次了，應該譯出來也沒什麼偏差，改了很多次。

召罪，雙手外縛跟著就勾它進來，勾它進來就變成內縛

，手指挪出來，本來是外縛召罪。勾他進來，然後手指挪出來，變成困在裏面變成罪山，好像一座山那樣，念這條咒On Ba Za La Ha Ni Bi Saw Hall Da Ya Sa La Ba Ha Ya Mam Da Nor Ni Ha La Ball Ki Sya Ya Sa La Ba Ha Ya Gya Chi Bi Ya Cool Sa La Ba Sa Doll Ba Nam Sa La Ba Ta Ta Gya Ta Ba Za La Sum Ma A E Woon Ta La Tar，【Ta La Tar】要彈指三下。誦咒時二中指搖動，至後一遍拍手作聲，觀彼罪山如瓦塔而倒。問：「罪無實体，云何摧耶？」。罪無實體又怎麼摧呢？看來是蓮池大師的註解。答：「正謂之無，故今摧之，若決定有，則不能摧也」。所以罪無實體又怎麼能摧呢？因為它沒有實體才可以摧。

《勾罪經》云：「自身增長成四面八臂觀音。」四面八臂觀音，前面青色、右、左，想心月輪上，這尊是青觀音來的。我們不用觀那麼複雜的，是觀音就行。觀青面觀音的話，又要畫青面觀音出來。因為現在已經很複雜了，再有青面觀音出來就更複雜。「想心月輪上有個青色的(嘰列怙)紇哩字，放光照前六道所召之罪，結成罪山，兩手結摧罪印，左願上有個恒囉字，右忍上有吒字，並金色」現在已經畫了出來，左面的字，，右面有個，並為金色。「右第二手持杵，右第三手持箭，右第四手持劍，左第二手持鉤，左第三手持弓，左第四手持羂索，身出火光，坐日輪蓮花，足踏烏麻怖畏」，烏麻怖畏是烏魔，烏魔就是大自在天，大自在天天王和天后都被踩著，這個是忿怒相的象徵。誦咒時，二中指搖動，至後一遍，拍手。作聲，觀彼罪山，如瓦塔而倒。召罪的時候是外縛的，跟著召了罪進來，變成罪山。手指挪進來變成內縛，變成罪山，罪山上豎起有兩隻中指。左手面有，右手面有，念到最後一遍的時候彈指三下，Ta La Tar。跟著就拍手，拍一下手表示罪山消滅的意思。罪無實體為什麼罪可以消滅呢？因為罪無實體才能消滅，有實體的話就摧不到了。觀想罪好像煙霧那樣，入到你手裏面，你一拍的時候罪山就消滅。這個是摧罪和召罪，做金剛界、胎藏界都有的，很多供養法都有的。我們平時修供養法也有做的，長的供養法就有，短的供養法沒有做這個的。

消滅了。你問究竟有沒有用的？你信才行，最後拍手一下，罪就消滅了。

金剛界、胎藏界都有召罪和摧罪，最後拍手一下，罪就消滅了。你問究竟有沒有用的？你信才行，不信的話沒法說。罪來的，拍一拍就會沒有嗎？因為所有的東西都是觀想的，世界上面萬事萬物都是觀想。「若人欲了知，三世一切佛，應觀法界性，一切唯心造。」，你的心的力大的話，可以引動其他眾生的力。比如說要治病，我們用藥師佛的月光三昧，念藥師咒【嗡-確籮確籮-先打哩-瑪都羯-梳哇卡】。觀想阿字從他的頭頂入到他的身體裏，將罪障、病障、魔障、煩惱障全部逼出來，你說行不行呢？其實是行的。因為你有觀想，所以觀想的威力是很大的，加上咒的力量，還要有信心就一定會行。如果你說罪無實相又怎麼摧呢？如果不摧就不用那麼辛苦。所以不空三藏譯過來都有，焰口也有。而小蒙山就當然沒有，小蒙山是平時放的，十分鐘放完。

法師第四番開示，發菩提心。眾生無邊誓願度，煩惱無盡誓願斷，又是唸一次信眾拜一次。唸On Ball Ji Sit Ta Ball Da Ha Ta Ya Me，這裡觀阿字。「想與諸佛子等，同發四宏願，觀心佛眾生，三無差別，於一念間，融成廣大月輪清涼皎潔，與虛空等，於月輪中，想一金色字」，這裏觀一個金色的字，觀想的圖已經畫出來了，讓你可以觀想。

這裡用悉曇體，為什麼不用焰口那種呢？焰口那些是蘭札體，元朝用的。因為悉曇體是不空三藏那個時候用的，不空三藏那時譯的經當然用悉曇體。現在印度也不是用蘭札體了，用天城體，由悉曇體變成蘭札體，蘭札體就變成城體，在中間又是另外一種東西，到現在就是天城體了。天城體就是畫一條線，勾幾隻字在下面就變成天城體。所以我們就觀梵文字種，所有字種都是觀悉曇體的，悉曇體的加持力大。因為密宗那時候是用悉曇體的，所以改成其他體的話作用就沒有那麼好，而且另一字體的時候更難觀想，悉曇體容易觀很多。

「清涼皎潔，與虛空等，於月輪中，想一金色阿字，如秋毫之末，非有非無，不加了知，當爾之時，煩惱、菩提、生死、涅槃，了不可得。」，觀想阿字放光射到每一個眾生上，所有的東西如夢幻泡影，所有的煩惱、菩提、生死、涅

槃了不可得。就發四弘誓願，發菩提心。On Ball Ji Sit Ta Ball Da Ha Ta Ya Me，這就是發菩提心咒來的，要救度六道眾生，眾生無邊誓願度。所以觀想阿字，觀想完之後法師就第六番開示了。第六番更長。開示其實就講變食真言，一粒變七粒，七七四十九。跟著我們就不用讀了，大家放蒙山都知道了。

跟著持咒滅罪，持咒滅罪是打木魚照唸就行了。唸兩條咒，一條是地藏菩薩滅定業真言，一條就是觀音菩薩滅業障真言。地藏菩薩就結這樣的印，金剛合掌，然後就屈食指，拇指按著，念On Ha La Ma Li Ta Ni Saw Wa Ka。這條就是地藏菩薩滅定業真言。蓮池大師、藕益大師拼命念這條咒的。因為大家都知道有定業，以億去念，所以他閉關唸這條咒，專門唸。明朝很多人念的，滅定業。誦時觀想自身心月輪上，有一青色梵文(嘰列怙)赫利字，青綠色，放光普照諸鬼眾，所有定業，當下消滅。如果你自己唸的話就觀青色的嘰列怙照射你，罪全滅，都好的。

上來召摧皆滅不定業，尚餘二種，諸佛出世不通懺悔之業，今當破之，決定之業，理固難轉，今藉禪定、印、咒、觀想之力，遂能轉彼無始障難，與一切罪業，當下消滅，如湯消冰也。所以綠色的嘰列怙照射眾生上，照射到餓鬼上，觀想從他的頭頂，罪開始溶，好像溶雪那樣慢慢溶，溶到最後就變成黑色的液體，流去金剛際那裏，這叫滅定業真言。因為定業不能轉，前面召罪、摧業。但是有些定業是滅罪都未必能消的，所以要加個地藏王菩薩的滅定業神咒。

結什麼印都是觀自己是觀音，而只不過結地藏菩薩印而已。整個觀想都觀自己是觀音，如果你厲害的話，你觀想有時自己變成紅觀音，有時變青色觀音。如果觀想不行的話，全部都是觀聖觀音就行了，到你最後施食的時候很容易，蓮花變成施食器，彈指出去。所以其實這個印，開敷作折勢，畫成這樣。其實就是一切世間廣大威德自在光明如來的印，即是施食那條咒的，觀音菩薩的印來的。所以我們用聖觀音就是這個原因。

手指這樣按下來，咒是On Ah Law Li Kya Saw Wa Ka。誦真言時自身觀自在菩薩，應想二屈指上並心月輪上有一白色梵文(嘰列怙)疏哩字，綠色變成白色，放光入彼法界有情身中，如日爍露之狀。即是有些光照下來，嘰列怙放光，入到他的身體裏，把那些罪逼走，慢慢逼慢慢消，沉到腳就流入金剛際，即是入到地下，入到金剛際就什麼都沒有了。問曰，前已摧破，今復懺者何也。答，前有召摧，皆有三密之力，摧滅罪性，至此方是於彼發露懺悔，謂自此懺悔之後，永不復作也。所以前面已經摧了滅了，為什麼有再摧呢？因為加上懺悔，所以要再多做一次，是永不再做的意思。這是蓮池大師的註解。

跟著是開咽喉真言，拿起食器，食器像杯子，三個手指托著食器，觀想有個嘰列怙就變成綠色的蓮花，裡面有甘露水，有個阿字流些甘露水進去。看觀想文，觀自身觀自在菩薩，心月輪上白色紇哩字放光照諸有情，變成青色蓮花。圖畫已經畫出來了，綠色的嘰列怙變成綠色的蓮花，紅色的嘰列怙變成紅色的蓮花。這是一般東密的規矩來的，即是我們現在用的規矩。以前有些用斑，有些用其他字，其實全部集中成一個嘰列怙就好。花上面有白色阿字流水出來，極其清涼，以右手點取，隨誦隨彈，遍灑虛空，想諸鬼眾得觸此水，喉喉自開，清涼潤澤，通達無礙。

開咽喉真言：On Ball Hall Tair Li Kya Li Ta Li Ta Ta Gya Ta Ya，邊誦邊彈，觀想水開他的咽喉，不用唸完一次彈一次的，總言之一路彈就可以了。你可以唸完整條咒才彈，不過好像會耐點。唸完才彈也行，你想一邊唸一邊彈也行。多數都是一邊彈的。因為這條咒長，所以你不停彈水，彈得越多，那些眾生就能觸到越多水。所以一邊彈就可以，不用配合咒的。如果你唸這條咒唸得快的話，也可以唸一次彈一次，你自己看情況。這就是開咽喉真言的做法。

開了咽喉之後就受三昧耶戒了，真言：On Sum Ma Ya Sa Doll Baang。觀月輪上面有一個斑字，斑字放光入到那些餓鬼中。我們觀想字種放光很有用的，每一束光也有斑字入餓鬼身中，把他們的罪全部化了，就得到三昧耶戒。受了三昧

耶戒就是你的徒弟，都聽你的，所以所有的眾生都給他受三昧耶戒是有益的。觀想白色的斑字，放大光明，普照所召一切有情，蒙光照觸，三世諸佛戒波羅密一時圓滿，法界善法，想為光明，流光灌頂，貯彼身中，身同普賢，坐大月輪，紹諸佛職，為佛嫡子。

因為受了三昧耶戒，你就觀想他他化為光明，法界善法化為光明，所以放白色的光明，進入的頭頂，流光灌頂，進入他的頭頂留在他的身體裏，這個就是三昧耶戒的戒體。身同普賢，坐大月輪。雲棲補註云：「戒即法身，悟此者如初生也，又非四生之生，乃從如來口生，從法化生也。內障既淨，外相自嚴，又發大心，並受佛戒，方名法器，堪受法食。」因為受了三昧耶戒，身體才會像佛菩薩那樣，才能受到法食的。「於法等者，於食亦等。若非其器，縱受甘露，翻成毒藥。」所以要受了三昧耶戒，他有個善心，有善心的時候食甘露才是甘露。否則他本身的心不清淨的，身體也不清淨，好像骯髒的杯子裝著乾淨的水，水一樣都變成骯髒了。

所以要給他受三昧耶戒，好像光注下去一樣，他們全身都變成白色了，所有的罪障都消滅。全身都是白色的時候，你吃什麼進去都變成甘露了。如獅子乳要琉璃瓶貯之，若非其器則裂。獅子的奶要用琉璃的杯子來貯的，如果放在其他杯子中，杯子就會裂。是不是真的就不知道了，挺難找到獅子的奶。」既稱佛子，當施之以法食，資養彼法身慧命，不斷佛種也。」受了三昧耶戒就是佛子。

跟著變食真言唸四十九遍，後面甘露水真言又是念四十九遍，正常是唸一零八的，四十九是減短了的。主法法師拿著杯子唸四十九次，托得有時候快要灑了。變食真言：Nor Ball Sa La Ba Ta Ta Gya Ta Ba Law Ki Tair On Sum Ba La Sum Ba La Woon。這條變食真言是整個施食裏面最重要的，所以你唸得好觀得好的時候，眾生才能得益。

跟著講觀想，左手持食器，右手大、中指相捻，每咒誦至三拔拉時相捻誦至吽字，食指就彈出去。這個手印亦都是出自陀羅尼經的，所以唸Nor Ball Sa La Ba Ta Ta Gya Ta Ba Law Ki Tair On Sum Ba La Sum Ba La Woon 就彈出去。

平時是食指和中指相捻，你唸的時候搓三下，表示變化的意思。大、食指相彈，彈指出去，沒有出聲的，不是說那種有聲音的彈指。這個最先是用中指和食指相搓，搓就是變化，Sum Ba La Sum Ba La，跟著 Woon 彈出去，食指彈出去，不是中指彈出去。規矩就是焰口陀羅尼經，你有時間可以找那本經看看，我們錄了很多影片。

現在我們有時間就把資料整理好，搜集有價值的參考資料之後再整理，所以我們做完這一本之後就會整理準提，又會做穢跡金剛，還有其他的。我們有時間就拼命找資料，有用的就把它歸納好，歸納了出來就可以看了。

手印和咒講完了，食指中指相磨Nor Ball Sa La Ba Ta Ta Gya Ta Ba Law Ki Tair On Sum Ba La Sum Ba La Woon，食指彈出去，記住中指磨，食指彈出去。

觀想「師以右手怖畏彈指遣左手魔，觀赤色吽字放光，唸吽發怛三偏，次想變空，唸唵欣三偏，於一念間，頓成勝妙之手」，這裏就加持手，是焰口來的。左掌中出一紅色(嘰列怙)紇哩字，所以你可以觀想右手怖畏彈指把魔彈走，觀想赤色的吽字放光，唸吽發怛就變成空，有個欣字念三遍，欣、欣、欣，跟著手就成了勝妙之手，左手出一個紅色的(嘰列怙)。都是由這裏開始觀想，前面那些是放燄口的，能夠做到就最好，做不到就這個。

左手掌中流出一個紅色的(嘰列怙)變成紅蓮花，花上面有白色的斑字變成明點，明點即是種子字頭上面那一點。流出無盡飲食，想面前水器盡成摩羯陀國之斛，十升為一斛，即是很多的意思。因為這是翻譯的經，其實是大的盛器的意思，我們用幾隻碟。摩揭陀國的斛當然是大很多，後面有講。盛滿勝妙飲食，再想字種流出飲食，偏滿法界，唸唵阿紇哩吽或三七偏，或七七偏，或百八偏，當自知時，次唸施食真言，每一唸，於明點中取飲食彈灑虛空，施諸餓鬼。兩隻手拿著，在明點裏面首先用中指下去取點食物，跟著拇指就搓中指，唸到最後吽字就食指彈出。所以記著就是這幾隻手指，不要搞亂了。雖然搞亂了也沒有人看到，不過當然要如法。因為是經裏面出的，所以一定照著做最好。

每唸真言一遍，明點中彈灑虛空，施諸餓鬼，一一各得摩羯陀國之斛。十把米就為一升，一升即是一斤左右，十升為一斗，十斗為一斛，所以就是計算的。總言之很多，現在的人也沒有這些概念了。一升是什麼呢？就是用竹升，以前的竹升，竹筒。因為以前最容易就是找竹筒，竹筒有節位的，破開節位，量了那節竹多大能儲存多少，升就是一個竹節那麼多，即是十把，所以十把米就為一升，一個竹節就剛好放到十把米。當然竹有大小的，所以你要找十把米去量，如果大的就把它弄短，如果是小的，竹筒就長點，所以以十把為準，十把就為一升，十升為一斗，十斗為一斛，這是印度當時的度量衡。

食已，悉拾苦趣，具足無量功德圓滿吉祥，各得四斛九斗，圓滿吉祥，此之印咒，乃釋迦如來，於無量劫前觀音菩薩身親獲授受。釋迦如來在無量劫之前，觀音菩薩身傳給他的。及傳阿難亦止此一章而已，傳到阿難都是這條咒。所以最先是有施食。因緣經，這一本經裏面沒有咒的，因由是沒有咒的，都是不空三藏譯的，後來有施食的經，它都是出這條咒而已，出一條咒。到後來儀軌經才有，儀軌經就是不空三藏譯的。但是到最後，到元朝的時候就變成施食儀軌了。施食儀軌出了很多咒出來，不空三藏的時候都很多咒的。但是最先只是有一條咒，就是這條了，所以這條一定要做得好。這條可以做久點，我們做這條很久的，做久一點，做到沒有心機做為止。看看多做幾遍，即是能得到利益。

你會問，我天天施食，眾生能吃完嗎？你又不用怕，你的思想沒有了，那些食物便會消失，所以今天吃完明天要再吃。為什麼呢？因為會消失的，沒有了思想的維繫。世界的東西全部要維繫的，你思想消失，念力消失的時候就沒有力量去維繫那些食物，跟著便萎謝了。因為萎謝了才有第二條咒，變其他東西，如果你不萎謝的話怎麼會有用呢？所以會萎謝的。所以是天天要施了，他今天吃完，明天又會餓，明天又謝了，全部沒有了。如果遍虛空都是食物還用等你施嗎？他喜歡就咬一口。但是問題就是說會萎謝的，會萎謝才可以變其他的，如果不會萎謝的那就不用變了。所以你就要唸多些，因為多唸些他就多吃一些。所以放蒙山裏面要念一零八遍的，比較懶的就唸四十九遍，最少也有四十九遍。放小蒙山念三遍，所以看哪個功德大。念得愈久功德愈大，因為他吃的久。雖然說一念就遍十方，但是也要吃得久。今天放完便會沒有了，第二天又會肚餓，所以又要放，天天都要吃。

前後印咒皆是金剛上士，遵瑜珈部集出，是印咒者乃無量威德自在光明如來之印咒，於中觀門不可不精用心，此若不到則前所作功德唐捐矣。如果這條咒念得不好的話前面所做的事都沒有用了，因為這條變食真言是最重要的。那怎樣變呢？

第一，你觀明點，在斑字上的明點流出很多食物，這些食物全部白色的，叫做三白食，因為在施食的儀軌裏面就說，為什麼不觀五顏六色呢？有些人用菜譜上的那些觀想，菜譜裡面有很多菜，五顏六色的，看起來很好，其實不行的，因為什麼呢？因為講明施餓鬼要三白食，三白食是為了不引起他的貪嗔癡。如果食物又紅色，又綠色，又美味，又放味精，又放其他的，吃啊吃的，今天吃的好，明天有沒有這麼好吃呢？天天的味道都不同，昨天就觀乾炒牛河，今天觀星洲炒米，味道是不同的。所以天天都不同，他就很難救了。我們要三白食的食物，觀想的食物是固定的，吃得飽就行了。所以我們是觀白米飯、麵條、饅頭。如果放焰口的時候就用麵包，師父經常叫切麵包，切麵包拋出去，沒有麵包就用饅頭吧。饅頭比較貴，麵包、方包，切切切，一粒粒那樣拋出去。所以要三白食的，三白食是重要的，但是很多人沒有注意。所以你今天觀乾炒牛河，明天觀星洲炒米。他問為什麼今天要吃星洲炒米，沒有乾炒牛河吃呢？我喜歡吃乾炒牛河。那麼又引起他的貪念。所以要三白食，我們天天都是同一樣的食物，現在要施餓鬼，現在要他吃飽，觀一些能吃飽的食物就行了。所以我們觀四樣食物，飯糰，觀麵，觀包子，可以觀饅頭，因為填滿空位。在變食的時候，首先是一碟飯，變七碟飯，七就變四十九，一路散開去就很容易。幾何級數，散到整個天空都是飯。做動畫的時候他就會做出來，一

碟變成七碟，七碟變成四十九，四十九就變成幾百碟，變成充滿整個虛空。整個虛空一望無際都是這些飯糰，你站在高處看，一望無際都是一粒粒飯。你不要籠籠統統一堆飯，一堆飯的話你變成沒有心思觀，你要觀它很多很多，遍十方遍法界，所以遍法界的眾生都能吃飽。飯也是一團一團飯那樣觀，很整齊的，一路散開變成遍滿十方，有多好觀想力就觀多大。所以你很多時間去觀，七七四十九，觀七次，那觀想就很大。最重要是不打妄想，為什麼呢？因為打妄想就會變了。有個小沙彌一觀就觀成鎖匙，那些餓鬼就走去跟他的師父說，你那個小沙彌觀鎖匙卡著我們的喉嚨，師父就取出來，所以就要小心了。

你說放小蒙山當然沒有所謂，自己放小蒙山唸三次當然沒所謂，但是你要七七四十九次都能夠保持，好不好吃這是一件事，但是你要保持觀的是食物，不要觀著觀著想起我的被子還未收，那麼變成被子了。因為你一唸就跟著念頭轉的，你想什麼就變什麼，所以也很危險的。所以觀三白食而且經常要觀同樣的食物就不能變，不要今天乾炒牛河，明天星洲炒米，後日就揚州炒麵。天天都不同，怎麼搞呢？這些眾生有些喜歡吃，有些不喜歡吃。所以天天都要一樣，天天都是遍滿十方，麵就一堆一堆的變成無盡那樣，那他們就會吃的了。用不用觀想他去拿呢？這個是不用的，有些人也觀他們去拿的，其實不用的。觀包子的時候你就觀三堆，觀遍滿十方之後前面出現三堆包山，即是焰口本裏面有畫三個包山，長洲搶包山那些包山，他就會去吃。觀想遍十方，七粒遍十方。因為七粒遍十方的話它就會一直變多。如果說你一開始就觀一堆，那就不會變的。但是七粒遍十方，你一開始變的時候由一變七，七就再變四十九，四十九又變三百八十多，一直變一直變。那你一直想就一直變下去，一直伸展。問題是食物一直變一直擴展，擴展到滿十方，施食功德才大的。觀到包子的時候，可以觀三個大包山，這是一般的觀法，放燄口的時候也是這樣畫的，這個是變食真言

跟著就是甘露水真言了，甘露水真言也重要的，甘露水真言，你唸那條咒容易灑的，所以拿緊一點，三隻手指頂著

最穩了。先念咒。甘露水真言就是觀前面有海，我們動畫上的海是會流動的，水會流動的，要有流動感你才能觀得到，沒有流動感你就觀不到水的，為什麼呢？水不是平的，水是流動的，觀真正的水，我們在動畫裡面加上真正的水進去。下面是水來的，上面是𑖪𑖽斑字。觀想食器上有一白色𑖪𑖽斑字，流出甘露法水，跟上面施食的是一樣的。清涼、甘美、滋養，廣大如海。好像海那樣。沾此水者普得清涼，猛火息滅，身心潤澤，離飢渴想，永得清淨妙樂。「自身想觀自在菩薩，心月輪上白色𑖮𑖿𑖨𑖱𑖾嘰列怙(紇哩)字放光照前鬼眾，並想右忍指上有一月輪，輪中有白色𑖪𑖽鑁字，流出甘露如水銀色，是真智所成，右手力智點水彈洒虛空，如細雨下」其實我們觀甘露水真言沒有動的，因為彈水是在後面的【鍐鍐鍐鍐鍐 】彈的，「如細雨下。觸此水者，悉具色相，猛火息滅，普得清涼，離飢渴，滅心報障。」所以後面這觀甘露水就是變甘露而已。斑字，前面流出很多甘露出來，形成一個海，一望無盡。所以就觀到海平線那裏，不知道有多大了，海一直變大，直線就是水平線來的。因為海是無窮無盡的，好像坐船看到無窮無盡的水，斑字一直流水出來。這些甘露水他們喝了就會清淨。到最後【鍐鍐鍐鍐鍐】變成白色加持，變成乳海，跟著就彈出去，彈出去才用忍指。所以這裏蓮池大師把它們混在一起，彈指是最後的，【南無三滿哆-沒馱喃-唵-鍐】才彈指。所以甘露水就是這樣而已，手也僵了。所以要念得快，唸得慢是不行的，大家合作唸得快點，手就沒那麼累。你灑了的話，或者拿著拿著打蓋睡，整個碗子掉到地上那就好看了，法會就很難做下去了，還好我是沒有掉過。

先講完甘露水，先念咒，總言之拿著不動，觀你的手上有斑字，斑字流出甘露水慢慢流開去，一觀就是水，好像看海平線那樣平的，水無限多，滿三千大千世界。先讀咒：On Saw Law Ha Ya Ta Ta Gya Ta Ya Ta Ni Ya Ta On Saw Law Saw Law Ha La Saw Law Ha La Saw Law Saw Wa Ka。你可以【南無蘇嚕婆耶怛他誐哆耶-怛姪他-唵-蘇嚕蘇嚕鉢囉蘇嚕-鉢囉蘇嚕-娑婆訶】。其實譯的也準的，但是不知道他那個時候是用什麼音來譯的，但是我們現在把梵文字種拿出來。

唸到On Baang Baang Baang Baang Baang時，手覆下去，有些人的手會動，手像水般流動的，其實是花印來的，是壓向水。那麼觀想什麼呢？毘盧遮那一字心水輪，觀真言印，先觀想此𑖪𑖽鑁字，於右手心中猶如乳色，變為八功德海，流出一切甘露醍醐。手的上面有個𑖪𑖽斑字，流出八功德水，即引手臨食器上，即是八功德甘露就流進食器裡。𑖪𑖽斑字一七遍，即展開五指向下臨食器中，觀想乳等甘露自𑖪𑖽斑字中流出，猶如日月，一切鬼等皆得飽滿，無所乏少。觀想變成乳海，一切鬼神都有得吃，吃了都變成飽滿。On Baang Baang Baang Baang Baang，這個是乳海真言，一字水輪咒。

跟著是乳海真言，下面是乳海真言。想手中前白色𑖪𑖽斑字，明點中流出甘露，以右手取，彈洒虛空，如雨下注。所以念一次就彈一次，【南無三滿哆–沒馱喃–唵–鋄】，Nor Ma Cool Sum Mam Da Ball Da Nam Baang。觀想甘露灑下去，如雨下注，凡所至處，即成長河酥酪。我們觀甘露水真言的時候，我們是觀【蘇嚕蘇嚕】，觀清淨水。第二個觀成乳白色的，因為它是甘露，即是乳白色的。第三次就觀乳酪，彈出去就變成乳酪的海了，長河酥酪，乳酪才能吃飽。乳酪就是所有食物的精華化為水，乳酪是有點稠的，但又是水狀的。所以甘露水真言的時候是清水來的，On Baang Baang Baang Baang Baang，變成奶白色，變成牛奶，再彈指【南無三滿哆–沒馱喃–唵–鋄】就變成乳酪，彈乳酪出去，眾生便能吃飽，因為乳酪能吃飽。一彈出去就變成一條河，一條無窮無盡的河，好像天河，眾生都能吃飽。梵文真言：Nor Ma Cool Sum Mam Da Ball Da Nam Baang，這就是乳海真言。

後面是稱七如來，先講到這裏，因為太長了，下次再講。

大蒙山施食第十講：迴向結壇（完）youtube.com/watch?v=tfpubfoD7i0

我們繼續講大蒙山施食，施食的部分上一次已經講了，跟著講七如來。

大蒙山裏面是用南無多寶如來南無寶勝如來、南無妙色身如來、南無廣博身如來、南無離怖畏如來、南無甘露王如來、南無阿彌陀如來。這七如來並不是全部都出自同一部經典的，而是古德從三部經典中引用出來的，這三部經都是由不空奉詔譯的。一部出四位，一部出五位，還有一部出七位。

其中五位如來是出自《施諸餓鬼飲食及水法》不空譯的，南無寶勝如來、南無妙色身如來、南無甘露王如來、南無廣博身如來、南無離怖畏如來。而《佛說救拔焰口餓鬼陀羅尼經》，也是不空譯，出四位如來，多寶如來、妙色身如來、廣博身如來、離怖畏如來。西藏是用四如來的，施食後稱四如來，好像我們做的關帝供，關帝的法本中是念四如來的。《瑜伽集要救阿難陀羅尼焰口軌儀經》，也是不空譯奉詔譯的，經中七如來跟這法本略有不同，其中經文，諸佛子等。我今為汝稱讚如來吉祥名號。能令汝等永離三塗八難之苦。常為如來真淨弟子。南無寶勝如來。南無離怖畏如來。南甘露王如來。南無妙色身如來。南無多寶如來。南無阿彌陀如來。南無世間廣大威德自在光明如來，這裡多了一位【世間廣大威德自在光明如來】。這位如來是觀音菩薩往昔的佛身。亦都是施食的主尊來的，這條咒是世間廣大威德自在光明如來宣說的，所以加唸這尊，減少了多寶如來，也沒有甘露王如來。所以古德集合三部經找起來，你們有時間有空可以去看這三部經，總言之要知道這七位如來不是從一部經 典中引用出來的。而是幾部經集合的。

西藏用四如來而已，我們是用七如來，但七如來又不同軌儀經的七如來，軌儀經多了個【世間廣大威德自在光明如來】。

我們仍然是會念南無一切世間廣大自在光明如來，所以我們最後亦都加這尊進去，但是這尊就不是大蒙山裏面的。大蒙山裏面只是用南無多寶如來、南無寶勝如來、南無妙色身如來、南無廣博身如來、南無離怖畏如來、南無甘露王如來、南無阿彌陀如來。

我們放大蒙山的時候直唸，只是結印而已，沒有念咒的

。如果自己放的時候就可以念咒，每一個如來都有個手印的，南無多寶如來、南無寶勝如來、南無妙色身如來、南無廣博身如來、南無離怖畏如來、南無甘露王如來、南無阿彌陀如來。還有咒，咒是他的名稱。多寶如來的手印是空心合掌，咒是：Nor Ball Ha La Ball Ta Ah La Town Nor Da Ta Gya Ta Ya。「諸佛子等，若聞多寶如來名號，能得法性智慧，財寶具足，稱意受用無盡。」所以這七位如來名號或咒，是給那些佛子、餓鬼聽到之後，能得法性智慧，財寶具足，稱意受用無盡。因為他們是餓鬼，很窮，所以你念這些，他聽到之後就有錢。

如果自己放的時候可以結印然後念Nor Ball Ha La Ball Ta Ah La Town Nor Da Ta Gya Ta Ya，這是完整的。如果你是大眾念的話，只是結印也可以。結印的時候不是觀自己是多寶如來，仍是觀聖觀音，由頭到尾都是不變的，入觀音禪定，所以在觀音的眉心那裡出一位如來。

寶勝如來，手印是中指、無名指、小指內相叉，二食指頭相拄，二大拇指側豎不下壓。咒是：Nor Ball Ah La Town Nor Sum Baang Ba Da Ta Gya Ta Ya。「諸佛子等，若聞寶勝如來名號，能斷生死煩惱業火，得無上法性智寶。」聽聞寶勝如來的名號，得到無上法性智寶。多寶如來是世間的寶，這尊寶勝如來是法性之寶，有解脫的智慧。普通的東西都不能夠解脫，而這尊能夠得到解脫，所以叫做寶勝如來。

接著妙色身如來，手印是左手豎胸前，大拇指與食指相捻，右手曲舒展，二手掌皆仰下向前，Nor Ball Saw Law Ba Ya Da Ta Gya Ta Ya。「諸佛子等，若聞妙色身如來名號，不受醜陋，具足相好，圓滿殊勝，端嚴第一。」因為餓鬼的樣子不是很好，所以聽聞了妙色身如來的名號之後，身體就變得莊嚴了。

然後廣博身如來，真言 Nor Ball Bi Ball La Kya Ta La Ya Da Ta Gya Ta Ya。「諸佛子等，若聞廣博身如來名號，能消餓鬼針咽、業火、清涼通達。」如果你有時間就念，否則多數只是結印。如果做法會就更沒有時間，因為你要一直念下去，唸七次。如果是自己做的話，想做得圓滿點就全部都念。「能消餓鬼針咽、業火、清涼通達。」因為餓鬼的咽喉好像針那麼細，念廣博身就可以開咽喉了，即是聽到之後他就可以業火消滅開咽喉。

離怖畏如來的手印是右手胸前覆，大拇指、無名指相捻，這個中指、無名指相捻。下面左手仰，右掌下大拇指、食指相捻微動。真言：Nor Ball Bi Kya Ta Ta La Nor Ya Da Ta Gya Ta Ya。「諸佛子等，若聞離怖畏如來名號，能令離諸怖畏，常得安樂。」

跟著甘露王如來，真言：Nor Ball Ah Me Li Doll Ah Lan Jya Ya Da Ta Gya Ta Ya。「諸佛子等，若聞甘露王如來名號，欽得甘露法味灌注身心，永得安樂。」，就得到甘露法味了。

阿彌陀如來是結彌陀定印，真言：Nor Ball Ah Me Ta Ba Ya Da Ta Gya Ta Ya。「諸佛子等，若聞阿彌陀如來名號，能令往生極樂，蓮花化生，入不退地。」

這部分就是七如來。不空三藏所譯的軌儀經，加了一個南無一切世間廣大威德自在光明如來。不過這尊好像沒有旗的，所以你要旗的話，可以自己做。這尊是最重要的，因為一切世間廣大威德自在光明如來是教釋迦牟尼佛變食真言的，即是整個放蒙山的儀軌都是在變食真言上。而這尊如來就是往昔的時候，無量劫之前就教釋迦牟尼佛這條咒。所以是很重要的，如果自己放的時候就加進去唸，如果大眾放就加不到，你是沒有時間唸的。

這個就是南無一切世間廣大威德自在光明如來的印，亦都是施食的印，兩隻手指彈指，Nor Ball Law Kya Bi Ji Chi Li Nam Tair Jya Shin Ba La Ha La Ba Ya Ta Ta Gya Ta Ya。這裡翻譯跟中文的翻譯有點不同，因為這條咒就是出自梵文的，所以中文就有一點點不同，【南無巴噶乏得】，是有一點點不同的。Bi Ji Chi Li Nam，後面是相同的，前面一段不同，不過不重要。你可以唸中文，也可以唸梵文的，唸梵文就比較準確。但是如果大眾是念中文的，那你就跟著念中文，也沒什麼所謂的。

南無一切世間廣大威德自在光明如來，「諸佛子等，若聞世間廣大威德自在光明如來名號，能令汝等獲五種利益。」前面的每位佛都只有一種利益，他有五種。「一者、於諸世間最為第一。二者、得菩薩身，端嚴殊勝。三者、威德廣大，超過一切外道天魔，如日月照於大海功德巍巍。四者、得大自在，所向如意，似鳥飛空。五者、得大堅固，智慧光明，身心明徹，如琉璃珠。」這個就是南無一切世間廣大威德自在光明如來的五種功德。

自己放的話一定唸這尊，因為什麼呢？這個是教釋迦牟尼佛變食真言那條咒，整個施食法門也是出自光明如來，觀音往昔的佛身，即是古佛的身。

跟著是結願正施。神咒加持淨法食，普施河沙眾佛子，願皆飽滿捨慳貪，速脫幽冥生淨土，皈依三寶發菩提，究竟得成無上道，功德無邊盡未來，一切佛子同法食。這個時候就可以出食了，如果是放大蒙山法會，主法不下坐的，又下坐又回來就很麻煩的。侍者在這個時候就會拿出去倒在面燃大士的壇上，倒在壇上的碟裡，侍者不用觀想的，因為那個主法正在觀。如果是倒水的話不要倒在桃花、石榴那些樹下面。因為有正氣的神住著，餓鬼就不敢接近。當然有施食臺的話最好是倒在施食臺上，那裡是他們專門吃東西的。何時彈指這些就不用講了，是顯教的東西，照著做就行了。

右手無名指寫水中(嗡阿吽)各一字，[梵字]斑七字。第一次，往生淨土。生淨土處用中指點水向地上彈，觀大地變成琉璃。這個正施祝願，汝等佛子眾，我今施汝供，此食遍十方，一切佛子共。願以此功德，普及於一切，施食與佛子，皆共成佛道。此偈至最後句「道」字，這時右手持甘露器，左手金剛拳安腰，面向東邊。施餓鬼是向東的，所以向東立，即是站西邊向東邊。即將食米水倒置台上，分作三份，一份施水族，一份施毛群，一份施他方有情。淨地亦可，不可置於石榴、桃樹下，令鬼神懼怕不得受食。所以不可以在石榴、桃樹下面施食的。這部分就是出食。

跟著施無遮食真言：On Ball Lin Na Saw Wa Ka，【穆力陵-娑婆訶】，好像差很遠。梵文就是梵文，所以我們讀回原音很難的。因為這些中國的音用方言，要用二千多年前的長安音來注音是很難的。所以有梵文當然是照梵文，我們現在有梵文之後，就照日文的讀法，因為空海大師在跟惠果接法之前，他去學了梵文三個月，所以他回去用片假名注音，片假名就是為了用來注外來語的。他就用片假名譯梵文出來，所以是他第一手譯的，所以比較準確點，而且日本用了一千二百年，所以我們都不願意改它了，除非將來梵文發展得成熟時，我們就照梵文的讀法。其實他的譯法都有九成了，但是日本人的舌頭比較短尾音比較重，好像[梵字]紇哩，他們讀Ki Li Cool。他們也讀不好彈舌音，我們也讀不到。有r就讀彈舌音，Vajra，他們讀巴渣喇，西藏人讀班雜，所以個個都不同的。讀音長期讀就行了，你自己創一個音都可以，但是你要讀四十年才有效，日本讀了一千二百年，所以你照日本那樣讀就沒錯了。你慢慢才一點點改，一點點改回中國用的，這樣才可以真的改變回來。但是現在來說，還是要照日本那個去讀。因為空海大師學了梵文之後讀出來的，原則上就應該是比較準確的，而且已經用了一千二百年。

跟著唸【穆力陵-娑婆訶】的時候就施餓鬼了。障施鬼眞言云：「此後恐彼等業障深重，雖已普施甘露，未及聞名睹相，而其報障猶存，卒難解脫。或見飲食仍變猛火，我今再誦密言加持前食，盡成法食，不復轉為苦緣也。」因為餓鬼見到飲食就搶著來吃，吃進口裏之後就會變成猛火，所以施無遮食真言就是消除他的障礙，用這條施無遮食真言加持飲食之後餓鬼就可以放心吃了，不會變成火炭。

「觀自身為觀音，左手掌中有白色斑字，明點中流出甘露，從左掌而下，右手接取往彼鬼眾頂門，滅其業火，普得清涼。」你左手有個[梵字]斑字流出甘露，甘露流到你的右手，由你的右手流到餓鬼的頭頂，入到他的身體裡。我們平時出食都是這樣的，所以這條施無遮食真就是這樣了。

所以你出食的時候念施無遮食真言：【唵-穆力陵-娑婆訶】，當然梵文好像相差遠點，On Ball Lin Na Ball Lin Na Saw Wa Ka，有三個字的，【穆力陵】、【Ball Lin Na】好像差的挺遠，不過總是要有信心的，因為中國都念了不少

時間。中國唸了一千多年，不止是日本唸了一千多年，中國都念了一千多年，所以大家都有效。如果你去到日本就要念梵文了，去到中國唸【穆力陵】就好處大點，為什麼呢？中國人習慣聽中國的東西，日本人習慣聽日本的東西。你想念準確一點也行的，Ball Lin Na Saw Wa Ka，【穆力陵 娑婆訶】。

跟著是普供養：【唵－誐誐曩－三婆嚩－伐日囉－斛】，On GyaGya Nor Sum Baang Ba Ba Za La Call Cool。二手直合，二中指各屈二節，二大指壓二食指上，餘三指直合。所以其實是這樣子的，【唵－誐誐曩－三婆嚩－伐日囉－斛】，二手直合，二中指各屈二節。中指就屈二節，二大指就壓二食指上，即是這樣子。On Gya Gya Nor Sum Baang Ba Ba Za La Call Cool，觀想他中間有個白色的ॐ嗡字，明點流出無盡供養，充滿十方剎海，普令六道眾生，遐邇一體，高下均平，老幼貴賤，強弱冤親悉得飽滿。加強施食的作用，我們觀想一大堆東西，就變得圓滿，等所有的眾生都能吃到。

跟著般若心經，這是法布施。跟著唸往生咒，【南無阿彌多婆耶◎哆他伽多夜。哆地夜他。阿彌利都婆毗。阿彌利哆。】這是大往生咒來的。如果坐著就結彌陀定印，如果你站著就結九品的印。首先講站立的印，右手上揚當肩位置，手掌向外，大拇指與食指相捻，左手下垂，手掌向外，大拇指與食指相捻。坐時就結彌陀定印，觀想心月輪上有一紅色梵文嘰列怙字，放光普照一切眾生，遇斯光者罪障消滅，苦惱解脫，往生極樂國土。這個怎麼念呢？中文就經常唸，現在唸一唸梵文，Nor Ball Ah Me Ta Ba Ya Ta Ta Gya Ta Ya Ta Ni Ya Ta Ah Me Li Tall Ba Bear Ah Me Li Ta Shi Town Ba Bear Ah Me Li Ta Bi Ki Lin Tair Ah Me Li Ta Bi Ki Lin Gya Ni Nir E Gya Gya Nor Ki Chi Kya Lay Saw Wa Ka。唸習慣往生咒的話就唸自己習慣那個，梵文要唸也可以的，但是念的不習慣，還是念習慣的好了。

後面那幾條咒是懺公加進去的，我們後面就有個懺公的放蒙山儀軌，他加了這幾條咒進去。當然這條往生咒是大家都念的，所以就加這條往生咒進去，我們找了梵文出來註音，你喜歡唸梵文咒唸梵文，喜歡讀中文的就讀中文。如果是大眾唸的話，當然最好是唸中文。

往生咒當然重要，因為是阿彌陀佛接引的，觀想眾生往生淨土。念阿彌陀佛的聖號或者其他，你可以觀想出現很多紅色的蓮花，蓮花裏面有個𑖮𑖿𑖨𑖱𑖾嘰列怙，眾生一碰到就會坐上蓮花往生淨土了。這個觀想其實要比這裏講的好，這裏只是講苦惱解脫，往生極樂國土，但是怎麼往生呢？一般來講就是觀一個紅色的蓮花，上面有個紅色𑖮𑖿𑖨𑖱𑖾，眾生碰上那個𑖮𑖿𑖨𑖱𑖾就會坐上蓮花往生淨土。這個就是一般日本東密的觀法。

大寶樓閣有很多個手印的，有長咒亦都有短咒。長咒我們就不唸了，你喜歡讀就讀，太長了。不過都有人讀的。首先長咒的印就是這樣子，那麼讀一次也好的，大寶樓閣善住秘密陀羅尼。那麼究竟有什麼作用呢？先講作用。

《廣大寶樓閣善住秘密陀羅尼經》云：「常於清旦，誦一百八遍，所求之事皆得成就。」長咒不是短咒，短咒還是一零八遍就簡單了。所求之事皆得成就。沒有大悲咒那麼長的，大約一半。「若有人登大高山頂，誦此陀羅尼，盡眼所見處，所有眾生滅一切罪，亦離一切地獄業，得免一切傍生身，免地獄滅罪，誦心咒百萬，得一切如來灌頂。」心咒就容易了【嗡－嘛尼－乏及里－吽－帕韃】。若誦隨心咒滿一百萬隨心咒【嗡－嘛尼－達里－吽－怕都】。「所有鬼神作障難者，悉來接足禮拜白言：『持明者，救護我等，勿斷我命，所使我者，決定得了，我皆成就』，乃至誦十萬遍，得見一切如來。」所以誦十萬遍就得見一切如來，誦一百萬遍那些眾生就會頂禮你。我們多數是念心咒的【嗡－嘛尼－乏及里－吽－帕韃】，如果是隨心咒亦都是短的【嗡－嘛尼－達里－吽－怕都】。

我們唸一下長咒，長咒：Nor Ma Cool Sa La Ba Ta Ta Gya Ta Nam On Bi Hall La Gya La Beer E Ma Ni Ha La Beer E Ta Ta Gya Ta Ni Da Lu Sya Ni Ma Ni Ma Ni Saw Ha La Beer E Bi Ma Lay E Sa Gya La Gang Bi Lay E Woon Woon Jim Ba La Jim Ba la ball Da Bi Law Ki Tair E Gu Kya Ji Shu Ta Gya La Bear E Saw Wa Ka

梵文字太細小了很難看到，看也不是很清楚，所以多數

是讀英文注音的。英文注音的話你可以先看一次，看看注得對不對，不是我注的，是我們工作人員注的。我們有核對過，應該是對的。所以這些咒我們看英文的就可以讀了，你讀中文也可以，【拿麥-灑爾乏-打他噶打難-嗡-維補拉】。這個是大寶樓閣。為什麼要加進去呢？因為這條超渡的力太過強了，你念一零八遍之後站在高山上，你看到的眾生都得到解脫，免地獄之苦，效果很強。

我們跟著接下來唸尊勝陀羅尼。尊勝陀羅尼有什麼作用呢？首先講尊勝陀羅尼印。尊勝陀羅尼是大惠刀印，又叫做塔印，又叫做尊勝宮印，好像宮殿。這個有一條長咒的，長咒在後面，先念短咒：On A Me Li Ta Tair Jya Ba Chi Saw Wa Ka，這個有梵文的。《持松阿闍梨編佛頂尊勝心真言最略念誦法》云：「結印誦咒七遍已，然後解除印相，結印時，須以淨布蓋覆，不令外現，用數珠記數誦萬八百遍，或千八十遍，或百八遍。當誦之時，想胸一肘遠近有一月輪，徑圓一肘，清淨極圓，在月輪中，有一蓮花，花上有一梵文的康字。」其實是𑖪𑖽斑來的，斑或者康字或者𑖪𑖽鋄字。凡姆字就是𑖪𑖽鋄字來的，今多用𑖪𑖽斑字。

「放大光明，漸舒偏滿法界，所有一切眾生，觸此光明者，皆免一切苦，身心清涼，得大智慧。誦畢之後，此光漸縮，然後復結本尊印相，誦咒七遍，想此功德，迴向法界眾生。念咒聲音，不得令他人，只令自己耳中聞，不得出大聲念。」這個不大聲念的，尊勝陀羅尼就是尊勝佛頂，不是尊勝佛母。西藏才有尊勝佛母的，佛頂就不是佛母來的。西藏凡是女性都叫佛母，什麼大白傘佛母，大白傘其實是佛頂來的。有八大佛頂，尊勝佛頂就不是八個佛頂裏面的，而是八個佛頂的總咒。有個大曼荼羅裏面唸尊勝咒的時候可以觀這八個佛頂，但是尊勝不是這八個佛頂裏面的，所以其實沒有一個叫尊勝佛頂的，而是尊貴的佛頂。

尊貴的佛頂總共有八個，亦都不是尊勝佛母。在東密來講，只有佛眼佛母和準提佛母兩個佛母而已，其他的都不叫佛母，西藏人才叫佛母。所以唸尊勝陀羅尼的時候不可以用西藏那個尊勝佛母，好像也是八臂的，但是好像拿不同的東西是不是就是代表八個佛頂呢？這個可能是他們的祖師權現也說不定，但是就不是出自經典的。經典中念尊勝陀羅尼的時候，就觀想𑖪𑖽斑字，要不就觀想尊勝曼荼羅。

尊勝曼荼羅是一個圓圈裏面有八個佛頂，中間當然是大日。即師佛的頂，大白傘佛頂就是其中一個佛頂，出楞嚴咒的。尊勝佛頂是佛陀波利翻譯的。佛陀波利來五台山朝文殊菩薩，遇到一個老比丘，即是文殊菩薩化身，問佛陀波利你從那麼遠來，有沒有帶你們最重要的東西來呢？佛陀波利問，是什麼呢？佛頂尊勝陀羅尼，沒有帶嗎？沒有帶就回去取。於是他專程回去印度取尊勝陀羅尼。所以放焰口裏面有句偈【西方尊者往東來，卻被文殊化引開，東土若無尊勝咒，孤魂難以脫塵埃】。

《佛頂尊勝陀羅尼經》云：「佛頂尊勝陀羅尼經云，若人須臾得聞此陀羅尼，千劫已來，積造惡業重障；應受種種流轉生死，地獄，餓鬼，畜生乃至蟻子之身，更不重受，即得轉生諸佛如來，一生補處菩薩，同會處生。」

《雲棲補註》云：「若誦若持能淨業障，令生樂趣，現獲益壽，能閉惡道門，能開諸佛國，故此誦之，令圓滿佛事，畢利生之功德也。」

如果你是自己一個人念的話，可以念長咒，我們十二天神供是念長咒的，這裏就不要了，難道讓別人等你念長咒嗎？不過放焰口有念長咒的，你可以念。這裡我們就照儀公的，後面有個尊勝陀羅尼，中間有大日，跟著有八個佛頂。所以尊勝佛頂並不是這八個佛頂，八佛頂是最勝佛頂、無邊聲織佛頂、光聚佛頂、發生佛頂、白傘蓋佛頂、勝佛頂、除障佛頂、廣生佛頂，所以沒有一尊佛頂叫做尊勝佛頂的，亦都不是尊勝佛母。因為八個尊貴的佛頂，所以是觀想八大佛頂。

我們經常要念尊勝陀羅尼，我們有念梵文，在四加行裡也有。不過現在放大蒙山大多數是唸中文，也差不多。如果要快的話就唸短咒，要視乎是大眾唸或是自己唸的。如果我們自己平時做的話，到了出食時就自己去出食，因為沒有侍者，也不好叫別人幫手去出食。你經常放的話，難道經常找人陪著你嗎？有些法師當然可以，但是我們年青老法師是沒

有侍者的，即是還能行能走的，還能動的，當然就不用有個人看著你修行。所以我們是自己去出食的，我們唸到「神咒加持淨法食」的時候，就下座去出食的。我們在下座前唸咒，念彌陀咒、尊勝咒、大寶樓閣，全部都念短咒的。因為不方便端著法本站著照讀，太長。如果你真的很熟，就念尊勝陀羅尼的長咒，有些人能念的，不過問題是你要唸快一點，在那裏把長咒念完。

唸到最後的時候還要唸光明真言，因為光明真言是送他去淨土的，我們是念完送他去淨土，所以放在最後。光明真言六印法是超渡的，送亡者去淨土的，所以我們就念光明真言，真言：On Ah Ball Gya Bear Law Sya Nor Ma Ka Ball Da La Ma Ni Hun Doll Ma Jim Ba La Ha La Ba Li Ta Ya Woon。

觀想心月輪上有一金色梵文𑖀字放光普照眾生，觸光者悉離苦得樂，並觀想右手張開放出五色光明。已經畫出來了，看看將來做動畫的時候會不會表達得更好些。當然印刷的圖片是差不多這樣了，但是動畫就不同了，我們現在就做了動畫，就是做了電子書。電子版在電腦裏邊按它可以播放的，但是在智能手機和平板電腦就不行，所以我們就做了app，即是電子書程式，所以平板電腦和手機都可以的。所以將來人們放蒙山只需要手機就能放了，主法的就拿著平板電腦。平板電腦的話，我看過畫面了，和這幅圖差不多大。平板電腦有些和這個書本差不多大，只小一點點，但是也很清楚的。

不空羂索神變真言經卷廿八出光明真言。若有眾生隨處得聞此真言二、三七遍，經耳根者即得除滅一切罪障。若諸眾生，具造十惡五逆、四重諸罪，猶如微塵滿斯世界，身壞命終，墮諸惡道，以是真言加持土沙一百八遍，屍陀林中，散亡者屍骸上，或散墓上、塔上，遇皆散之。彼所亡者，若地獄中、若餓鬼中、若修羅中、若傍生中、以此真言加持土沙之力，應時即得光明及身，除諸罪報，捨所苦身，往生西方極樂國土，蓮花化生，乃至菩提更不墮落。

光明真言是很重要的，在日本每個道場都有沙瓶子的，會有人請日本法師去超渡。所以經常都要用光明沙的，他平時就放個沙瓶子在大壇那裏，吸收了所有的加持力到沙子中。因為你天天做功課，力都會入到沙子中，那些沙子就很有力了。當然，日本是不是天天都做光明真言念和理趣經就不是很清楚，但是我天天在大壇上做光明真言，綁一條五色繩加持那些光明沙，加持了十多年。東密學了十七、八年左右，那麼十七、八年都有做光明真言的，所以就有光明沙。

我們近來發現淘寶上有的光明沙供請，四毫子，紅色瓶子的。那款光明沙不是恆河沙，是一粒粒透明的，好像塑料的東西，不是河沙，又不是恆河沙，是一粒粒透明的，好像塑料的東西，不是河沙，又不是光明沙。其實如果是塑膠粒的話不知道它能不能吸收到加持力。因為是化學品，不是天然的。所以最好還是恆河沙了，我就專門讓人帶恆河沙回來。

我的沙瓶子很大個，兩、三尺高的，放些沙在裏面加持。後面是一個沙瓶子，前面有一條五色繩，加持沙瓶子。如果是普通人結緣的，當然給四毫子那種，我訂了三千個，即是一千多元，用來結緣的。如果有需要的時候也可以加點我們那些沙進去，或者拿我們的沙。例如有些人往生，那就在壇上面拿些沙，就會好點。但是那是諾那精舍唸的，他沒有光明真言的，他是唸【啊、阿、夏、薩、嘛、哈】。藏密就用來加持沙土的。所以我就把它放在壇上，天天唸都能唸入去的。兩個咒都有，加持力也很大的。以前如果有人撞邪，戴些光明沙都很有用的。

念光明真言之前，就結光明真言七印。我們在上一次開位那部分已經講過了，最後就送他去淨土。開位就是整個儀軌了。其實我們開骨灰位也是用它，去殯儀館也是用它，什麼都是用它。開位儀軌就很圓滿了，現在我們是放蒙山，最後唸光明真言七印加持光明真言。第一，念光明真言七次，念三遍，總共唸二十一次。唸三次就是照射亡靈，讓他的心開始發菩提心，再念三次就把他升起。開頭兩次，因為這個六印，唸二十一次。開頭兩個印都是一樣的，光明真言五色光照亡者，第二次就把亡者的𑖀字升出來，因為𑖀就是佛性來的，把它的佛性提出來，提了出來在空中。兩個都是結五色光印。跟著結五股印，觀這個𑖀字變出這個𑖀阿、𑖪巴、𑖨喇、𑖏卡、𑖮嘰也就是四智，中間𑖀阿字就是法界體性智

。其他就是大圓鏡智、平等性智、妙觀察智、成所作智，就是把他的五智提出來。

跟著就結智拳印，𑖀阿、𑖪巴、𑖨喇、𑖮卡、𑖏嘰也觀想升出來的字種有明點，叫做涅槃點，就變成𑖀𑖽晏、𑖪𑖽斑、𑖨𑖽欄、𑖮𑖽勤、𑖏𑖽傾。我們修字輪觀的時候就是這樣，順逆觀字輪。第一次觀是沒有明點的。沒有明點就是他五智的本性。沒有明點就是第八識、第七識、第六識和前五識。如果有明點的就是轉識成智了，第八識就轉變成大圓鏡智，第七識就轉成平等性智，第六識就轉成妙觀察智，前五識就轉成成所作智，就是這樣的分別。第一次就是本性的，所以就觀阿字，結外五股。第二次是轉識成智的時候就結智拳印。第三次是金剛合掌，知道自己五智現前，我們本身就是成所作智，那麼又有大圓鏡智，又有平等性質，又有妙觀察智，又有成所作智，這五智都齊了，那麼我們自己變成大日

金剛合掌，然後想自己由𑖀字變成五輪塔，五輪塔變成大日如來，即是成佛了。即是你可以令他成佛，把他的佛性提出來，菩提心提出來，𑖀字就是菩提心。提了出來之後，就有𑖀、𑖪、𑖨、𑖮、𑖏，這是八識。𑖀𑖽、𑖪𑖽、𑖨𑖽、𑖮𑖽、𑖏𑖽，這是四智。轉八識成四智之後就知道自己是佛了。所以觀他變成佛，亡王者都變成佛，變成佛之後再念三次，結金剛合掌。

第一次觀想𑖀現出來，即是他的菩提心。跟著變成五輪塔，五輪塔變成大日。那麼是胎大日還是金大日呢？當然是胎大日，因為光明真言是胎大日。跟著加持予願手，他變成大日如來，旁邊圍著光明真言的二十三個字種，𑖀阿、𑖪𑖽篦、𑖨𑖽喇、𑖮𑖽喚、𑖏𑖽傾，上面是光明真言的曼荼羅。曼荼羅有幾種的，字種向外的是利他，向內是自利，一個個字排列的是自他兩利。這是利他的，向外面的，所以𑖀、𑖪𑖽、𑖨𑖽、𑖮𑖽、𑖏𑖽在這裏是有明點的，有些是沒有明點的。𑖀、𑖪𑖽、𑖨𑖽、𑖮𑖽、𑖏𑖽和𑖀阿、𑖪巴、𑖨喇、𑖮卡、𑖏嘰也都是一樣的。因為大日如來唸𑖀、𑖪𑖽、𑖨𑖽、𑖮𑖽、𑖏𑖽，予願印就觀想二十三個字種包圍著他。如果你平時唸光明真言唸得多，你就能觀

二十三個字種出來。你逐個逐個字唸On Ah Ball Gya Bair Law Sya Nor，唸到哪個字就觀想哪個字，慢慢就會觀到二十三個字種。能夠把光明真言的二十三個字種完整觀出來的話，會有很大作用。光明真言是息、增、懷、誅都可以，可以用來降魔的、消業、加持，就很大作用了。

最後結不動的獨股印，不動的獨股印，因為用不動來超渡也可以的。可以用不動的獨股印送亡者去西方淨土。

第三次的時候念on pot king，跟著稱亡者名字或者法會的名字，例如盂蘭法會附薦諸靈，On Ah Ball Gya Bair Law Sya Nor Ma Ka Ball Da La Ma Ni Hun Doll Ma Jim Ba La Ha La Ba Li Ta Ya Woon 往生淨土 Saw Wa Ka，離苦得樂往生淨土，觀想他變成𑖀字，這個時候念最後的三次。第一次就觀想𑖀阿、𑖪𑖽篦、𑖨𑖽喇、𑖮𑖽喚、𑖏𑖽傾就縮進佛裏面，即時變成在大日如來的亡者裏面。第二次就觀想大日如來變成一個五輪塔。第三次，五輪塔的五個字都縮成一個𑖀字，四個種子字向下移，𑖀字在最底，四方那個就是𑖀字，移到只剩𑖀字。唸到最後一遍on pot king稱亡者名，跟著觀想𑖀字飛去淨土。如果你覺得淨土挺難觀想的話，你就觀一個𑖮𑖿𑖨𑖱𑖾嘰列怙，因為𑖮𑖿𑖨𑖱𑖾代表淨土。觀紅色的𑖮𑖿𑖨𑖱𑖾，他飛去入到紅色的𑖮𑖿𑖨𑖱𑖾中，就是淨土了。或者你可以觀西方境的。這個是超渡，整個法會就完了，即是送了他去淨土後法會就完。

跟著是咒願，咒願是出自軌儀經的。如果你是一個人施食的，這個時候可以唸on pot king，即是On Ba Za La Ball Key Sya Ball Cool，這就是解脫真言。

如果你是做法會的當然來到這裏才唸，念完這段才唸。如果你在外面念這個送他走，然後回來結壇就行。如果在外面不念的話，回壇上再唸，「諸佛子等，從來所受飲食，皆是人間販鬻生命，酒脯錢財，血肉腥羶，葷辛臭穢，雖復受得，如是飲食，譬如毒藥，損壞於身，但增苦本，沉淪苦海，無解脫時，我今依如來教，精誠豁捨，此無遮廣大法會，汝等今日，遇茲勝事，戒品霑身，於過去世廣事諸佛，親近善友，由此因緣，值善知識，發菩提心，誓願成佛，不求餘果先得道者，遞相度脫，又願汝等晝夜恒常，擁護於我，滿

我所願。」，這個是最重要的。

為什麼要念那麼多呢？就是為了這一句「汝等晝夜恒常，擁護於我」，變成他的米飯班主，天天給他東西吃。所以施食有很大的功德，可以令他變成你的護法神。因為本來他是你的冤家債主，經常跟著你想搞你的，但是你經常給他東西吃，他變成你的守護神，他可以保護你。因為如果你受什麼傷害的時候，他就沒得吃了，怎麼能不保護米飯班主呢？所以不能讓你生病。

我放蒙山放了四十年，都沒有看過醫生，所以這個功德是很大的。這個懺公是95歲才往生的，也是沒有病的，跟放蒙山應該是有很大關係。因為放蒙山比做佛事好，比做佛事放焰口那些好。因為焰口是有亡者在，你觀錯了就大件事。但是你天天施食，就算你有時施得不好，有時好，都沒什麼大的關係，因為什麼呢？天天施的嘛，今天不好吃對不起，明天再來過。但是如果你是做佛事呢？今天超渡不了他，他就會找你了，你收了我家人的錢又不能給我超渡，我會忍你嗎？你超渡不了，變食又變了其他東西，當然會來搞你了。但是放蒙山不同，發心的。已經說明是發心的，真的發不了也沒辦法。無論你放的好不好都不用擔心會被搞得很慘，當然了，既然去做，就要做好，你也希望冤家債主當你是米飯班主保護你的吧。

接著這個「所生功德，普將回施，法界有情，共諸有情，同將此福，盡皆回施，無上菩提，一切種智，勿招餘果，願速成佛，願速成佛。」。跟著可以唸：On Ba Za La Ball Key Sya Ball Cool。東密唸一次而已，這裏唸十次都沒所謂，因為他想著十法界全部都送走。中文譯音【嗡-乏及拉-目乞叉-穆】，這個音有些差異，不過也沒所謂的，總言之有效就可以了。唸梵文念什麼都可以，也不是唸梵文就一定好很多。不過能唸好點就要唸好點。我們就唸到這裏就送他走，送他走了整個法會就完了，但是我們還要結壇的，跟著就好像供養法的儀軌那樣，唸七次大輪陀羅尼。跟著念一字咒：Nor Ma Cool Sum Mam Da Ball Da Nam Ball Loon。跟著念佛眼，如果你只是唸on ball loon，你一定要念佛眼，否則八地菩薩都站不穩。所以要念佛眼：Nor Ball Ba Gya Ba Tall Wu Shu Ni Sha On Law Law Saw Ball Law，這是有短咒的。on ball da law sa li saw wa ka 短一點。有些法本是用短咒的，有些就用長咒的。

跟著理供，理供上一次已經教過了，不用教了。理供之後就是事供，拿塗香，表戒德清涼，脫地獄炎燒之苦。華鬘表忍辱莊嚴，脫修羅鬪諍之苦，放花葉，轉杯。燒香表精進梵修，脫人間失意之苦。跟著燈明表智慧光明，脫畜生愚癡之苦。這個是閼伽水，漱口水來的，前面那部分就是洗腳水。閼伽水仍然是打三下滴一次水。On Ah Me Li Tey Woon Park Tar，跟著念：「至心奉獻漱口香水，惟願本尊哀憫納受，護持弟子所作成就」供水的時候有條咒，打一下滴一次水，這個On Ba Za La Da Kya Da Woon。

供完漱口香水跟著就是振鈴。振鈴就直接拿鈴搖三次。On Ba Za La King Da Tall Sya Call Cool。搖三次之後就可以唸自他自他，搖它五、六次，跟著他他他他，完了之後就放回去，不用唸不動。放回去的時候記得十字對著自己。

跟著唸四智讚，四智讚上次已經有。普供養，以我功德力，如來加持力，及以法界力，普供養而住，普供養摩訶毘盧遮那佛，普供養本尊界會，大慈大悲觀自在尊，蓮花部中，諸大薩埵，兩部界會，諸尊聖眾，護法天等，所設妙供，哀愍納受，護持弟子，消除不祥，增長福壽，恆受快樂，無邊善願，決定圓滿。南無(law ball)摩訶(ma ka)毘盧遮那佛、南無阿閦佛、南無寶生佛、南無無量壽佛、南無不空成就佛、南無四波羅蜜菩薩、南無十六大菩薩、南無八供養菩薩、南無四攝智菩薩、南無觀自在菩薩摩訶薩、南無金剛界一切諸佛菩薩、南無大悲胎藏界一切諸佛菩薩。

這時候取香爐及念珠，然後金一丁，就是打一次鳴器的意思，我們多數是用小磬。所修功德，迴向三寶願海，迴向三界天人，迴向一切神等，迴向諸聖靈等，迴向聖朝安穩，迴向自他法界，迴向平等利益，迴向法界，迴向無上大菩提。

跟著置香呂，念懺悔：懺悔隨喜勸請福，願我不失菩提心，諸佛菩薩妙眾中，常為善友不厭捨，離於八難生無難，宿命住智莊嚴身，悉能滿足波羅蜜，富樂豐饒生勝族，眷屬廣多恆熾盛，四無礙辯十自在，六通諸禪悉圓滿，如金剛幢及普賢，願讚迴向亦如是，歸命頂禮大悲毘盧遮那佛。

跟著可以解界，這時候觀三十七尊。我們動畫就會一個一個現出來的。解界就是由後面解起的。由三昧耶解起的，Sho Gya Lay Ma Ka Sum Ma Eng Saw Wa Ka，由這個三昧耶開始解的，因為結界的時候最後是三昧耶，所以就逆轉的，逆轉一次就行了。跟著解火院：On Ah Sum Ma Gi Li Woon Park Tar。跟著解金剛網：On Bi Saw Hall La Da La Key Sya Ba Za La Woon Park Tar，解金剛網也是一次逆轉。跟著又是逆轉一次，Nor Ma Cool Sa Mam Da Ba Za La Down Sen Da Ma Ka Law Sya Da Saw Ha Ta Ya Woon Ta La Ta Kang Mam。跟著金剛牆:On Sa La Sa La Ba Za La Ha La Kya La Woon Park Tar。跟著是金剛橛，平時固定的壇是不用解，但是做法會多數是會解的，真言：On Key Li Key Li Ba Za La Ba Zi Li Hall La Mam Da Mam Da Woon Park Tar，那麼拔起四條橛。

照他的圖先解金剛網，金剛牆，跟著到金剛橛。跟著就撥遣，撥遣就是用兩隻手指的，拿起其中最外面那一片，因為剩下兩片葉，外面有兩片葉。用兩隻手指夾著它撥遣，所以是唸一次，On Ba Za La Ball Key Sya Ball Cool。觀想餓鬼已經送走了，觀想出來的菩薩也都回去了。跟著拍手：On Ba Za La Ta La Tall Sya Call Cool。拍手之後是三部加持，佛部：On Ta Ta Gya Tall Doll Hun Ba Ya Saw Wa Ka。蓮華部：On Hun Doll Ball Doll Hun Ba Ya Saw Wa Ka。金剛部：On Ba Zo Law Doll Hun Ba Ya Saw Wa Ka。跟著是披甲護身：On Ba Za La Gi Li Ha La Chi Ha Ta Ya Saw Wa Ka。為什麼還要護身呢?因為你做完之後不知道做得對不對，有護身就比較安全點，不然那些鬼會找你。放得不好就來找你，所以你未做之前護身，做完之後又護身，這樣安全點，所以有兩次護身。

跟著就迴向：【唵-娑摩囉-娑摩囉-彌摩囊-薩哈囉-摩訶咱哈囉-吽】，照普通那樣念下去。畫吉祥，夜吉祥。法師撫尺開示，上來宣揚施食法門。跟著讀疏文，如果有疏文的話，大蒙山多數都有疏文，疏文照普通那樣讀，這個不講了。念完疏文之後就下坐，「四生登於寶地，三有托化蓮池。」這裏是下坐的。跟著就靈前迴向，「一心皈命，極樂世界，阿彌陀佛。。。」

「。。。南無阿彌陀佛、南無觀世音菩薩、南無大勢至菩薩、南無清淨大海眾菩薩。」唸完之後最後還有一個唱讚，六道群靈。六道群靈唸完之後燒牌位，燒完牌位之後就回來念施食功德殊勝行。整個法會就完了，即是照顯教的。講到這裏整個施食儀軌就完了。

如果你要照這份施食儀軌做，就要先做四加行的。如果不學四加行的，那你就在佛前念結二十一次大輪陀羅尼，然後就可以學。學得懂就做，學不懂就還是要先做四加行，做完四加行所有東西都懂了。剛才講的都是四加行的東西。如果不學四加行的話，你也可以參考一下這些觀想的。

因為這些觀想都是蓮池大師的觀想，歷代的觀想，我們整理成一本書而已。因為我們現在年紀大了，除了做功課外，把剩餘的時間用來整理法本。我們整理了星供，整理十二天神供，星宿供，跟著整理放蒙山。我們即將還會整理準提、穢跡金剛、光明真言、大黑天。把這些都整理出來，我們現在有人正在搜集資料，阿承懂日文的，還有人是懂梵文的。這樣就能去找很多有用的資料出來，把我們平時遇不到的東西都加進去。好像施食儀軌，平時你沒有看施食儀軌，你以為自己都懂，其實原來還有那麼多你不知道的東西。這份施食是很重要的，所以我們現在講完之後就會整理出來，將來就會拿去出書，這樣很多人雖然未必到這裡來學，也可能拿不到我們這些法本，或者不懂這個法本也沒關係，他們就可以請書自己回去看，去研究了。

蒙山施食念誦說法儀

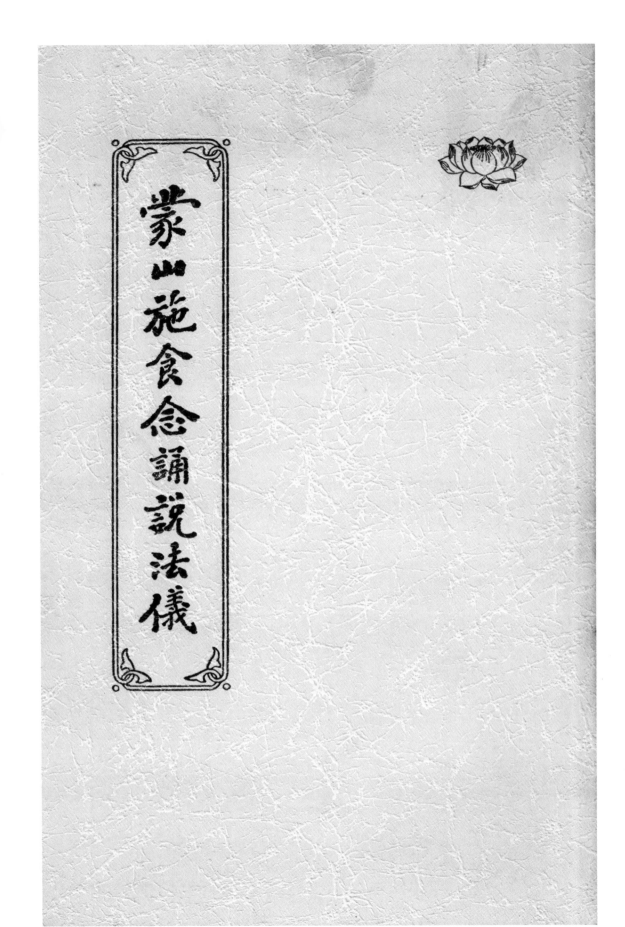

蒙山施食要意十則請先閱知

一、施食緣起

昔阿難。初入佛道。年方卅餘。一日閑林習定。夜半忽見鬼王。滿身火然。苦劇難堪。問之。鬼答名曰面然。復謂曰。汝三日之中當墮我類。阿難驚問何方可免。鬼曰。能以飲食徧施六道羣靈。無量餓鬼。各得飽滿。汝可益壽。聞已。晨詣求佛。佛言有無量威德自在光明如來呪。誦此呪者。令諸飲食變少成多。轉粗爲妙。復說甘露呪。若誦此呪。水變甘露。清涼美味。廣如大海。阿難聞之。即備淨飯淨水。虔誦二呪。飯則從七化七。徧滿大地。水則便成甘露性海汪洋。此飯此水。互徧互融。而無障礙。羣靈觸之食之。皆得六根清淨。即脫衆苦。超生善道。由是阿難壽延百二十歲。此西竺施食之肇始也。教流東震。及梁武帝夢高僧謂曰。六道四生受苦無量。宜建水陸大齋以普濟之。旦問羣臣。罔然無對。唯誌公勸尋佛經。必有其義。帝於餘暇。積覽大藏。三年成儀。齋以二呪爲主。會集顯密諸文。理協聖凡。二月望日。於金山建壇。僧佑宣文。時諸幽魂。超拔良多。此東土施食之始也。唐金剛智不空二梵僧集焰口儀軌。始唯二呪爲本。嗣後諸師。遞增顯密諸文。幷參外集成儀。相傳至今。弘揚最廣。即今焰口施食也。宋不動梵師。居蜀蒙山。爰集救拔焰口餓鬼經。水施食法。並以二呪爲主。集諸密部成文。稱

曰蒙山施食儀。一人多人。僧坊林野。皆可遵施。自後禪門日誦。編入晚課。以爲日誦常規。由是各方叢林。大小庵居。晚課必施。唯此施食功滿華夏。今古同遵。徧利無窮。光緒二十七年。同還老人。講楞嚴於天台石梁橋中方廣寺。以橋下有龍湫。屢有鬼迷捨身失命者。老人備飯菜。晚誦蒙山。并開示之由是數年無捨身者。三十三年。慈講金剛經於天台高明寺。於逐晚取淨飯水。與諸同志。詣山門外。共念蒙山。以始施焉。慈後所至。遇緣則施之。民國七年。講地藏經於滬淨土庵。時因善信請始加設座開示。唯自愧薄德。乃勉强耳。自後各方佛社。亦訪之而施者。但念式不一。三十一年。法藏改立淨土道場。日集念佛修持淨業。晚以施食普濟幽魂。即以蒙山文分六節。參六開示。後多遮索斯本。復將六番開示。隨章次第。逐呪前後。按諸題義。再繕其文。俾臨座者依文說法。遂使羣靈聞解。即超幽苦。大衆聆悟。誦功益大。冥陽均益。普濟無盡也。

二、淨結壇場

佛殿堂室。山門外。林野間。唯取潔淨閑靜之處。皆可結壇。預爲灑掃。或黃布。或繩。或別物。須潔淨者可用圍壇。以絕雜人入內耳。如欲簡者。唯佛臺前安六道位之孤魂壇。圍之。但遮行人不入。以便鬼神集此參拜三寶。無諸隔礙。聞法受食。易獲超生也。梵名曼拏羅。此云壇。凡建佛事道場。皆此名壇也。今爲密部施食之壇。壇生也。集也。聖賢集會之處。出生無盡功德也。

三、法臺上佛像高供

中間法臺佛像。逾高逾敬。最合宜奉釋迦佛像。無則或彌陀。或觀音。或地藏。皆可奉之。而法師坐於佛後頭與佛背。或佛座齊。不得高過佛頭。表法師隱在佛後代佛說法故也。或佛殿中原有佛像者。亦不須再奉法臺。則法師可坐佛桌傍開示可也。其孤魂壇。當圍至佛臺之下。以絕人經行為要。

四、孤魂壇於佛前低設

孤魂壇。亦名寒林壇。在法臺前簷下。或檻內。或天井中。皆可設立。但須用繩。或黃布。圍至佛前。止人勿得出入。令諸鬼神於此禮拜聞法受食無諸障礙。方得大益。先用黃紙。書十方法界六道羣靈之位。向上面對佛像安設於桌間。其桌宜低。以羣靈列在此下。禮拜三寶故也。

五、備淨飯水菜方可念誦施食

欲誦此文。必備淨飯淨水。方成施食。無此二者。或不淨食。虛誦無功。如或用菜。必熟食得味為要。生菜為供。便成褻瀆。經云。飯成斛食。水名水施食。施食補註云。摩伽陀國之斛。一斛為我國四十九斗。斛。桶斛也。飯食也。誦咒時。當觀想每粒飯變成七粒。七各變七。而成七斛。七斛各七。成四十九斛。如是七七。變化無盡。徧滿大地。無量斛食。故稱名也。所謂一食變無量食。大如須彌。量同法界。縱令窮劫。取之不盡。用之無竭。普令六道羣靈。各獲七七斛之食。皆令飽滿。今既發歡悅後。必生淨土。今諸

方禪林。用米七粒亦可。所謂七粒徧十方。普施周沙界。據愚思之。還用飲食稍多。令誦時易成觀想。若觀想澄定而誦。一切飲食必成殊勝妙用。至若不解觀想。但能誠心誦去。全仗呪力。亦必靈驗。百丈清規云。焰口施食。當用五斗米飯。盛以潔淨大桶。淨水淨菜亦然。是爲三大桶。而內藉觀想澄定。即成勝妙法食。十方羣靈。獲益無量。誦畢分爲三分。一施水族。一施山野禽獸。及諸微蟲。一施諸窮人。然食多寡。亦可隨力。今則聊用飯水菜三大碗。供於六道位前。如菜多碗更好。總須燒熟得味。淨潔爲要。

六、二呪爲施食本

夫水陸焰口蒙山等。同是施食。悉因二呪。而成齋體。乃密部瑜伽法門也。一變食眞言。即無量威德自在光明如來陀羅尼呪。誦此呪者。變一食爲無量食。即粗食而成妙味。平等普濟六道羣靈無量餓鬼。故二甘露水眞言。誦此呪時。變此水爲清淨甘露法水。猶如大海。鬼神得此。頓除煩惱。普得清涼。利益快樂。故又變食呪亦能變水。甘露呪亦能變食。亦名水施食法。以施水必施食。施食必得水。蓋此二呪功力難思。即令此食此水。互徧法界。圓融無礙。妙用平等普濟自在。故吾人凡以飲食供聖。供凡。供諸鬼神。并享親靈者。必誦二呪。使諸飲食即成妙味。上供聖賢獲勝福田。下享神鬼。離苦得樂。良由六道凡靈。有福神鬼。見諸飲食原成好味。其味雖好。不免貪著。非出世法味故也。無福諸

鬼。見飲食及水。即變火燄。食燒己身。受苦無量。又諸天諸神。福有差等所得飲食。其味精粗自然迥別。諸餓鬼等惡業萬殊。百千萬劫不聞水名。偶若遇水即成火坑逢食變炭。受苦輕重亦各有異。

七、施濟鬼神宜戌亥時

施食儀註云。凡施鬼食宜在戌亥二時。若過其時。施則無益。以其鬼類出現。以及受苦此時爲盛故。若念誦畢。將水飯等傾於淨處。隱靜處不得傾於穢污處及有桃柳石榴等樹處。令鬼見怖難近也。或有發心者。每於日中念大悲咒。彌陀經等於水食中。先令水食清淨至及戌亥時。持水食誦蒙山文。其功更勝。大增福慧。

八、中座開示惟請戒僧

若無戒僧其中座但高供佛像、像後不設主師位、但集衆同堂依文直念功效甚大不可思議。

蒙山與焰口同體施食。乃瑜伽密法。至尊至重。孰可生輕易想。欲升中座開示。必須具戒大僧方可。若比丘尼。或優婆塞。及居士等惟可隨喜同堂直念。其功較大難思。切勿就中升座。重招過愆。瑜伽施食儀觀引救拔焰口軌儀經云。佛告阿難。欲受施食之法。須依瑜伽阿闍黎法。發菩提心。受三昧耶戒。得入灌頂者。方可入曼陀羅壇升座傳授。若不爾者。遮不相許。設爾修行。自招殃咎。成盜法罪。終無功效。是故若無具戒大僧。勿立中座。但集衆同堂依文直念。每呪加多遍數。功德難思。所言集衆。隨喜者。無論出家在家老幼貴賤。多人少人。乃至一人。俱可同堂和音直念。若爾各各現增福慧。

後必成佛。

九、魚聲念聲和融相應

木魚則聲聲明朗和緩而順。衆念則字字分明清喨自然。若得魚念二聲相應和融。使諸鬼神。聞即明了歡悅。便得大利。又念者字音不可含糊。或兼俗調。或拖空腔。稍有雜亂。鬼神聞即輕慢。便失大利。總之念聲不高不低。不急不緩。異口同音。老實念去。如平流水而無激痕。是則句句之中自他均益。陽人聞之大種善根。陰神聽聲即得超生。

十、顯密經呪加多以實念爲誠

若欲施食。先念大悲咒。令壇場及水食清淨。彌陀經而感往生淨土。中間誦蒙山文。諸呪遍數務必加多。最少七遍。或廿一遍。惟變食變水二呪。各滿四十九遍。或一百八遍。以其諸密呪。愈誦愈妙。感驗必深也。末後須加念佛以求實證。若前後唱讚用腔調者。會則唱之。不會唱者。但以老實和音直念爲是。使其誠感更廣大也。

一九四八年戊子春天台觀月比丘興慈謹識

蒙山施食念誦說法儀

初起首念誦儀式　凡施鬼食戌亥二時爲最宜、或早一小時亦不妨、時至鳴大鐘三下、大衆齊集、擊引磬禮佛三拜、東西對面站定、維那舉腔、衆同唱讚。

淨水讚

楊枝淨水・徧灑三千　性空八德利人天・餓鬼免針咽

滅罪除愆．火燄化紅蓮．南

無清涼地菩薩摩訶薩．南無清涼地

菩薩摩訶薩．南無清涼地菩薩摩訶

薩．

鳴椷同誦

稱聖號

▽南無大◎悲觀世音菩薩◎三稱

▽南無喝囉怛那．哆囉夜耶◎南無阿唎耶。婆盧羯帝．爍鉢囉耶。菩提薩埵婆耶。摩訶薩埵婆耶。摩訶迦盧尼迦耶。唵。薩皤囉罰曳。數怛那怛寫。南無悉吉㗚埵．伊蒙阿唎耶。婆盧吉帝．室佛囉楞馱婆。南無那囉謹墀。醯唎摩訶．皤

哆沙咩。薩婆阿他・豆輸朋。阿逝孕。薩婆薩哆・
那摩婆薩多◎那摩婆伽。摩罰特豆。怛姪他。唵◎
阿婆盧醯。盧迦帝。迦羅帝。夷醯唎。摩訶菩提
薩埵。薩婆薩婆。摩囉摩囉。摩醯摩醯唎馱孕。
俱盧俱盧・羯蒙。度盧度盧・罰闍耶帝。摩訶罰
闍耶帝。陀囉陀囉。地利尼。室佛囉耶。遮囉遮

囉。麼麼罰摩囉。穆帝隸。伊醯伊醯。室那室那。

阿囉嘇·佛囉舍利。罰娑罰嘇。佛囉舍耶。呼盧

呼盧摩囉。呼盧呼盧醯利。娑囉娑囉。悉唎悉

唎。蘇嚧蘇嚧。菩提夜菩提夜。菩馱夜菩馱夜。

彌帝利夜。那囉謹墀。地利瑟尼那。婆夜摩那。

娑婆訶。◎悉陀夜。娑婆訶。摩訶悉陀夜。娑婆訶。

悉陀喻藝。室皤囉耶。娑婆訶。那囉謹墀。娑婆
訶。摩囉那囉。娑婆訶。悉囉僧·阿穆佉耶。娑婆
訶。娑婆摩訶·阿悉陀夜。娑婆訶。者吉囉·阿悉
陀夜。娑婆訶。波陀摩羯悉陀夜。娑婆訶。那囉
謹墀·皤伽囉耶。娑婆訶。摩婆利勝羯囉夜。娑
婆訶。南無喝囉怛那·哆囉夜耶◎南無阿利耶。

婆嚧吉帝。爍皤囉夜・娑婆訶。唵◎悉殿都漫多

囉。跋陀耶。娑婆訶。

南無甘露王菩薩摩訶薩 三遍

若無靈位就此不動、即唱蓮池海會讚、如後文。

若有靈位即唱

西方極樂世界。大慈大悲。阿彌陀佛。

念佛對面問訊向上問訊齊至靈前收佛舉唱

南無蓮池會菩薩摩訶薩 三遍

南無蓮池海會佛菩薩 三稱

佛說阿彌陀經

誦阿彌陀經一卷（見第十九頁）
接往生咒三眞言各三遍

南無阿彌多婆夜◎哆他伽多夜。哆地夜他。阿彌利。都婆毗。阿彌唎哆。悉耽婆毗。阿彌唎哆。毗迦蘭帝。阿彌唎哆。毗迦蘭多。伽彌膩。伽伽那。枳多迦利。娑婆訶。◎

往生咒三遍

曩謨薩嚩怛他誐多。嚩嚧枳帝。唵。三跛囉。三跛囉吽。◎變食眞言三徧

曩謨蘇嚕婆耶。◎怛他誐多耶。怛姪他。唵。蘇嚕。蘇嚕。鉢囉蘇嚕。鉢囉蘇嚕。娑婆訶。甘露水眞言三徧

唵。誐誐曩。◎三婆嚩。伐日囉斛◎普供養眞言三徧

舉讚

阿彌陀佛◎．無上醫王．巍巍金相放毫

光·苦海作舟航·九品

蓮邦·同願往西方·

願生西方淨土中　九品蓮華爲父母

華開見佛悟無生　不退菩薩爲伴侶

念佛回壇收佛號舉讚同唱

蓮池海會。彌陀如來。觀音勢至坐蓮臺。接引上金階。大誓宏開。普願離塵埃。

南無蓮池會菩薩摩訶薩 三遍

▽南無蓮池海會佛菩薩◎ 三稱

▽佛說阿彌陀經◎

如是我聞。一時佛在舍衞國。祇樹給孤獨園。

與大比丘僧•千二百五十人俱。皆是大阿羅漢•衆所知識。長老舍利弗。摩訶目犍連。摩訶迦葉。摩訶迦旃延。摩訶俱絺羅。離婆多。周利槃陀伽。難陀。阿難陀。羅睺羅。憍梵波提。賓頭盧頗羅墮。迦留陀夷。摩訶劫賓那。薄拘羅。阿㝹樓馱。如是等諸大弟子。并諸菩薩摩訶薩。

文殊師利法王子。阿逸多菩薩。乾陀訶提菩
薩。常精進菩薩。與如是等諸大菩薩。及釋提
桓因等◎無量諸天大衆俱◎。(放掌)爾時佛告長老舍
利弗．從是西方過十萬億佛土．有世界名曰
極樂。其土有佛．號阿彌陀．今現在說法。舍利
弗．彼土何故名爲極樂。其國衆生．無有衆苦．

但受諸樂．故名極樂。又舍利弗．極樂國土．七重欄楯．七重羅網．七重行樹．皆是四寶周帀圍繞．是故彼國名爲極樂。又舍利弗．極樂國土．有七寶池．八功德水．充滿其中。池底純以金沙布地。四邊階道．金銀．瑠璃．玻瓈．合成。上有樓閣．亦以金銀．瑠璃．玻瓈．硨磲．赤珠．瑪瑙．

而嚴飾之。池中蓮華．大如車輪。青色青光．黃色黃光．赤色赤光．白色白光．微妙香潔。舍利弗．極樂國土．成就如是功德莊嚴。又舍利弗．彼佛國土．常作天樂．黃金爲地．晝夜六時．雨天曼陀羅華。其土衆生．常以淸旦．各以衣裓．盛衆妙華．供養他方十萬億佛。即以食時．還

到本國．飯食經行。舍利弗．極樂國土．成就如是功德莊嚴。復次舍利弗．彼國常有種種奇妙雜色之鳥．白鶴．孔雀．鸚鵡．舍利．迦陵頻伽．共命之鳥。是諸眾鳥．晝夜六時．出和雅音。其音演暢．五根五力．七菩提分．八聖道分．如是等法。其土眾生．聞是音已．皆悉念佛念法念

僧。舍利弗．汝勿謂此鳥．實是罪報所生。所以
者何。彼佛國土．無三惡道。舍利弗．其佛國土．
尚無惡道之名．何況有實。是諸衆鳥．皆是阿
彌陀佛．欲令法音宣流．變化所作。舍利弗．彼
佛國土．微風吹動．諸寶行樹．及寶羅網．出微
妙音。譬如百千種樂．同時俱作。聞是音者．自

然皆生念佛念法．念僧之心。舍利弗．其佛國
土．成就如是功德莊嚴。舍利弗．於汝意云何．
彼佛何故號阿彌陀。舍利弗．彼佛光明無量．
照十方國．無所障礙．是故號爲阿彌陀。又舍
利弗．彼佛壽命．及其人民．無量無邊阿僧祇
劫．故名阿彌陀。舍利弗阿彌陀佛．成佛以來．

於今十劫。又舍利弗．彼佛有無量無邊聲聞弟子．皆阿羅漢．非是算數之所能知。諸菩薩衆．亦復如是。舍利弗．彼佛國土．成就如是功德莊嚴。又舍利弗．極樂國土．衆生生者．皆是阿鞞跋致。其中多有一生補處．其數甚多．非是算數所能知之．但可以無量無邊阿僧祇

說。舍利弗．衆生聞者．應當發願．願生彼國。所以者何。得與如是諸上善人．俱會一處。舍利弗．不可以少善根福德因緣．得生彼國。舍利弗．若有善男子善女人．聞說阿彌陀佛．執持名號。若一日．若二日．若三日．若四日．若五日．若六日．若七日．一心不亂。其人臨命終時．阿

彌陀佛．與諸聖衆．現在其前。是人終時．心不
顛倒．即得往生阿彌陀佛極樂國土。舍利弗．
我見是利．故說此言。若有衆生．聞是說者．應
當發願．生彼國土。舍利弗．如我今者．讚歎阿
彌陀佛不可思議功德之利◎（合掌）東方亦有阿閦
鞞佛．須彌相佛．大須彌佛．須彌光佛．妙音佛．

如是等恆河沙數諸佛．各於其國．出廣長舌相．偏覆三千大千世界。說誠實言。汝等衆生．當信是稱讚不可思議功德。一切諸佛所護念經。舍利弗．南方世界．有日月燈佛．名聞光佛．大燄肩佛．須彌燈佛．無量精進佛．如是等恆河沙數諸佛。各於其國．出廣長舌相．偏覆

三千大千世界．說誠實言。汝等眾生．當信是
稱讚不可思議功德．一切諸佛所護念經。舍
利弗．西方世界．有無量壽佛．無量相佛．無量
幢佛．大光佛．大明佛．寶相佛．淨光佛．如是等
恆河沙數諸佛。各於其國．出廣長舌相．徧覆
三千大千世界．說誠實言。汝等眾生．當信是

稱讚不可思議功德．一切諸佛所護念經。舍利弗．北方世界．有燄肩佛．最勝音佛．難沮佛．日生佛．網明佛．如是等恆河沙數諸佛。各於其國．出廣長舌相．徧覆三千大千世界．說誠實言。汝等衆生．當信是稱讚不可思議功德．一切諸佛所護念經。舍利弗．下方世界．有師

子佛.名聞佛.名光佛.達摩佛.法幢佛.持法佛.如是等恆河沙數諸佛。各於其國.出廣長舌相.偏覆三千大千世界.說誠實言。汝等衆生.當信是稱讚不可思議功德.一切諸佛所護念經。舍利弗.上方世界.有梵音佛.宿王佛.香上佛.香光佛.大燄肩佛.雜色寶華嚴身佛.娑

羅樹王佛．寶華德佛．見一切義佛．如須彌山佛．如是等恆河沙數諸佛。各於其國．出廣長舌相．徧覆三千大千世界．說誠實言。汝等衆生．當信是稱讚不可思議功德．一切諸佛所護念經◎（散掌）舍利弗。於汝意云何．何故名爲一切諸佛所護念經。舍利弗．若有善男子善女人．

聞是經受持者．及聞諸佛名者．是諸善男子善女人．皆爲一切諸佛之所護念。皆得不退轉於阿耨多羅三藐三菩提。是故舍利弗．汝等皆當信受我語．及諸佛所說。舍利弗．若有人．已發願．今發願．當發願．欲生阿彌陀佛國者。是諸人等．皆得不退轉於阿耨多羅三藐

三菩提。於彼國土．若已生．若今生．若當生。是故舍利弗．諸善男子善女人．若有信者．應當發願．生彼國土。舍利弗．如我今者．稱讚諸佛不可思議功德。彼諸佛等．亦稱讚我不可思議功德。而作是言．釋迦牟尼佛．能爲甚難希有之事。能於娑婆國土．五濁惡世．劫濁．見濁．

煩惱濁．衆生濁．命濁中．得阿耨多羅三藐三
菩提。爲諸衆生．說是一切世間難信之法。舍
利弗．當知我於五濁惡世．行此難事．得阿耨
多羅三藐三菩提。爲一切世間說此難信之
法．是爲甚難。佛說此經已◎舍利弗及諸比丘．
一切世間天人阿修羅等．聞佛所說．歡喜信

受．作禮而去。

佛說阿彌陀經

拔一切業障根本得生淨土陀羅尼即往生呪　三遍

南無阿彌多婆夜◎哆他伽多夜。哆地夜他。阿彌利都婆毗。阿彌利哆。悉躭婆毗。阿彌唎哆。毗迦蘭帝◎阿彌唎哆。毗迦蘭多。伽彌膩◎伽伽

那◎枳多迦利。娑婆訶。

舉讚

彌陀佛　大　願　王・　慈悲喜
捨難量・　眉間常放白毫光・　度衆
生　極　樂　邦・　八德池中蓮九
品・　七寶　妙樹成行・

如來聖號若宣揚．接引往西方

彌陀聖號若稱揚．同願往西方．

擊引磬大衆向上問訊各依位坐

二正誦蒙山施食

誦施食文本宜立誦到底、方爲恭敬、只因時長、恐致疲倦、故而坐念、但當跏趺端身而坐爲要、或有不能跏趺、即正身而坐亦可、若威儀不正、誦則無效。東西坐齊、維那舉腔、大衆同念。

南無本師釋迦牟尼佛 三稱

㊕蒙山施食全文分十二科

㊕一偈示唯心

誦此偈時、觀想一切聖凡、人心善惡、一切果報、皆是自己當念心所造成、吾人若能了知此理、一心而誦者、則一切地獄惡道應念消滅。

此偈及下三咒鳴魚一氣同誦　七遍或十四遍或廿一遍

若▽人欲了知　三世一切佛◎

應觀法界性　一切唯心造◎

㊕二永離惡趣

地獄、餓鬼、畜生、名三惡道、爲極惡之趣、皆由貪瞋癡三毒之心造成惡業、惡業成熟、即墮三途惡道中、受苦無量故。

破地獄眞言

誦此呪時、觀想呪聲、隨佛威光普徧十方、十方所有地獄、一時俱破、幷諸六道拘禁悉得破滅息諸苦惱、趣者趣向、造惡者、必向地獄受苦故。

唵伽囉帝耶娑婆訶。

七遍、或十四遍、或廿一遍、下諸呪、諸聖號、諸偈、皆準此。

普召請眞言

誦此呪時、觀想十方六道三途一切羣靈、承佛威光、一時同來道場。

南無部部帝唎。伽哩哆唎怛哆誐哆耶。

解冤結眞言

誦此呪時、觀想六道羣靈、各承佛光幷諸呪力無始冤結一時清淨。

唵三陀囉。伽陀娑婆訶。◎

法師撫尺開示

十方法界。六道羣靈諦聽。　夫眞空湛寂。原無世界衆生。自性天然。奚有果報諸法◎只因纔迷一念。則十界條分。長驅六塵。則萬境昏擾◎變妙有而爲幻有。九道之無明當情。迷眞空而著頑空。四生之垢纏混起◎由是升沉不

已。生死無窮。人天雖樂無央。福盡還墮。三途劇苦交煎。救拔匪易◎言其衆苦。實可悲傷。今仗施食之勝緣。普濟塵寰之罪輩◎於茲憑衆誦偈。直示唯心法門。令悟自心所具所造。譬如明鏡能含能照。善惡報應．當自受之。因果循環毫釐無爽◎然後誦呪密護．所有地獄徧

消。八難三途。四生九有。一切拘禁。悉共解除◎次誦普召請眞言。普召十方六道羣衆。以及古今橫厄諸災。邇遙被難等輩。承斯呪力。同來道場◎既來道場。已得解脫。奈有無始寃結牽纏。今若共處共筵。恐致互見互恨◎次誦解寃結神呪。呪力難思。應時冰釋。即此所安所

遇。必能同見同歡◎由此同歸三寶。同聞法音。同受法食。同得解脫◎汝等一切羣靈。各發志誠。長跪合掌。隨衆同誦。迎請三寶◎

㊊三迎請三寶　誦三寶時、觀想六道羣靈、各各一心長跪合掌、隨衆同音稱揚聖號、而清衆同誦者、務必志誠念誦、方感應驗。　同唱

▽南無大方廣佛華嚴經◎　七遍或十四遍或二十一遍　鳴魚直誦

南無常住十方佛

南無常住十方法

南無常住十方僧

南無本師釋迦牟尼佛

南無大悲觀世音菩薩

南無冥陽救苦地藏王菩薩

南無啓教阿難陀尊者◎

法師撫尺開示

上來迎請三寶。三寶弘慈必定光臨。惟汝等各具至心投誠皈依◎夫三寶者。千生罕遇。萬劫難逢。皈依者福增無量。禮念者罪滅河沙。譬如靈丹妙藥。百病蠲除◎是故三寶無上功德廣大。不可思議。衆生投誠。佛種菩提由此

生焉◎我今爲汝。稱唱三寶宏名。汝等隨我音聲。皈依三寶◎

㊉四秉宣三歸 誦三歸時、觀想六道羣靈、一心歸依三寶。 擊引磬和唱

歸。依佛。歸。依佛。兩。足尊。
歸。依法。歸。依法。離。欲尊。
歸。依僧。歸。依僧。衆。中尊。

歸依佛不墮地獄
歸依法不墮餓鬼
歸依僧不墮旁生
歸依佛竟
歸依法竟
歸依僧竟 三遍

法師撫尺開示

汝等六道羣靈。既已皈依三寶。成就佛種。堪進菩提◎汝等當復思惟。自從無始。身口意三業不淨。貪瞋癡三毒熾然。念念之間。造諸惡業。無邊無際。若不勤求懺悔。豈自消亡。故今依普賢菩薩懺悔偈示之◎汝等恭對三寶。隨

音發露懇切至誠。求哀懺悔◎

㉇五懺悔三業　誦懺悔時、觀想六道羣靈、無始所造業障、皆得滅除。

引磬上下唱和或同唱

往昔所造諸惡業　皆由無始貪瞋癡

從身語意之所生　一切業障皆懺悔 三遍

法師撫尺開示

汝等六道羣靈。既能懺悔。罪必清淨◎但汝等

歷無始來。所造業種無量。若能久勤懺悔。方始漸次盡除◎又復當知。罪從心起。懺亦從心。心若滅時。何罪之有。必須隨時隨境。分別不生。罪根即滅。是名眞懺悔也◎既勤懺悔。當發四弘誓願以爲基。磊疊行山。應修六度功勛而成滿◎我今爲汝。申說四弘誓願之偈。汝等

長跪。虔對三尊。隨我音聲。志心發願◎

㊖六事理誓願　誦事願時、想六道羣靈、聞聲俱發菩薩宏誓。誦理願時、想六道羣靈頓悟四宏皆是性具。

引磬唱和或同唱

衆生無邊誓願度　煩惱無盡誓願斷

法門無量誓願學　佛道無上誓願成　三遍

此四句事四宏誓願也。

自性衆生誓願度　自性煩惱誓願斷

自性法門誓願學　自性佛道誓願成 三遍

此四句理四宏誓願也。

法師撫尺開示

汝等六道羣靈。既發願已。當知願如大海深不可窮。行若高山填方成滿。須修六度之大行。方填四弘之誓海。欲填誓海。急當自利利

他◎自利則必使三業清淨。難行能行。難忍能忍。歷劫勤苦。永無退志◎利他則六度勤修。萬行無虧。廣濟衆生。辛勞無厭◎自利既精。利他則廣。六度萬行。普化圓融。譬如救濟衆難。先須自力充盈。救人既多。行且益易◎今則復念汝等。歷劫已來。所造定業猶未盡消。故今更

誦地藏菩薩滅定業眞言。即令滅盡◎次誦觀音菩薩滅業障神呪。速使冰消。復由夙造慳貪。致今咽喉常鎖。故誦開咽喉眞言。即令開豁融通。堪享清淨法味◎上仗顯密之靈詮盡解內外之諸障。然後進求三昧耶戒。使戒根以全淨。若明珠之朗潤。所修功德。悉獲圓成◎

次誦變食之密言。每粒變七。七復成七。七七無盡。所謂即此一食出無量食。無量食而無量食咸趣一食。一食一爲無量。無量爲一。一一出生。重重無盡。充塞虛空。周徧法界。普濟饑虛。離苦得樂。◎次誦變水之祕呪。變凡水而成甘露。爲性海以周法界。一切羣靈。普得清涼。◎此食此水。

互徧互融。嘗之沾之。六根清淨。見者聞者。衆苦解脫◎一字水輪呪。此食此水淨極妙融。乳海眞言。此食此水體新潔白◎更持七如來之弘名。即聞即脫。遂升蓮華臺之妙體。且樂且榮◎汝等羣靈。志心諦聽◎

(科)七滅諸罪業

○地藏菩薩滅定業眞言

誦此呪時、觀想六道羣靈、無始定業悉皆破除。

以下八咒鳴魚直念

唵鉢囉末隣有本作顊陀顊娑婆訶。

○觀音菩薩滅業障眞言

誦此呪時、觀想六道羣靈、一切業障悉皆消滅。

唵阿嚕勒繼娑婆訶。

○滅障礙開咽喉眞言

誦此呪時、觀想一切餓鬼、針咽大開、業火停燒、清涼快樂。

唵步步底哩伽哆哩怛哆誐哆耶。

(科)八授三昧戒

○三昧耶戒眞言

誦此呪時、觀想六道羣靈、同受金剛光明三昧寶戒、心得清淨身如菩薩。

唵三昧耶薩埵鍐。

(科)九變化法味

○變食眞言

誦此呪時、觀想諸食、從一變七、七復化七、乃至無量、充塞虛空、與物無礙、受此法味、身相圓滿。

南無薩嚩怛他誐哆。嚩嚕枳帝。唵。三跋囉。三

跋囉。吽。四十九遍或一百另八遍

一滴清涼水．能除饑與渴．此四句偈或可不唱

彈灑灌頂門．悉令獲安樂．

◯甘露水眞言 誦此呪時、觀想杯水變成甘露法水、廣大如海、與物無礙、沾此法水、永得清淨妙樂。

南無蘇嚕婆耶。怛他誐哆耶。怛姪他。唵。蘇嚕

蘇嚕。鉢囉蘇嚕。鉢囉蘇嚕。娑婆訶。四十九遍或一百另八遍

○一字水輪呪 誦此呪時、觀想此水、更得清淨妙味。

唵鍐鍐鍐鍐鍐。鍐音晚譌作鑁

○乳海眞言 誦此呪時、觀想前水、猶如乳色、微妙難思、更得廣大融通。

南無三滿哆沒馱喃。唵鍐。

㊉十聞名得益

○七如來聖號 誦聖號時、應觀想佛聲普周法界、十方六道衆生、志心聽受、一歷耳根、永爲佛種、即離惡道、轉生極樂。 此七如來慢魚直誦

南無多寶如來 聞多寶名者、能得法性智慧財寶受用無盡。

南無寶勝如來 聞寶勝名者、能斷生死煩惱業火、即得無上法性智寶。

南無妙色身如來 聞妙色身名者、能得相好端嚴、三界第一、即法華經微妙淨法身、具相三十二是也。

南無廣博身如來 聞廣博身名者、能消業火、針咽通達、而得清涼無礙之身。

南無離怖畏如來 聞離怖畏名者、離諸怖畏、常得清淨快樂。

南無甘露王如來 聞甘露王名者、能得甘露法味、灌諸身心、永得快樂。

南無阿彌陀如來 聞阿彌陀名者、往生西方極樂淨土、蓮華化生、入不退地。 七遍或十四遍或二十一遍

㉿十一結願正施

神咒加持 淨法食 法施食 甘露水

普施河沙眾 佛子 有情 孤魂

願皆飽滿捨慳貪

速脫幽冥生淨土

歸依三寶發菩提

究竟得成無上道

功德無邊盡未來　一切（佛子 有情 孤魂）同法食　三遍

引磬同念

汝等（佛子 有情 孤魂）衆　我今施汝供　此食徧十方

一切（佛子 有情 孤魂）共　願以此功德　普及於一切

施食與（佛子 有情 孤魂）　皆共成佛道　三遍

○施無遮食眞言

誦此呪時、觀想道場法食融通、遐邇冤親悉無遮止六道諸神皆獲平等。

唵·穆·力陵·。娑·婆訶·。

○普供養眞言

誦此呪時、觀想上來所變淨食、普施十方六道衆生、遐邇一體、高下均平、老幼貴賤無遺、寃親强弱靡間、淨名云法施會者無前無後、一時供養一切衆生。

唵·誐·誐曩·。三·婆嚩·。伐·日囉·斛·。

○誦心經一卷

觀想上來施食之功、融入般若眞空無盡藏海、良由心經爲般若之精要、般若即智慧、若無智慧、奚能直下見性、恐彼計著功德法愛爲實際、故以般若心經蕩其心垢、融入如來藏海。

般若波羅蜜多心經

觀自在菩薩。行深般若波羅蜜多時。照見五

蘊皆空◎度一切苦厄。舍利子。色不異空。空不異色。色即是空。空即是色。受想行識。亦復如是。舍利子。是諸法空相。不生不滅。不垢不淨。不增不減。是故空中無色。無受想行識。無眼耳鼻舌身意。無色聲香味觸法。無眼界。乃至無意識界。無無明。亦無無明盡。乃至無老死。

亦無老死盡。無苦集滅道。無智亦無得。以無所得故。菩提薩埵。依般若波羅蜜多故。心無罣礙。無罣礙故。無有恐怖。遠離顛倒夢想。究竟涅槃。三世諸佛。依般若波羅蜜多故。得阿耨多羅三藐三菩提。故知般若波羅蜜多。是大神呪。是大明呪。是無上咒。是無等等咒。能

除一切苦。眞實不虛。故說般若波羅蜜多呪。即說呪曰。揭諦揭諦。波羅揭諦。波羅僧揭諦。菩提薩婆訶。

◯往生神呪 二十一遍 誦此呪時、觀想彌陀聖衆、放光接引、十方六道羣靈、即生極樂、齊登聖階。

南無阿彌多婆夜◎哆他伽多夜。哆地夜他。阿彌利都婆毗。阿彌利哆。悉躭婆毗。阿彌唎哆。

毗迦蘭帝◎阿彌唎哆。毗迦蘭多。伽彌膩◎伽伽那◎枳多迦利。娑婆訶。

㊊十二普結回向

○普回向眞言

上來施食功德回向一切有情、皆發無上菩提之心、自利利他早生極樂、同證佛乘、又諸有情無善根者令種、有善根者增長、庶勿戀於輪迴。皆速成於佛道。 引磬同唱

唵·娑·摩囉·。娑·摩囉·。彌·摩曩·。薩·哈囉摩·訶咱·哈囉吽·。七遍或十四遍

○吉祥偈 此偈、願施食功德、以冀三寶、及護法諸神、常降吉祥。

願・晝・吉・祥・夜・吉・祥・ 晝・夜・六・時・恒・吉・祥・

一・切・時・中・吉・祥・者・ 願・諸・上・師・哀・攝・受・三寶哀攝受 護持常擁護 三遍

法師撫尺開示

上來宣揚施食法門。汝等佛子得悟玄妙之心。同入清涼之地◎偈示萬法唯心。呪破衆苦

關鑰。皈依三寶。趣妙果。脫苦輪。導歸解脫之門。堅發四弘。求佛道。度衆生。勤向涅槃之果◎先由懺悔之力。誓願轉深。更滅定業之功。根源方淨。然後進求三昧耶戒。大乘無作戒體圓成◎變諸食。色香味。互徧互融。化此水。甘露雨。普降普潤。更聞七如來名。即脫六道界苦◎

如是平等法會。貴賤均沾。無遮道場。怨親無間◎以上經呪功德。咸融般若心經之眞空。顯密諸章。悉隨往生淨土之祕藏。普回向呪。法界衆生盡成菩提。唱吉祥偈。大地有情常得如意◎今汝遇緣既勝。已聞出世法門。常當自覺自明。不得迷心迷境。一落冥界。萬劫難迴◎

汝既領悟。早冀圓超。彼佛垂慈。即令解脫。蓮華托體。光明滿身。常聞彌陀妙音。直悟無生法忍。汝等至心。隨衆和音。念佛回向。◎如有文疏、在此宣讀。

南無大乘常住三寶　三稱

三結願念佛回向　大衆起立站定和音同唱

◯結願生淨土偈　◯讚彌陀佛偈

四生登於寶地　三有托化蓮池

河沙餓鬼證三賢　萬類有情登十地

阿彌陀佛身金色　相好光明無等倫

白毫宛轉五須彌　紺目澄清四大海

光中化佛無數億　化菩薩眾亦無邊

四十八願度眾生　九品咸令登彼岸

南無西方極樂世界大慈大悲阿彌陀佛

南無阿彌陀佛

繞念

繞念畢、集至六道羣靈位前、東西站齊、如人衆多者即歸壇如前對面站齊舉唱觀音聖號等。

南無觀世音菩薩

各三稱

南無大勢至菩薩

南無清淨大海衆菩薩

◯回向文 引磬同唱

▽一心皈命。極樂世界。阿彌陀佛◎願以淨光照
我。慈誓攝我。我今正念。稱如來名。爲菩提道。
求生淨土。佛昔本誓。若有衆生。欲生我國。至
心信樂。乃至十念。若不生者。不取正覺。以此
念佛因緣◎得入如來。大誓海中。承佛慈力。衆
罪消滅。善根增長。若臨命終。自知時至。身無

病苦。心不貪戀。意不顛倒。如入禪定。佛及聖
衆。手執金臺。來迎接我。於一念頃。生極樂國。
華開見佛。即聞佛乘。頓開佛慧。廣度衆生。滿
菩提願。十方三世一切佛◎一切菩薩摩訶薩。
摩◎訶般若波◎羅蜜。

○六道羣靈讚

六道羣靈．脫生死鄉．少隨法水悟眞常．直下自承當．返照迴光．何地不樂邦．

南無超樂土菩薩摩訶薩（三徧）

念佛齊歸壇、向佛收佛號、三皈依三拜畢、又三拜回寮。

○三皈依

自皈依佛　當願衆生　體解大道　發無

上心

自皈依法◎　當願衆生　深入經藏　智慧如海

自皈依僧◎　當願衆生　統理大衆◎　一切無礙　和南聖衆◎

蒙山施食念誦說法儀終

歲次丙寅仲冬依上海法藏寺原版重排大字本　香港佛經流通處校對印行

蒙山施食儀（以下俱各三稱）

○若人欲了知。三世一切佛。應觀法界性。一切唯心造。

破地獄真言

唵。伽囉帝耶娑婆訶。

普召請真言

南無部部帝唎。伽哩哆哩怛哆誐哆耶。

解冤結真言

唵。三陀囉。伽陀娑婆訶。（合掌）

○南無大方廣佛華嚴經

○南無常住十方佛　南無本師釋迦牟尼佛（行者問訊出位）

南無常住十方法　南無大悲觀世音菩薩

南無常住十方僧　南無冥陽救苦地藏王菩薩

南無啟教阿難陀尊者（放掌）

（行者出位禮佛必須觀想三寶釋迦觀音地藏阿難以本願力聞我稱名顯現虛空濟拔餓鬼離苦）

○歸依佛（拜下）　歸依佛兩足尊（反掌）　歸依佛竟（起立）

歸依法　歸依法離欲尊　歸依法竟

歸依僧　歸依僧眾中尊　歸依僧竟（三拜畢問訊復位）

○佛子有情孤魂所造諸惡業　皆由無始貪瞋癡

從身語意之所生　一切佛子有情孤魂皆懺悔

○眾生無邊誓願度　煩惱無盡誓願斷

法門無量誓願學　佛道無上誓願成

○自性眾生誓願度　自性煩惱誓願斷

自性法門誓願學（問訊出位）　自性佛道誓願成

滅定業真言

唵。鉢囉末隣陀寧娑婆訶。（第三遍向中問訊）

滅業障真言

唵。阿嚕勒繼娑婆訶。

開咽喉真言

唵。步步底哩伽哆哩。怛哆誐哆耶。（第三遍佛前問訊）

三昧耶戒真言

唵。三昧耶。薩埵•鋑。

變食真言（七遍）

（取淨杯在手中）南無薩嚩怛他誐哆。（扣手指花印）嚩嚕枳帝。唵。三跋囉。三
跋囉•吽。

以左手擎食，右手按食上作觀。我今誦此無量威德自在光明勝妙陀羅尼，加持此食，即此一食，出無量食，咸趣一食。非一非無量，而一而無量，一一出生重重無盡，充塞虛空，周徧法界，普濟饑虛，離苦得樂。

甘露水真言（七遍）

南無蘇嚕婆耶。怛他誐哆耶。怛姪他。唵。
（取淨瓶香頭繞三回）。蘇嚕蘇嚕。鉢囉蘇嚕。鉢囉蘇嚕。娑婆•訶。

先將瓶口朝裡傾水米杯中，次朝外第三遍朝裡觀想此水，咒力加持，清淨湛然，周徧法界。令諸餓鬼，咽喉自開，法界眾生，一時皆得甘露飲食。

一字水輪真言

唵。鋑。鋑。鋑鋑•鋑。

乳海真言

南無三滿哆。沒馱•喃。唵。◎鋑。（合掌）

○南無多寶如來　南無寶勝如來
南無妙色身如來　南無廣博身如來
南無離怖畏如來（一．二．三）（開步）　南無甘露王如來
南無阿彌陀如來◎（放掌）

○神咒加持（戒指寫水中吽字）淨法食 法施食 甘露水•（一彈水）普施河沙眾佛子 有情 孤魂•（佛字再寫吽字）
願皆飽滿捨慳貪•（一彈水）速脫幽冥生淨土•（彈水胡跪）
皈依三寶發菩提◎究竟得成無上道
功德無邊盡未來◎一切佛子 有情 孤魂◎同法食（左右中共三彈）

是時行者持淨食出，置生臺上，分為三分，一施水族，令獲人空。二施毛群，令獲法寂。三施他方，稟識陶形，悉令充足，獲無生忍。如無生臺，置淨地上，或大石上。不得瀉於石榴桃樹之下，鬼神懼怕，不得食之，又雲棲本，不分三種甚是，今姑從俗。

○汝等佛子 有情 孤魂◎眾。我今施汝供。此食徧十方。一切佛子 有情 孤魂。
共。願以此功德。普及於一切。施食與佛子 有情 孤魂。
皆共成佛道•

施無遮食真言

唵•穆力陵•娑婆訶。

普供養真言

唵•誐誐曩•三婆嚩•伐日囉•斛。

般若波羅蜜多心經（一遍）

觀自在菩薩。行深般若波羅蜜多時。照見五蘊皆
空。度一切苦厄。舍利子。色不異空。空不異色。色即

是空。空即是色。受想行識。亦復如是。舍利子。是諸法空相。不生不滅。不垢不淨。不增不減。是故空中無色。無受想行識。無眼耳鼻舌身意。無色聲香味觸法。無眼界。乃至無意識界。無無明亦無無明盡。乃至無老死。亦無老死盡。無苦集滅道。無智亦無得。以無所得故。菩提薩埵。依般若波羅蜜多故。心無罣礙。無罣礙故。無有恐怖。遠離顛倒夢想。究竟涅槃。三世諸佛。依般若波羅蜜多故。得阿耨多羅三藐三菩提。故知般若波羅蜜多。是大神咒。是大明咒。是無上咒。是無等等咒。能除一切苦。真實不虛。故說般若波羅蜜多咒。即說咒曰。揭諦揭諦。波羅揭諦。波羅僧揭諦。菩提薩婆訶。

往生淨土神咒（三遍）

南無阿彌多婆夜。哆他伽跢夜。哆地夜他。阿彌利。都婆毗。阿彌利哆。悉耽婆毗。阿彌利哆。毗迦蘭帝。阿彌利哆。毗迦蘭哆。伽彌膩。伽伽那。枳多迦隸。娑

願晝吉祥夜吉祥
晝夜六時恆吉祥
一切時中吉祥者
願諸
上師哀攝受
三寶哀攝受
護法常擁護

四生登於寶地（行者向上禮拜）三有托化蓮池（行者向右拜大眾問訊以答如不放蒙山四句不唱）
河沙餓鬼證三賢（行者向上拜）萬類有情登十地（行者向左拜大眾問訊以答）
婆訶。

普回向真言

唵。娑摩囉娑摩囉彌摩曩。薩哈囉摩訶。咱哈囉吽。

施餓鬼法 向東方施。莫用桃柳柘榴樹下

先三部被甲護身等

次佛部 蓮華合掌ニ而屈風指、屬火指中節ニ二大指屬二頭指側ニ 真言曰
オン タ タ ギャ ト ドハン バ ヤ ソワカ

次蓮華部 八葉印 真言曰
オン ハン ドボ ドハン バ ヤ ソワカ 一遍

次金剛部 左覆右仰背相合。以大指結合小指、中間三指如三股杵形 真言曰
オン バ ゾロ ドハン バ ヤ ソワカ 一遍

次被甲 内縛、立合二中指、鉤二頭指、不着二中指、並二大指、相並、押無名指、如五股 真言曰
オン バ ザラ ギニ ハラ チ ハタ ヤ ソワカ 三遍

次浄地 普印
アラ シュ ハ ギャ ク サ ラハ タ マク

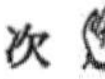
次浄土変 如来拳印 七處加持

次普集餓鬼印 舒右手五指大指中指相捻以頭指召之 真言 七反若三反
ワン ボ ホ リ キャ リ タ リ タ タ キャ タ ヤ

想法界中一切餓鬼悉皆来集

次開咽喉 前印不招風指此名破地獄門及開咽喉印
ホ ホ テイ リ キャ リ タ リ タ タ キャ タ ヤ

次取食器居手誦偈

至心奉上　一器浄食　普施十方
尽虚空界　一切餓鬼　先亡久滅
山川地主　乃至曠野　諸鬼神等
諸来至此　受我施食　依我咒食
離苦得楽　往生浄土　発菩提心

嗡他他嘰也拖獨亨巴也梳哇卡
嗡亨多播獨亨巴也梳哇卡
嗡巴佐羅獨亨巴也梳哇卡
嗡巴喳喇嘰哩哈喇雌哈他也梳哇卡
亞喇招哈羯也打怙沙喇巴打喇瑪怙

盎樸傾

嗡波苛哩羯也哩他哩他他羯也他也

嗡波苛嗲醫哩羯也哩他哩他他羯也他也
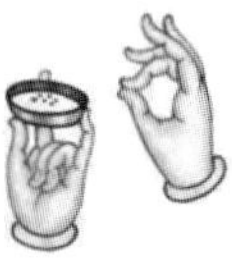

行菩薩道　昼夜恒常　擁護於我
一切善願　皆令満足　施主

次五大願

次結前印当食器加持飲食誦真言七反 若三反
師説前印以大指摩中指甲三度也然後弾指三反
ナウ ボ サ ラバ タ タ ギャ タ バ ロ キ テイ ワン サン バ ラ サン バ ラ
ラ ウン

想一切餓鬼皆得摩訶陀国七七斛食食已皆生天上浄土令行者消除業障増長寿命

次甘露陀羅尼 施無畏印
ソ ロ ハ ヤ タ タ ギャ タ ヤ タ ニャ タ ワン ソロ ソロ ハラ ソロ
ハラ ソロ ソワ カ

想飲食及水変成無量乳及甘露令諸餓鬼平等受用 云云

次作水輪観
ナウ マク サン マン ダ ボ ダ ナン バン

次左手持飲器展開右五指向下臨食器誦 斑

字七反想甘露乳水従字門流注無窮尽一切餓鬼飽満無有乏少此名普施一切餓鬼飲食印

娜波沙喇巴他他嘰也他巴籮羯嗲醫嗡三巴喇三巴喇喚

嗡梳羅哈也他他嘰也他也他哩也他嗡梳羅梳羅哈喇梳羅梳哈喇梳羅梳哇卡
娜瑪怙三曼達波打羅斑

次食写置浄地 或棚或流水樹下或浄石上写之更勿廻顧

次至心称五如来名号 各三反 金合

南無過去宝勝如来除慳貪業福智円満

南無妙色身如来破醜陋形円満相好

南無甘露王如来灌法身心令受快楽

南無広博身如来咽喉広大飲食受用

南無離怖畏如来恐怖悉除離餓鬼趣

次発菩提心

嗡波之厲打波
他哈他也咪

次三摩耶戒

嗡 三孖也 薩都
班

次光明真言 二十一反

嗡阿波噶唷 毘盧沙籮 孖卡 波打喇 孖呢 享多孖 尖巴喇 哈喇 巴哩 打也旺

次唱三帰

盎樸傾

次心経

祈願文云

願施此食　所生功徳　普将廻施

一切餓鬼　法界有情　共生浄土

疾得成仏

次撥遣 弾指三度

オンバザラボキシャボク

嗡巴渣喇朴嘰
司也朴估

次佛部 蓮華合掌而屈風指属火指中節二大指属二頭指側 真言曰

オンタタギャトドハンバヤソワカ

嗡他他嘰也拖
獨亨巴也 梳哇
卡

次蓮華部 八葉印 真言曰

オンハンドボドハンバヤソワカ 一遍

嗡亨多播 獨亨
巴也 梳哇卡

次金剛部 左覆右仰背相合於大指結合小指 中間三指如三鈷杵形 真言曰

オンバゾロドハンバヤソワカ 一遍

嗡巴佐籮 獨亨
巴也 梳哇卡

次被甲 内縛立合二中指鉤二頭指不著二中指背 二大指相並捻無名指印五処 真言曰

オンバザラギニハラチハタヤソワカ 五遍

嗡巴喳喇 嘰哩
哈喇雌 哈他也
梳哇卡

施餓鬼略作法 私

新開真堂 編

先 着座

次 三部被甲等

続いて摩利支天隠形の法（用否任意）

次 三帰の文 金合（押し回しで三反）

南無十方仏　南無十方法

南無十方僧

南無大悲観世音菩薩

次 施食の偈 金合（一反）

神咒加持浄飲食　普施恒沙衆鬼神

願皆飽満捨慳心　速脱幽冥生善道

帰依三宝発菩提　究竟得成無上覚

功徳無辺尽未来　一切衆生同飽食

次 加持飲食の真言 食器の蓋を除いて金合（三反）

のうまくさらばたたぎゃたばろきてい

おんさんばらさんばらうん

次 甘露陀羅尼 金合（三反）

のうまくそろばやたたぎゃたやたにゃた

おんそろそろはらそろはらそろそわか

次 一字水輪観 食器を取りて左掌の上に載せて加持

のうまくさんまんだぼだなんばん（三反）

次 施食

汝等鬼神衆　我今施汝供

此食遍十方　一切鬼神供（一反）

然る後施食して食器に蓋をする

次 五如来の名号・得益 金合（押し回しで三反）

南無過去宝勝如来　除慳貪業福智円満

南無妙色身如来　破醜陋形円満相好

南無甘露王如来　灌法身心令受快楽

南無広博身如来　咽喉広大飲食受用

南無離怖畏如来　恐怖悉除離餓鬼趣

次 発菩提心の真言 金合（三反）

おんぼうじしったぼだはだやみ

次　三昧耶戒の真言　金合（三反）

おんさんまやさとばん

次　光明真言　金合（三反）

おんあぼきゃべいろしゃのうまかぼだらまにはんどまじんばらはらばりたやうん

次　般若心経　金合（一巻）

又は　摩訶般若波羅蜜多（三反）

次　廻向　普廻向　金合

願以此功徳　普及於一切

我等与衆生　皆共成仏道（一反）

次　撥遣　金剛解脱の明を唱えながら弾指七反

おんばざらぼきしゃぼく

◇施餓鬼法　略私

東方に向って施す。桃柳柘榴樹の下を用うること莫れ

○先　浄三業　三部　被甲護身

○次　摩利支天隠形印明

口伝に依って私に之を加う

○次　浄地　普印

あらじゅはぎゃたく　さらばたらまく

○次　浄土変　如来拳印

○次　普集餓鬼の印

右手の五指を舒べ大指中指相捻して頭指を以って之を召け。真言七反　若三反

ぼほりきゃりたりたたぎゃたや

法界の中一切餓鬼悉く皆雲集すと想え。

○次　開咽喉

前印風指を招かず。此を破地獄門及開咽喉の印と名づく

ぼほていりきゃりたりたたぎゃたや

○次食器を取って手に居えて偈を誦ず

至心奉上　一器浄食
普施十方　尽虚空界
一切餓鬼　先亡久滅
山川地主　乃至曠野
諸鬼神等　請来至此
受我施食（（此）イ）　依我咒食
離苦得楽　往生浄土
発菩提心　行菩薩道
昼夜恒常　擁護於我
一切善願　皆令満足

○次五大願

○次前印を結び食器に当て飲食を加持し

真言七遍を誦ず

師云。前の印大指を以って中指の甲を摩すること三度也。然る後一度弾指。此の如く三遍。真言各一遍。

なうぼ　さらばたたぎゃた　ばろきてい　おんさんばら
さんばら　うん

想え。一切の餓鬼、皆、摩訶陀国七七斛の食を得、食し已って天上の浄土に生ず。行者をして業障を済除し、寿命を増長せ令む。

○次甘露陀羅尼　施無畏印

おん　そろはや　たたぎゃたや　たにゃた　おん
そろそろ　はらそろ　はらそろ　そわか

想え。飯食及び水変じて、無量の乳及び甘露と成り、諸餓鬼をして平等に受用せ令む。云々

○次作水輪観

なうまくさむまむた　ぼだなん　ばん

○次左手に飲器を持し右の五指を展べ開いて、下に向え食器に臨して（ばん）字七遍を誦す。想え。甘露の乳水、字門従り流注すること窮尽無く、一切の餓鬼、飽満して乏少有る

こと無し。此を普施一切餓鬼飲食の印と名づく。

○次 食を浄地に写し置け

或は棚、或は流水樹下、或は浄石の上に之を写せ。更に廻願すること勿れ。

○次 至心に五如来名号を称す 各三反・金合

南無過去宝勝如来 除慳貪業福智円満

南無妙色身如来 破醜陋形円満相好

南無甘露王如来 灌法身心令受快楽

南無広博身如来 咽喉広大飲食受用

南無離怖畏如来 恐怖悉除離餓鬼趣

○次 発菩提心

○次 三昧耶戒

○次 光明真言 二十一反

○次 唱三飯

○次 心経

祈願 文云

願施此食 所生功徳 普将廻施

一切餓鬼 法界有情 共生浄土

疾得成仏

○次 撥遣 弾指三度

ばざらぼきしゃぼく

以上

◇施餓鬼一印法

幸心所伝三十三通印信・十結第五結

等に之を載す

○先 浄土変印明 如来拳印

此の印明の加持力に由る故に、三千世界を変じて極楽浄土と成す。七宝を地と為し水鳥樹林、皆、法音を演ぶ。

○次 軍荼利印明 小三古印 キリキリ明

○次 施無畏の印明　加持食

観ぜよ。施無畏の印の掌中に月輪有り。月輪の中に[梵字]字有り。字自り甘露の乳水下(おり)て食器に入る。

(なうまく さらばたたぎゃた ばろきてい)

(おんさんばら さんばら うん)

此の印を以って七反之を加持す。

口云。此後、食を地に写す

○次 三昧耶戒真言

(さむまや さとばん)

○次 発菩提心真言

(ぼうちしった ぼたはだやみ)

○次 光明真言

○次 五如来名号

南無宝勝如来

南無妙色身如来

南無甘露王如来

南無広博身如来

南無離怖畏如来

○次 弾指 七遍

[梵字]字七遍之を誦ず

以上

◇水施餓鬼法

○先 六道群類召請印

大鉤召印 真言・[梵字]六反

○次 水食加持印

小三鈷印 梵字三反

○次 施無畏印

真言アミリタ大咒 三反

○次 水器移

○次馬頭印真言

此印先ず定恵和合するは人道、地は地獄道、水は餓鬼道、火は畜生道、風は修羅道、空は天道

○次撥遣

弾指三反　真言

地	ー千
餓	ー正
畜	ー馬
修	ー面
天	ー如
人	ー准

以上

昭和三十五年七月二十四日
於「神戸仏教会館」神戸真言宗
連合会神戸密教研究会共催
講習会之際施餓鬼法伝授之
砌坊間上梓流布次第除」之略
次第等二三記」之
密乗末学　雪玄

末資真堂　護持

引導作法

甲　棺前作法

先至霊前取二珠呂一礼

一、壇前普礼

先ず蹲って扇を置き、在家にては五股、念珠を持ったまま、金剛合掌して一礼する。壇前普礼なり。普礼真言一遍。（一－一）

次登壇着座

二、登壇着座

先ず着座、次に弁供。まず正座して左手の五股を机上に置き、諸の荘厳具を正す。（一－一）

次着座普礼

三、着座普礼

念珠を摺りながら普礼の真言一遍を誦じて一礼をする。次に念珠を三匝にして左の机に置き、もしは左手にかけ、次に威儀を整える。次に焼香をして、次に次第を開く。（一－一）

次塗香

四、塗香

常のごとし。（一－一）

次三密観

掌中舌上心内有二[梵字]字一成二五股金剛杵一断二浄身口意煩悩不浄一顕二得三部諸尊一　[梵字]字十遍

五、三密観

蓮華合掌、身三、口四、意三、ウン字おのおの一遍、計十遍。（「中院流」一五一頁以下参照）

次護身法

六、護身法（一－一）

次加持香水

但洒二時水死者一水天咒　ヲンバロダヤソワカ

他変死者　十一面咒　ヲンマカキャロニキャソワカ

病死者　光明真言

七、加持香水

初めの一度は亡者を、第二度は供物を、第三度は集まっている全ての人を加持する。（一－一）

次三礼　取珠呂　金一丁　又踞跪一丁

一切恭敬

自帰依仏　当願衆生　体解大道　発無上意

自帰依法　当願衆生　深入経蔵　智恵如海

自帰依僧　当願衆生　統理大衆　一切無碍

置二珠呂一直二半跏座一繕二衣紋一取二珠呂一　金一丁

如来妙色身　世間無与等　無比不思議　是故今敬礼　如来色無尽　智慧亦復然

一切法常住　是故我帰依

八、三礼

声明は魚山集のごとし。体解大道、発無上意などの句は微音で誦す。

次表白　猶念珠香呂ヲ取リ　金二丁

敬白真言教主大日如来両部界会諸尊聖衆殊ニ極楽化主弥陀

種覚（善逝）（如来）当来導師弥勒慈尊坐禅入定遍照金剛三国伝燈諸

大阿闍梨耶総ジテ仏眼所照三宝慈悲ノ境界ニ而言

夫以機興則生之月光曜寂静法性空縁謝則滅之花
色薫無尽荘厳薗生者不生生滅者不滅滅生滅
共不可得也　不可得称者歟
爰今日精霊（先師尊霊）
先師用
南浮此土往因（化縁）既尽　弥勒都率浄土　随従託生時至
在家用
娑婆縁尽既趣他界南浮身離方遷中有
仍今　任真言加持教風釈王十善遺風　泣刷茶毘葬送之儀式則厳（洒　）　如来有
応道場（三密加持　法水）　新祈聖霊得脱之引摂（表尊霊追慕之丹心）
鑁燃六大無碍之大地（土葬）炬火（火葬）　埋焼本来不生之体
伏願　諸佛証明諸聖（遮那）誓願速開　引摂　不二之宮殿上品之蓮台
理趣般若之功力法王鮮　益授（朗　）　無上之佛果（本有果満之月）
乃至法界平等利益　敬白

九、表白

文のごとし。（「中院流」八九頁以下参照）

次神分
抑亡魂葬送庭滅罪生善往生極楽　砌閻魔法王五道冥官等定
降臨影向給　然則十三大士冥官冥衆部類眷属併為離業
得道　般若心経　丁　大般若経名　丁

為過去幽魂密厳華蔵（先師尊霊　過去聖霊随願即得佛土）　摩訶毘盧遮那佛
名　丁　阿弥陀佛名　丁
為安養世界上品上往（在家用）生　阿弥陀佛名　丁　観音宝
号　丁
為都率天上内院往生　弥勒菩薩名　丁　内院外院諸
聖衆　丁
為家（院）内安全諸人快楽　大聖不動明王　丁　四大
天王名　丁
為乃至法界平等利益　観自在菩薩名　丁　金剛手菩
薩名　丁

一〇、神分

文のごとし。（「中院流」九〇頁以下参照）

次佛名　置香呂取如意
ン南無　帰命頂礼　無常弘願（弥陀弥勒）　聖霊引導
往生極楽（離苦得楽）

一一、仏名

文のごとし。「ン南無……」等の音譜は、魚山集による。

次教化
神通乗教ノ壇上（宝輅）ヲカザリテソ　刹那朧縛ノ頃ニ正
覚ヲバ成ズ（覚岸ニ到ル）ベカリケル
凡身即佛ノ源底ヲ示シテソ　当相即道ノサトリヲバ　開発
セシメタマフベキモノナリケル　廻向大菩提　置如意取香呂　金一丁

一二、教化
文のごとし。音譜は魚山集による。

次取剃刀唱

流転三界中　恩愛不能断　棄恩入無為　真実報恩者

又唱

剃除首髪　当願衆生　永離煩悩　究竟寂滅

一三、取剃刀唱
以下は出家授戒作法なり。
剃刀を右手にて取り焼香に三度熏じて、次に剃刀を両手虚心合掌をして、二大二頭指の間に挟み持つ。偈頌一遍を唱えながら亡者の頭に剃刀を当てると観じて、周羅髪、左髪、右髪を剃る思いをなす。三遍、終って剃刀を置く。
又唱　金剛合掌して偈一遍。

次授三帰三竟　金合

弟子某甲　尽未来際　帰依佛　帰依法　帰依僧

弟子某甲　尽未来際　帰依佛竟　帰依法竟　帰依僧竟

一四、授三帰三竟　金剛合掌
金剛合掌にして、一句一句切ってゆるやかに唱える。亡者も共に唱和すと観じながら各三遍。

次授五戒

弟子某甲　尽未来際　不殺生　不偸盗　不邪淫　不妄語

不飲酒

一五、授五戒
前のごとし。〈一九―一四〉

次授法名　金合

今入ニ釈氏門一名改ニ……一永出ニ俗塵之家一速到ニ無為真都一

（存生中受戒セシ人ニハソノ受戒名ヲ入ルベク出家者ニハ無用）

一六、授法名　金合
金剛合掌して文を唱えながら戒名を授く。「改ニ……一」の所へ、戒名〇〇〇信士（女等と入れて唱える。
以上で出家授戒作法を終り、次にこの世での命が終ったので、臨終の印明を授く。

次授臨終大事　外縛印

一七、授臨終の大事

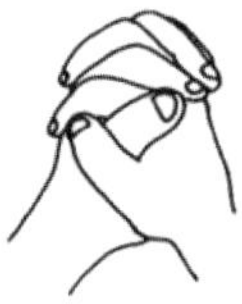

前夜などに枕経に行き、一三〜一七を先に授けた場合は、葬儀の当日は略す。（「中院流」六一四頁参照）

次三尊来迎印

右手開ニ五指一向レ外立、来去。左手入ニ大指掌中一垂下、掌向レ上

光明真言

一八、三尊来迎印

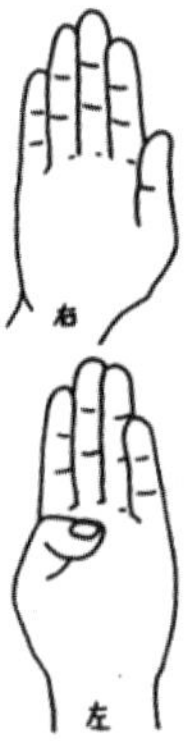

光明真言三遍。弥陀観音勢至の来迎を願う。大師引導第一通印信。

次六地蔵総印　内縛、立ニ合地水火六指一

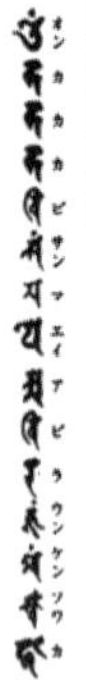

一九、六地蔵総印

オンカカカビサンマエイ、アビラウンケンソワカ　一遍。大師引導第二通印信。

次不動灌頂印　二手内縛立合二火付二風二火背開立二大以二水並押二地上

ノウマク　サンマンダボダナン　バン　三遍

慈救咒　三遍

二〇、不動灌頂印

不動滝印ともいう。大師引導第三通、また三途渡河印信という。

次不動六道印　二手合掌二中入掌立開二地二空二頭二無名如宝形

アビラウンケン

慈救咒　火界咒

二一、不動六道印

アビラウンケン一遍。慈救咒三遍。火界咒三遍。大師引導第四通。不動六道印信。

次三身印

法身　塔印　アバンランカンケン

報身　前印放風捻火空　アビラウンケン

応身　前印放火捻水空　アラハシャノウ

二二、三身印

詳しくは自性会三身如来印という。大師引導第五通。三途渡河印信。〈一―七〉

次色法成就印　外五股印　ア　アー　アン　アク　アーク

次心法成就印　内五股印　バン　ウン　タラク　キリク　アク

次色心不二成就印　法界定印　オン　バイ　タレイ　ヤ　法名　ア　ソワカ

二三、色法成就印、心法成就印、色心不二成就印

○色法成就印　一遍（外五股印）

ア　アー　アン　アク　アーク

○心法成就印　一遍（内五股印）

バン　ウン　タラク　キリク　アク

○色心不二成就印　一遍（法界定印）

オン　バイ　タレイヤ　法名　ア　ソワカ

この三印明を大師引導第五通即身成仏印信という。

次理趣経十七段総印言結誦　外縛二中入掌合面二大二小立合

オン　マ　カ　ソ　キャ　バ　ザラ　サ　ト　バ　ジャク　ウン　バン　コク　ソ　ラ　タ　サトバン

二四、理趣経十七段総印言結誦

オン　マカ　ソキャ　バザラ　サトバ　ジャク　ウン　バン　コク

ソラタサトバン　一遍。

極喜三昧耶印なり。

次読経　讃

二五、読経

理趣経の経題より合殺まで草読みにする。

已上棺前作法

二六、以上棺前作法

以下、行列にて墓所に至る。

次墓所作法

先護身法

乙　墓所作法

灌頂作法なり、灌頂部聖教を究めよ。（「中院流」五四一頁以下参照）

一、護身法（一―一）

次加持香水　如常

二、加持香水（一―一）

次発菩提心　金剛合掌

（オンボウヂシッタボダハダヤミ）

三、発菩提心　金剛合掌

オン　ボウヂ　シッタ　ボダハダヤミ　三遍。

次三摩耶戒　外縛立二合二中一

（オンサンマヤサトバン）

四、三昧耶戒

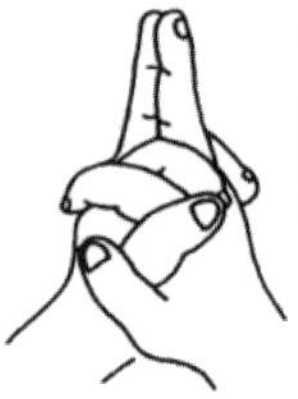

外縛して二中を立て合わす。オン　サンマヤ　サトバン　三遍。

次破地獄　外縛二中剣形

（オンサンマユカンマカサンマユカン）

五、破地獄

真言、三遍。

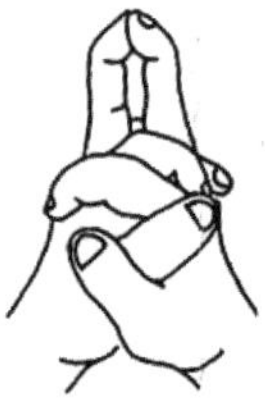

入仏三昧耶印の如く、二中の端を合わせかがめる。

次授五股　合掌印 末挿二五股杵一

偈曰

諸佛金剛灌頂儀　汝已如法灌頂竟

為レ成二如来体性一故　汝応レ授二此金剛杵一

六、授五股

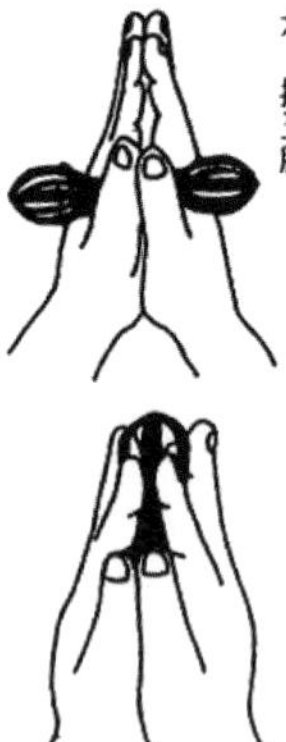

五股を授けるに、初め横に二度、次に竪に一度授ける。偈三度、初め二度は音読、後の一度は訓釈（訓読）す。（「中院流」四三頁以下参照）

次授両部秘印明

中院流

初重

胎　外五股印

金　智拳印

二重

胎　外五股印

金　閉塔印

三重

胎　閉塔印

金　閉塔印

七、授両部秘印明

引導阿闍梨の伝法灌頂の受法の印真言を授く。詳しくは、伝授に依られたい。

次大師御引導大事

二手金拳　不レ捨二於此身一

二拳安腰　逮二得神境通一

左拳伸頭指当胸　遊二歩大空位一

以二右拳一握二左拳頭指頭一　而成二身秘密一

観ゼヨ右拳五智宝冠　左拳亡者頭也

八、大師御引導大事
文のごとし。
智拳印　五遍。亡者に五智の宝冠を得させると観ず。

次佛眼　真言七遍

加二持面上五処一　右眉（恵）左眉（法）右目（肉）左目

（天）眉間（佛）次言一遍唱了更ニ一遍面上ヨリ順ニ三度拭レ之

九、仏眼印言
七遍。〈一一二〉

次授血脈　金剛合掌

大日如来　金剛薩埵　龍猛菩薩　龍智菩薩　金剛智三蔵

不空三蔵　恵果和尚　弘法大師　乃至　導師（名）　亡者（戒名）

今至ル二於汝ニ一五十餘代師資相承受得可レ成二無上菩提一矣

一〇、授血脈
引導阿闍梨の伝法灌頂印信の中の血脈を授くこと。

次六大印明

地大　外五股印　帰命

水大　八葉印　帰命

火大　二手金拳並仰伸頭指相拄　帰命

風大　二拳相合二風円形　帰命

空大　無所不至印　帰命

識大　外縛二空入掌　帰命

一一、六大印明
〈一一六〉

次諷誦文

一二、諷誦文
用例集あり。（宮宗、寺本師など）

次読経（焼香）

讃　廻向　尊勝陀羅尼（高野ハ早陀羅尼）　阿弥陀大咒

九条錫杖　光明真言　二十一遍　大師宝号

願以此功徳　普及於一切　我等與衆生　皆共成佛道

一三、読経など

次祈願

亡者ヲシテ都率雲上又ハ西方浄土ニ往詣頓成セシムル様祈願スルナリ

一四、祈願（「中院流」五〇九頁参照）

次最極秘印

弾指　如来拳印　（浄土へ撥遣スルナリ）

一五、最極秘印

○行列次第　別ニアレドモ大約左ノ如クニ

前火　洒水師　四本幡　御飯（弁当）　散花　三具足　右灯台 中香呂 左花立

御佛　印信　行灯　導師　棺　天蓋　位牌　遺族

法類　親族　衆僧　一般見送人

丙　行列次第
○三ツ具足　右灯、中香炉、左花。
○御仏　亡者の守本尊のこと。
○位牌に続いて、遺族、法類、親族、衆僧の順。

高野山東南院寛光記云　葬所（墓所近辺）棺中三遍逆ニ
廻ル　ソノ中導師列外立テ結ニ五色光印一可レ誦ニ光明真言一
次棺居ニ地上一導師進ニ其前一床木懸レ腰可レ有ニ作法一
護身法等

丁　東南院寛光記
最後の行の護身法等は、墓所作法の最初の護身法のことなり。

○葬儀支度ノコト
一、地取率都婆一本　用レ柳長八寸巾八分

その意味
中　云何菩提謂如実知自心
東　本来無東西
南　悟故十方空
西　何所有南北
北　迷故三界城
四方各一本なれど近来は併せて一本に造るか
一、枕幡　長一尺六寸　形如常
坪内書ニ次真言一
四足書ニ九箇　字一也
一、天蓋裏　書ニ胎蔵九尊種字一

一、天蓋四隅小幡　地取率都婆東南西北同
一、四本幡
諸行無常　是生滅法　生滅々已
寂滅為楽

一、天冠
前　後　亡者
其他皆書　字一也
一、杖
字六字又三字書也
一、六道率都婆　諸説あり、
禅味地蔵尊
牟尼地蔵尊
観讃地蔵尊
諸龍地蔵尊
救勝地蔵尊
不救息地蔵尊
其他重重ノ習イアリ已達ノ人ニツイテ良ク聞クベキナリ

戊　葬儀支度のこと
地取率都婆　長さは八寸、巾八分なり。
梵字のみを表に書き、裏は　、または偈文を書いてもよし。
六道率都婆　六地蔵の名は二巻章を改めたもの。

随レ時導師作レ之歟。種々の本あり、今は岩原僧正の引導略作法を本として通途に行なわれている二巻の疏を参照し、その要を撮り此処に出した。

〔附記〕
高野山の寺院を中心としての葬儀のあれこれ
A　臨終直後、入棺前まで
床に不動明王の絵像、前に精進供、三ツ具足（向って左より花、香、灯）、その前に遺体、頭北、面西、右脇臥を原則とする。遺体を布団の上に安置しその上に袈裟を掛け、中央に五股を横たえ顔を浄白布で覆う。（用いる布団は竪精役のときに山王院で使用したもの。）枕辺に小机、机の上に打ち鳴らし、理趣経、浄器に水、樒を浮べる。香炉、机の前に座布団。
弔問者の内、親しいものは白布をとり、臨終の水を唇にそそぎ、理趣経（経題より合殺まで）、慈救咒、光明真言を唱える。
導師は、最初浄器の水に浮べた樒の葉にて、　加持して亡者の唇にそそぐ。
入棺後は棺の前に小机を置き、六器など用意、脇机に塗、酒の二器、散杖、柄香炉、名香、磬台（またはさはり）、座布団は紫緞子を敷くこと。
近親、已達の弔問者に供養法の出来るように用意しておくこと。供養法は理趣経法など。

B　導師臨終作法

1、まつごの水を加持して、樒にて与える。

2、真言は、オン、ソロソロ、ハラソロ、ハラソロ、ソワカを唱え、右手五色光印、左手剣印にて加持する。

3、臨終印明　外縛　[illegible]

阿闍梨の修法中、式衆は慈救咒。

C　湯棺作法

上風呂（稚児の間近の前栽のあたりにある）を沸かし、遺弟によって、風呂の蓋の上に遺体を置き、洗い、頭髪を剃る。頭髪剃り難きときは大根おろしを塗ると。

遺体を持仏の裏（住職の居間）に移し、浄衣をつけ、外縛印を結ぶ。衣装は、学修灌頂の時のものを全部用いる。頭陀袋には経本と念珠を入れる。冠、覆面などは紙にて作る。

D　入棺作法

棺の底に乾いた樒の葉を敷く（日常の行法の樒の葉を保存しておく）。土砂（光明真言土砂加持）をまき、敷曼荼羅を敷き、遺体を入れ、五葉の樒の房花にて顔だけ残してうめる。

上段の間に薦を敷き、棺を居間より移して安置、納衣を掛けて覆い、修多羅を下座にむけて垂れ掛ける。

式衆はこの間、理趣経（大楽金剛より合殺の終わりまで）、讃、廻向。光明真言、慈救咒各二十一遍を唱える。

行灯の紙をはり換え、正面に杉原紙を一紙たらし、亡者の名を書く。四十九日間消えずの灯明とする。

遺言状開きを行ない、後住を決定する（高野山では三十五日に土砂加持を修し、後住の普山式を行なう）。位牌持ち（後住の役、在家にては相続人）が決定しないと、葬儀が出来ない。

E　引導とは

誘引指導の略といわれ、導師たるものは静かな心で、所作がフラフラしてはならない。禅定三昧に入って修するものであり、また、亡者と行者と本尊と三平等であるという観に住して引導しなければならない。

葬儀の導師を依頼されると、在家ならばまず戒名を考え、亡者を自分の弟子として送ること。次に一座の供養法を修して欲念を除かなければならない。

その引導が、自己にとって大役過ぎると考えられる場合は、宗祖大師、もしは本尊、もしは阿弥陀、地蔵菩薩にたのんで引導をしなければならない。

亡者の家に行く道中は、金剛杵を持って不動または観音の真言を念誦しながら行く。

亡者の家の門前にて、魂が外に出ないように結界をする。

F　引導の三種

引導能引鈔によると、引導に三種がある。上品は、導師は弥陀法あるいは理趣法を修し、散念誦の大金剛輪の前に引導大事を授ける。別に表白師がいて、表白を読む。中品は導師と表白師を一人にて勤める。下品は表白ばかり、つまり前方便を修し小三股印にて加持、引導し、供養法は自坊にて修する。

G　行列

葬家より墓地までの行列の途中は、不動の三昧に入り、入口にて六地蔵の総印言にて六地蔵を供養する。墓地の入口辺のやや広い場所を求めて、前火より位牌持ちまでの行列者は逆に三回、亡者が再び本家に帰って来ないよう方違いにするため、逆行道と称して三度まわる。導師は列の外に立ち、五色光印で光明真言を唱える。

H　墓地作法

墓地にて導師は作法する。高野では葬儀の次の日の暮れ六つ時に、死を報告するに誦経導師が金堂に参向、諷経表白を唱誦す。

I　もどり経

高野山では墓所よりもどって理趣三昧を修する。

J　中陰のつとめ

位牌に萌黄色の沙（シャ）の袋をかけ、毎日後継者は墓参から帰って少しずつ持ち揚げ、四十九日に至って取り去って忌明けとなる。忌中に位牌を作る。宝門の寺では四十九日目、寿門では五十日目を忌明けとする。

四十九日忌には法類その他親近者を招いて塔婆供養をし、それを墓所へ納める。

忌明けが終って、位牌の袋は墓の盛り土の中に入れる

四十九日間後住は毎日早朝墓参、伽藍の参拝は五十日以降より、百ケ日修了後天野神社へ参拝。

K　葬儀の時間

高野では当日の午前八時より不動明王を本尊として、宝門の寺では不動落叉を修行し、寿門の寺では不動講を行ずる。その後導師一人で引導作法。午後一時の鐘を合図として読経。この時、導師は経頭をつとめ、参衆同音に読経。

尚、参考文献として福山乗道師の「仏事と葬儀」に詳細の記あり。参照のこと。

東密自導引作法

東密施餓鬼法

東密光明真言超度法

懺雲老法師所傳之蒙山儀軌原本

蒙山施食軌儀目錄

［壹］◎緣起

佛在迦羅城尼俱律那僧伽藍所與眾說法．阿難獨居靜處念所受法．於夜三更以後，見一餓鬼，口吐火燄，頭髮生烟，身形醜惡，肢節如破車之聲，餓火交然，咽喉如針鋒之細，牙爪如劍，苦毒無量．問是何名，答曰面然．白尊者言，汝即後三日命終生餓鬼中，尊者聞已，心生惶怖，問其何方得免斯苦？答言若於翌晨布施百千那由他恒河沙餓鬼，若餘鬼神等，並為供養三寶，汝得增壽，我得離苦．翌晨尊者至佛所白如是事求救，佛告我於過去無量劫中作婆羅門仙時，從觀世音菩薩受無量威德自在光明如來陀羅尼法（即變食真言）若持此咒七遍，能令一食變無量食，皆成甘露上妙之味，即能充足百千俱胝那由他恒河沙數一切餓鬼．婆羅門仙，異類鬼神，各各皆得摩竭陀斛之食，皆得聖果，或生淨土，汝即益壽．

蒙山傳持——觀音大士——釋迦如來——阿難尊者——不空三藏——不動法師……

［貳］◎釋名

蒙山在四川雅州名山縣西十五里，山有五峰，前一峰最高，曰上清峰，產甘露．宋不動法師於中修道，亦稱甘露法師．今暮時課誦大懺悔文及施食法皆師所撰集，故名蒙山施食．

［參］◎利益

佛告阿難，若當來世以法及諸真言，七如來名加持飲食，施諸惡鬼等，便能具足無量福德，則同供養百千俱胝如來功德等無差別，壽命延長，增益色力，善根具足，一切非人，夜叉羅剎諸惡鬼神不敢侵害，又能成就無量威德．又受食鬼神當為咒願施主壽命延長，福德貴樂，又令其人，心所見聞正解清淨，具足善根，速證菩提，一切冤讎不能侵害．以法加持供品，則諸佛聖賢歡喜讚歎，恒為諸佛憶念，諸天歡喜，善神常來擁護是人，即為滿足檀波羅蜜．

一作大布施，行檀波羅蜜．　二起虧有緣，普利幽冥．　三廣結善緣．
四得諸佛菩薩及所起虧鬼神之護祐．　五消世間災虧之氣．　六消自業障．
七增滿福德．　八消災延壽．　九居處安樂．　十道業增進．

［肆］◎淨壇

四角豎標，用五色絲，安火燄珠，於珠內呈置佛頂（東北）大悲（東南）隨求（西南）尊勝（西北）（咒名）．又於四柱如法莊嚴，殊特妙好，名吉祥幢．令在白句內，無諸衰惡，即成法界．風吹影拂，散水霑，罪障消除，獲大福利，眼見耳聞，普皆利濟．復次周圍懸繒幡蓋寶扇白拂，布列位次．行人則香湯沐浴，着新淨衣，堂內香泥塗地，堂外數淨虧禱．

［伍］◎啟請

嚴淨道場後，至誠三拜，運心供養三寶，發露懺悔，然後面東胡跪，手執香爐，作啟請法

啟告十方　一切諸佛　般若菩薩　金剛天等　及諸業道　無量聖賢
我今以大悲悲　承佛神力
召請十方　盡虛空界　三塗地獄　諸惡趣中　瞻婆餓鬼　一切餓鬼
閻羅諸司　天曹地府　業道冥官　婆羅門仙　久遠先亡　曠野冥靈
虛空諸天　及諸眷屬　異類鬼神

唯願諸佛　般若菩薩　金剛天等　無量賢聖　及諸業道　願賜威光
悲增護念
普願十方　盡虛空界　天曹地府　業道冥官　無量餓鬼　多生父母
先亡久遠　婆羅門仙　一切冤結　負於財命　種種族類　異類鬼神
各及眷屬　乘如來力　於晨朝時（日沒時、亥時、諸天衆散言：降臨、作法驗奇）　決定降臨
得受如來　上妙法味　清淨甘露　飲食充足　滋潤心田　福德智慧
發菩提心　永離邪行　歸依三寶　行大慈悲　利益有情　求無上道
不受輪迴　諸惡苦果　常生善家　離諸怖畏　三業清淨　證無上道

◎三白已即以香花燈塗運心供養迎聖入壇作禮聖衆

十方一切剎　諸佛菩薩衆　無量諸聖賢　及諸業道官
惟願大慈悲　降臨於法會　攝受（花、香、燈、塗、果、樂）　微分少供養

◎運心入觀方可作法
（初學行人宜先作觀後誦真言）

〔陸〕◎大輪金剛陀羅尼　◎陀羅尼義為總持，總一切法，持一切義，譯為真言、咒明。

〔咒〕拿摩（歸命）　司得里牙（三）、　提維嘎難（世）　打他嘎打難（如來）（諸佛）　菴（種子）　維喇及維喇及（極淨無垢）
嘛哈佳割喇（大輪）　仝及里（金剛三昧）　灑打灑打（內外極淨）　灑喇得灑喇得（堅固極堅）
得喇夷得喇夷（大乘極大乘）　維達嘛你（智思惟）　三翠夷你（王殺壞）　得喇嘛底（三慧）
細達（成就）　嘰里牙（勝上）　得覽（種子灌頂）　司乞哈（圓滿）

一、〔印〕二手內相叉，二食指頭相拄，二頭指直豎，二大指並伸直。

〔觀〕面前空處現一金色（覽）嚂字，與成無數勝妙宮殿。

二、〔印〕蓮花合掌

〔觀〕盡虛空界生死六趣有情，速得入普集會大曼荼羅等同聖者

〔作法〕

一◎軍荼利小咒　六（四）遍　（亦名小供養咒）

〔咒〕嗡　啊彌利得（甘露）　吽（吉祥滿願）　怕　都（摧破）

〔印〕右手：大指捻無名指甲，餘三指直伸，此即蓮花部三股印。
誦咒時先覆掌指向供物，自內向外三復，再仰掌自外向內三復。
左手：大指、食指、小指豎，持食盒，中指、無名指屈。

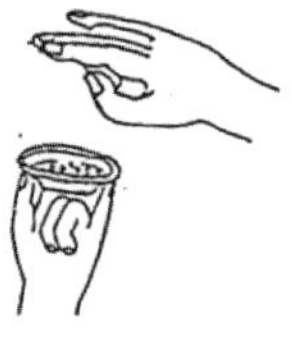

〔觀〕唯願十方三寶慈悲哀愍加持，作法之始，先禮拜三寶、諸佛菩薩等。

二◎淨法界真言　七遍

〔咒〕嗡　覽哷　司乞哈

〔印〕金剛合掌，十指相叉於第一指節，右前左後。

〔觀〕由印明力飲食、器具、衣服、房舍，悉皆清淨，復以金剛合掌再於頂上誦出三供養真言「嗡」廿一遍，自然出三無量供品供養十方無量三寶，隨即唱云：

願此香花　普遍十方　供養三寶　護法龍天　普皇衆生　同入佛智
並更隨唱
惟願三寶　護法龍天　慈悲加持

三◎淨三業真言　五遍

〔咒〕嗡　司乞找乞（自性）　希烏達（清淨）　薩爾乞（一切）　達爾嗎（法）　司乞找乞（自性）
希烏陀（清淨）　吽（我）

〔印〕空心合掌

〔觀〕觀一切有情本性清淨，為諸客塵之所覆蔽，不悟真理，今持咒結印作觀加持
自他還令復本，悉令清淨。
誦真言五遍同時印額、右肩、左肩、心、喉，五處加持清淨內心。

四◎佛部三昧耶　一遍

咒 唵　達他噶打 ※ 睹把巴牙　司之哈
（小字：ㄉㄚㄍㄚ　ㄉㄨㄆㄚㄅㄚㄧㄚ）

印 虛心合掌，二食指開屈於中指上節，大指捻食指下紋

觀 觀想佛部諸尊降臨頂上加持行人速令獲得身業清淨罪障消滅福慧增長。

五◎蓮花部三昧耶　一遍

咒 唵　叭德嘛（蓮花）獨把巴牙　司之哈

印 二手大指小指相接，中三指大開，如蓮花開敷

觀 觀想蓮花部主觀音菩薩諸尊降臨行人右頂加被行人。

六◎金剛部三昧耶　一遍

咒 唵　縛及喇（金剛）獨把巴牙　司之哈

印 左手覆，右手仰，兩手背相著，右小指叉左大指，左小指叉右大指。

觀 觀想金剛部菩薩相好威光，降臨左頂加持行人，
能速獲意業清淨，三昧現前，證菩提心，

七◎披甲護身真言　五遍

咒 唵　縛及喇　谷里獨巴地　怕塔牙（威焯詩梓）　司之哈

印 兩小、無名指內相縛，左覆右前，兩中指直，指端相著，食指
微彎如勾，近中指上面，不著中指背，二大指壓無名指下節。

觀 觀想自身被金剛兜甲鎧胄，光耀威武，如韋馱菩薩然。

八◎華嚴三寶

南無華嚴會上佛菩薩　　印金剛合掌

若人欲了知　三世一切佛
應觀法界性　一切唯心造

（此是華嚴經十九卷第四會，佛在夜摩天說偈讚佛，覺林菩薩所說十偈，此即第十偈。昔京兆有王明幹者，常造諸惡，一日因病死，有二人引往，路見一僧云：地藏菩薩教此偈，誦者能消地獄苦。即見閻王，王問何功德，答能持此偈，如前說之，其聞地獄，受人皆脫，王自方起，方誦偈偈，方知是偈。）

九◎開地獄真言　七遍

咒 唵　伽囉地耶　司之哈

印 左手金剛拳安腰，大指捏無名指根，中、小、無名三指握大指，
食指豎屈捏大指背。
右手作拳，大、食指於每誦真言時相彈。

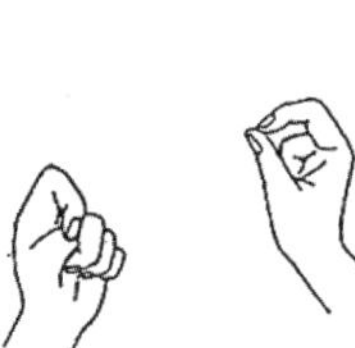

觀 觀想咒聲及佛威光，普遍十方地獄，一時俱破，息諸苦惱，
觀因緣性空，地獄眾生發菩提心。

十◎普召請真言　七遍

（召請文）
一心召請　法界所有　地獄有情　餓鬼　諸天靈仙　一切鬼神，無始以來　父母師長　先遠宗親
知識檀越　冤親債主　及此世界　刀兵諸災　死亡有情　山神土地　十方英靈　法界孤魂　佛子……
悉皆來臨　長跪合掌，恭敬念佛　待食法味。

咒 南無　部部地利伽哩達利　打塔噶打牙。

印 左手金剛拳安腰，右手大指中指相捻，餘三指微彎，每誦咒時，食指微彎，作召請狀。

觀 觀想所召請之一切眾生，承佛威光，及真言法力，一時同來道場。

十一◎解冤結真言　七遍

咒 唵　三打喇　伽打　司之哈

印 兩手外相縛，每誦時解開。

觀 觀想六道眾生，承咒及佛力，無始冤結一時消淨。

十二◎奉請三寶　印金剛合掌

南無大方廣佛華嚴經……觀想空中出現華嚴經卷放大光明。
南無常住十方佛……觀想空中十方諸佛金身莊嚴坐寶蓮臺，威放光明普照我身及眾生。
南無常住十方法……觀想空中無量經卷放光。
南無常住十方僧……觀想空中菩薩聲聞諸賢聖僧威儀莊嚴放光。
南無本師釋迦牟尼佛……觀想釋迦如來坐寶蓮臺，在行者頂上中央，與行者同向。
南無大悲觀世音菩薩……觀想行者頂上右方有千手千眼觀音菩薩坐蓮臺。
南無冥陽救苦地藏王菩薩……觀想行者頂上左方有五佛冠嚴飾之地藏菩薩坐蓮臺。
南無啟教阿難陀尊者……觀想尊者立於佛側。

十三◎秉宣三皈

皈依佛　皈依佛　兩足尊　皈依佛竟
皈依法　皈依法　離欲尊　皈依法竟
皈依僧　皈依僧　眾中尊　皈依僧竟

咒 唵 ^普賢^ ^菩薩^ 偰 ^破諸有^ ^餓鬼業^ 刹 母 ^大空無相義^
此咒亦名淨土變……能變大地為黃金琉璃也

印 如圖，涅、事各誦咒三遍。

觀 觀想三寶放光，亦召一切眾生一心同皈三寶。

皈依涅槃三寶

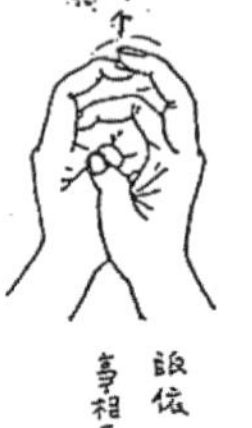

皈依事相三寶。

十四◎懺悔

偈 ^佛子^ ^有情^ ^孤魂^ 所造諸惡業　皆由無始貪瞋痴
從身語意之所生　一切 ^佛子^ ^有情^ ^孤魂^ 皆懺悔

咒 唵 薩蒳之曰 爸叭^囉^ 達哈拏^夜^ ^摩^ 之及拉牙 ^金剛三昧^ 司之哈
（此咒誦七從第 行入又有改 這對尚未完 ）3

印 1.金剛合掌，2.如圖

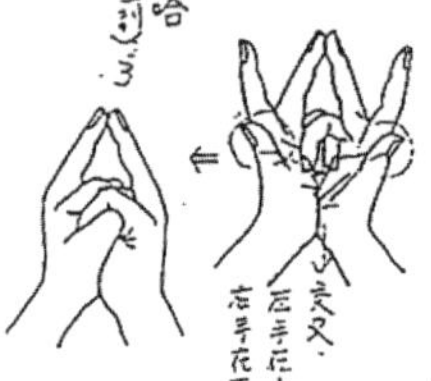

觀 1.觀想一切眾生發懺悔心，又想二尼指上有白色 字入汝鬼身，消除罪垢，從足下流出溶入地中

十五◎地藏菩薩滅定業真言　七遍

咒 唵 鉢拉𡁠尼達你 司之哈

印 兩手金剛合掌，二食指屈，二大指壓二食指上

觀 誦時觀想心口有一心月輪，上有一青色紇利字 ，發光普照一切眾生，無始定業悉皆消滅。

◎心月輪觀法 無畏三藏禪要云：行者應當安心靜住，莫緣一切諸境，假想一圓明如淨月，量同一肘（直徑一尺六寸），其色明朗，內外光潔，世無方比，初雖不見，久久精研，尋當徹見……月輪觀法有說如鏡面者，有說如圓滿球者，初心行者，月以立圓面觀為較易，但求在行者之意樂者可也。

十六◎觀音菩薩滅業障真言　七遍

咒 唵 阿羅旦剛 ^二^ 司之哈

印 兩手合剛時，中、小、無名三指外相叉，二食指屈二節，與二大指相捻。

觀 誦時觀想心月輪上有一白色 放光普照一切眾生，一切業障悉皆消滅。

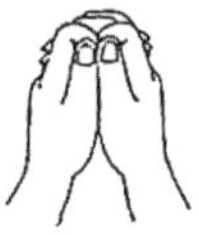

十七◎發願

偈 眾生無邊誓願度　煩惱無盡誓願斷
法門無量誓願學　佛道無上誓願成（事）
自性眾生誓願度　自性煩惱誓願斷
自性法門誓願學　自性佛道誓願成（理）

咒 唵 薄提 ^覺道^ 吉打 ^心^ 母得叭 ^發起^ 達牙彌 ^我今^

印 二掌虛合如蓮花，金剛合掌，二中指相柱。

觀 觀想眾生皆發四宏誓願，自心圓淨如滿月輪，內外澄澈，清涼無比於胸臆間朗然而住，觀心、佛、眾生三無差別。

十八◎三昧耶戒真言

咒 唵 三𡁠呀 司都凡姆 ^司都吕也，凡姆果也，因果不二^ ^謂聖入我身，我入聖身。^

印 二手金剛縛，二中指伸如針

觀 誦時觀想諸佛放光，一切眾生蒙金剛光時三昧耶戒，心得清淨，身如菩薩。

十九◎開咽喉真言　七遍

咒 唵 部部底哩伽達哩 ^破執^ 打他噶打牙。

印 左掌持食器，右手大中指相捻，餘三指相分云微做屈勢，每咒至末字，大中指點取所觀想食器上方青色蓮花上白色 字流出清淨性水，彈灑虛空。

觀 清淨性水，猶如噴泉，彈灑虛空，觸諸鬼眾咽喉清涼潤澤，開通無障礙。

二十◎變食真言　七遍

咒 拿摩 薩蒳之 ^一切^ 打他噶打 ^如來^ 之羅剛得 唵 三拔拉三拔拉 吽

印 左手持食器，右手大中指相捻，每咒誦至三拔拉三拔拉時相捻，吽字大、食指相彈。

觀 觀想食器有一 字流出種種無量甘露法食展轉增多普遍虛空妙香馥郁。

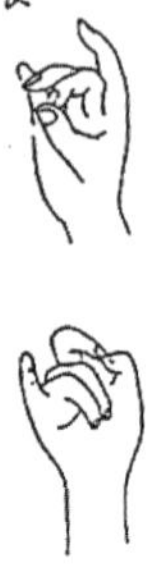

二十一◎甘露水真言 七遍

咒　唵摩 蘇嚕叭牙（妙色身） 打他噶他牙（如來） 打買牙他（即說咒曰） 嗡 蘇嚕 蘇嚕（甘露） 鉢拉蘇嚕 鉢拉蘇嚕（普甘露） 司瓦哈（究竟成就）

印　右手結施無畏印竪臂展五指向外，左手持食器。

觀　觀想食器上有一白色㘕字流出甘露法水，清涼、甘美、滋養、廣大如海，沾此水者，普得清涼，猛火息滅，身心潤澤，離飢渴想，永得清淨妙樂。

二十二◎一字水輪咒 七遍（毘盧遮那一字心水輪觀真言）

咒　嗡．凡姆 凡姆 凡姆 凡姆 凡姆

印　每誦咒時，引右手臨食器上方稍離，手微波動。

觀　觀想乳等甘露自㘕字中流出猶如日月，一切鬼等皆得飽滿，無所乏少。觀右手心中猶如乳色，變為八功德水，流出一切甘露醍醐。

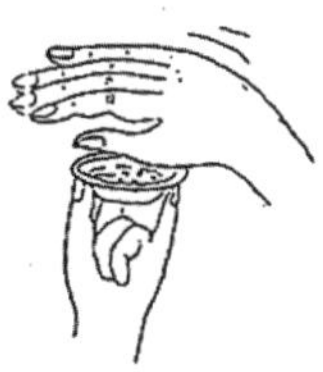

二十三◎乳海真言 七遍

咒　唵摩 三滿達（普遍） 勃馱喃 嗡 凡姆

印　右手臨覆於食器上方稍離，手不動。

觀　一字水輪咒亦是變乳海義，此咒其非再令乳海廣大融通耳。雲棲補註云，念此咒融彼諸食皆成乳海，又此法食，食可資身，法能明心，又咒力，觀想力，感通三寶慈光普照力，三力圓融不可思議，故能令少食少水化成多分遍虛空界也。

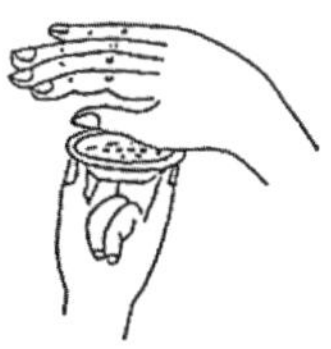

二十四◎七寶如來名（可金剛合掌）

漢文如來名號	梵文如來名號	手印結法	手印圖	聞名持念得益
◎唵摩多寶如來	南無巴噶哇得．波虎拉達拿牙．打他噶打牙．	金心合掌	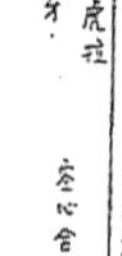	得法性智慧財寶具足，稱意受用無盡
◎唵摩寶勝如來	南無巴噶哇得．拉達拿吉都拉加牙．打他噶打牙	中名．小六指內相叉，二食指頭相拄，二大指倒竪	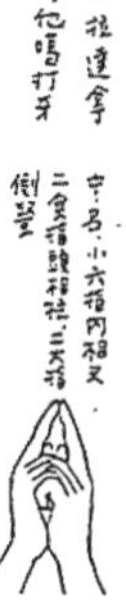	能斷生死煩惱業火，得無上法性智寶．
◎唵摩妙色身如來	南無巴噶哇得．蘇嚕叭牙打他噶打牙．	左手竪胸前，大食二指相捻，右手四指展，手掌皆仰下．	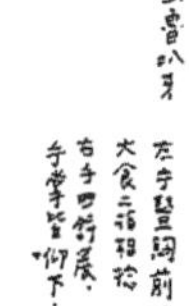 右　右	不受醜陋，具足相好，圓滿殊勝，端嚴第一．
◎唵摩廣博身如來	南無巴噶哇得．必不拉噶得拉牙．打他噶打牙．	左手四指拳，大食指對屈拏，右手四指拳，大食指對屈拏	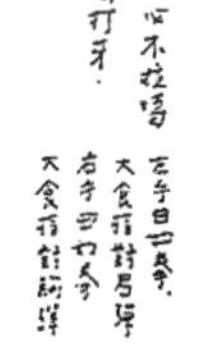 右　左	能淨餓鬼針咽業火，清涼通達．
◎唵摩離怖畏如來	南無巴噶哇得．敝噶達得拉阿牙．打他噶打牙．	右掌施無畏，大．無名指相捻，左掌仰於右掌下，大．食指相捻．	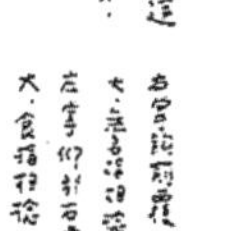	離諸怖畏，常得安樂
◎唵摩甘露王如來	南無巴噶哇得．蘇嚕叭牙．打他噶打牙．	右手腕前竪，大小二指相捻，餘三指直竪，左手大．食二指相捻著右手腕，餘三指曰．	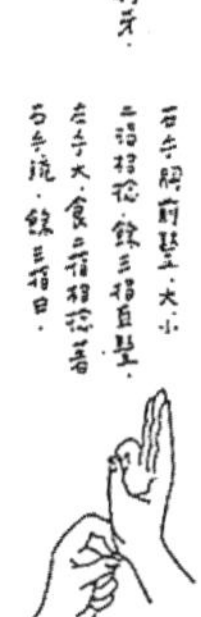	能得甘露法味，灌注身心，永得安樂
◎唵摩阿彌陀如來	南無巴噶哇得．阿彌打補打牙．打他噶打牙	結彌陀印	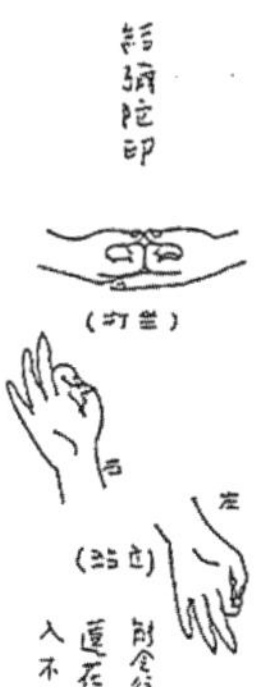 （打坐）　右　左　（站立）	能令往生極樂，蓮花化生，入不退地．

二十五◎結願 右手無名指寫水中唵字（嗡阿吽）各一字，㘕（凡姆）七字

神咒加持淨法食　普施河沙眾佛子
願皆飽滿捨慳貪　速脫幽冥生淨土（彈指．眺．觀大地變黃金琉璃地）
皈依三寶發菩提　究竟得成無上道
功德無邊盡未來　一切佛子同法食（左右前下上）

二十六◎拿摩(一切)世間應大威德自在光明如來　一遍

拿無盧迦麦斯諦．哈捺弟啰靛拉　補拉叭牙　打他噶達矛．

印 右手曲仰掌．中．大指相捻．左手仰上三指舒

二十七◎正　施

汝等佛子眾　我今施汝供　此食遍十方　一切佛子共

願以此功德　普及於一切　施食於佛子　皆共成佛道

念此偈至最後句「道」字．時右手持古露器．左手金剛拳安腰面向東立．即將食米水倒置出生台上．無台淨石．淨地亦可．不可置於石榴．桃樹下．令鬼神懼怕不得受食．瀉已不得回顧．

二十八◎施無遮食真言（以下真言皆在出生台前誦之）

咒 嗡　穆刹陵　司乏哈

印 左手金剛拳安腰．右手結施無畏印．舒五指垂掌向外

觀 觀想道場法食，觸處普遍．六道眾生皆獲平等．

二十九◎普供養真言

咒 嗡　噶噶拿　三、婆乏　乏及拉　吽

印 二手直合．二中指各屈二節．二食指屈二節．二大指壓二食指上．餘二指直合．

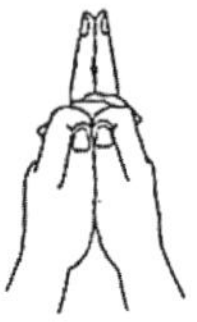

觀 觀想屈中指處成白色「嗡」字明點流出無盡供養充滿十方剎海．普令六道眾生遍一體．高下均平．老幼貴賤強弱冤親悉得飽滿．

三十◎　心經

印 法界定印

觀 加念心經者欲令施食之功般若心海空諸法，變入如來藏．前放蒙山度濟幽冥今誦心經使悟罪福無主 人法雙亡了達實相．

三十一◎往生咒　三－七－廿一遍

咒 拿摩　阿彌達扳牙　打他噶打牙　打笛牙他　阿彌里多　德扳肥

阿彌里打　悉達扳記　阿彌里打　維葛林得　阿彌里打

維葛林打　噶彌餘　噶噶拿　劄底嘎喇　司乏哈

印 右手上　左手下．如阿彌陀如來立時印（寂而照義）

觀 觀想心月輪上有一紅色梵文「紇利」字放光普照一切眾生．遍斯光者罪障消滅．苦惱解脫．

三十二◎毘盧遮那大灌頂光明真言　七遍

咒 嗡　阿摩噶（不壞）　廢魯佳拿（光明遍照即大日如來）　嘛哈（大）　母德拉（印）　嘛尼（如意）　叭德嘛（蓮華）

及乏拉（光明）　鉢拉乏爾打牙（離苦）　吽（能破污穢）

印 左手金剛拳安腰．右手豎臂長三指向外方．指尖與肩平（放光印）

觀 觀想心月輪上有一金色梵文「阿」字．放光普照眾生．觸光者．悉離苦得樂．觀想右手五指尖放出五色光明．普照苦惱眾生．能令其離苦．

三十三◎　大寶廣博樓閣善住祕密真言　七遍

咒 拿摩（敬禮）　薩爾乏（一切）　打他噶打鞋（如來）　嗡（救拔）　廢補拉（廣博）　噶爾別（藏）　嘛尼（寶）

鉢拉別（光明）　打他噶打　尼達爾夏餘（引司）　嘛尼嘛尼（寶清淨寶）

蘇鉢拉別（妙光明）　廢嘛咧（無垢）　薩噶拉（海）　噶母比咧（甚深）　吽　吽（種子　怖魔）

及乏拉　及乏拉（光燄）　熾威　吾達（覺者）　廢羅割得　覲廠　骨稱牙（秘密）

提世帝打（加持）　噶爾別（藏）　司乏哈（成就）

印 虛心合掌．二大指並立．中間稍開．二食指中學．柱二大指頭如是左右二大指與二食指相柱作圓環狀．二中指相著微學如寶形．二無名指頭相柱．二小指開立．

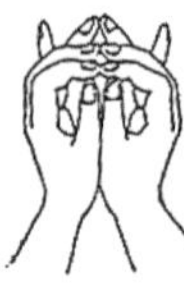

觀 寶樓閣為三佛之淨土．吾人皈依本尊常在其中．寶閣能去無明黑暗．出現無量智慧光明．閣內眾生攝入一切大光明．無不安、不足、束縛、恐怖．閣中有大光明、大滿足、大清淨、大安樂．金剛不壞信力與大自由．無不如意者也．

誦此咒時觀想自身心月輪上有一金色梵文「ㄢ」字放光普照一切眾生觸斯光者皆得解脫．此字亦為釋迦牟尼佛之種子字．

三十四⊙ 金剛解說真言 十遍

咒 唵 之及拉 金剛 日乞叉穆 解說

印 甲、二手金剛拳，二食指相勾，隨誦而掣（食指已勾開）

乙、左手金剛拳安腰，右手做拳上仰，大指與食指交叉相彈，第一遍向中央彈，二遍向左，三遍向右，如是三遍共九次，第十遍更向中央彈。

然後解印展兩手豎臂掌向上做相送狀。

三十五⊙ 咒 願 金剛合掌

一拜下 四生登於寶池 二拜下 三有托化蓮池

三拜下 河沙餓鬼證三賢 問訊 萬類有情登十地

一切親苦怨緣等 普皆同生安樂國。

諸佛子等從來所受飲食皆是人間販鬻葷腥臭穢，但增苦本。我今依如來教設此無遮廣大法會，汝等今日遇茲勝緣善哉品法食，於過去世曾種善因，由此因緣發菩提心，誓願成佛，先得道者互相度脫。又願汝等晝夜恒常擁護於我，滿我所願。以此施食功德，迴施法界有情，共諸有情，同將此福盡皆迴施無上菩提，一切智智，勿招餘果，願速成佛。

三十六⊙ 加持自身（恐或修法錯誤，更以三部等印咒加持自身，免惡鬼侵犯己。）

佛部、蓮花部、金剛部，三昧耶印咒各一遍，披甲護身印咒三遍，然後歸位。

蒙山

一、時間：暮時，若於齋時施餓鬼時，徒勞無益。
供佛 三更晨朝日出是供養時
鬼神 人定，子時亦得，人定最上
餓鬼 當於亥時

二、傳授：不從師受戒盜法罪，若先念二十一遍大輪金剛陀羅尼，則不犯。

三、施食米水：備整粒米七顆（完整無缺損之米，念七寶如來名以計數，並有加持義。）及淨水少許（不宜用盥洗室水龍頭之水）共盛於器皿。外出無米，麵食、麵包切指甲許亦可。

四、生台：可設一生台，若無生台，淨石、淨地亦可，或可置器皿盛接。不得瀉食於石榴、桃樹之下，鬼神懼怕，不得食之。瀉已不回顧。

五、學習次第：初學宜先背熟一般晚課蒙山文，次練習觀想，後結手印，當嫻熟，行力每日施食。

大蒙山施食講解影片（字幕版）共十集

瑜伽集要焰口施食起教阿難陀緣由

唐三藏沙門不空奉　詔譯

爾時世尊。在迦毘羅城尼俱律那僧伽藍所。與諸比丘并諸菩薩無數眾會。前後圍遶而為說法。爾時阿難獨居靜處念所受法。即於其夜三更已後。見一餓鬼名曰焰口。其形醜陋身體枯瘦。口中火然咽如針鋒。頭髮鬔亂牙爪長利甚可怖畏。住阿難前白阿難言。汝却後三日命將欲盡。即便生於餓鬼之中。是時阿難聞此語已。心生惶怖問餓鬼言。大士若我死後生餓鬼者。我今行何方便得免斯苦。爾時餓鬼白阿難言。汝於來日晨朝。若能布施百千那由他恒河沙數餓鬼飲食。并餘無量婆羅門仙。閻羅所司業道冥官。及諸鬼神先亡久遠等所食飲食。如摩伽陀國所用之斛。各施七七斛飲食。并為我等供養三寶。汝得增壽。令我等輩離餓鬼苦得生天上。阿難見此焰口餓鬼。身形羸瘦枯燋極醜。口中火然其咽如針。頭髮鬔亂毛爪長利。又聞是語。甚大驚怖。身毛皆竪即至晨朝。從座而起往詣佛所。右遶三匝頂禮佛足。身體戰慄而白佛言。大悲世尊願救我苦。所以者何。昨夜三更經行靜處念所受法。見焰口鬼而語我言。汝過三日必當命盡生餓鬼中。我問鬼言。云何令我得免斯苦。餓鬼答言。汝若能施百千那由他恒河沙數無量餓鬼。婆羅門仙閻羅所司業道冥官。及諸鬼神侍從眷屬先亡久達。平等普施餓鬼飲食。汝得增壽。白言世尊。云何能辦無量飲食充足。佛告阿難汝今勿怖。我念過去無量劫中。曾作婆羅門時。於觀世音菩薩摩訶薩邊受得陀羅尼　名曰無量威德自在光明如來陀羅尼法。佛告阿難。汝若善能作此陀羅尼法加持七遍。能令一食變成種種甘露飲食。即能充足百千俱胝那由他恒河沙數一切餓鬼。婆羅門仙異類鬼神上妙飲食。皆得飽滿。如是等眾。一一各得摩伽陀國所用之斛。此食此水量同法界。食之無盡。皆獲聖果解脫苦身。佛告阿難。汝今受持此陀羅尼法。令汝福德壽命增長。餓鬼生天及生淨土受人天身。能令施主。轉障消災延年益壽。現招勝福當證菩提。發廣大心普為有情。積劫已來多生父母。列宿天曹幽司地府焰魔鬼界。蜫微蠢動一切含靈。普設無遮廣大供養悉來赴會。承佛威光洗滌身田。獲斯勝利受人天樂。唯願諸佛般若菩薩金剛天等。及諸業道無量聖賢。以無緣慈證我所行。是故我等為欲滿足宏誓願故。為欲宏護令濟有情無退失故。為摧諸業令清淨故。為欲精進求無上道速成就故。為欲拔濟惡道眾生。永拋苦海登彼岸故。如經所說無邊世界六道四生。其中所有為於主宰統領上首之者。皆是住不思議解脫菩薩。慈悲誓願分形布影示現化身。在六道中同類受苦。設於方便不被煩惱隨煩惱壞。分別諸業令發道意。常自克責悔身造作。調伏教化一切眾生為大導師。摧滅三塗淨諸業道。斷截愛流不捨行願。處於苦海為善知識。成熟利樂一切有情證大涅槃。若有施主深信大乘渴仰瑜伽。願樂見聞陀羅尼藏甘露法門。為諸有情興拔濟心。慇懃稱讚捨大財寶。三請於師方許壇法。平等一如離怨憎想。常行布施無有悔恨。親近善友勇猛精進無有怯弱。至求大道稱讚三寶。撫育生命方便拔濟皆令解脫。不以惡求而養身命。常自利他。彼善男子是真善友。行菩薩行普為三塗。諸惡趣中一切餓鬼。焰魔王等婆羅門仙。虛空諸天釋梵四王。列宿天曹龍神八部。日月須彌修羅外道。六欲魔眾水火風空。山林窟穴舍宅宮殿伽藍。大地江河流泉浴池。廟宇吉凶遊行神眾。抄錄善惡神通無礙。毛羽飛空水族遊鱗。披毛角類蠢動含靈。曝野遊魂鞭尸苦溢。多生冤恨相繫未免。歷劫冤魂負於財命。亡過僧尼未證果者。多生父母眷屬親戚。承如來教得出三塗。無量地獄發菩提心。各願放捨解脫冤結。遞相讚念如父母想。到此道場證知護念。心懷踊躍如優曇花。甚難可值由自造作。處於人間識情難定。多隨妄起積為苦源。未獲聖果旋生過患。又復依王水土住佛慈光常思曩緣猶懷今果。日夜克責何報如斯。或為眷屬親戚父母。幾曾翻覆顛倒攀緣。改形換面豈將辯識。惟願今日承斯佛力。駕迫飛空到此道場。慈光拂體各隨形類。懺滌塵尤發菩提心。納斯供養。佛告阿難。若欲受持施食之法。須依瑜伽甚深三昧阿闍梨法。若樂修行者。應從瑜伽阿闍梨學。發無上大菩提心受三昧戒。入大曼拏囉得灌頂者。然許受之。受大毘盧遮那如來五智灌頂。紹阿闍梨位方可傳教也。若不爾者遞不相藏

。阿闍梨方得傳斯教也。若欲作法。先自護持弟子亦爾。定知日已。選擇淨地精華大舍。閑靜園林鬼神愛樂。流泉浴池江海山澤。福德之地堂舍亦得。如法塗摩用香水泥。隨施主力方圓大小。四角竪幖如法莊嚴。用五色綵安火焰珠。又於珠內安置佛頂大悲隨求尊勝。東北佛頂。東南大悲。西南隨求。西北尊勝。又於四柱如法莊嚴。殊特妙好名吉祥幢。令百由旬無諸衰患。即成結界。風吹影拂土撒水霑。罪障消亡獲大福利。眼見耳聞普皆利濟。次復周圍懸繒幡蓋。寶扇白拂布列位次。阿伽香水妙花燈塗。飲食湯藥種種果味及餘物等。以法淨除勿令觸穢。莊嚴若了手執香爐。右遶道場遍以觀照。不周備處重要安排。莊嚴事畢與諸弟子。香湯洗浴著新淨衣。出外中庭如法洒掃。香泥塗地如法莊嚴。名三昧耶壇。於道場外數淨薦褥嚴整威儀。作禮三拜面東胡跪。手執香爐作啟請法。

瑜伽集要焰口施食起教阿難陀緣由終

施諸餓鬼飲食及水法(并手印)

特進試鴻臚卿大興善寺三藏沙門大廣智不空奉　詔譯

先出眾生食。事須如法。周匝種種皆著並須淨好。或一分或少許或一器。皆須安淨銅器中如法。如無銅器白瓷亦得。如無瓷器可用漆器。其飲食須和清水。面向東立坐亦得作法。

夫欲施一切餓鬼飲食者。先須發廣大心普請餓鬼。先誦此偈至心一遍。然後作召請法。所獲福利果報不可校量。

比丘比丘尼(某甲)發心奉持　一器淨食

普施十方　窮盡虛空　周遍法界　微塵剎中
所有國土　一切餓鬼　先亡久遠　山川地主
乃至曠野　諸鬼神等　請來集此　我今悲愍
普施汝食　願汝各各　受我此食　轉將供養
盡虛空界　以佛及聖　一切有情　汝與有情
普皆飽滿　亦願汝身　乘此呪食　離苦解脫
生天受樂　十方淨土　隨意遊往　發菩提心
行菩提道　當來作佛　永莫退轉　前得道者
誓相度脫　又願汝等　晝夜恒常　擁護於我
滿我所願　願施此食　所生功德　普將迴施
法界有情　與諸有情　平等共有　共諸有情
同將此福　盡將迴向　真如法界　無上菩提
一切智智　願速成佛　勿招餘果　願乘此法
疾得成佛

合掌當心誦此偈。以印作召請　開喉印　以右手大指與中指。面相捻。餘三指相去。微作曲勢即是。名普集印呪曰。

曩謨步布(入)　哩迦哩多哩怛他(引)蘖多也

作此印誦此呪一七遍。廣運悲心。願令法界微塵剎中。一切餓鬼悉皆雲集。又誦開地獄門及咽喉呪曰。

唵　步布(入)帝哩迦多哩怛他蘖多(引)也

誦此呪時。以左手執持食器。以右手作前召請印。唯改一誦呪一彈指。以大指與中指頭相捻。彈指作聲即是。餘三指開稍微曲此名破地獄門及開咽喉印。爾時如來。即說無量威德自在光明勝妙之力加持飲食陀羅尼曰。

曩莫薩嚩怛他蘖多嚩嚕吉帝　唵　三娑羅三婆羅吽(引)

誦此呪一七遍。一切餓鬼各皆得摩伽陀國所用之斗七七斛之食。食已皆得生天或生淨土。能令行者業障消除增益壽命。現世獲無量無邊福。況當來世。即作手印誦此真言加持飲食。以右手大指。摩中指甲三兩遍。三指直立之。又以大指捻頭指。彈指作聲。一誦呪一彈指即是。

又誦蒙甘露法味真言。作施無畏印。以右手竪臂。展五指直上即是。真言曰。

曩莫蘇嚕頗也怛他蘖多也怛儞也他　唵　蘇嚕蘇嚕鉢羅蘇嚕鉢羅蘇嚕　娑嚩(二合)賀(引)

作前施無畏印。誦此呪施甘露真言一七遍。能令飲食及水。變成無量乳及甘露。能開一切餓鬼咽喉。能令飲食廣得增多平等得喫也。

次作毘盧遮那一字心水輪觀真言印。先想此vaṃ鑁字於右手心中。猶如乳色。變為八功德海。流出一切甘露醍醐。即引手臨食器上呪曰。誦此vaṃ鑁字一七遍。即展開五指

向下臨食器中。觀想乳等從字中流出。猶如日月乳海。一切鬼等皆得飽滿無有乏少。此名普施一切餓鬼印真言曰。

曩莫三滿多沒馱喃鑁(去)

觀想誦此呪一七遍已。寫於淨地無人行處。或水池邊樹下。唯不得寫於桃樹柳樹石榴樹下。寫訖更為至心。稱五如來名號三遍功德無量。

曩謨薄伽筏帝鉢囉步多囉怛曩也怛他蘖多(引)也

曩謨寶勝如來除慳貪業福德圓滿。

曩謨薄伽筏帝蘇嚕波耶怛他蘖多(引)也

曩謨妙色身如來破醜陋形相好圓滿。

曩謨婆伽筏帝阿蜜[口*栗]帝囉惹耶怛他蘖多(引)耶

曩謨甘露王如來灌法身心令受快樂。

曩謨婆伽筏帝尾布邏蘖怛羅(二合)耶怛他蘖多(引)也

曩謨廣博身如來咽喉寬大受妙味。

曩謨婆伽筏帝阿婆演迦羅(引)耶怛他(引)蘖多(引)耶

曩謨離怖畏如來恐怖悉除離餓鬼趣。

行者若能如此。為稱五如來名者。以佛威光加被彼故。能令一切餓鬼等。無量罪滅無量福生。得妙色廣博得無怖畏所得飲食。變成甘露美妙之食。速離苦身生天淨土。

若施食已。行者當更為諸鬼神等。誦受菩薩三昧耶戒陀羅尼。每誦三遍真言曰(印合掌也)。

唵　三摩耶　薩怛梵

誦三遍已。一切鬼神皆得堪聞甚深祕法。盡得具足三昧耶戒獲無量福。已施諸餓鬼悉皆飽滿訖。當須以陀羅尼法發遣。方得歸於本所。發遣解脫真言曰。

唵　嚩日囉　目乞灑　穆

若誦發遣呪。先作呪印。以右手作拳。以大指捻頭指。仰掌彈指作聲。是名發遣啟。每寫食了誦一七遍彈指。能令一切鬼神。得此食已當得去也。若不發遣不得去也。

若不具足如是法者。施諸餓鬼皆不得周匝。或有得者或有不得者。虛用功力深可愍哉。

若有行者發菩提心。能如是修行者。具足此法施諸餓鬼者。一切餓鬼皆得飽滿無有乏少。持法之人悉應知之。若以加持飲食陀羅尼。持一器淨食寫淨流水中。能令一切婆羅門仙皆得此食食已異口同音呪願。此人於現世中即得延壽。其人具足梵天威德行梵天行。若以此呪呪一切供養佛物。若水若香花飲食。皆呪二十一遍。而然供養佛。即如是種種。以供養十方一切諸佛無異。

佛說救拔焰口餓鬼陀羅尼經

開府儀同三司特進試鴻臚卿肅國公食邑三千戶賜紫贈司空謚大鑒正號大廣智大興善寺三藏沙門不空奉　詔譯

爾時，世尊在迦毘羅城尼俱律那僧伽藍所，與諸比丘，并諸菩薩，無數眾會，前後圍遶，而為說法。

爾時，阿難獨居靜處，念所受法。即於其夜三更已後，見一餓鬼，名曰「焰口」，其形醜陋、身體枯瘦、口中火然、咽如針鋒、頭髮蓬亂、爪牙長利，甚可怖畏，住阿難前，白阿難言：「却後三日，汝命將盡，即便生於餓鬼之中。」

是時，阿難聞此語已，心生惶怖，問餓鬼言：「若我死後，生餓鬼者，行何方便，得免斯苦？」

爾時，餓鬼白阿難言：「汝於明日，若能布施百千那由他恒河沙數餓鬼，并百千婆羅門仙等，以摩伽陀國所用之斛，各施一斛飲食，并及為我供養三寶，汝得增壽，令我離於餓鬼之苦、得生天上。」

阿難見此焰口餓鬼，身形羸瘦、枯燋極醜、口中火然、咽如針鋒、頭髮蓬亂、毛爪長利，又聞如是不順之語，甚大驚怖，身毛皆竪。即從座起，疾至佛所，五體投地，頂禮佛足，身體戰慄，而白佛言：「願救我苦！所以者何？我住靜處，念所授法，見焰口餓鬼，而語我言：『汝過三日，必當命盡，生餓鬼中。』我即問言：『云何令我得免斯苦？』餓鬼答言：『汝今若能施於百千那由他恒河沙數餓鬼，及百千婆羅門仙等種種飲食，汝得增壽。』世尊！我今云何能辦若干餓鬼、仙人等食？」

爾時，世尊告阿難言：「汝今勿怖！我有方便，令汝能施若千百千恒河沙餓鬼，及諸婆羅門仙等，種種飲食，勿生

憂惱。」

佛告阿難：「有陀羅尼，名曰『無量威德自在光明殊勝妙力』。若有誦此陀羅尼者，即能充足俱胝那由他百千恒河沙數餓鬼，及婆羅門仙等，上妙飲食。如是等眾，乃至一一，皆得摩伽陀國所用之斛七七斛食。阿難！我於前世作婆羅門，於觀世音菩薩所，及世間自在威德如來所，受此陀羅尼故，能散施與無量餓鬼及諸仙等種種飲食，令諸餓鬼解脫苦身、得生天上。阿難！汝今受持，福德、壽命皆得增長。」

爾時，世尊即為阿難說陀羅尼曰：

「那謨　薩嚩　怛他蘖多(引)　嚩盧枳帝　唵　參婆囉　參婆囉　吽」

佛告阿難：「若有善男子、善女人，欲求長壽、福德增榮，速能滿足檀波羅蜜，每於晨朝、及一切時，悉無障礙，取一淨器，盛以淨水，置少飯麨及諸餅食等，以右手加器，誦前陀羅尼滿七遍，然後稱四如來名號：

「曩謨　婆誐嚩帝　鉢囉(二合)枳孃(二合)部(引)多囉怛曩(二合)　怛他蘖多也(此云多寶如來)

「由稱多寶如來名號加持故，能破一切諸鬼多生已來慳悋惡業，即得福德圓滿。

「那謨　婆誐嚩帝　素嚕波(引)耶　怛他誐哆野(此云南無妙色身如來)

「由稱妙色身如來名號加持故，能破諸鬼醜陋惡形，即得色相具足。

「曩謨　婆誐嚩帝　尾鉢囉(二合)誐攞蘖多怛囉(二合)也　怛他蘖多也(此云廣博身如來)

「由稱廣博身如來名號加持故，能令諸鬼咽喉寬大，所施之食，恣意充飽。

「曩謨　婆誐嚩帝　阿(上)婆(去)孕迦囉也　怛他蘖多也(此云離怖畏如來)

「由稱離怖畏如來名號加持故，能令諸鬼一切恐怖悉皆除滅，離餓鬼趣。」

佛告阿難：「若族姓善男子等，既稱四如來名號加持已，彈指七遍，取於食器，於淨地上，展臂瀉之。作此施已，於其四方，有百千那由他恒河沙數餓鬼，前各有摩伽陀國七七斛食。受此食已，悉皆飽滿，是諸鬼等，悉捨鬼身，生於天上。「阿難！若有比丘、比丘尼、優婆塞、優婆夷，常以此密言及四如來名號加持食施鬼，便能具足無量福德，則同供養百千俱胝如來功德等無差別，壽命延長、增益色力、善根具足，一切非人、夜叉、羅剎、諸惡鬼神不敢侵害，又能成就無量福德壽命。

「若欲施諸婆羅門仙等，以淨飲食滿盛一器，即以前密言加持二七遍，投於淨流水中。如是作已，即為以天仙美妙之食，供養百千俱胝恒河沙數婆羅門仙。彼諸仙人得加持食故，以密言威德，各各成就根本所願、諸善功德，各各同時發誓願言：『願是食人，令壽延長、色力安樂；又令其人，心所見聞，正解清淨，具足成就梵天威德、行梵天行。又同供養百千恒河沙如來功德，一切冤讎不能侵害。』

「若比丘、比丘尼、優婆塞、優婆夷，若欲供養佛、法、僧寶，應以香、華及淨飲食，以前密言加持二十一遍，奉獻三寶。是善男子、善女人，則成以天餚饍上味，奉獻供養滿十方界佛、法、僧寶，亦為讚歎、勸請、隨喜功德。，恒為諸佛憶念稱讚，諸天善神恒來擁護，即為滿足檀波羅蜜。

「阿難！汝隨我語，如法修行，廣宣流布，令諸眾生普得見聞，獲無量福。是名『救焰口餓鬼及苦眾生陀羅尼經』，以是名字，汝當奉持。」

一切大眾及阿難等，聞佛說已，一心信受，歡喜奉行。

《瑜伽集要救阿難陀羅尼焰口軌儀經》
CBETA 電子版 版本記錄: 1.1
完成日期: 2002/11/04
發行單位: 中華電子佛典協會 (CBETA)
cbeta@ccbs.ntu.edu.tw
資料底本: 大正新脩大正藏經 Vol. 21, No. 1318 No. 1318

瑜伽集要救阿難陀羅尼焰口軌儀經

唐三藏沙門不空奉 詔譯

爾時世尊。在迦羅城尼俱律那僧伽藍所。與諸比丘并諸菩薩無數眾會。前後圍遶 而為說法。爾時阿難獨居靜處念所受法。即於其夜三更已後。見一餓鬼名曰焰口。其形醜陋身體枯瘦。口中火然咽如針鋒。頭髮鬔亂牙爪長利。甚可怖畏。住阿難前白阿難言。汝却後三日命將欲盡。即便生於餓鬼之中。是時阿難聞此語已。心生惶怖問餓鬼言。大士若我死後生餓鬼者。我今行何方便得免斯苦。爾時餓鬼白阿難。言汝於來日晨。朝若能布施百千那由他恒河沙數餓鬼飲食。并餘無量婆羅門仙閻羅所司業道冥官。及諸鬼神先亡久遠等所食飲食。如摩伽陀國所用之斛。各施七七斛飲食。并為我等供養三寶。汝得增壽。令我等輩離餓鬼苦得生天上。阿難見此焰口餓鬼。身形羸瘦枯燋極醜。口中火然其咽如針。頭髮鬔亂毛爪長利。又聞苦語甚大驚怖身毛皆竪。即至晨朝從座而起。往至佛所右遶三匝。頂禮佛足身體戰慄而白佛言。大悲世尊願救我苦。所以者何昨夜三更。經行靜處念所受法。見焰口鬼而語我言。汝過三日必當命盡生餓鬼中。我問鬼言云何令我得免斯苦。餓鬼答言汝若能施百千萬億那由他恒河沙數無量餓鬼。婆羅門仙閻羅所司業道冥官。及諸鬼神侍從眷屬。先亡久遠。平等普施餓鬼飲食。汝等增壽白言世尊云何能辦無量飲食充足。佛告阿難汝今勿怖。我念過去無量劫中曾作婆羅門時。於觀世音菩薩摩訶薩邊。受得陀羅尼名曰無量威德自在光明如來陀羅尼法。佛告阿難。汝若善能作此陀羅尼法加持七遍。能令一食變成種種甘露飲食。即能充足百千俱胝那由他恒河沙數一切餓鬼。婆羅門仙異類鬼神。上妙飲食皆得飽滿。如是等眾。一一各得摩伽陀國所用之斛。此食此水量同法界食之無盡。皆獲聖果解脫苦身。佛告阿難汝今受持此陀羅尼法。令汝福德壽命增長。餓鬼生天及生淨土受人天身能。令施主轉障消災延年益壽。現招勝福當證菩提。發廣大心普為有情。積劫已來多生父母。列宿天曹幽司地府。焰摩鬼界蜫微蠢動一切含靈普設無遮廣大供養。悉來赴會。乘佛威光洗滌身田。獲斯勝利受人天樂。唯願諸佛般若菩薩金剛天等。及諸業道無量聖賢。以無緣慈證我所行。是故我等為欲滿足弘誓願故。欲為弘護令濟有情無退失故。為摧諸業令清淨故。為欲精進求無上道速成就故。為欲拔濟惡道眾生。永拋苦海登彼岸故。如經所說無邊世界六道四生。其中所有為於主宰統領上首之者。皆是住不可思議解脫菩薩慈悲誓願。分形布影示現化身。在六道中同類受苦。設於方便不被煩惱隨煩惱壞。分別諸業令發道意。常自剋責悔身造作調伏教化一切眾生。為大導師摧滅三塗。淨諸業道斷截愛流。不捨行願處於苦海為善知識。成熟利樂一切有情證大涅槃。若有施主深信大乘渴仰瑜伽。願樂見聞陀羅尼藏甘露法門。為諸有情興拔濟心。殷勤稱讚捨大財寶。三請於師方許檀法。平等一如離怨憎想。常行布施無有悔恨。親近善友勇猛精進。無有怯弱至求大道。稱讚三寶撫育生命。方便拔濟皆令解脫。不以惡求而養身命。常自利他。彼善男子是真善友。行菩薩行。普為三塗諸惡趣中。一切餓鬼焰魔王等。婆羅門仙虛空諸天。釋梵四王列宿天曹。龍神八部日月須彌。修羅外道六欲魔眾。水火風空山林窟穴。舍宅宮殿伽藍。大地江河流泉浴池。廟宇吉凶遊行神眾。抄錄善惡神通無礙。毛羽飛空水族游鱗。披毛角類蠢動含靈。曠野遊魂鞭屍苦澁。多生冤恨相繫未免。歷劫怨魂負於財命。亡過僧尼未證果者。多生父母眷屬親戚。乘如來教得出三塗。無量地獄發菩提心。各願放捨解脫冤結。遞相讚念如父母想。到此道場證知護念心懷踊躍。如優曇花甚難可值。由自造作處於人間。

識情難定多隨妄起。積為苦源未獲聖果。旋生過患。又復
依王水土住佛慈光。常思曩緣猶懷今果。日夜剋責何報殊
私。或為眷屬親戚父母幾曾翻覆顛倒攀緣。改形換面豈將
便識。唯願今日承斯佛力。駕迫飛空到此道場。慈光拂體
各隨形類。懺滌塵尤發菩提心納斯供養。佛告阿難若欲受
持施食之法。須依瑜伽甚深三昧阿闍梨法若樂修行者。應
從瑜伽阿闍梨。學發無上大菩提心。受三昧戒入大曼拏羅
得灌頂者。然許受之受大毘盧遮那如來五智灌頂。紹阿闍
梨位。方可傳教也。若不爾者遞不相許。設爾修行自招殃
咎。成盜法罪終無功効。若受灌頂依於師教。修習瑜伽威
儀法式。善能分別了達法相。故名三藏阿闍梨。方得傳斯
教也。若欲作法先自護持弟子亦爾。定知日已選擇淨地。
精華大舍間靜園林。鬼神愛樂流泉浴池。江河山澤福德之
地。堂舍亦得。如法塗摩用香水泥。隨施主力方圓大小。
四角竪幖如法莊嚴。用五色綵安火焰珠。又於珠內安置佛
頂大悲隨求尊勝。東北佛頂。東南大悲。西南隨求。西北
尊勝。又於四柱如法莊嚴。殊特妙好名吉祥幢。令百由旬
無諸衰患即成結界。風吹影拂土散水霑。罪障消亡獲大福
利。眼見耳聞普皆利濟。次復周圍懸繒旛蓋。寶扇白拂布
列位。次其於(壇法聖眾位次別在教文從師稟受)阿伽香水
妙花燈塗。飲食湯藥種種果味及餘物等。以法淨除勿令觸
穢。莊嚴若了手執香爐。右遶道場遍以觀照。不周備處重
添安排。莊嚴事畢與諸弟子。香湯洗浴著新淨衣。出外中
庭如法掃灑。香泥塗地如法莊嚴。名三昧耶壇(是與弟子及
鬼神受戒壇也)於道場外敷淨薦褥。嚴整威儀作禮三拜。面
東胡跪手執香爐。作啟請法

啟告十方一切諸佛般若菩薩金剛天等。及諸業道無量聖
賢。我今以大慈悲。乘佛 神力。召請十方盡虛空界三塗地
獄諸惡趣中。曠劫飢虛一切餓鬼。閻羅諸司天曹地府 。業
道冥官婆羅門仙。久遠先亡曠野冥靈。虛空諸天及諸眷屬
異類鬼神。唯願諸佛般 若菩薩金剛天等無量聖賢及諸業道
。願賜威光悲增護念。普願十方盡虛空界天曹地府業道冥
官。無量餓鬼多生父母。先亡久遠婆羅門仙。一切冤結負
於財命。種種類族異類鬼神各及眷屬。乘如來力。於晨朝
時(日沒時亥時諸天眾歡喜降臨作法驗爾)決定降臨。得受
如來上妙法味清淨甘露。飲食充足滋潤身田。福德智慧發
菩(提心)永離邪行歸依三寶。行大慈心利益有情。求無上
道不受輪迴諸惡苦果。常生善家離諸怖畏。身常清淨證無
上道。如是三白啟告已竟。即以香華燈塗運心。供養諸佛
般若菩薩金剛天等。無量聖 賢及諸業道。唯願慈悲降臨攝
受。微分供養禮三拜已。承迎聖眾入於壇內。右遶三市還
復面東作禮聖眾。即以香華燈塗種種法事供養次即發露己
身所有罪咎懺悔已竟。還禮聖眾。即以塗香戒度塗掌(運心
入觀)方可作法。次結破地獄印。二羽金剛拳。檀慧而相鉤
。進力竪側合。心想開地獄。三誦三掣開。

真言曰：娜謨阿瑟吒(二合)試帝南三弭也(二合)三沒馱
俱胝南唵(引)惹(二合)曩嚩婆細地哩地 哩吽

由此印呪威力故。所有諸趣地獄之門。隨此印呪豁然自
開

次結召請餓鬼印。左羽作無畏相。右羽向前竪。四度微
曲進度鉤召

真言曰：唵(引)曩迦嚧呬曳(二合)呬娑嚩(二合)賀

既召請已。普皆雲集。以愍念心讚歎慰喻。令歡喜已渴
仰於法次結召罪印。二羽金剛縛。忍願伸如針。進力曲如
鉤。召罪真言曰　唵(引)薩嚩播跛羯哩灑(二合)拏尾戍
馱曩嚩日囉(二合)薩怛嚩(二合)三摩耶吽弱(入聲)

次結摧罪印。八度內相叉　忍願如前竪　摧罪真言曰
。唵嚩日囉(二合)播抳尾娑普(二合)吒耶(一)薩嚩播野滿
馱曩(二)鉢囉(二合)謨乞叉(二合)耶(三)薩嚩播耶誐底毘
藥(二合四)薩嚩薩怛嚩(二合五)薩嚩怛他誐多(六)嚩日囉(
二合)三 摩耶(七)吽(八)怛囉(二合)吒(九)

次結定業印　二羽金剛掌　進力屈二節　禪智押二度
淨業真言曰　唵嚩日囉(二合)羯磨(一)尾戍馱野(二)薩
嚩嚩囉拏儞(三)母馱薩底曳(二合)曩(四)三摩耶 吽(五)

次結懺悔滅罪印　二羽金剛縛　進力屈二節　禪智押
二度　懺悔真言曰　唵薩嚩播跛(一)尾娑普(二合)吒(二)

）那賀曩（三）嚩日囉（二合）野（四）娑嚩（二合）賀
諸佛子等既懺悔已
百劫積集罪　一念頓蕩除　如火焚枯草　滅盡無有餘
次結妙色身如來施甘露印即以左羽轉腕向前。力智作聲
施甘露真言曰　曩謨素嚕播耶（一）怛他誐哆野（二）怛儞也
（二合）他唵（引四）素嚕素嚕（五）鉢囉（二合）素嚕（六）鉢囉
（二合）素嚕（七）娑嚩（二合）賀（八）
誦真言時。想於忍願上有一鑁字。流出般若甘露法水。
彈洒空中。一切餓鬼異類鬼神普得清涼。猛火息滅。身田
潤澤離飢渴想
次結開咽喉印。左羽想持蓮花。右羽忍禪彈作聲。隨誦
而彈之。開咽喉真言曰　曩謨婆誐嚩帝（一）尾補攞誐怛囉（
二合）野（二）怛他誐多野（三）
語諸佛子。今與汝等作印呪已。咽喉自開。通達無礙離
諸障難
諸佛子等。我今為汝稱讚如來吉祥名號。能令汝等永離
三塗八難之苦。常為如來真淨弟子
南無寶勝如來（若有大眾一時為稱）
諸佛子等。若聞寶勝如來名號。能令汝等塵勞業火悉皆
消滅
南無離怖畏如來（准前為稱下皆例此）
諸佛子等。若聞離怖畏如來名號。能令汝等常得安樂。
永離驚怖清淨快樂
南無廣博身如來
諸佛子等。若聞廣博身如來名號。能令汝等餓鬼針咽業
火停燒清涼通達。所受飲食得甘露味
南無妙色身如來
諸佛子等。若聞妙色身如來名號。能令汝等不受醜陋。
諸根具足相好圓滿殊勝端嚴。天上人間最為第一
南無多寶如來
諸佛子等。若聞多寶如來名號。能令汝等具足財寶。稱
意所須受用無盡
南無阿彌陀如來

諸佛子等。若聞阿彌陀如來名號。能令汝等往生西方極
樂世界。蓮花化生入不退地
南無世間廣大威德自在光明如來
諸佛子等。若聞世間廣大威德自在光明如來名號。能令
汝等獲得五種功德。一者於諸世間最為第一。二者得菩薩
目端嚴殊勝。三者威德廣大超過一切外道天魔。如日照世
。顯於大海。功德巍巍。四者得大自在所向如意。似鳥飛
空而無阻礙。五者得大　堅固智慧光明。身心明徹如瑠璃珠
。諸佛子等。此七如來以誓願力。拔濟眾生永離煩　惱。脫
三塗苦安隱常樂。一稱其名千生離苦證無上道
次與汝等歸命三寶
歸依佛兩足尊歸依法離欲尊歸依僧眾中尊（三說）
汝等佛子歸依佛竟歸依法竟歸依僧竟（三說）
汝依三寶故如法堅護持
次為汝等發菩提心。汝等諦聽。作金剛掌忍願如蓮葉。
以印心上。真言曰　唵（引）冐地唧多（一）母怛跛（二合二）
娜野弭（三）
今為汝等發菩提心竟諸佛子等當知。菩提心者從大悲起
。成佛正因智慧根本。能破無明煩惱惡業不被染壞
次為汝等受三昧耶戒印。以二羽縛忍願申如針。真言曰
唵（引）三昧耶薩怛鑁（二合）
今為汝等受三昧耶戒竟。從今已去。能令汝等。入如來
位。是真佛子。從法化生　得佛法分
次結無量威德自在光明如來印左羽想持器。右羽彈忍禪
。想於左羽掌中有一鑁字　。流出種種無量甘露法食。即誦
施食真言曰　唵（引）薩嚩怛他誐多（一）嚩路枳帝鑁（二）婆
囉婆囉（三）三婆囉三婆囉（四）吽（五）
語諸佛子。今與汝等作印呪已。變此一食為無量食。大
如須彌。量同法界終無能盡
復以前印誦此真言曰　曩謨三滿多沒馱喃鑁（一）
語諸佛子。今與汝等作印呪已。由此印呪加持威力。想
於印中流出甘露成於乳海。流注法界普濟汝等一切有情。
充足飽滿。是時行者即以右羽持甘露器。面向東立瀉於壇

前(或淨地上或大石上或所淨瓦盆亦名盂蘭盆生臺亦得)或泉池江海長流水中。不得瀉於石榴桃樹之下。鬼神懼怕不得食之。若聖眾壇中明王諸天。若施飲食(置生臺上是本法也)若供養諸佛聖眾。於上五更晨朝日出是供養時。若鬼神法當於人定子時亦得(人定最上)本阿闍梨法。若於齋時盡於一日。但加持飲食水等布施。飛空鳥獸水族之類。不揀時節但用施之。若作餓鬼施食之法當於亥時是施食時。若於齋時施餓鬼食者。徒設功勞終無効也。不是時節妄生虛誑。鬼神不得食也。不從師受自招殃咎。成盜法罪

諸佛子等。雖復方以類聚。勿以嗔恨。然我所施一切無礙。無高無下平等普遍不擇冤親。今日勿得以貴輕賤。倚強凌弱擁遏孤幼。令不得食。使不均平。越佛慈濟。必須互相愛念。猶如父母一子之想。語諸佛子。汝等各有父母兄弟姊妹妻子眷屬善友親戚。或有事緣來不得者。汝等佛子慈悲愛念。各各賫持飲食錢財物等。遞相布施充足飽滿。無有乏少令發道意。永離三塗長越四流。當捨此身速超道果。又為汝等將此淨食分為三分。一施水族令獲人空。二施毛群令獲法寂。三施他方稟識陶形。悉令充足獲無生忍

次結普供養印作金剛合掌置印當心真言　唵(引)誐誐曩三婆嚩嚩日囉(二合)斛

諸佛子等從來所受飲食。皆是人間販鬻生命。酒脯錢財血肉腥膻葷辛臭穢。雖復受得如是飲食。譬如毒藥損壞於身。但增苦本。沈淪苦海。無解脫時。我某甲依如來教精誠罄捨。設此無遮廣大法會。汝等今日遇茲勝善戒品霑身。於過去世廣事諸佛。親近善友供養三寶。由此因緣值善知識發菩提心。誓願成佛不求餘果。先得道者遞相度脫。又願汝等晝夜恒常。擁護於我滿成所願。以此施食所生功德。普將迴施法界有情。共諸有情同將此福。

盡皆迴施無上菩提一切智智。勿招餘果願速成佛

次結奉送印。二羽金剛拳。進力二相鉤。隨誦而掣開。金剛解脫真言曰

唵(引)嚩日囉(二合)穆乞叉(二合)穆

佛告阿難若當來世。苾芻苾芻尼烏波索迦烏波斯迦。每於晨朝或於齋時及一切時。常以此法及諸真言七如來名。加持飲食施諸餓鬼等修行者當於齋時及一切時。為諸餓鬼及餘鬼神出於飲食盛淨器內。俟於人定加持。布施無量餓鬼及餘鬼神(一切時者 但有淨食未曾受用留取布施)便能具足無量福德。則同供養百千俱胝如來功德等無差別。壽命延長增益色力善根具足。一切非人夜叉羅剎。諸惡鬼神不敢侵害。又能成就無量威德。若欲能施諸餓鬼等婆羅門仙閻羅所司業道冥官及諸鬼神先亡久遠等。以淨飲食滿盛一器。作前印呪投於淨流水中。如是作已即為天仙美妙飲食。供養俱胝恒河沙數餓鬼婆羅門仙閻羅所司業道冥官及諸鬼神先亡久遠等。得加持食印呪威力。各成就根本所願諸善功德。各各同時發誓願言。呪願施主壽命延長福德安樂。又令其人心所見聞。正解清淨具足善根。速證無上正等菩提。又同供養百千恒河沙如來功德等無有異。一切冤讎不能侵害。若苾芻苾芻尼烏波索迦烏波斯迦。若欲供養佛法僧寶。應以香花燈塗上妙飲食。以前印呪加持奉獻諸佛菩薩一切賢聖歡喜讚歎種種功德。恒為諸佛憶念稱讚。諸天善神常來擁護。是人即為滿足檀波羅蜜。佛告阿難汝隨我語。如法修行廣宣流布。令諸短命薄福眾生。普得見聞常修此法。壽命延長福德增長。是時佛說為阿難及救拔焰口餓鬼一切眾生陀羅尼經。以是名字汝當奉持。一切大眾及阿難等。聞佛所說一心信受歡喜奉行

瑜伽集要救阿難陀羅尼焰口軌儀經

《瑜伽集要焰口施食儀》CBETA 電子版
版本記錄: 1.3
完成日期: 2002/11/04
發行單位: 中華電子佛典協會 (CBETA) cbeta@ccbs.ntu.edu.tw
資料底本: 大正新脩大正藏經 Vol. 21, No. 1320

No. 1320

瑜伽集要焰口施食儀

夫欲遍供普濟者。虔懇至誠嚴飾道場。隨力備辦香花。供養飲食淨水等已。依位敷坐竟。歸依上師三寶發菩提心云歸依上師　歸依佛　歸依法　歸依僧

我今發心。不為自求人天福報。聲聞緣覺乃至權乘諸位菩薩。唯依最上乘發菩提心。願與法界眾生。一時同得阿耨多羅三藐三菩提(三白已。用右手無名指。搵取香水塗二手掌。表敬仰故。無壇略作詳之可見。或加不空羂索經內真言。淨水塗掌時。念淨手真言曰)

唵啞穆渴拶辣彌麻迎蘇嚕蘇嚕莎訶

默念大輪明王呪(七遍。其呪印者。甘露軍茶利菩薩念誦儀云。二手內相叉。直竪二頭指相並。以二中指纏二頭指初節前。各頭相拄。二大指並伸直。結印當心誦呪曰)

捺麻斯得哩三合野(一)脫夷二合葛喃(二)薩哩斡二合怛塔葛達喃(三)唵(四)微囉積(五)微囉積(六)麻訶拶葛囉二合(七)斡資哩二合斡資哩二合(八)薩怛薩怛(九)薩囉諦(十)薩囉諦(十一)得囉二合夷(十二)得囉二合夷(十三)微馱麻尼(十四)三攀拶納襧(十五)得囉二合麻襧的(十六)席塔訖哩二合得蘭二合顏席提脫夷二合莎訶(十七)

(雜呪經云。誦此陀羅尼三七遍。即當入一切曼拏羅。所作皆成。阿閦如來念誦法云。安印於心誦一七遍。猶誦此真言。如再入壇輪。失念破三昧。菩薩與聲聞。身口二律儀。四重五無間。是等諸罪障。悉皆得清淨。此補文中。須依師授則可矣)

眾等發廣大心(即應潔淨身心。虔懇苦禱歸依三寶。南無佛南無法南無僧。我今發廣大心。不為自求人天福報。緣覺聲聞乃至權乘諸位菩薩。唯依最上乘發菩提心。願與法界眾生。一時同得阿耨多羅三藐三菩提。即召請三寶云)

一心奉請十方遍法界微塵剎土中諸佛法僧。金剛密跡衛法神王。天龍八部婆羅門仙一切聖眾。唯願不違本誓。憐愍有情降臨道場(眾等和香花請)

印現壇儀(據建壇儀云。若無壇佛。應結纔發意轉法輪菩薩印。印現壇儀。千手眼修行儀云。二手各作金剛拳。進力檀慧相鉤。誦真言曰)

唵斡資囉二合揢械囉二合吽(一)揢(二)吽(三)啷(四)斛(五)

(以印置身前。即遍虛空界成大曼拏羅。今應隨宗。想滿虛空界五部主伴等忽爾明現。此當文中建壇請聖已。舉三十五佛般若心經七支加行畢。首座秉爐胡跪白佛)

南無歸依十方盡虛空界一切諸佛

南無歸依十方盡虛空界一切尊法

南無歸依十方盡虛空界一切賢聖僧

南無如來應供正遍知明行足善逝世間解無上士調御丈夫天人師佛世尊

南無釋迦牟尼佛

南無金剛不壞佛

南無寶光佛

南無龍尊王佛

南無精進軍佛

南無精進喜佛

南無寶火佛

南無寶月光佛

南無現無愚佛

南無寶月佛

南無無垢佛
南無離垢佛
南無勇施佛
南無清淨佛
南無清淨施佛
南無娑留那佛
南無水天佛
南無堅德佛
南無栴檀功德佛
南無無量掬光佛
南無光德佛
南無無憂德佛
南無那羅延佛
南無功德花佛
南無蓮華光遊戲神通佛
南無財功德佛
南無德念佛
南無善名稱功德佛
南無紅炎帝幢王佛
南無善遊步功德佛
南無鬪戰勝佛
南無善遊步佛
南無周匝莊嚴功德佛
南無寶華遊步佛
南無寶蓮華善住娑羅樹王佛
南無法界藏身阿彌陀佛

如是等一切世界諸佛世尊常住在世。是諸世尊當慈念我。若我此生若我前生。從無始生死已來所作重罪。若自作若教他作見作隨喜。若塔若僧若四方僧物。若自取若教他取見取隨喜。五無間罪。若自作若教他作見作隨喜。十不善道。若自作若教他作見作隨喜。所作罪障或有覆藏或不覆藏。應墮地獄餓鬼畜生諸餘惡趣。邊地下賤及篾戾車如是等處。所作罪障今皆懺悔。今諸佛世尊。當證知我當憶念我。我復於諸佛世尊前。作如是言。若我此生若我餘生。曾行布施或守淨戒。乃至施與畜生一摶之食。或修淨行所有善根。成就眾生所有善根。修行菩提所有善根。及無上智所有善根。一切合集校計籌量。皆悉回向阿耨多羅三藐三菩提。如過去未來現在諸佛所作回向。我亦如是回向

眾罪皆懺悔　　諸佛盡隨喜
及諸佛功德　　願成無上智
去來現在佛　　於眾生最勝
無量功德海　　我今歸命禮
所有十方世界中　　三世一切人師子
我以清淨身語意　　一切遍禮盡無餘
普賢行願威神力　　普現一切如來前
一身復現剎塵身　　一一遍禮剎塵佛
於一塵中塵數佛　　各處菩薩眾會中
無盡法界塵亦然　　深信諸佛皆充滿
各以一切音聲海　　普出無盡妙言詞
盡於未來一切劫　　讚佛甚深功德海
以諸最勝妙華鬘　　伎樂塗香及傘蓋
如是最勝莊嚴具　　我以供養諸如來
最勝衣服最勝香　　末香燒香與燈燭
一一皆如妙高聚　　我悉供養諸如來
我以廣大勝解心　　深信一切三世佛
悉以普賢行願力　　普遍供養諸如來
我昔所造諸惡業　　皆由無始貪嗔癡
從身語意之所生　　一切我今皆懺悔
十方一切諸眾生　　二乘有學及無學
一切如來與菩薩　　所有功德皆隨喜
十方所有世間燈　　最初成就菩提者
我今一切皆勸請　　轉於無上妙法輪
諸佛若欲示涅槃　　我悉至誠而勸請
唯願久住剎塵劫　　利樂一切諸眾生
所有禮讚供養福　　請佛住世轉法輪
隨喜懺悔諸善根　　回向眾生及佛道
願將以此勝功德　　回向無上真法界
性相佛法及僧伽　　二諦融通三昧印
如是無量功德海　　我今皆悉盡回向
所有眾生身口意　　見惑彈謗我法等
如是一切諸業障　　悉皆消滅盡無餘
念念智周於法界　　廣度眾生皆不退
乃至虛空世界盡　　眾生及業煩惱盡

如是四法廣無邊　　願今回向亦如是

啟告十方一切諸佛。般若菩薩金剛天等。及諸業道無量聖賢。我今(某甲)以大慈悲乘佛神力。召請十方盡虛空界。三塗地獄諸惡趣中。曠劫飢虛一切餓鬼。閻羅諸司天曹地府。業道冥官婆羅門仙。久遠先亡曠野冥靈。虛空諸天及諸眷屬異類鬼神。唯願諸佛般若菩薩金剛天等。無量聖賢及諸業道。願賜威光悲增護念。普願十方盡虛空界。天曹地府業道冥官。無量餓鬼多生父母。先亡久遠婆羅門仙。一切冤結負於財命。種種類族異類鬼神各及眷屬。乘如來力於此時中決定降臨。得受如來上妙法味。清淨甘露飲食充足。滋潤身田福德智慧。發菩提心永離邪行。歸敬三寶行大慈心。利益有情求無上道。不受輪迴諸惡苦果。常生善家離諸怖畏。身常清淨證無上道(如是三白)

運心供養(蘇悉地羯羅供養法下卷中說。運心供養者。想水陸諸華無主所攝。遍滿十方盡虛空界。及與人天妙塗香雲。燒香燈明幢幡傘蓋。種種鼓樂歌舞妓唱。真珠羅網懸諸寶鈴。華鬘白拂微妙磬鐸。矜羯尼網如意寶樹。衣服之雲。天諸厨食上妙香美。種種樓閣寶柱莊嚴。天諸嚴身頭冠瓔珞。如是等雲。行者運心想滿虛空。以志誠心如是供養。最為勝妙。依法誦此真言及作手印。如上所想供養悉皆成就。真言曰)

那麻薩哩幹二合答塔葛的毘牙二合月說穆契毘牙二合唵引薩哩幹二合引塔龕烏忒葛二合的斯發二合囉納兮慢葛葛捺龕莎訶

(誦之七遍。其手印相。兩手相叉合掌。以右壓左置於頂上。凡作供養應具此法。及奉瑜伽皆依真言手印。持誦成就及以運心。合掌置頂。方成圓滿供養之法運心已云)

三寶施食(將奉三寶施食。先結三尖印。禪押施度頭。戒忍進疎伸。誦真言)

唵引幹資囉二合拽屹徹二合吽

(念此真言三七遍。想三指尖出大火光。手動似扇遍諸魔已。誦變空呪)

唵(一)莎發幹秫塔(二)薩哩幹二合塔哩麻二合(三)莎發幹秫徒欣(四)

(誦此三遍。想食器皆空。於其空處想大寶器滿成甘露誦)

唵引啞吽(二七遍攝受成智甘露)

(即結奉食印。仰二手二掌。向前側相著。二無名指頭側相著。微屈二頭指博著中指側。二大指博著頭指側。小似掬水相。誦奉食呪)

唵引啞葛嚕穆看薩哩幹二合塔哩麻二合喃啞牒耶引二合奴忒二合班納奴忒唵啞吽發吒莎訶

(想諸佛聖眾。遍奉受用生歡喜心。求索願事必蒙允許。或廣迎聖入壇。委伸供讚已然後施食。即以香華燈塗種種供養畢。默念奉食偈)

我今奉獻甘露食　　量等須彌無過上
色香美味遍虛空　　上師三寶哀納受
次供顯密護神等　　後及法界諸有情
受用飽滿生歡悅　　屏除魔礙施安寧
今辰施主眷屬等　　消災集福壽延長
所求如意悉成就　　一切時中願吉祥

眾等念三寶讚

世尊大慈妙莊嚴　　明解圓滿一切智
能施福慧如大海　　於諸如來我讚禮
自性本體離諸欲　　能依此行脫惡趣
以為甚深玄妙理　　於諸妙法我讚禮
解脫道中勝解脫　　持淨戒行堪恭敬
勝妙福田生勝處　　於彼大眾我讚禮

次入觀音定(即入觀自在菩薩三摩地。閉目澄心觀想自身。圓滿潔白猶如淨月。在心淨月上想[illegible]字放大光明。其字變成八葉蓮華。於華臺上有觀自在菩薩。相好分明。左手持蓮華。右手作開敷葉勢。是菩薩作是思惟。一切有情身中。各具有此覺悟之華。清淨法界不染煩惱。於蓮華八葉上。各有如來入定跏趺而坐。面向)

[illegible]

(觀自在菩薩。項佩圓光身如金色光明晃耀。想此八葉蓮華。漸舒漸大量等虛空。即作如是思惟。以此覺華照觸如來海會。願成廣大供養。若心不移此定。則於無邊有情深起悲愍。以此覺華蒙照觸者。於諸苦惱悉得解脫等同觀自在菩薩相好。即想蓮華漸漸收斂量等己身。則結觀自在菩薩印加持四處。所為心額喉頂。每於印處成唵哩字。其印以二手外相叉。二頭指相拄如蓮華葉。二大指並竪。即誦觀自在菩薩真言曰)

次入觀音三摩地　　澄心閉目觀心中
圓滿皎潔淨月上　　字種放光成蓮華
華中有一觀自在　　相好具足無比對
左手執持妙蓮華　　右手於葉作開勢
菩薩思惟有情身　　各具覺悟之蓮華
清淨法界無惑染　　八葉各有一如來
如來入定跏趺坐　　各各面向觀自在
項佩圓光身金色　　光明朗照極晃耀
次想其華漸舒大　　其量周遍虛空界
思彼覺華照法界　　如來海會供廣大

心若不移於此定　　憐愍一切諸眾生
覺華蒙照脫苦惱　　便同菩薩觀自在
蓮華漸收同己量　　復結自在觀音印
加持四處誦密言　　自身亦等觀自在

唵引幹資囉二合塔囉麻二合紇哩二合

(由結此印誦真言。加持心額喉頂故。即自身等同觀自在菩薩。正入定時念讚歎)

次結破地獄印(二羽金剛拳。檀慧兩相鉤。進力竪側合。心想開地獄。三誦三掣開。真言曰)

那麻阿瑟吒二合瑟吒二合攝諦喃三藐三勃塔俱胝喃唵引撮引辣引納嚩婆細提哩提哩吽

(此破地獄印呪。出破阿毘地獄智炬陀羅尼經。又准滅惡趣王本續說。從印流出火光。口誦神呪。口出無量火光。心月輪上。紅色字放赤色火光。三光同照阿毘地獄等。三誦三掣關鎖自開。所有罪人悉皆得出。此舉難破偏云地獄。若准下文。理應光照通餘五趣。意令專注故。偏舉此)

(由此印呪威神力故。所有諸趣地獄之門。隨此印呪豁然自開)

一心奉請。眾生度盡方證菩提。地獄未空誓不成佛。大聖地藏王菩薩摩訶薩。唯願不違本誓憐愍有情。此夜今時來臨法會(大眾和香花請)

一心奉請。法界六道十類孤魂。面然所統薜荔多眾。塵沙種類依草附木。魑魅魍魎滯魄孤魂。自他先亡家親眷屬等眾。唯願承三寶力仗祕密言。此夜今時來臨法會(如是三請)

次結召請餓鬼印(左羽作無畏相。右羽向前。竪四度。微曲進度鉤召。真言曰)

唵即納即葛移希曳二合歇莎訶

(今此印呪。出焰熾餓鬼母本續。自身想觀自在菩薩。心月輪上想紅色字印及字母。流出光明照彼罪人。口誦神呪隨光來至行者面前。大衆讚善安慰云)

既召請已普皆雲集。以慇念心讚歎慰喻。令歡喜已渴仰於法

善來諸佛子　　曾結勝緣故
今遇此嘉會　　勿得生憂怖
一心渴仰法　　不出於此時
戒品而霑身　　速令離苦趣

(既至道場遶佛三匝。投身布禮至回向已。還禮聖衆退坐一面。從壇東門至於南門地獄衆居。復從南門至西南隅餓鬼衆居。自西南隅至於西門畜生趣居。自西門起至西北隅人趣宮室。從西北隅至北方門脩羅所居。自北方門遶至東門天衆居位。或無壇室。自上至下勝劣居之亦得。重坐色印。如開合錄說)

次結召罪印(二羽金剛縛。忍願伸如針。進力曲如鉤。召罪真言曰)

唵引薩哩斡二合巴鉢(一)羯哩二合沙孥二合(二)月戍馱納(三)斡資囉二合薩埵(四)薩麻耶(五)吽(六)揆(七)

(此上印呪出鉤罪經。自身成觀自在菩薩。心月輪上想。白色字出鉤火光。口誦心密言。鉤攝一切有情三惡趣業。并自身三惡趣業。黑色如雲霧。衆罪召入掌變成諸鬼形。又金剛頂瑜伽念誦法云。於進力度端各想有一字。以鉤拽彼自他身中所有罪障。誦密語已。想彼罪形如鬼黑色髮竪。即以二羽諸度各齊。想鉤入掌內以進力二度鉤。想彼罪令入掌中)

次結摧罪印(八度內相叉。忍願如前竪。摧罪真言曰)

唵斡資囉二合巴尼月斯普二合吒耶薩哩斡二合阿巴耶班塔拏尼(二)不囉二合穆恰耶(三)薩哩斡二合阿巴耶葛諦毘藥二合(四)薩哩斡二合薩埵喃(五)薩哩斡(二合)答塔葛達(六)斡資囉二合三麻耶(七)吽(八)怛囉二合吒(九)

(今此印呪出鉤罪經。身想觀音。或准鉤罪經。自身想成四面八臂青色觀音。正面青色右面黃色。左面綠色後面紅色。二手結摧罪印。右第二手持杵。第三手箭。第四手劍。左第二手鉤。第三手弓。第四手羂索。身出火光。蓮華日輪上坐。足踏烏麻怖畏。如是想已。心月輪上想青色字。出光照前罪業相應。將忍願三拍。摧前眾罪形。口誦狀密言。罪相悉摧盡令滅無有餘。又金剛頂瑜伽念誦法云。於願度端想一答囉二合字。忍度端想一吒字。復於字上想生火焰。夾取彼罪誦摧罪呪。誦密語已用力撚之。如彈指法左上右下。或准金剛頂經。身作降三世印觀獨股杵。厲聲念真言。忍願應三拍。約文中云。業報有二。業中復有現行種子成就。現行中有定不定。今此印中滅不定業也)

次結定業印(二羽金剛掌。進力屈二節。禪智押二度。定業真言曰)

唵斡資囉二合葛哩麻二合(一)月束塔耶(二)薩哩斡二合阿哄囉拏儞(三)菩塔薩底曳二合納(四)三麻耶吽(五)

(此上印呪出不動本續。有十二種諸佛不通懺悔定業印。文云。手結定業印。自身想觀自在菩薩。心月輪上想一青色嚩哩二合字出光。口誦心密言照前諸鬼等。所有諸佛不通懺悔之業。并自身三惡趣業。轉重為輕。重即定業。此中轉滅龜重決定業故。已上二印。淨現行竟。輕微種子滅罪印除)

次結懺悔滅罪印(二羽金剛縛。進力屈二節。禪智押二度)

唵薩哩斡二合巴鉢(一)月斯普二合吒(二)怛賀納(三)斡資囉二合耶(四)莎訶

(此出滅惡趣王本續云。自心月輪上。想白色嚩哩二合字出光遍照法界一切有情。并前輕業悉皆消滅。此中正滅輕微種子之業。上來召請。至此通滅罪障。向下甘露開咽喉。共除報障加持。已云)

諸佛子等既懺悔已

百刧積集罪　　一念頓蕩除

如火焚枯草　　滅盡無有餘

次結妙色身如來施甘露印(或云施清涼印。即以左羽轉腕向前。力智作聲。施甘露真言曰)

那麻蘇嚕巴耶(一)答塔葛達耶怛牒塔(三)唵(四)酥嚕酥嚕(五)鉢羅二合酥嚕(六)鉢囉二合酥嚕(七)莎訶

(誦真言時。想於忍度上有一鑁字。流出般若甘露法水。彈洒空中一切餓鬼異類鬼神。普得清涼猛火息滅。身田潤澤離飢渴想。此出月密明點本續。并須嚕巴本續云。自身想觀自在菩薩心月輪上。想白色字。出光照前諸鬼神等。并忍度上有一月輪。上想鑁字。流出般若智甘露水。力智彈洒至空中時。如細雨而下著鬼神身上。猛火息滅普得清涼。離飢渴想滅心報障之業)

次結開咽喉印

唵那謨發葛哷諦(一)月補辣葛得囉二合耶(二)答塔葛達耶(三)

(此廣博身如來開咽喉印。依唧怛哩法師說。師是加行位菩薩知之。自身想觀自在菩薩。心月輪上想一白色字出光照前鬼神等。手結施清涼印。口誦心密言。并忍禪開左手蓮花時。想鬼神等咽喉。自開通達無礙。便得出聲接得名號。隨聞記云。右禪度上想一月輪。輪上想一白色阿字。流出般若甘露法水。以忍禪彈時左手。蓮花開拆甘露滿中想諸鬼神咽隔開通清涼潤澤無所障礙)

語諸佛子。今為汝等作印呪已。咽喉自開。通達無礙。離諸障難。諸佛子等。我今為汝稱讚如來吉祥名號。能令汝等永離三塗八難之苦。常為如來真淨佛子

南無寶勝如來(次與鬼神同稱聖號。若有大眾一切同稱)

(二羽金剛掌。六度內相叉。進力頭相拄。禪智側竪立)

那謨囉怛訥二合怛囉耶答塔葛達耶

諸佛子等。若聞寶勝如來名號。能令汝等塵勞業火悉皆消滅

南無離怖畏如來(右羽胸前竪。忍禪指相捻。掌覆指垂下。左掌向上振)

那謨微葛怛得囉二合納耶答塔葛達耶

諸佛子等。若聞離怖畏如來名號。能令汝等常得安樂。永離驚怖清淨快樂

南無廣博身如來(左羽曲如拳。力智對肩彈。右羽金剛拳。進禪對胸彈)

那謨發葛哷諦(一)月補辣葛得囉二合耶答塔葛達耶(二)

諸佛子等。若聞廣博身如來名號。能令汝等餓鬼針咽。業火停燒清涼通達。所受飲食得甘露味

南無妙色身如來(左羽竪胸前。力智指相捻。右羽曲舒展。手掌皆仰下)

那謨蘇嚕八耶答塔葛達耶

諸佛子等。若聞妙色身如來名號。能令汝等不受醜陋。諸根具足相好圓滿殊勝端嚴天上人間最為第一

南無多寶如來(雙羽虛合掌胸前蓮華狀)

那謨波虎囉怛納二合耶答塔葛達耶

諸佛子等。若聞多寶如來名號。能令汝等具足財寶。稱意所須受用無盡

南無阿彌陀如來(右羽壓左禪智相拄)

那謨阿彌怛婆耶答塔葛達耶

諸佛子等。若聞阿彌陀如來名號。能令汝等往生西方極樂淨土。蓮華化生入不退地

南無世間廣大威德自在光明如來

(右羽曲仰拳。忍禪度相彈。左掌仰上五指舒。誦密呪)

那謨盧迦委斯諦二合吟捺二合弟唧說囉不囉二合發耶答塔葛達耶

諸佛子等。若聞世間廣大威德自在光明如來名號。能令汝等獲得五種功德。一者於諸世間最為第一。二者得菩薩身端嚴殊勝。三者威德廣大超過一切外道天魔。如日照世顯於大海。功德巍巍。四者得大自在所向如意。似鳥飛空而無阻礙。五者得大堅固智慧光明。身心明徹如瑠璃珠

諸佛子等。此七如來以誓願力。拔濟眾生永離煩惱。脫三塗苦安隱常樂。一稱其名千生離苦證無上道(稱讚七佛由二益故。一則總能除滅諸業報障。二乃莊嚴彼等令成法器也)

次與汝等歸依三寶(即以二手虛心合掌。意想佛前作禮受戒云)

歸依佛兩足尊　　歸依法離欲尊

歸依僧眾中尊

汝等佛子。歸依佛竟歸依法竟歸依僧竟

歸依三寶故　　如法堅護持

自離邪見道　　是故志心禮

次結三寶印(左羽作拳。相竪力度當胸。右手握力度。心想誦真言)

唵婆重呼

次與汝等發菩提心。汝等諦

次結發菩提心印(二手金剛掌。忍願如蓮花。以印於心上。應起三心四願。或自發菩提心。發願文云)

南無佛南無法南無僧。我今發心。不為自求人天福報。緣覺聲聞乃至權乘諸位菩薩。唯依最上乘發菩提心。願與法界眾生。一時同得阿耨多羅三藐三菩提(三說)

今所發覺心　　遠離諸性相
蘊處及界等　　能取所取執
諸法悉無我　　平等如虛空
自心本不生　　空性圓寂故
如諸佛菩薩　　發大菩提心
我亦如是發　　是故志心禮

(前偈三說。誦發菩提心真言曰)

唵補提節答(一)沒怛巴二合(二)達野弭(三)

(心想月輪。皎潔淨無瑕翳。放光照諸鬼神。口誦密言。想前鬼神得菩提戒。或想阿字遍入身心。亦得云)

今與汝等發菩提心竟。諸佛子等當知菩提心者從大悲起。成佛正因智慧根本。能破無明煩惱惡業不被染壞

次與汝等受三昧耶戒(既成大器。堪受寶戒三昧耶者。准大樂金剛三昧經云。三昧名為本誓。亦名時亦名期契亦名曼茶羅。乃異名也。故有四種。一大。二三昧耶。三法。四羯磨。曼茶羅者此四總攝一切曼茶羅。又三昧耶。亦四智印。即大智印三昧耶智印法智印羯磨智印。又神變義釋云。三昧耶者。是平等義是本誓義。是除障義是警覺義。言平等者謂如來現證此三昧時。一切眾生種種身語意。皆悉與如來等。禪定智慧與實相身。亦畢竟等。初發心時與地波羅密滿時。亦畢竟等。是故出誠諦言以告眾生。若我所言必定不虛者。亦令一切眾生。發此忱諦之言時。亦蒙三密加持。無盡莊嚴與如來等。以是因緣故能作金剛事業。故名三昧耶也。言本誓者。如來現證此三昧時。見一切眾生悉有成佛義故。即將立大誓願。我今要從普門以無量方便。令一切眾生皆至無上菩提。剸眾生界未盡已來。我之事業終不休息。若有眾生隨我本誓。發此忱實言時。亦令彼所為事業。皆悉成金剛性。故名三昧耶也。言除障者。如來見一切眾生悉有如來法界。但由一念無明故。常在其前而不覺知。是故發誠實言。我今要當設種種方便。普為一切眾生決除眼膜若我誓願必當成就者。令諸眾生隨我方便。說此忱實言時。乃至於一眾生獲無垢眼障蓋都盡。故名三昧耶也。言警覺義者。如來以一切眾生皆在無明睡故。於如是功德不自覺知。故以誠言感動令得醒悟。亦以此警覺。諸菩薩等今發起禪定窟。學師子頻伸三昧。若直言行人說此三昧耶者。我等諸佛。亦當憶持本誓不得違越。猶如國王自制法已。遂自敬順行之。故名三昧耶也。具如是等廣大甚深微妙義。故名三昧耶也)

次結三昧耶印(二羽金剛縛。忍願伸如針。誦真言曰)

唵三摩耶薩埵鑁

(據本文意無別觀想。但如印呪自成受戒。如金剛頂經說。若誦此呪一遍。如入壇輪證三摩提。一切善法皆悉滿足。三聚淨戒俱時圓滿。身仝普賢坐大月輪。一切諸佛憶昔本誓觀察護念。設有人曾受佛戒。惡心破毀不復清淨者。若誦此呪一七遍已。破戒罪垢悉得清淨。一切戒品還得如故。一切壇法未經師受。誦呪七遍即許行作不成盜法。或准神變經及義釋中。以離念觀智乃當意密。即神變經云。若族姓子住是戒者。當以身語意合而為一。義釋三解。一是共緣共成此戒之義。所謂以方便等之所集成故。二是平等義。佛以三業合為一者。即是住平等法門。是故得名三世無障礙智戒也。令此持明略戒。若行人三業方便。悉皆正順三平等處。當知即具一切諸佛律儀也。三裂諸相網。是住此實相平等法界本性戒時。無量三業皆同一相。諸見相網皆悉除滅。是故得名住無戲論金剛戒也。或闕上深信解者。擬加想念。如隨聞記文云。若付戒時。印中想有白色鑁字。放大光明普

照所請一切有情。彼諸有情蒙光照。及三世諸佛戒波羅蜜一時圓滿。法界善法想為光明。流光灌頂貯彼身中。身仝普賢坐大月輪。紹諸佛職為佛嫡子)

今與汝等受三昧耶戒竟。從今已去能令汝等入如來位。是真佛子。從法化生得佛法分

次結無量威德自在光明如來印(左手想持器隨聞記云。想字有據作。如字理甚允當思之。右羽彈忍禪想於左羽掌中有一鑁字。流出種種無盡甘露法食印。說施食真言曰)

唵薩哩斡二合答塔葛達(一)阿哴盧揭諦鑁(二)婆囉婆囉(三)三婆囉三婆囉(四)吽(五)

語諸佛子。今為汝等作印呪已。變此一食為無量食。大如須彌量同法界終無能盡

復結前印誦乳海真言

那麻薩鬘答勃塔喃鑁

語諸佛子。今為汝等作印呪已由此印呪加持威力。想於印中流出甘露成於乳海。流注法界普濟汝等。一切有情充足飽滿(前呪印中。流多物食增此成廣。此乳海呪。唯流甘露通濟六道。詳此二呪意通廣略。廣則雙用。即是此文。略唯用前故有略儀。隨文記意。前呪七遍增成廣大。記句甘露。後呪三七遍流智甘露。與記不二理亦可通。此後可入障施鬼施食。或名一彈指施食。先洗漱口。甲中食氣及施器中食器氣。或未經用淨器內。滿盛淨水已。展右手)

誦障施鬼真言

唵啞吽拶辣彌擔薩哩斡二合不哩二合的毘牙二合莎訶

(呪一遍或七遍。障施鬼等飽滿懽喜。彈指一下。是時行者即以右羽持甘露器。面向東立瀉於壇前。或淨地上或於石上或新淨瓦盆。亦名于蘭盆。生臺亦得。或泉池江海長流水中。不得瀉於石榴桃樹之下。鬼神懼怕不得食之。若聖眾壇中明王諸天。若施飲食置生臺上。是本法也。若供養諸佛聖眾。於上五更晨朝日出。是供養時。若鬼神法於人定時。子時亦得。本人定時。阿闍梨法。若於齋時盡於一日。但加持飲食水等。布施飛空鳥獸水族之類。不揀時節但用施之。若作餓鬼施食之法。當於亥時。若於齋時施餓鬼食者。徒設功勞終無効也。不是時節妄生虛誑。鬼神不得食也。不

從師受自招殃咎成盜法罪)

諸佛子等。雖復方以類聚物以群分。然我所施一切無礙。無高無下平等普遍不擇冤親。今日勿得以貴輕賤以強凌弱。擁遏孤幼令不得食。使不均平越佛慈濟。必須互相愛念。猶如父母一子之想。語諸佛子。汝等各有父母兄弟姊妹妻子眷屬善友親戚。或有事緣來不得者。汝等佛子慈悲愛念。各各齎持飲食錢財物等。遞相布施充足飽滿。無有乏少令發道意。永離三塗長越四流。當捨此身速超道果。又為汝等將此淨食分為三分。一施水族令獲人空。二施毛群令獲法寂。三施他方稟識陶形。悉令充足獲無生忍

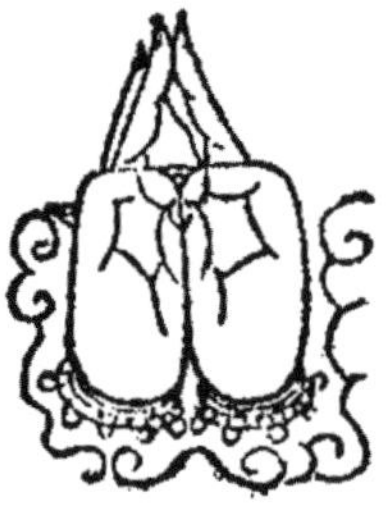

次結普供養印(二中指屈者。兩指尖上想白色唵字。流出種種七寶樓閣宮殿幢幡寶蓋香花飲食。無量七寶自己內外之財。布施無量諸佛聖賢并諸有情等。誦普供養真言曰)

唵(一)誐葛誐葛納三婆斡斡資囉二合解(二)

(想從印流出諸供具物。普供三寶及六道眾生。詳普供意。上來到此法事周圓故。以生佛普平伸供。供畢索願意在奉送。文從下索影上必然矣。或名普通供養)

諸佛子等從來所受飲食。皆是人間販鬻生命酒脯錢財。血肉腥羶葷辛臭穢。雖復受得如是飲食。譬如毒藥損壞於身。但增苦本沈淪苦海無解脫時。我(某甲)依如來教精誠罄捨。設此無遮廣大法會。汝等今日遇茲勝事戒品霑身。於過去世廣事諸佛。親近善友供養三寶。由此因緣值善知識。發菩提心誓願成佛不求餘果。先得道者遞相度脫。又願汝等晝夜恒常。擁護於我滿我所願。以此施食所生功德。普將回施法界有情。共諸有情同將此福。盡皆回施無上菩提。一切智智勿招餘果。願速成佛

次結奉送印(二羽金剛拳。進力二相鉤。隨誦而掣開。金剛解脫真言曰)

唵斡資囉二合穆(一意想佛。等各歸本位。六道眾生悅樂超昇。為上良因普皆回施。如常可知矣)

佛頂尊勝陀羅尼神呪

唵普嚕二合莎引訶引唵捺謨發葛斡諦薩哩斡二合的唻二合盧結不囉二合牒月攝瑟吒二合耶勃塔耶諦捺麻答爹塔唵普嚕二合普嚕二合普嚕二合菝塔耶菝塔耶月菝塔耶月菝塔耶啞薩麻薩鑾達斡發薩斯發二合囉納葛牒葛葛捺莎發斡月說提啞撒㬠贊多鞥薩哩斡二合怛塔葛達莎葛達斡囉斡撈納美哩二合達撒釋該摩訶抹的囉二合瞞的囉二合巴代阿訶囉阿訶囉摩麻猶傘塔囉聶菝塔耶菝塔耶月菝塔耶月菝塔耶葛葛捺莎發斡月說提烏瑟瑰二合攝月撈耶八哩說提薩訶斯囉二合囉釋咩二合傘祖牒敵薩哩斡二合怛塔葛達引斡盧結聶沙翅巴二合囉咩達八哷補囉聶薩哩斡二合怛塔葛達麻諦答舍普咩不囉二合牒瑟吒二合敵薩哩斡二合怛塔葛達赫囉二合答牙鐵瑟吒二合納鐵瑟吒二合敵摩的哩二合摩的哩二合麻訶摩的哩二合斡資哩二合斡資哩二合麻訶斡資哩二合斡資囉二合葛耶三訶怛捺八哷說提薩哩斡二合葛哩麻二合斡囉捺月說提不羅牒尼斡哩怛二合耶摩麻猶哩二合月說提薩哩斡二合怛塔葛達薩摩牙鐵瑟吒二合納鐵瑟吒二合敵唵摩琚摩琚麻訶摩琚月摩琚月摩琚麻訶月摩琚麻牒麻牒麻訶麻牒摩摩牒莎麻牒怛塔達普怛孤宅八哷說提月斯蒲二合吒勃鐵說提兮兮撈耶撈耶月撈耶月撈耶斯麻二合囉斯麻二合囉斯發二合囉斯發二合囉斯發二合囉耶斯發二合囉耶薩哩斡二合勃塔鐵瑟吒二合納鐵瑟吒二合○○敵說提說提勃提勃提斡資哩二合斡資哩二合麻訶斡資哩二合

莎斡資哩二合斡資囉二合葛哩毘二合撈耶葛哩毘二合月撈耶葛哩毘二合斡資囉二合佐辣葛哩毘二合斡卒嚕二合忒發二合微斡資囉二合參發微斡資哩二合斡即哩二合聶斡資囕二合發斡多摩摩攝哩囕薩哩斡二合薩埵喃撈葛耶八咧說鐵發斡多薩埵彌薩哩斡二合達薩哩斡二合葛爹八哩說提實哲二合薩哩斡二合答塔葛達實哲二合鈴薩麻刷薩顏多勃鐵勃鐵薛鐵薛鐵譜塔耶譜塔耶月譜塔耶月譜塔耶謨撈耶謨撈耶月謨撈耶月謨撈耶菽塔耶菽塔耶月菽塔耶月菽塔耶薩鑾達謨撈耶謨撈耶薩鑾怛囉釋迷二合八咧說提薩哩斡二合怛塔葛達赫囉二合答牙鐵瑟吒納鐵瑟吒二合敵摩特哩二合摩特哩二合麻訶摩特哩二合麻訶摩特囉二合瞞的囉二合芭諦莎引訶引

六趣偈

承斯善利。地獄受苦有情者。刀山劍樹變化皆成如意樹。火團鐵丸變成蓮華而為寶吉祥。地獄解脫而能成正覺

承斯善利。餓鬼受苦有情者。口中煙焰燒身速願得清涼。觀音手內甘露。自然長飽滿吉祥。餓鬼解脫而能成正覺

承斯善利。畜生受苦有情者。殺害燒煮楚毒等苦皆遠離。遠離乘騎愚癡。速得大智慧吉祥。畜生解脫而能成正覺

承斯善利。人間受苦有情者。生時猶如摩耶右脇而降誕。願具六根永離八難修福慧吉祥。人間解脫而能成正覺

承斯善利。修羅受苦有情者。我慢顛狂拙朴。速疾令柔善惡心嫉妬嗔恚鬪戰。自調伏吉祥。修羅解脫而能成正覺

承斯善利。天中受樂有情者。欲樂策懃速發廣大菩提心。天中受盡憂苦自然生歡悅吉祥。天中解脫而能成正覺

承斯善利。十方獨覺聲聞者。棄捨小乘四諦十二因緣行。進趣大乘。修四攝六度萬應吉祥。二乘解脫而能成正覺

承斯善利。初地菩薩勇識者。百福莊嚴一切行願皆圓滿。頓超十地證入一生補處位吉祥。三乘速證究竟成正覺

發願回向偈

現世之中未證菩提間。願無內外障難惡緣等。恒常遇逢最妙善知識。所修善事行願速成就　　最上三寶

臨命終時識性無迷惑。願生西方淨土如來前。依於慧日發光。聞思修斷惑。證真愍念於有情　　最上三寶

若或隨業淨土佛會前。若無善根不生聖會中。隨業輪迴世世所生處。恒修善根熏習無間斷　　最上三寶

願生中國勤修於正法。無病長壽受用悉具足。相好殊勝辯才智慧等。具七功德獲得丈夫身　　最上三寶

幼年出家願逢賢聖師。即得三種修學守護。持一切時中正念與正定。承侍微妙上師願歡喜　　最上三寶

七種勝財殊勝善知識。如日與光剎那不捨離。亦無我慢疑惑具知足。惡緣猶如蠱毒願捨離　　最上三寶

功德本願最上三寶處。願能恒常歸依而供養。貪欲嗔恚愚癡三種毒。猶如大地恒常勿應起　　最上三寶

觀見六塵境界色等法。猶如陽焰幻化而悟解。五欲自性境處無染著。願我恒不忘失菩提心　　最上三寶

一切大乘甚深微妙法。如救頭然精進常修學。證得無比究竟菩提時。以四攝法能救於六趣　　最上三寶

能救五濁大悲觀世音。末劫之時弘願地藏王。所有一切賢聖護法神。證明護念法燈覆熾然　　最上三寶

護國護法塔廟諸護神。威德熾盛迴遮大結界。怨魔外道毒類悉摧壞。龍鬼星辰毒類心驚怖　　最上三寶

三災五濁速願得消除。七難八怖一念皆消滅。百穀豐饒萬物而茂盛。七寶充足五味悉具足　　最上三寶

四事供養受用無乏少。修八福田吉祥獲安樂。普國興隆佛事轉法輪。增長有情福慧皆圓滿　　最上三寶

我等善根緣起法性力。上師本尊空行攝受力。三寶真諦密呪威神力。所發願時行願速成就　　最上三寶

能迴施人迴施迴施善。所獲一切一切諸功德。猶如幻化幻化似夢境。三輪體空體空悉清寧　　最上三寶

吉祥偈

願晝吉祥夜吉祥　　　┌─○上師願攝受
晝夜六時恒吉祥　┌─○願諸├○─○三寶願攝受
一切時中吉祥者○─┘　　　└─○護法恒擁護

南無西方無量壽如來。諸大菩薩海會聖眾。唯願法界存亡等罪。消除同生淨土(至此隨意迴施已。次念金剛薩埵百字呪)

金剛薩埵百字呪

唵(一)斡資囉二合薩埵蘇薩麻耶麻納巴辣耶(二)斡資囉二合薩埵諦奴鉢諦瑟劄二合(三)得哩二合鋤彌發吼(四)蘇度東彌發吼(五)阿奴囉屹都二合彌發吼(六)蘇布東彌發吼(七)薩哩吼二合些提彌不囉二合耶擦(八)薩哩斡葛哩麻二合蘇撈彌(九)穆達釋哩二合楊郭嚕(十)吽(十一)訶訶訶訶斛(十二)發葛灣薩哩吼二合答塔葛達斡資囉二合麻彌捫撈(十三)斡資哩二合發吼(十四)麻訶薩摩耶薩埵阿引(十五)

此呪求願補闕功德無量。散在諸經。又名句中隨宗迴轉。誦者知之

瑜伽集要焰口施食儀竟

十類孤魂文

南無十方三世盡虛空界。常住佛法僧寶上師本尊(臨時應入佛名)猛母明王世出世間護法善神。慈悲廣大誓願弘深。威力難量盡知盡見。願作證明哀愍護念

法界地府獄中閻羅天子。十八獄帝三十大王三十三王三十六王。十八獄主牛頭阿傍馬頭羅剎。主命主攝無毒鬼王。九位二十四司助王。小臣掌部首領執杖。主淨主水主鐵主土主火。善惡童子一切功曹獄吏。騄馬執鎗一切羅叉。又地上檢察者帝釋四王太子諸將。六齋八王三十二忍臣。四忍大王五道大神。又十類孤魂者

第一法界一切守疆護界。陳力委命軍陣相持。為國亡身官員將士兵卒孤魂眾

第二法界一切負財欠命。情識拘繫生產致命。冤家債主墮胎孤魂眾

第三法界一切輕薄三寶。不孝父母。十惡五逆邪見孤魂眾

第四法界一切江河水溺。大海為商。風浪飄沈採寶孤魂眾

第五法界一切邊地邪見致命蠻夷孤魂眾

第六法界一切抛離鄉并客死他州。無依無托游蕩孤魂眾

第七法界一切河井刀索赴火投崖。牆崩屋倒樹折嵓摧。獸咬虫傷橫死孤魂眾

第八法界一切獄中致命。不遵王法。賊寇劫盜。抱屈銜冤。大辟分屍犯法孤魂眾

第九法界一切奴婢給使。勲勞陳力。委命貧賤孤魂眾

第十法界一切盲聾瘖瘂足跛手瘔。疾病纏綿癰疽殘害。鰥寡孤獨無靠孤魂眾

又法界面然鬼王所統。薛荔部多百億河沙餓鬼。非我見聞有名無名塵沙種族人間。依於草木附彼城隍。銜冤魂識品物精靈。自殘自盡軍陣亡身。無依無托遺骸暴骨。乏祭餒魂魑魅魍魎。幽魂滯魄靈響等眾。又有大力鬼妖魅鬼惱人鬼。內障鬼外障鬼無礙鬼。又有九類十類三十六類鬼眾。惟願佛法僧寶力。法界緣起力。大悲觀音力。深願地藏力。今我所觀功德力。祕密呪印加持力。稱七如來名號力。誦經法會善根力。今皆召請法界孤魂餓鬼種類。一切眷屬如雲而集。變此飲食於虛空中遍滿法界。一切山原大地涌出清冷之池。所有碧沼江河變成廣大乳海。十二類生法食飽滿。二十五有

樂具資圓。三業澄明六根清淨。身心輕安清涼快樂。福智增輝所求願滿。歸依三寶發菩提心。修菩薩行得成佛道(眾等應和隨願所成)

蓋以冥關路渺。苦海波深。若非密呪之功。曷薦沈淪之魄。由是特建法筵。虔集僧眾。諷演祕密真言。加持上妙法食。如斯勝利。普施無邊。伏願鑊湯滾滾。變八德之蓮池。爐炭炎炎。成六銖之香蓋。森森劍樹。為三會之龍華。岌岌刀山。作五天之鷲嶺。銅汁銅柱。化甘露之法幢。鐵磨鐵丸。作摩尼之寶座。牛頭獄卒。持三善而證三身。債主冤家。解十纏而離十惡。多生父母。從茲而入聖超凡。一切眾生。自此而獲安獲樂。修習道友。隨喜檀那。悟本性之彌陀。了唯心之淨土。普同法界。遍及有情。俱沐良緣。齊成佛道者矣

三歸依讚

志心信禮佛陀耶兩足尊。三覺圓萬德具。天人調御師(啞吽)凡聖大慈父。從真界朧應質。悲化。普竪窮三際時橫遍十方處。震法雷鳴法鼓。廣演權實教(啞吽)大開方便路若歸依能消滅地獄苦

志心信禮達摩耶離欲尊。寶藏收玉函軸。結集於西域(啞吽)翻譯傳東土。祖師弘賢哲判成章疏。三乘分頓漸五教定宗趣。鬼神欽龍天護。導迷標月指(啞吽)除熱真甘露。若歸依能消滅餓鬼苦

志心信禮僧伽耶眾中尊。五德師六和侶。利生為事業(啞吽)弘法是家務。避囂塵常宴坐寂靜處。遮身服毳衣。充腹採新茹。鉢降龍錫解虎。法燈常遍照(啞吽)祖印相傳付。若歸依能消滅傍生苦

《瑜伽集要焰口施食儀》CBETA 電子版
版本記錄：1.3
完成日期：2002/11/04
發行單位：中華電子佛典協會（CBETA）
cbeta@ccbs.ntu.edu.tw
資料底本：大正新脩大正藏經 Vol.21No. 1320No. 1320

瑜伽集要焰口施食儀

夫欲遍供普濟者。虔懇至誠嚴飾道場。隨力備辦香花。供養飲食淨水等已。依位敷坐竟。歸依上師三寶發菩提心云歸依上師　歸依佛　歸依法　歸依僧我今發心。不為自求人天福報。聲聞緣覺乃至權乘諸位菩薩。唯依最上乘發菩提心。願與法界眾生。一時同得阿耨多羅三藐三菩提(三白已。用右手無名指。搵取香水塗二手掌。表敬仰故。無壇略作詳之可見。或加不空羂索經內真言。淨水塗掌時。念淨手真言曰)

唵啞穆渴。　撈辣彌麻迎　蘇嚕蘇嚕　莎訶

默念大輪明王呪(七遍。其呪印者。甘露軍荼利菩薩念誦儀云。二手內相叉。直竪二頭指相並。以二中指纏二頭指初節前。各頭相拄。二大指並伸直。結印當心誦呪曰)

捺　麻　斯得哩(三合)　野(一)　脫夷(二合)　葛喃(二)　薩哩斡(二合)　恒塔葛達喃(三)　唵(四)　微囉積(五)微囉積(六)　麻訶撈葛囉(二合)(七)　斡資哩(二合)斡資哩(二合)(八)　薩怛薩怛(九)　薩囉諦(十)　薩囉諦(十一)　得囉(二合)　夷(十二)　得囉(二合)　夷(十三)　微駄麻　尼(十四)　三攀撈納彌(十五)　得囉(二合)麻彌的(十六)　席塔訖哩(二合)　得蘭(二合)　顏席提　(二合)　莎訶(十七)

(雜呪經云。誦此陀羅尼三七遍。即當入一切曼拏羅。所作皆成。阿閦如來念誦法云。安印於心誦一七遍。猶誦此真言。如再入壇輪。失念破三昧。菩薩與聲聞。身口二律儀。四重五無間。是等諸罪障。悉皆得清淨。此補文中。須依師授則可矣)。

眾等發廣大心(即應潔淨身心。虔懇苦禱歸依三寶。南無佛南無法南無僧。我今發廣大心。不為自求人天福報。緣覺聲聞乃至權乘諸位菩薩。唯依最上乘發菩提心。願與法界眾生。一時同得阿耨多羅三藐三菩提。即召請三寶云)。

一心奉請十方遍法界微塵剎土中諸佛法僧。金剛密跡衛法神王。天龍八部婆羅門仙一切聖眾。唯願不違本誓。憐愍有情降臨道場(眾等和香花請)。

印現壇儀(據建壇儀云。若無壇佛。應結纔發意轉法輪菩薩印。印現壇儀。千手眼修行儀云。二手各作金剛拳。進力檀慧相鉤。誦真言曰)。

唵　斡　資囉(二合)　撈　械囉(二合)吽(一)　撈(二)　吽(三)　[口*邦](四)　斛(五)

(以印置身前。即遍虛空界成大曼拏羅。今應隨宗。想滿虛空界五部主伴等忽爾明現。此當文中建壇請聖已。舉三十五佛般若心經七支加行畢。首座秉爐胡跪白佛)。

南無歸依十方盡虛空界一切諸佛
南無歸依十方盡虛空界一切尊法
南無歸依十方盡虛空界一切賢聖僧
南無如來應供正遍知明行足善逝世間解無上士調御丈夫天人師佛世尊
南無釋迦牟尼佛
南無金剛不壞佛
南無寶光佛

南無龍尊王佛
南無精進軍佛
南無精進喜佛
南無寶火佛
南無寶月光佛
南無現無愚佛
南無寶月佛
南無無垢佛
南無離垢佛
南無勇施佛
南無清淨佛
南無清淨施佛
南無娑留那佛
南無水天佛
南無堅德佛
南無栴檀功德佛
南無無量掬光佛
南無光德佛
南無無憂德佛
南無那羅延佛
南無功德花佛
南無蓮華光遊戲神通佛
南無財功德佛
南無德念佛
南無善名稱功德佛
南無紅炎帝幢王佛
南無善遊步功德佛
南無鬬戰勝佛
南無善遊步佛
南無周匝莊嚴功德佛
南無寶華遊步佛
南無寶蓮華善住娑羅樹王佛

南無法界藏身阿彌陀佛

如是等一切世界諸佛世尊常住在世。是諸世尊當慈念我。若我此生若我前生。從無始生死已來所作重罪。若自作若教他作見作隨喜。若塔若僧若四方僧物。若自取若教他取見取隨喜。五無間罪。若自作若教他作見作隨喜。十不善道。若自作若教他作見作隨喜。所作罪障或有覆藏或不覆藏。應墮地獄餓鬼畜生諸餘惡趣。邊地下賤及篾戾車如是等處。所作罪障今皆懺悔。今諸佛世尊。當證知我當憶念我。我復於諸佛世尊前。作如是言。若我此生若我餘生。曾行布施或守淨戒。乃至施與畜生一摶之食。或修淨行所有善根。成就眾生所有善根。修行菩提所有善根。及無上智所有善根。一切合集校計籌量。皆悉回向阿耨多羅三藐三菩提。如過去未來現在諸佛所作回向。我亦如是回向。

眾罪皆懺悔　諸佛盡隨喜
及諸佛功德　願成無上智
去來現在佛　於眾生最勝
無量功德海　我今歸命禮

所有十方世界中　三世一切人師子
我以清淨身語意　一切遍禮盡無餘
普賢行願威神力　普現一切如來前
一身復現剎塵身　一一遍禮剎塵佛
於一塵中塵數佛　各處菩薩眾會中
無盡法界塵亦然　深信諸佛皆充滿
各以一切音聲海　普出無盡妙言詞
盡於未來一切劫　讚佛甚深功德海
以諸最勝妙華鬘　伎樂塗香及傘蓋
如是最勝莊嚴具　我以供養諸如來
最勝衣服最勝香　末香燒香與燈燭
一一皆如妙高聚　我悉供養諸如來
我以廣大勝解心　深信一切三世佛
悉以普賢行願力　普遍供養諸如來
我昔所造諸惡業　皆由無始貪嗔癡
從身語意之所生　一切我今皆懺悔

十方一切諸眾生　二乘有學及無學
一切如來與菩薩　所有功德皆隨喜
十方所有世間燈　最初成就菩提者
我今一切皆勸請　轉於無上妙法輪
諸佛若欲示涅槃　我悉至誠而勸請
唯願久住剎塵劫　利樂一切諸眾生
所有禮讚供養福　請佛住世轉法輪
隨喜懺悔諸善根　回向眾生及佛道
願將以此勝功德　回向無上真法界
性相佛法及僧伽　二諦融通三昧印
如是無量功德海　我今皆悉盡回向
所有眾生身口意　見惑彈謗我法等
如是一切諸業障　悉皆消滅盡無餘
念念智周於法界　廣度眾生皆不退
乃至虛空世界盡　眾生及業煩惱盡
如是四法廣無邊　願今回向亦如是

啟告十方一切諸佛。般若菩薩金剛天等。及諸業道無量聖賢。我今(某甲)以大慈悲乘佛神力。召請十方盡虛空界。三塗地獄諸惡趣中。曠劫飢虛一切餓鬼。閻羅諸司天曹地府。業道冥官婆羅門仙。久遠先亡曠野冥靈。虛空諸天及諸眷屬異類鬼神。唯願諸佛般若菩薩金剛天等。無量聖賢及諸業道。願賜威光悲增護念。普願十方盡虛空界。天曹地府業道冥官。無量餓鬼多生父母。先亡久遠婆羅門仙。一切冤結負於財命。種種類族異類鬼神各及眷屬。乘如來力於此時中決定降臨。得受如來上妙法味。清淨甘露飲食充足。滋潤身田福德智慧。發菩提心永離邪行。歸敬三寶行大慈心。利益有情求無上道。不受輪迴諸惡苦果。常生善家離諸怖畏。身常清淨證無上道(如是三白)。運心供養(蘇悉地羯羅供養法下卷中說。運心供養者。想水陸諸華無主所攝。遍滿十方盡虛空界。及與人天妙塗香雲。燒香燈明幢幡傘蓋。種種鼓樂歌舞妓唱。真珠羅網懸諸寶鈴。華鬘白拂微妙磬鐸。矜羯尼網如意寶樹。衣服之雲。天諸廚食上妙香美。種種樓閣寶柱莊嚴。天諸嚴身頭冠瓔珞。如是等雲。行者運心想滿虛空。以志誠心如是供養。最為勝妙。依法誦此真言及作手印。如上所想供養悉皆成就。真言曰)。

那麻薩哩斡(二合)答塔葛的毘牙(二合)　月說
穆契毘牙(二合)　唵(引)　薩哩斡(二合引)塔
龕烏忒葛(二合)的斯發(二合)　囉納兮慢葛葛
捺龕　莎訶

(誦之七遍。其手印相。兩手相叉合掌。以右壓左置於頂上。凡作供養應具此法。及奉瑜伽皆依真言手印。持誦成就及以運心。合掌置頂。方成圓滿供養之法運心已云)。

三寶施食(將奉三寶施食。先結三尖印。禪押施度頭。戒忍進疎伸。誦真言)。

唵(引)　斡資囉(二合)　拽屹徹(二合)　吽

(念此真言三七遍。想三指尖出大火光。手動似扇遍諸魔已。誦變空呪)。

唵(一)　莎發斡秫塔(二)　薩哩斡(二合)　塔哩麻(二合)(三)莎發斡秫徒[亢*欠](四)

(誦此三遍。想食器皆空。於其空處想大寶器滿成甘露誦)。

唵(引)　啞　吽(二七遍攝受成智甘露)

(即結奉食印。仰二手二掌。向前側相著。二無名指頭側相著。微屈二頭指博著中指側。二大指博著頭指側。小似掬水相。誦奉食呪)。

唵(引)　啞葛嚕穆看　薩哩斡(二合)塔哩麻(二合)　喃啞牒耶(引二合)　奴忒(二合)　班納奴忒唵啞吽發吒　莎訶

(想諸佛聖眾。遍奉受用生歡喜心。求索願事必蒙允許。或廣迎聖入壇。委伸供讚已然後施食。即以香華燈塗種種供養畢。默念奉食偈)。

我今奉獻甘露食　量等須彌無過上
色香美味遍虛空　上師三寶哀納受
次供顯密護神等　後及法界諸有情
受用飽滿生歡悅　屏除魔礙施安寧
今辰施主眷屬等　消災集福壽延長
所求如意悉成就　一切時中願吉祥

眾等念三寶讚。

世尊大慈妙莊嚴　明解圓滿一切智
能施福慧如大海　於諸如來我讚禮
自性本體離諸欲　能依此行脫惡趣
以為甚深玄妙理　於諸妙法我讚禮
解脫道中勝解脫　持淨戒行堪恭敬
勝妙福田生勝處　於彼大眾我讚禮

次入觀音定。

(即入觀自在菩薩三摩地。閉目澄心觀想自身。圓滿潔白猶如淨月。在心淨月上想hrīḥ字放大光明。其字變成八葉蓮華。於華臺上有觀自在菩薩。相好分明。左手持蓮華。右手作開敷葉勢。是菩薩作是思惟。一切有情身中。各具有此覺悟之華。清淨法界不染煩惱。於蓮華八葉上。各有如來入定跏趺而坐。面向觀自在菩薩。項佩圓光身如金色光明晃耀。想此八葉蓮華。漸舒漸大量等虛空。即作如是思惟。以此覺華照觸如來海會。願成廣大供養。若心不移此定。則於無邊有情深起悲愍。以此覺華蒙照觸者。於諸苦惱悉得解脫等同觀自在菩薩相好。即想蓮華漸漸收斂量等己身。則結觀自在菩薩印加持四處。所為心額喉頂。每於印處成[口*紇]哩字。其印以二手外相叉。二頭指相拄如蓮華葉。二大指並豎。即誦觀自在菩薩真言曰)。

次入觀音三摩地　澄心閉目觀心中
圓滿皎潔淨月上　字種放光成蓮華
華中有一觀自在　相好具足無比對
左手執持妙蓮華　右手於葉作開勢
菩薩思惟有情身　各具覺悟之蓮華
清淨法界無惑染　八葉各有一如來
如來入定跏趺坐　各各面向觀自在
項佩圓光身金色　光明朗照極晃耀
次想其華漸舒大　其量周遍虛空界
思彼覺華照法界　如來海會供廣大
心若不移於此定　憐愍一切諸眾生
覺華蒙照脫苦惱　便同菩薩觀自在
蓮華漸收同己量　復結自在觀音印
加持四處誦密言　自身亦等觀自在

唵(引)　斡資囉(二合)　塔囉麻(二合)　紇哩(二合)

(由結此印誦真言。加持心額喉頂故。即自身等同觀自在菩薩。正入定時念讚歎)。

次結破地獄印(二羽金剛拳。檀慧兩相鉤。進力豎側合。心想開地獄。三誦三掣開。真言曰)。

那麻阿瑟吒(二合)瑟吒(二合)　攝諦喃三
藐三勃塔俱胝喃　唵(引)　攞(引)　辣(引)
納嚩婆細提哩提哩　吽

(此破地獄印咒。出破阿毘地獄智炬陀羅尼經。又准滅惡趣王本續說。從印流出火光。口誦神咒。口出無量火光。心月輪上。紅色hrīḥ字放赤色火光。三光同照阿毘地獄等。

三誦三掣關鎖自開。所有罪人悉皆得出。此舉難破偏云地獄。若准下文。理應光照通餘五趣。意令專注故。偏舉此)。(由此印呪威神力故。所有諸趣地獄之門。隨此印呪豁然自開)。

一心奉請。眾生度盡方證菩提。地獄未空誓不成佛。大聖地藏王菩薩摩訶薩。唯願不違本誓憐愍有情。此夜今時來臨法會(大眾和香花請)。

一心奉請。法界六道十類孤魂。面然所統薜荔多眾。塵沙種類依草附木。魑魅魍魎滯魄孤魂。自他先亡家親眷屬等眾。唯願承三寶力仗祕密言。此夜今時來臨法會(如是三請)。

次結召請餓鬼印(左羽作無畏相。右羽向前。竪四度。微曲進度鉤召。真言曰)。

唵　即納即葛移　希曳(二合)歇　莎訶

(今此印呪。出焰熾餓鬼母本續。自身想觀自在菩薩。心月輪上想紅色hrīḥ字印及字母。流出光明照彼罪人。口誦神呪隨光來至行者面前。大眾讚善安慰云)。

既召請已普皆雲集。以愍念心讚歎慰喻。令歡喜已渴仰於法。

善來諸佛子　曾結勝緣故
今遇此嘉會　勿得生憂怖
一心渴仰法　不出於此時
戒品而霑身　速令離苦趣

(既至道場遶佛三匝。投身布禮至回向已。還禮聖眾退坐一面。從壇東門至於南門地獄眾居。復從南門至西南隅餓鬼眾居。自西南隅至於西門畜生趣居。自西門起至西北隅人趣宮室。從西北隅至北方門脩羅所居。自北方門遶至東門天眾居位。或無壇室。自上至下勝劣居之亦得。重坐色印。如開合錄說)。

次結召罪印(二羽金剛縛。忍願伸如針。進力曲如鉤。召罪真言曰)。

唵(引)　薩　哩幹(二合)巴鉢(一)　羯哩(二合)沙拏(二合)(二)　月戍馱納(三)　幹資囉(二合)　薩埵(四)薩麻耶(五)　吽(六)　撈(七)

(此上印呪出鉤罪經。自身成觀自在菩薩。心月輪上想。白色hrīḥ字出鉤火光。口誦心密言。鉤攝一切有情三惡趣業。并自身三惡趣業。黑色如雲霧。眾罪召入掌變成諸鬼形。又金剛頂瑜伽念誦法云。於進力度端各想有一hrīḥ字。以鉤拽彼自他身中所有罪障。誦密語已。想彼罪形如鬼黑色髮竪。即以二羽諸度各齊。想鉤入掌內以進力二度鉤。想彼罪令入掌中)。

次結摧罪印(八度內相叉。忍願如前竪。摧罪真言曰)。

唵　幹資囉(二合)巴尼月斯普(二合)　吒　不耶薩哩幹(二合)　阿巴耶班塔拏尼(二)　阿巴囉(二合)　穆恰耶(三)薩哩幹(二合)　薩耶葛諦毘藥(二合)(四)　薩哩幹(二合)　薩埵喃(五)　薩哩幹(二合)　答　塔葛達(六)　幹資囉(二合)　三麻耶(七)　吽(八)　怛囉(二合)　吒(九)

(今此印呪出鉤罪經。身想觀音。或准鉤罪經。自身想成四面八臂青色觀音。正面青色右面黃色。左面綠色後面紅色。二手結摧罪印。右第二手持杵。第三手箭。第四手劍。左第二手鉤。第三手弓。第四手羂索。身出火光。蓮華日

輪上坐。足踏烏麻怖畏。如是想已。心月輪上想青色hrīḥ字。出光照前罪業相應。將忍願三拍。摧前眾罪形。口誦狀密言。罪相悉摧盡令滅無有餘。又金剛頂瑜伽念誦法云。於願度端想一tra答囉二合字。忍度端想一ṭ吒字。復於字上想生火焰。夾取彼罪誦摧罪呪。誦密語已用力撚之。如彈指法左上右下。或准金剛頂經。身作降三世印觀獨股杵。厲聲念真言。忍願應三拍。約文中云。業報有二。業中復有現行種子成就。現行中有定不定。今此印中滅不定業也)。

次結定業印(二羽金剛掌。進力屈二節。禪智押二度。定業真言曰)。

唵　斡資囉(二合)葛哩麻(二合)(一)　月束塔耶(二)　薩哩斡(二合)　阿吒囉拏　偏(三)菩塔薩底曳(二合)　納(四)　三麻　耶吽(五)

(此上印呪出不動本續。有十二種諸佛不通懺悔定業印。文云。手結定業印。自身想觀自在菩薩。心月輪上想一青色hrīḥ [口*紇]哩二合字出光。口誦心密言照前諸鬼等。所有諸佛不通懺悔之業。并自身三惡趣業。轉重為輕。重即定業。此中轉滅麁重決定業故。已上二印。淨現行竟。輕微種子滅罪印除)。

次結懺悔滅罪印(二羽金剛縛。進力屈二節。禪智押二度)。

唵　薩哩斡(二合)　巴鉢(一)　月斯普(二合)　吒(二)怛賀納(三)　斡資囉(二合)　耶(四)　莎訶

(此出滅惡趣王本續云。自心月輪上。想白色hrīḥ [口*紇]哩二合字出光遍照法界一切有情。并前輕業悉皆消滅。此中正滅輕微種子之業。上來召請。至此通滅罪障。向下甘露開咽喉。共除報障加持。已云)。

諸佛子等既懺悔已。

百劫積集罪　一念頓蕩除
如火焚枯草　滅盡無有餘

次結妙色身如來施甘露印(或云施清涼印。即以左羽轉腕向前。力智作聲。施甘露真言曰)。

那麻蘇嚕巴耶(一)　答塔葛達耶怛牒塔(三)　唵(四)　酥嚕酥嚕(五)　鉢羅(二合)　酥嚕(六)鉢囉(二合)　酥嚕(七)　莎訶

(誦真言時。想於忍度上有一vaṃ [金*(离-内+夊)]字。流出般若甘露法水。彈洒空中一切餓鬼異類鬼神。普得清涼猛火息滅。身田潤澤離飢渴想。此出月密明點本續。并須嚕巴本續云。自身想觀自在菩薩心月輪上。想白色hrīḥ字。出光照前諸鬼神等。并忍度上有一月輪。上想vaṃ [金*(离-内+夊)]字。流出般若智甘露水。力智彈洒至空中時。如細雨而下著鬼神身上。猛火息滅普得清涼。離飢渴想滅心報障之業)。

次結開咽喉印。

唵　那謨發葛吒諦(一)　月補辣葛得囉(二合)　耶(二)　答塔葛達耶(三)

(此廣博身如來開咽喉印。依卿怛哩法師說。師是加行位菩薩知之。自身想觀自在菩薩。心月輪上想一白色hrīḥ字出光照前鬼神等。手結施清涼印。口誦心密言。并忍禪開左手蓮花時。想鬼神等咽喉。自開通達無礙。便得出聲接得名號。隨聞記云。右禪度上想一月輪。輪上想一白色a阿字。流出般若甘露法水。以忍禪彈時左手。蓮花開拆甘露滿中想諸鬼神咽隔開通清涼潤澤無所障礙)。

語諸佛子。今為汝等作印呪已。咽喉自開。通達無礙。離諸障難。諸佛子等。我今為汝稱讚如來吉祥名號。能令汝等永離三塗八難之苦。常為如來真淨佛子。

南無寶勝如來(次與鬼神同稱聖號。若有大眾一切同稱)(二羽金剛掌。六度內相叉。進力頭相拄。禪智側竪立)。

那謨囉怛訥(二合)怛囉耶答塔葛達耶

諸佛子等。若聞寶勝如來名號。能令汝等塵勞業火悉皆消滅

南無離怖畏如來(右羽胸前竪。忍禪指相捻。掌覆指垂下。左掌向上振)

那謨微葛怛得囉(二合)納耶答塔葛達耶

諸佛子等。若聞離怖畏如來名號。能令汝等常得安樂。永離驚怖清淨快樂。

南無廣博身如來(左羽曲如拳。力智對肩彈。右羽金剛拳。進禪對胸彈)

那謨發葛吒諦(一)　月補辣葛得囉(二合)　耶答塔葛達耶(二)

諸佛子等。若聞廣博身如來名號。能令汝等餓鬼針咽。業火停燒清涼通達。所受飲食得甘露味。

南無妙色身如來(左羽竪胸前。力智指相捻。右羽曲舒展。手掌皆仰下)

那謨蘇嚕八耶　答塔葛達耶

諸佛子等。若聞妙色身如來名號。能令汝等不受醜陋。諸根具足相好圓滿殊勝端嚴天上人間最為第一。

南無多寶如來(雙羽虛合掌胸前蓮華狀)

那謨波虎囉怛納(二合)　耶答塔葛達耶

諸佛子等。若聞多寶如來名號。能令汝等具足財寶。稱意所須受用無盡。

南無阿彌陀如來(右羽壓左禪智相拄)

那謨阿彌怛婆耶　答塔葛達耶

諸佛子等。若聞阿彌陀如來名號。能令汝等往生西方極樂淨土。蓮華化生入不退地。

南無世間廣大威德自在光明如來(右羽曲仰拳。忍禪度相彈。左掌仰上五指舒。誦密呪)。

那謨盧迦委斯諦(二合)　吟捺(二合)弟唧說囉不囉(二合)　發耶答塔葛達耶

諸佛子等。若聞世間廣大威德自在光明如來名號。能令汝等獲得五種功德。一者於諸世間最為第一。二者得菩薩身端嚴殊勝。三者威德廣大超過一切外道天魔。如日照世顯於大海。功德巍巍。四者得大自在所向如意。似鳥飛空而無阻礙。

五者得大堅固智慧光明。身心明徹如瑠璃珠。
諸佛子等。此七如來以誓願力。拔濟眾生永離煩惱。脫三塗苦安隱常樂。一稱其名千生離苦證無上道(稱讚七佛由二益故。一則總能除滅諸業報障。二乃莊嚴彼等令成法器也)。

次與汝等歸依三寶(即以二手虛心合掌。意想佛前作禮受戒云)。

歸依佛兩足尊　歸依法離欲尊
歸依僧眾中尊

汝等佛子。歸依佛竟歸依法竟歸依僧竟。

歸依三寶故　如法堅護持
自離邪見道　是故志心禮

次結三寶印(左羽作拳。相豎力度當胸。右手握力度。心想誦真言)。

唵　婆(重呼)　龕

次與汝等發菩提心。汝等諦。

次結發菩提心印(二手金剛掌。忍願如蓮花。以印於心上。應起三心四願。或自發菩提心。發願文云)。

南無佛南無法南無僧。我今發心。不為自求人天福報。緣覺聲聞乃至權乘諸位菩薩。唯依最上乘發菩提心。願與法界眾生。一時同得阿耨多羅三藐三菩提(三說)。

今所發覺心　遠離諸性相
蘊處及界等　能取所取執
諸法悉無我　平等如虛空
自心本不生　空性圓寂故

如諸佛菩薩　發大菩提心
我亦如是發　是故志心禮

(前偈三說。誦發菩提心真言曰)。

唵　補提節答(一)　沒怛巴(二合)(二)　達野弭(三)

(心想月輪。皎潔淨無瑕翳。放光照諸鬼神。口誦密言。想前鬼神得菩提戒。或想a阿字遍入身心。亦得云)。

今與汝等發菩提心竟。諸佛子等當知菩提心者從大悲起。成佛正因智慧根本。能破無明煩惱惡業不被染壞。

次與汝等受三昧耶戒(既成大器。堪受寶戒三昧耶者。准大樂金剛三昧經云。三昧名為本誓。亦名時亦名期契亦名曼荼羅。乃異名也。故有四種。一大。二三昧耶。三法。四羯磨。曼荼羅者此四總攝一切曼荼羅。又三昧耶。亦四智印。即大智印三昧耶智印法智印羯磨智印。又神變義釋云。三昧耶者。是平等義是本誓義。是除障義是警覺義。言平等者謂如來現證此三昧時。一切眾生種種身語意。皆悉與如來等。禪定智慧與實相身。亦畢竟等。初發心時與地波羅密滿時。亦畢竟等。是故出誠諦言以告眾生。若我所言必定不虛者。亦令一切眾生。發此忱諦之言時。亦蒙三密加持。無盡莊嚴與如來等。以是因緣故能作金剛事業。故名三昧耶也。言本誓者。如來現證此三昧時。見一切眾生悉有成佛義故。即將立大誓願。我今要從普門以無量方便。令一切眾生皆至無上菩提。劑眾生界未盡已來。我之事業終不休息。若有眾生隨我本誓。發此忱實言時。亦令彼所為事業。皆悉成金剛性。故名三昧耶也。言除障者。如來見一切眾生悉有如來法界。但由一念無明故。常在其前而不覺知。是故發誠實言。我今要當設種種方便。普為一切眾生決除眼膜若我誓願必當成就者。令諸眾生隨我方便。說此忱實言時。乃至於一眾生獲無垢眼障蓋都盡。故名三昧耶也。言警覺義者。如來以一切眾生皆在無明睡故。於如是功德不自覺知。故以誠言感動令得醒悟。亦以此警覺。諸菩薩等今發起禪定窟。學師子頻伸三昧。若直言行人說此三昧耶者。我等諸佛。亦當憶持本誓不得違越。猶如國王自制法已。遂自敬順行之。故名三昧耶也。具如

是等廣大甚深微妙義。故名三昧耶也)。
次結三昧耶印(二羽金剛縛。忍願伸如針。誦真言曰)。

唵　三摩耶薩埵　鑁

(據本文意無別觀想。但如印呪自成受戒。如金剛頂經說。若誦此呪一遍。如入壇輪證三摩提。一切善法皆悉滿足。三聚淨戒俱時圓滿。身仝普賢坐大月輪。一切諸佛憶昔本誓觀察護念。設有人曾受佛戒。惡心破毀不復清淨者。若誦此呪一七遍已。破戒罪垢悉得清淨。一切戒品還得如故。一切壇法未經師受。誦呪七遍即許行作不成盜法。或准神變經及義釋中。以離念觀智乃當意密。即神變經云。若族姓子住是戒者。當以身語意合而為一。義釋三解。一是共緣共成此戒之義。所謂以方便等之所集成故。二是平等義。佛以三業合為一者。即是住平等法門。是故得名三世無障礙智戒也。令此持明略戒。若行人三業方便。悉皆正順三平等處。當知即具一切諸佛律儀也。三裂諸相網。是住此實相平等法界本性戒時。無量三業皆同一相。諸見相網皆悉除滅。是故得名住無戲論金剛戒也。或闕上深信解者。擬加想念。如隨聞記文云。若付戒時。印中想有白色vaṃ鑁字。放大光明普照所請一切有情。彼諸有情蒙光照。及三世諸佛戒波羅蜜一時圓滿。法界善法想為光明。流光灌頂貯彼身中。身仝普賢坐大月輪。紹諸佛職為佛嫡子)。

今與汝等受三昧耶戒竟。從今已去能令汝等入如來位。是真佛子。從法化生得佛法分。

次結無量威德自在光明如來印(左手想持器隨聞記云。想字有據作。如字理甚允當思之。右羽彈忍禪想於左羽掌中有一vaṃ鑁字。流出種種無盡甘露法食印。說施食真言曰)。

唵　薩哩幹(二合)　答塔葛達(一)　阿吼盧揭諦鑁(二)　婆囉婆囉(三)　三婆囉三婆囉(四)　吽(五)

語諸佛子。今為汝等作印呪已。變此一食為無量食。大如須彌量同法界終無能盡。

復結前印誦乳海真言：那麻薩鬘答勃塔喃　鑁

語諸佛子。今為汝等作印呪已由此印呪加持威力。想於印中流出甘露成於乳海。流注法界普濟汝等。一切有情充足飽滿(前呪印中。流多物食增此成廣。此乳海呪。唯流甘露通濟六道。詳此二呪意通廣略。廣則雙用。即是此文。略唯用前故有略儀。隨文記意。前呪七遍增成廣大。記句甘露。後呪三七遍流智甘露。與記不二理亦可通。此後可入障施鬼施食。或名一彈指施食。先洗漱口。甲中食氣及施器中食器氣。或未經用淨器內。滿盛淨水已。展右手)。

誦障施鬼真言。

唵　啞吽拶辣彌擔薩哩幹(二合)　不哩(二合)的毘牙(二合)　莎訶

(呪一遍或七遍。障施鬼等飽滿懽喜。彈指一下。是時行者即以右羽持甘露器。面向東立瀉於壇前。或淨地上或於石上或新淨瓦盆。亦名于蘭盆。生臺亦得。或泉池江海長流水中。不得瀉於石榴桃樹之下。鬼神懼怕不得食之。若聖眾壇中明王諸天。若施飲食置生臺上。是本法也。若供養諸佛聖眾。於上五更晨朝日出。是供養時。若鬼神法於人定時。子時亦得。本人定時。阿闍梨法。若於齋時盡於一日。但加持飲食水等。布施飛空鳥獸水族之類。不揀時節但用施之。若作餓鬼施食之法。當於亥時。若於齋時施餓鬼食者。徒設功勞終無効也。不是時節妄生虛誑。鬼神不得食也。不從師受自招殃咎成盜法罪)。

諸佛子等。雖復方以類聚物以群分。然我所施一切無礙。無高無下平等普遍不擇冤親。今日勿得以貴輕賤以強凌弱。擁遏孤幼令不得食。使不均平越佛慈濟。必須互相愛念。猶如父母一子之想。語諸佛子。汝等各有父母兄弟姊妹妻子眷屬善友親戚。或有事緣來不得者。汝等佛子慈悲愛念。各各齎持飲食錢財物等。遞相布施充足飽滿。無有乏少令發道意。永離三塗長越四流。當捨此身速超道果。又為汝等將此淨食分為三分。一施水族令獲人空。二施毛群

令獲法寂。三施他方稟識陶形。悉令充足獲無生忍。
次結普供養印(二中指屈者。兩指尖上想白色om 唵字。
流出種種七寶樓閣宮殿幢幡寶蓋香花飲食。無量七寶自己
內外之財。布施無量諸佛聖賢并諸有情等。誦普供養真言
曰)。

唵(一)葛葛納三婆斡斡資囉(二合)解(二)

(想從印流出諸供具物。普供三寶及六道眾生。詳普供意。
上來到此法事周圓故。以生佛普平伸供。供畢索願意在奉
送。文從下索影上必然矣。或名普通供養)。
諸佛子等從來所受飲食。皆是人間販鬻生命酒脯錢財。
血肉腥羶葷辛臭穢。雖復受得如是飲食。譬如毒藥損壞於
身。但增苦本沈淪苦海無解脫時。我(某甲)依如來教精誠
罄捨。設此無遮廣大法會。汝等今日遇茲勝事戒品霑身。
於過去世廣事諸佛。親近善友供養三寶。由此因緣值善知
識。發菩提心誓願成佛不求餘果。先得道者遞相度脫。又
願汝等晝夜恒常。擁護於我滿我所願。以此施食所生功德
。普將回施法界有情。共諸有情同將此福。盡皆回施無上
菩提。一切智智勿招餘果。願速成佛。
次結奉送印(二羽金剛拳。進力二相鉤。隨誦而掣開。
金剛解脫真言曰)。

唵　斡資囉(二合)　穆(一意想佛。等各歸本位
。六道眾生悅樂超昇。為上良因普皆回施。如常
可知矣)

佛頂尊勝陀羅尼神呪
唵　普[口*(隆一一)](二合)　莎(引)訶(引)　唵　捺謨發
葛斡諦薩哩斡(二合)　的唻(二合)　盧結不囉(二合)　喋

月攝瑟吒(二合)　耶勃塔耶諦捺麻答爹塔唵普口*(隆一一)](
二合)　普[口*(隆一一)](二合)普[口*(隆一一)](二合)　菽塔
耶　菽塔耶月菽塔耶月菽塔耶啞薩麻薩鑾達斡發薩　斯發(二
合)　囉納葛喋葛葛捺莎發斡月說提啞撇羶贊多[牟*含]薩哩
斡(二合)　怛塔葛達莎葛達斡囉斡撈納美哩(二合)達撇釋該
摩訶抹的囉(二合)　瞞的囉(二合)巴代阿訶囉　阿訶囉摩麻
猶傘塔囉聶菽塔耶菽塔耶月菽塔耶月菽塔耶葛葛捺莎發斡月
說提烏瑟[王*尼](二合)　攝月撈耶八哩說提　薩訶斯囉(二
合)　囉釋咩(二合)　傘祖喋敵薩哩斡(二合)　怛塔葛達(引)
斡盧結聶沙翅巴(二合)　囉咩達八咧補　囉聶薩哩斡(二合)
怛塔葛達麻諦答舍普咩不囉(二合)　喋　瑟吒(二合)　敵薩
哩斡(二合)　怛塔葛達赫囉(二合)　答牙鐵瑟吒(二合)　納
鐵瑟吒(二合)敵摩的哩(二合)　摩　的哩(二合)　麻訶摩的
哩(二合)　斡資哩(二合)　斡資哩(二合)　麻訶斡資哩(二合
)　斡資囉(二合)　葛耶三訶怛捺八咧　說提薩哩斡(二合)
葛哩麻(二合)　斡囉捺月說　提不羅喋尼斡哩怛(二合)　耶
摩麻猶哩(二合)　月說提　薩哩斡(二合)　怛塔葛達薩摩牙
鐵瑟吒(二合)　納鐵瑟吒(二合)敵　唵　摩[王*尼]摩[王*尼
]麻訶摩[王*尼]月摩[王*尼]月摩[王*尼]麻訶月摩[王*尼]麻
喋麻喋　麻訶麻喋摩摩喋莎麻喋怛塔達普怛孤宅八咧說提月
斯蒲(二合)吒勃　鐵說提兮兮撈耶撈耶月撈耶月撈耶斯(二合
)　囉斯麻(二合)囉　斯發(二合)　囉斯發(二合)　囉斯發(
二合)　囉耶斯發(二合)　囉耶薩哩斡(二合)　勃塔鐵瑟吒(
二合)納　鐵　瑟吒(二合)　〇〇敵說提說提勃提勃提斡資哩
(二合)　斡　資哩(二合)　麻訶斡資哩(二合)　莎斡資哩(二
合)　斡　資囉(二合)　葛哩毘(二合)　撈耶葛哩毘(二合)
月撈耶葛哩毘(二合)　斡資囉(二合)　佐辣葛哩毘(二合)
斡卒嚕(二合)　忒發(二合)　微斡資囉(二合)　參發微斡
資哩(二合)　斡即哩(二合)　聶斡資囕(二合)　發斡多摩摩
攝哩囕薩哩斡(二合)　薩埵喃撈葛耶八咧說鐵發斡多薩埵彌
薩哩斡(二合)　達薩哩斡(二合)　葛爹八哩說提實哲(二合)
薩哩斡(二合)　答塔葛達實哲(二合)　[牟*含]　薩麻刷薩顏
多勃鐵勃鐵薛鐵薛鐵譜塔耶譜塔耶月譜塔耶謨撈耶謨撈耶月

謨拶耶月謨拶耶萩塔耶萩　塔耶月萩塔耶月萩塔耶薩鑾達謨拶耶謨拶耶薩鑾怛囉釋迷(二合)八咧說提薩哩斡(二合)　怛塔葛達赫囉(二合)　荅牙鐵瑟吒納鐵瑟吒(二合)敵摩特哩(二合)　摩特哩(二合)　麻訶摩特哩(二合)　麻訶摩特囉(二合)　瞞的囉(二合)　芭諦莎(引)訶(引)

六趣偈

承斯善利。地獄受苦有情者。刀山劍樹變化皆成如意樹。火團鐵丸變成蓮華而為寶吉祥。地獄解脫而能成正覺。

承斯善利。餓鬼受苦有情者。口中煙焰燒身速願得清涼。觀音手內甘露。自然長飽滿吉祥。餓鬼解脫而能成正覺。

承斯善利。畜生受苦有情者。殺害燒煮楚毒等苦皆遠離。遠離乘騎愚癡。速得大智慧吉祥。畜生解脫而能成正覺。

承斯善利。人間受苦有情者。生時猶如摩耶右脇而降誕。願具六根永離八難修福慧吉祥。人間解脫而能成正覺。

承斯善利。修羅受苦有情者。我慢顛狂拙朴。速疾令柔善惡心嫉妬嗔恚鬬戰。自調伏吉祥。修羅解脫而能成正覺。

承斯善利。天中受樂有情者。欲樂策懃速發廣大菩提心。天中受盡憂苦自然生歡悅吉祥。天中解脫而能成正覺。

承斯善利。十方獨覺聲聞者。棄捨小乘四諦十二因緣行。進趣大乘。修四攝六度萬應吉祥。二乘解脫而能成正覺。

承斯善利。初地菩薩勇識者。百福莊嚴一切行願皆圓滿。頓超十地證入一生補處位吉祥。三乘速證究竟成正覺。

發願回向偈

現世之中未證菩提間。願無內外障難惡緣等。恒常遇逢最妙善知識。所修善事行願速成就　最上三寶。

臨命終時識性無迷惑。願生西方淨土如來前。依於慧日發光。聞思修斷惑。證真愍念於有情　最上三寶。

若或隨業淨土佛會前。若無善根不生聖會中。隨業輪迴世世所生處。恒修善根熏習無間斷　最上三寶。

願生中國勤修於正法。無病長壽受用悉具足。相好殊勝辯才智慧等。具七功德獲得丈夫身　最上三寶。

幼年出家願逢賢聖師。即得三種修學守護。持一切時中正念與正定。承侍微妙上師願歡喜　最上三寶。

七種勝財殊勝善知識。如日與光剎那不捨離。亦無我慢疑惑具知足。惡緣猶如蠱毒願捨離　最上三寶。

功德本願最上三寶處。願能恒常歸依而供養。貪欲嗔恚愚癡三種毒。猶如大地恒常勿應起　最上三寶。

觀見六塵境界色等法。猶如陽焰幻化而悟解。五欲自性境處無染著。願我恒不忘失菩提心　最上三寶。

一切大乘甚深微妙法。如救頭然精進常修學。證得無比究竟菩提時。以四攝法能救於六趣　最上三寶。

能救五濁大悲觀世音。末劫之時弘願地藏王。所有一切賢聖護法神。證明護念法燈覆熾然　最上三寶。

護國護法塔廟諸護神。威德熾盛迴遮大結界。怨魔外道毒類悉摧壞。龍鬼星辰毒類心驚怖　最上三寶。

三災五濁速願得消除。七難八怖一念皆消滅。百穀豐饒萬物而茂盛。七寶充足五味悉具足　最上三寶。

四事供養受用無乏少。修八福田吉祥獲安樂。普國興隆佛事轉法輪。增長有情福慧皆圓滿　最上三寶。

我等善根緣起法性力。上師本尊空行攝受力。三寶真諦密呪威神力。所發願時行願速成就　最上三寶。

能迴施人迴施迴施善。所獲一切一切諸功德。猶如幻化幻化似夢境。三輪體空體空悉清寧　最上三寶。

吉祥偈

願晝吉祥夜吉祥　　「一一○上師願攝受
晝夜六時恒吉祥　「一○願諸├○一○三寶願攝受
一切時中吉祥者○一」　　└一一○護法恒擁護

南無西方無量壽如來。諸大菩薩海會聖眾。唯願法界存亡等罪。消除同生淨土(至此隨意迴施已。次念金剛薩埵百字呪)。

金剛薩埵百字呪

唵(一) 斡資囉(二合) 薩埵蘇薩麻耶麻納巴辣耶(二)斡資囉(二合) 薩埵諦奴鉢諦瑟劄(二合)(三) 得哩(二合) 鋤彌發呧(四) 蘇度束彌發呧(五) 阿奴囉屹都(二合)彌發呧(六)蘇布束彌發呧(七) 薩哩呧(二合) 些提彌不囉(二合) 耶擦(八) 薩哩斡葛哩麻(二合) 蘇撈彌(九)穆達釋哩(二合) 楊郭嚕(十) 吽(十一) 訶訶訶訶斛(十二) 發葛灣薩哩呧(二合) 答塔葛達斡資囉(二合) 麻彌捫撈(十三) 斡資哩(二合)發 呧(十四) 麻訶薩摩耶薩埵阿(引)(十五)

此呪求願補闕功德無量。散在諸經。又名句中隨宗迴轉。誦者知之。

瑜伽集要焰口施食儀竟。

十類孤魂文

南無十方三世盡虛空界。常住佛法僧寶上師本尊(臨時應入佛名)猛母明王世出世間護法善神。慈悲廣大誓願弘深。威力難量盡知盡見。願作證明哀愍護念。

法界地府獄中閻羅天子。十八獄帝三十大王三十三王三十六王。十八獄主牛頭阿傍馬頭羅剎。主命主攝無毒鬼王。九位二十四司助王。小臣掌部首領執杖。主淨主水主鐵主土主火。善惡童子一切功曹獄吏。騄馬執鎗一切羅叉。又地上檢察者帝釋四王太子諸將。六齋八王三十二忍臣。四忍大王五道大神。又十類孤魂者。

第一法界一切守疆護界。陳力委命軍陣相持。為國亡身官員將士兵卒孤魂眾。

第二法界一切負財欠命。情識拘繫生產致命。冤家債主墮胎孤魂眾。

第三法界一切輕薄三寶。不孝父母。十惡五逆邪見孤魂眾

第四法界一切江河水溺。大海為商。風浪飄沈採寶孤魂眾

第五法界一切邊地邪見致命蠻夷孤魂眾。

第六法界一切抛離鄉并客死他州。無依無托游蕩孤魂眾。

第七法界一切河井刀索赴火投崖。牆崩屋倒樹折嵓摧。獸咬虫傷橫死孤魂眾。

第八法界一切獄中致命。不遵王法。賊寇劫盜。抱屈銜冤。大辟分屍犯法孤魂眾。

第九法界一切奴婢給使。懃勞陳力。委命貧賤孤魂眾。

第十法界一切盲聾瘖瘂足跛手[病-丙+卷]。疾病纏綿癱疽殘害。鰥寡孤獨無靠孤魂眾。

又法界面然鬼王所統。薜荔部多百億河沙餓鬼。非我見聞有名無名塵沙種族人間。依於草木附彼城隍。銜冤魂識品物精靈。自殘自盡軍陣亡身。無依無托遺骸暴骨。乏祭餒魂魑魅魍魎。幽魂滯魄靈響等眾。又有大力鬼妖魅鬼惱人鬼。內障鬼外障鬼無礙鬼。又有九類十類三十六類鬼眾。惟願佛法僧寶力。法界緣起力。大悲觀音力。深願地藏力。今我所觀功德力。祕密呪印加持力。稱七如來名號力。誦經法會善根力。今皆召請法界孤魂餓鬼種類。一切眷屬如雲而集。變此飲食於虛空中遍滿法界。一切山原大地涌出清冷之池。所有碧沼江河變成廣大乳海。十二類生法食飽滿。二十五有樂具資圓。三業澄明六根清淨。身心輕安清涼快樂。福智增輝所求願滿。歸依三寶發菩提心。修菩薩行得成佛道(眾等應和隨願所成)。

蓋以冥關路渺。苦海波深。若非密呪之功。曷薦沈淪之魄。由是特建法筵。虔集僧眾。諷演祕密真言。加持上妙法食。如斯勝利。普施無邊。伏願鑊湯滾滾。變八德之蓮池。爐炭炎炎。成六銖之香蓋。森森劍樹。為三會之龍華。岌岌刀山。作五天之鷲嶺。銅汁銅柱。化甘露之法幢。鐵磨鐵丸。作摩尼之寶座。牛頭獄卒。持三善而證三身。債主冤家。解十纏而離十惡。多生父母。從茲而入聖超凡。一切眾生。自此而獲安獲樂。修習道友。隨喜檀那。悟本性之彌陀。了唯心之淨土。普同法界。遍及有情。俱沐良緣。齊成佛道者矣。

三歸依讚

志心信禮佛陀耶兩足尊。三覺圓萬德具。天人調御師(啞吽)凡聖大慈父。從真界騰應質。悲化。普竪窮三際時橫遍十方處。震法雷鳴法鼓。廣演權實教(啞吽)大開方便路若歸依能消滅地獄苦。

志心信禮達摩耶離欲尊。寶藏收玉函軸。結集於西域(啞吽)翻譯傳東土。祖師弘賢哲判成章疏。三乘分頓漸五教定宗趣。鬼神欽龍天護。導迷標月指(啞吽)除熱真甘露。若歸依能消滅餓鬼苦。

志心信禮僧伽耶眾中尊。五德師六和侶。利生為事業(啞吽)弘法是家務。避囂塵常宴坐寂靜處。遮身服毳衣。充腹採新茹。鉢降龍錫解虎。法燈常遍照(啞吽)祖印相傳付。若歸依能消滅傍生苦。

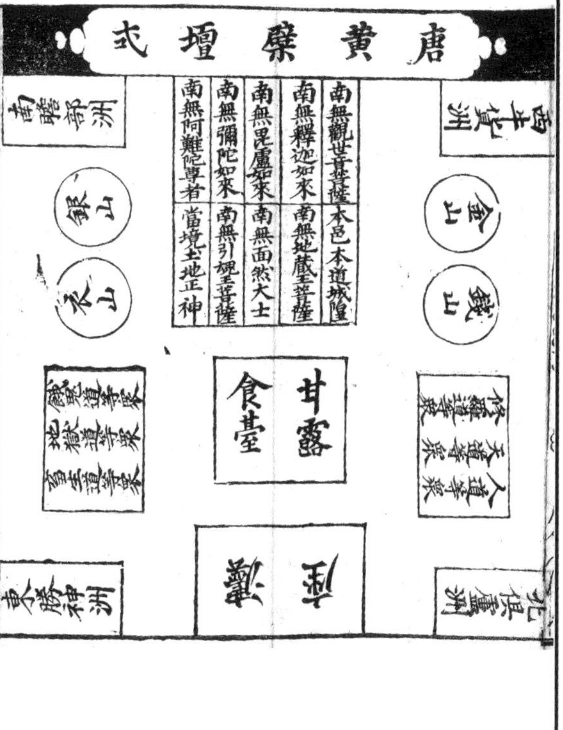

瑜伽集要圖像燄口施食序

瑜伽之為教也。神變威靈。不可思議。金剛智廣大不空三師而下。無能繼其躅者。以是教函龍藏。鄉亦不傳。惟施食一法行世。然此經初譯變食真言之外無聞焉。再譯之。三譯之。後增後廣。至不動師所傳。而倫且極矣。好事者猶為未足。仍外冊附益之。遂散精於閱文。而印咒尚或缺畧。況觀門乎。夫瑜伽以相應為義。謂口誦咒。手結印。心作觀。三業齊脩而施作佛事。是之謂相應耳。三業主乎一心。心獨無觀。何取於相應。火定灼乎孫峯。鐵想翳乎千粒。觀之所係。誠非易易者。石機常師。西工圖繪。乃書其文而像之。俾臨文矚像。不登壇而觀已歷。然其殆有功於瑜伽矣。吾願行法之者。專注觀心。心運諸手。手叶諸口。口根諸心。津濟萬靈。如是功德。當亦不可思議

昔萬曆辛卯冬佛成道日古杭雲棲沙門袾宏書于吳興崇光禪院

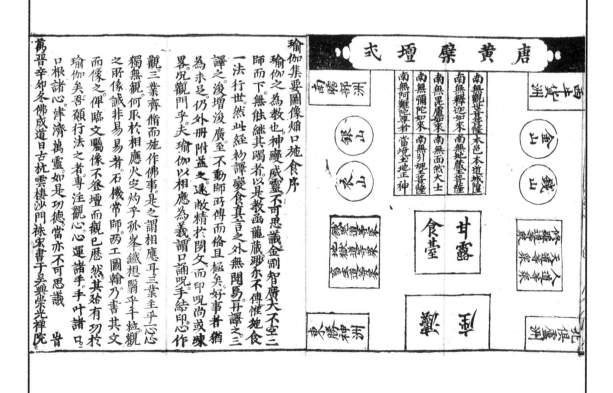

瑜伽集要焰口施食起教阿難陁緣由

唐三藏沙門不空奉詔譯

尒時世尊在迦羅城尼俱律那僧伽藍
所與諸比丘并諸菩薩無數衆會前後
圍遶而爲説法。尒時阿難獨居靜處念
所受法。即於其夜三更已後見一餓鬼。
名曰燄口。其形醜陋身體枯瘦口中火
燃。咽如針鋒頭髮鬔亂牙爪長利甚可
怖畏。住阿難前。白阿難言。汝却後三日
命將欲盡。即便生於餓鬼之中。是時阿
難聞此語已。心生惶怖問餓鬼言大士
若我死後生餓鬼者我今行何方便得
免斯苦。爾時餓鬼白阿難言。汝於來日
晨朝若能布施百千那由他恒河沙數
餓鬼飲食。并餘無量婆羅門仙。閻羅所
司業道冥官及諸鬼神先亡久遠等。所
食飲食。如摩伽陁國所用之斛各施七
七斛飲食。并爲我等供養三寶。汝得增
壽。令我等輩離餓鬼苦得生天上。阿難
見此焰口餓鬼身形羸瘦枯燋極醜。口
中火燃。其咽如針。頭髮鬔亂毛爪長利
又聞是語甚大驚怖身毛皆竪。即至晨
朝。從座而起往詣佛所。若遶三帀頂禮
佛足。身體戰慄。而白佛言。大悲世尊願
救我苦。所以者何。昨夜三更。經行靜處
念所受法。見焰口鬼而語我言。汝過三
日。必當命盡生餓鬼中。我問鬼言。云何
令我得免斯苦。餓鬼答言。汝若能施百
千萬億那由他恒河沙數無量餓鬼。婆
羅門仙。閻羅所司。業道冥官及諸鬼神
侍從眷屬先亡久遠。平等普施。餓鬼飲
食。汝得增壽。白言世尊云何能辦無量
飲食充足

佛告阿難。汝今勿怖。我念過去無量刧
中曾作婆羅門時於觀世音菩薩摩訶
薩邊。受得陁羅尼。名曰無量威德自在
光明如來陁羅尼法

佛告阿難。汝若善能作此陁羅尼法。加
持七遍。能令一食變成種種甘露飲食
即能充足百千俱胝那由他恒河沙數

一切餓鬼婆羅門仙異類鬼神上妙飲食皆得飽滿如是等衆一一皆得摩伽陁國所用之斛此食此水量同法界食之無盡皆獲聖果解脫苦身

佛告阿難汝今受持此陁羅尼法令汝福德壽命增長餓鬼生天及生淨土受人天身能令施主轉障消災延年益壽現招勝福當證菩提發廣大心普為有情積劫以來多生父母列宿天曹幽司地府焰摩鬼界蜫微蠢動一切含靈普設無遮廣大供養悉來赴會承佛威光洗滌身田獲斯勝利受人天樂唯願諸佛般若菩薩金剛天等及諸業道無量聖賢以無緣慈證我所行是故我等為欲滿足宏誓願故為欲宏護令濟有情

無退失故為摧諸業令清淨故為欲精進求無上道速成就故為欲拔濟惡道衆生永拋苦海登彼岸故如經所說無邊世界六道四生其中所有為於主宰統領上首之者皆是住不思議解脫菩

薩慈悲誓願分形布影示現化身在六道中同類受苦設於方便不被煩惱隨煩惱壞分別諸業令發道心常自克責悔身造作調伏教化一切衆生為大導師摧滅三塗淨諸業道斷絶愛流不捨行願處於苦海為善知識成熟利樂一切有情證大涅槃若有施主深信大乘渴仰瑜伽願樂見聞陁羅尼藏甘露法門為諸有情興拔濟心慇懃稱讚捨大財寶三請於師方許壇法平等一如雖怨親想常行布施無有悔恨親近善友勇猛精進無有怯弱至求大道稱讚三寶撫育生命方便拔濟皆令解脫不以惡求而養身命常自利他彼善男子是真善友行菩薩行普為三塗諸惡趣中一切餓鬼閻摩王等婆羅門仙虛空諸天釋梵四王列宿天曹龍神八部日月須彌脩羅外道六欲魔衆水火風空山林窟穴舍宅宮殿伽藍大地江河流泉浴池廟宇吉凶遊行神衆抄録善惡神

通無礙毛羽飛空水族遊鱗披毛角類蠢動含靈曠野遊魂鞭尸苦澁多生冤恨相繫未免歷劫冤冤負於財命亡過僧尼未證果者多生父母眷屬親戚承如來教得出三塗無量地獄發菩提心各願放捨解脫冤結通相讚念如父母想到此道場證知護念心懷踊躍如優曇華世難可值由自造作處於人間識情難定多隨妄起積為苦源未獲聖果旋生過患又復依王水土住佛慈光常思曩緣猶懷今果日夜克責何報如斯或為眷屬親戚父母幾曾翻覆顛倒攀緣改頭換面豈將辯識惟願今日承斯佛力駕迴飛空到此道場慈光拂體各隨形類懺滌塵尤發菩提心納斯供養

佛告阿難若欲受持施食之法須依瑜伽甚深三昧阿闍黎法若樂脩行者應從瑜伽阿闍黎學發無上大菩提心受三昧戒入大曼拏囉得灌頂者然許受之大毘盧遮那如來五智灌頂紹阿闍黎位方可傳教也若不爾者遞不相許設爾脩行自招殃咎成盜法罪終無功効若受灌頂依於師教脩習瑜伽威儀法式善能分別了達法相故名三藏阿闍黎方得傳斯教也若欲作法先自護持弟子亦爾定知日已選擇淨地精華大舍閑靜園林鬼神愛樂流泉浴池江海山澤福德之地堂舍亦得如法塗摩用香水泥隨施主力方圓大小四角豎幖如法莊嚴用五色彩安火焰珠又於珠內安置佛頂大悲隨求尊勝東北佛頂東南大悲西南隨求西北尊勝又於四柱如法莊嚴殊特妙好名吉祥幢令百由旬無諸衰患即成結界風吹影拂土撒水霑罪障消亡獲大福利眼見耳聞

普皆利濟次復周圍懸旛蓋寶扇白拂布列位次阿伽香水妙華燈塗飲食湯藥種種果味及餘物等以法淨除勿令觸穢莊嚴若了手執香鑪右遶道場遍以觀照不周備處重要安排莊嚴事畢

與諸弟子。香湯洗浴。著新淨衣。出外中庭。如法洒掃香坭塗地。如法莊嚴。名三昧耶壇。於道場外。敷淨薦褥。嚴整威儀。作禮三拜。面東胡跪。手執香鑪。作啓請法。

瑜伽集要焰口施食起教阿難陁緣由

瑜伽焰口濟生僉要

密嚴經云。如火燎枯草。須臾作灰燼。智火焚業薪。當知亦如是。又如燈破暗。一念盡無餘。諸業習暗。冥無始之薰聚。牟尼智燈起。剎那皆頓滅。

初釋標題

梵語瑜伽。華言相應。三業同緣一境。故手結印契。身相應也。口念神呪。語相應也。意起觀。行意相應也。今此密門。凡作少利益。必具此三。所謂呪印觀想。若缺其一。即不相應。非唯三業不一。亦與佛法不相應也。何以故。謂不相應則外緣諸境。而內無主宰故。不能上感諸聖。下利羣機故。焰口者。即是請法人也。迺大悲聖者。應現焰口鬼身。發起阿難求受此法。其間緣起。備如經錄。濟生者。約自他也。濟則是能濟之人。自也。生即是所濟之生。他也。以濟羣生。則自能成就菩

提羣生。獲濟則他能脫離苦趣。自他兼濟。故云濟生。同於菩薩行故。僉者記也。要者妙也。此即是師家僉記此法之要。上六字約法本體。下二字師家自立。問。云。何義師家自立此。答云。為顯上有所傳。下有所受故。即非臆見胷談。又令不忘失故。令愈久而愈深愈精也

二明師傳

問云。前來所言師家。指於何人耶。答云。即大西夏護國仁王寺。阿闍撒斡資囉上師也。梵云阿闍撒斡資囉。華言不動金剛。師之密號。此師學遊五天竺。名冠兩京。顯密俱通。性相備了。先來傳受此法于勒布上師。勒布上師傳于保安上師。保安上師傳于威德幢上師。略明此三。以知來處云耳

三辯所屬

前者論師傳。已知來處。而不知此法屬何教藏所攝。師云。望顯則大。望密則小。何者。在顯教中。屬陁羅尼所攝。陁羅尼

部者。乃諸佛所傳心印法。不隨文字句義。不可以智知。不可以識識。極頓極圓故。名密部中所屬前三本續所攝。後三第四本續猶大故。師以重相望。為大小也。清涼國師云。後後勝前前。此之謂歟。

四正述作法分二 一為自作法 二為他作法 ○

初自作法者。夫欲作此法。先作六禁支。調伏身心故。二想頂臍兩處具（唵嚂）二字。令清淨故。三頓起觀音慢。有所主故。問。云何謂頓起。答。不假漸次。問。如何不假漸次。答。不須歸依三寶遣魔變空及字種增長等也。問。既不須此四種。如何能得成就。答。以平昔時用工純熟故。若舉一念即得現前。又此觀音是我本佛。亦我本體。亦我本具（紇哩）字種。法尒圓成故云頓起也。問。慢之一字。諸教所訶。今言起慢。非相違耶。答。諸教所訶者。乃凡夫遍計之我。及外道之神我。依此我故。而起於慢。為大過失也。今此慢者。乃法身真我之慢也。真我無我。慢即無慢。如法華經云。我為世尊。無能及者。乃佛之自謂。為則為慢耶。慢之一字。即是顯教中大無畏之異名也。以我自是觀音。方能起於哀救故。所以先起此慢也

瑜伽焰口濟生食要終

施食　八

按焰口施食功德無量。碩脩習者無論觀力何似即符呪印訣靡淂真諦。承譌訛舛塗掩耳目。獲展天人吾婿韓子敏求聞是說於石磯和尚。慨焉興咨。遂与室人淋郷獨傾貲橐而石磯為之手摹。登鋟爰成鉅典。以永脩習。將藉此功德上益兩尊人福祉。下益其子七郎八郎。慧質者。而余則謂以法布施功德不可思議。寧獨此哉。故樂為之記。佛弟子盧守禮書

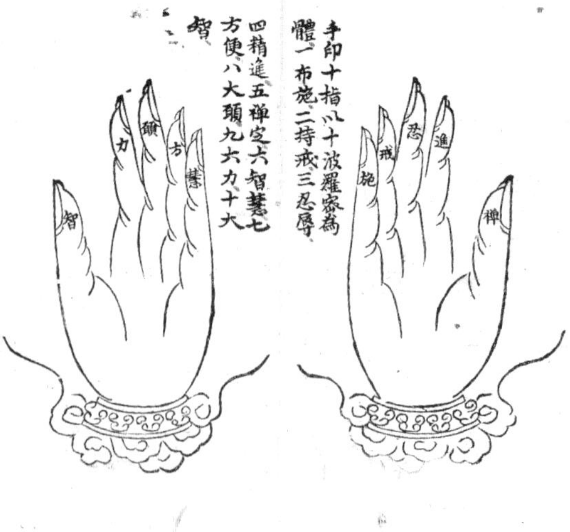

脩習瑜伽集要施食壇儀

夫欲遍供普濟者處懇至誠嚴飾道場隨力備辦香花供養飲食淨水等已準戌亥二時施之餓鬼得食施主獲福如過其時徒廢精神於事無益斯出本教亦非胷見今有違者地方不寧即此過也若欲深明所以請觀後註文備彰矣

初入壇衆集分班立定舉讚

爐香乍熱法界蒙熏瑜伽海會悉遙聞隨處結祥雲誠意方殷諸佛現全身

雲來集菩薩摩訶薩 三遍次舉香文

此一瓣香不從天降豈屬地生兩儀未判之先根源充塞三界一氣纔分之後枝葉徧滿十方超日月之光華奪山川之秀麗即戒即定即慧非木非火非煙收來在一微塵散處普熏法界爇向鑪中專伸供養常住三寶剎海萬靈歷代祖師一切聖衆河沙品類幽顯聖凡悉伏真香普同供養

香雲蓋菩薩摩訶薩 三遍

佛面猶如淨滿月　亦如千日放光明
圓光普照於十方　喜捨慈悲皆具足

九

南無盡虛空徧法界過現未來佛法僧三寶

登寶座菩薩摩訶薩 三遍

伏以登瑜伽顯密之座六度齊脩開濟物利生之門三壇等施一心湛寂全身總是大悲王三業應時脫體俱成訖哩字果然如是則是因是果不出自心自利利他豈閑餘物化滴水作長河之酥酪變微食為大地之斛食於倏忽際普濟大地之飢虛在頃刻間利益河沙之鬼趣若也如斯會得須當普利羣機其或未然不免重宣妙偈所謂

大寶華王座　人天普護持
我今登演處　觸目即菩提

南無大悲觀世音菩薩 衆和畢行人祝水文

夫此水者八功德水自天真先洗衆生業垢塵徧入毘盧華藏界箇中無處不超淪水不洗水妙極法身塵不染塵返作自己觸除器界蕩滌壇場洒枯木而再逢春潔穢邦而成淨土所謂內外中間無濁穢聖凡幽顯總清涼

大衆同聲誦大悲神呪畢表白舉

甘露王菩薩摩訶薩 三遍侍者白

云何於此經究竟到彼岸願佛開微密廣為衆生說

○淨法界真言 誦真言時調伏身心想頂勝兩處具唵嚂二字本清淨故以表福智圓滿 唵 嚂

唵嚂唵嚂莎訶

○點淨真言 誦真言時用右手無名指搵取香水彈灑虛空并塗掌想壇場內外悉令清淨

施食上　十

唵啞穆葛捞囉
彌麻迎蘇嚕
蘇嚕莎訶

○加持花米真言 誦真言時手拈花米三次想成光明種出生金銀碧玉珎宝之雲

唵斡資囉嚕彌
啞吽

○加持鈴杵真言 誦真言時手拈花米灑在鈴杵上想成智慧種

唵斡資囉薩吝
啞吽

唵斡資囉看吒
啞吽

唵啞吽 持杵振鈴誦三下

我今振鈴杵　聲徧十方處
禮請諸聖賢　悉皆来赴會
○此乃一切諸如来　手中執持金剛杵
金剛佛母大勇識　我亦恒常而執持
○願滅有情大愚痴　唵賀囉賀囉吽 三遍

施食　十一

○左手執持微妙七寶鐸　洪音振動十方及三際
梵音嘹喨驚覺魔宮　摧碎邪妖魍魎諸鬼魅
○右手執持金剛降魔杵　威勢力重八萬四千斤
摧壞天與非天魔眷屬　普使回光返照而渴仰
○內外究魔三毒四害等　呪咀魘禱波旬及外道
三尖火輪遣魔變空力　能使顛倒夢想皆遠離
○八方四面忿怒諸天魔　聞我作法諦聽而信受
唧吡叭怛秘密妙伽陁　彈指掃蕩兇惡及禍祟

十二因緣呪

唵耶吝兒麻合二兮都不囉合二巴斡兮敦
的山吝塔葛吝歇斡怛的山捞約尼
嚕怛耶唧叭諦麻曷糬囉合二麻納耶
莎訶

唵薩哩斡合二吝塔葛達囉的捺麻曷曼
吝囉合二布捞祢渴薩謨的囉合二斯發

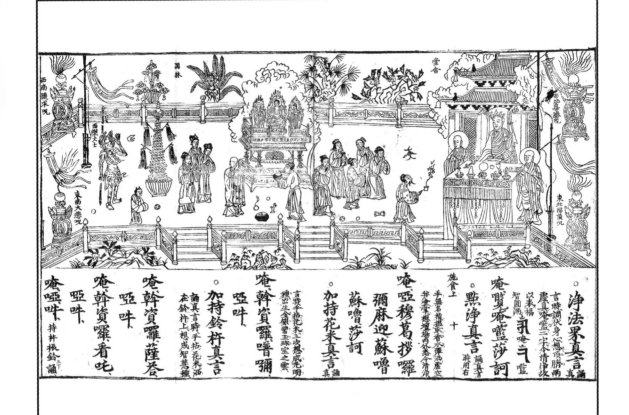

中央大日如來
東方阿閦如來
南方寶生如來
西方阿彌陀如來
北方不空成就如來

囉納三麻耶啞吽、置鈴于案舉五佛冠云 加持寶冠

五方五佛大威神　結界降魔徧剎塵

今宵毘盧冠上現　一瞻一禮總歸真

毘盧如來慈悲灌頂

念准提呪

稽首歸依蘇悉帝　頭面頂禮七俱胝

我今稱讚大准提　惟願慈悲垂加護

南無薩哆喃、三藐三菩陀俱胝喃、怛姪他、

唵、折隷主隷准提、娑婆訶、

其印准提持誦儀軌云、二手內相叉。二中指直竪相拄。二頭指屈附二中指第一節。二大拇指捻右手無名指中節。當心結印。於頂上散之。

右手將花來誦云、

我及法界、一切有情、從今爲始。乃至未證菩提之間。誓願歸依。

金剛上師三寶。

○上師三寶真言

捺謨孤嚕合二毘耶合二捺謨勃塔耶

捺謨達而麻耶　捺謨桑渇耶

唵、哩哩、哈哈、吽吽、癹怛、

唵、失哩、麻哈、歌羅、哈哈、吽吽、癹怛莎訶、

唵啞吽　將手持的花米散洒虛空想所落寶米盡成花香供養等云

撫尺一下誦云

囉列香花建寶壇　重重佛境一毫端

心融妙理虛空小　道契真如法界寬

相好慈悲秋月滿　化身騰處暮雲繁

香煙堆裏瞻應現　萬象森羅海印含

釋迦如來　證明功德 衆同和

觀世音菩薩　容垂加護 衆同和

阿難陀尊者　興權啓教 衆同和宣疏

振鈴念自性偈

方便自性不壞體　金剛不壞大勇識

最勝無比超出相　今此所作皆成就

勝慧自性甚深性　演說最上法輪音

以無生現方便身　今此所作願得成

淨地偈

一切方隅所有地　瓦礫砂磧等皆無

琉璃寶地平如掌　柔軟微妙願安住

猶如極樂國莊嚴　妙寶為地衆花敷

園林池沼無缺少　以大法音願具足

篆柱衍反　綻丈諫切

從出世間復能現　種種七寶之所成
無量光明徧照處　諸佛菩薩類安住

音樂呪

唵。斡資囉看支曳合二囉納囉納不囉合二囉納不囉合二囉納三不囉合二囉納三不囉合二囉納薩哩斡合二孛塔赤的囉合二不囉合二拶哩荅麻昌不囉合二尼牙合二巴囉薎荅那達速巴徹薩哩斡合二塔哩麻合二紇哩合二達耶傘多沙納葛哩吽吽癹吒莎訶

施食　十三

置鈴于桌

加持念珠

○六字大明王　功勳不可量
現前清淨衆　異口共宣揚

唵牟尼叭𠺗吽　衆同念一百八遍

○

擲尺一下

緣起文

切以法不孤起。仗境方生。道不虛行。遇緣即應。今則羅列華壇。闡揚佛事。香焚寶篆。騰五色之雲霞。燭綻金蓮。爍一天之星斗。法樂奏無生之曲。梵音讚最上之宗。歸依五眼六通。迎請千賢萬聖。由是覺王住世。以法利生。不有因緣。無由

範房覽反　音范　咽因肩反　喉戶鉤反　笇蘇貫反

垂範。是以阿難尊者。林間習定。夜見鬼王。口吐火燄。頂髮烟生。身形醜惡。肢節如破車之聲。飢火交然。咽喉似針鋒之細。見斯怪異。問是何名。荅曰面然。汝三日之中。當墮我類。阿難驚怖。歸投大覺慈尊。敘說前因。啓請救苦之法。佛垂方便。利濟洪深。使延年而益笇。誦威德之真詮。令餓鬼以充資。施甘露之法食。加持必專於神呪。嚴衛須假於壇儀。雖然啓請一時。法傳千古。金山脩建。不獨自明。摩伽斛食。施周法界。若無靈驗。今古爲傳。有是功勳。方堪演說。梵音演處。上窮有頂之天。唐韻宣時。下極風輪之際。欲明聖理。故白斯文。佛事完成。同歸真際。

倡云

擲尺一下

施食　十四

最勝光明自在王　如來宣演妙難量
昔日慶喜生惶怖　燄口雷音報禍殃
稽首殷勤白教主　興慈濟物利生方
如今稽古重拈出　凡聖同遊解脫塲

以右手無名指取香水彈灑曼荼羅上。

以右手掃曼拏囉上米了左手持杵右手捏花米及無名指甲香水以畫地基

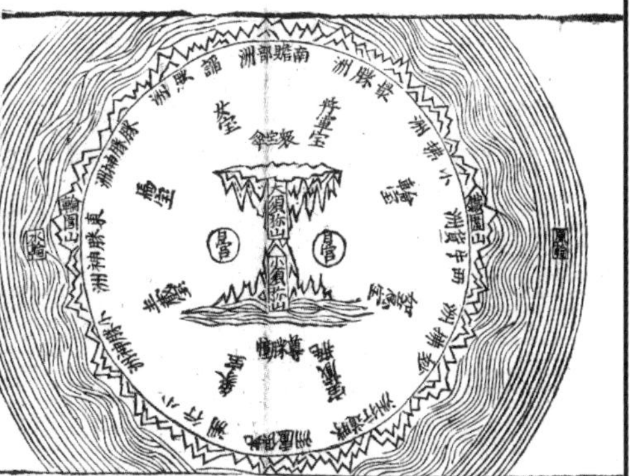

唵斡資囉合二麻羽啞
吽 彈三遍
以右手無名指取香水于曼拏囉上。右旋作一圓相表福智圓滿故。
唵斡資囉合二烏恒葛啞吽
就念真言一遍作圓相一匝次加持花米成光明種如用之時悉成如意珎宝供具
唵斡資囉合二音弥啞吽
念真言時。以右手拈花米三次畢次拳手拈花米放曼拏囉上右旋散洒如空注雨
輪圍山 鐵圍山
唵斡資囉合二哩契
啞吽 右呪俱十遍

金剛地基。金剛地基。吽字而作擁護
次排列花米位。從中央起。
唵哈弥囉微捺麻 ◎ 大須弥山
唵哈斯克微合二麻弥囉微捺麻 小須弥山
唵岩晡兒斡合二微的葛耶捺麻 東勝神洲
施食 十五
唵岩的葛耶捺麻 ○ 小勝神洲
唵岩微的葛耶捺麻 勝勝身洲
唵覽咱晡的癹耶捺麻 南贍部洲
唵覽沙茶耶捺麻 諂勝洲
唵覽烏吝囉曼的哩合二尼耶捺麻 最勝洲

唵藍啞呢囉孤吝合二尼耶捺麻 西牛貨洲
唵藍拶合二麻囉耶捺麻 小拂洲
唵藍斡囉拶合二麻囉耶捺麻 妙拂洲
唵鑁烏吝囉孤囉尼捺麻 北俱盧洲
唵鑁孤囉微捺麻 小行洲
唵鑁葛囉斡合二耶捺麻 ○ 勝道行洲
唵岩葛拶囉的捺合二耶捺麻 象寶
唵嚩嚕嚕沙哳囉的捺合二耶捺麻 主藏寶
唵嚩斡節囉的捺合二耶捺麻 馬寶
唵鑁斯的哩合二囉的捺合二耶捺麻 女寶
唵岩葛吒葛合二囉的捺合二耶捺麻 將軍寶
唵嚩覽吒吃囉合二囉的捺合二耶捺麻 輪寶
唵嚂麻尼囉的捺合二耶捺麻 如意寶
唵鑁麻曷聶塔捺耶捺麻 寶藏瓶
唵啞斯哩合二牙耶捺麻 日宮
唵嚂昝的囉耶捺麻 月宮
唵啞吽捺麻 衆寶傘
唵薩哩斡合二囉的尼合二毘藥合二捺麻。尊勝幢
唵室哩合二麻忒合二斡資囉孤嚕拶囉捺
葛麻辣耶三貎克吝捺啞斡癹薩拏

花 香 燈 塗 果 樂

葛囉合二耶吽捺麻

念真言時將花米臨曼拏囉上及散洒虛空想落寶米悉成種種宮殿園林池沼傘蓋幡幢衣服瓔珞如意珠寶米莊嚴等具如空注雨相續不斷供養上師三寶中圍手取花米散洒虛空念云

人天所有種種供物 施食

唵薩哩斡合二呑塔葛達囉的捺麻曷曼呑囉合二布㧊弥渴薩謨的囉合二斯發囉納三麻耶啞吽

結印念呪

唵薩哩斡合二呑塔葛達薩叭哩呢囉啞哩二巴冊巴囉合二諦㧊耶莎訶

十六

運轉結蓮花手印念五供養

唵薩哩斡合二呑塔葛達薩叭哩呢囉

唵斡資囉不思必啞吽

唵斡資囉度必啞吽

唵斡資囉啞嚕吉啞吽

唵斡資囉干底啞吽

唵斡資囉你徵的啞吽

唵斡資囉合一捨不呑布㧊弥葛薩謨的囉合二斯發囉納三麻耶啞吽

音樂呪 右手持杵左振鈴

唵斡資囉合二看支夷囉納合二囉納合一不囉合二囉納不囉合二囉納三不囉合二囉納三不囉合二囉納薩哩斡合二孛塔赤的囉合二不囉㧊哩呑麻曷不囉合二尼牙合二巴囉蔑呑耶達速巴徵薩哩斡合二塔哩麻合二紇哩合二達耶傘多沙納葛哩吽吽和和啞龕莎訶

施食上 七

念呪將畢手持鈴杵于曼冊上緊搖一遍置鈴于案次擲授寶錯左手持於寶錯右手結三尖印遣魔徧空於空性中自心月輪上想黃色得浪(ㄋ)合二字中放光利益一切有情光回得浪(ㄋ)合二字一念變成黃色寶生佛手結施印為一不二竟一念變成宝錯如用之時而念錯之。

○寶錯真言 念真言時想宝錯內出生無盡諸天如意真寶而奉献之

唵斯嘛囉合二斯嘛囉合二寥嘛曩斯葛囉摩訶㧊葛囉吽

撒花米真言 花米撒纔上

唵薩不呑合一囉的捺吽

○遣魔真言 以二手作金剛拳，手背相靠，二小指相鈎，二頭指直竪。結印當胷，想手印出火光，遣境界魔。

唵，斡資囉，二合 啞弥哩達，昆吒喇，曷納曷納，吽吽，發吒。

○遣魔真言 二手外相叉，二頭指直竪。結印當胷，手動似扇，印出火光，而遣諸魔。

結伏魔印

唵，斡資囉，二合 牙恰，吽。

施食上 十六

○遣魔真言 以二手內相叉，十指仰上。結印當胷前，想印中放出金剛焰，令魔遠離。

唵，斡資囉，二合 佐辣啞捺辣，曷捺呑曷，巴拶摩塔，班拶囉納，吽，發吒。

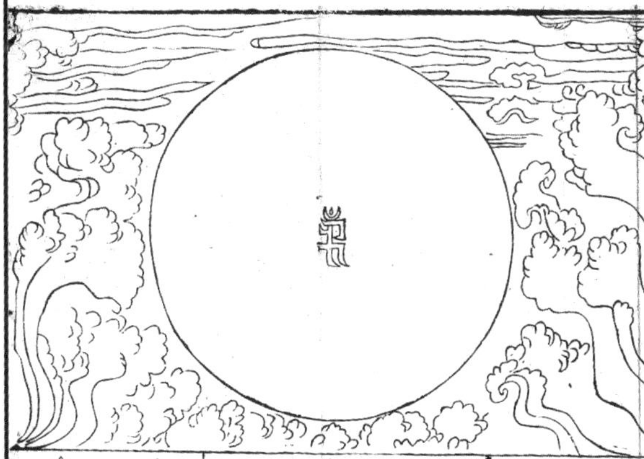

○真空印呪 二手內相叉，進禪力智直竪，念真言

唵，莎嘜斡順牙，二合 薩哩斡，二合 呑哩麻，二合 莎嘜斡順牙，二合 達。

施食上十九

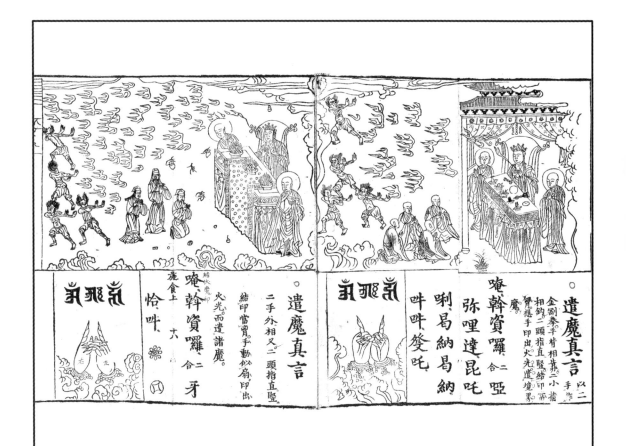

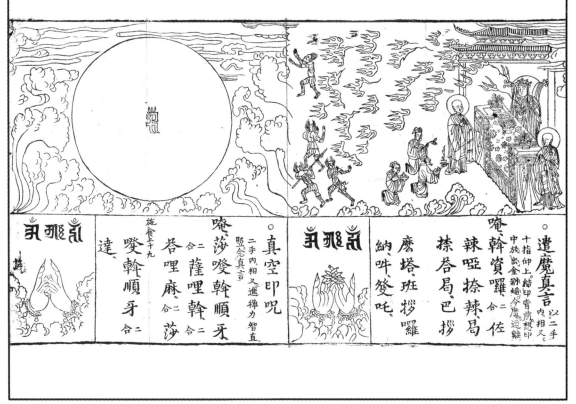

於空性中想嚨嚨合二噌
嚨合二噌嚨合二啞啞
啞吽吽吽。而成十方世
界。所有天妙曼怛啞哩
干濯足。花。香。燈。塗。食。樂。
清徹無礙。猶如普賢化
現種種雲集。供養徧滿
虛空充塞法界盡輪迴
際無有間斷 結印念呪
唵薩哩斡合二答塔葛達

薩叭哩嘛囉啞哩干巴丹巴囉合二
諦撈耶莎訶 運轉結蓮花手印念五供養
唵薩哩斡合二答塔葛達
薩叭哩嘛囉
唵斡資囉不思必啞吽
唵斡資囉度必啞吽
唵斡資囉啞噌吉啞吽
唵斡資囉干底啞吽
唵斡資囉你微的啞吽
唵斡資囉合二捨不答布

撈弥葛薩謨的囉斯發囉納三麻耶
啞吽 音樂呪
唵斡資囉合二看支夷囉納合二囉納合二不
囉合二囉納不囉合二囉納三不囉合二囉
納三不囉合二囉納薩哩斡合二孛塔赤
施食
的囉合二不囉撈哩答麻曷不囉合二尼 二十
牙合二巴囉蔑答耶達速巴徹薩哩斡
合三塔哩麻合二紇哩合二達耶傘多沙納
葛哩吽吽和和啞龕莎訶
十二因緣呪

唵耶答兒麻合一兮都不囉合二巴斡兮敦
的山答塔葛答歇斡怛的山撈約尼
噜怛耶哪叭諦麻曷釋囉合二麻納耶莎訶
唵啞吽 念三遍就撒花米畢持鈴念 曼拏囉偈
諦想清淨廣大曼答辣 四洲充滿無量珠珎寶
一一皆如妙高摩尼聚 奉獻上師三寶願安住
曼拏囉真言
唵薩哩斡合二答塔葛答囉的捺合二麻曷
曼答辣布撈弥渴薩謨的囉合二斯發
囉納三麻耶啞吽

寶山寶海妙寶座　天衣瓔珞如意樹
寶池妙花香燈塗　週遍法界滿虛空
寶珠自性廣大海　七寶之中最殊勝
獻如雲聚妙寶供　我今虔誠而奉獻
中央八峯須弥盧　四大部洲諸形相
施食
以日月等而圍遶　黃金白銀與寶玉
二十一
麻薩葛幹及琉璃　赤珠乃至石心等
奉獻上師三寶前　唯願慈悲哀納受
唵薩哩斡二合荅塔葛達囉的捺二合麻昌
曼荅辣布撈弥渇薩謨的囉二合斯癹
囉納三麻耶啞吽
我今依教建立曼拏囉　量等虛空金剛為寶地
字字密言惟心之所成　須弥日月七寶四天下
衣服傘蓋伎樂幢旛雲　寶座珍羞樓閣并宮殿
池沼園林名花普遍布　奉獻上師三寶護神等
惟願慈悲納受生歡悅　屏除魔碍集福施安寧
今宵施主（會衆等）所求皆如意　盡未來際吉祥無間斷
唵薩哩斡二合荅塔葛達囉的捺二合麻昌
曼荅辣布撈弥渇薩謨的囉二合斯癹
囉納三麻耶啞吽　置鈴于案以右手持花米念云

惟願上師三寶中圍佛會慈悲攝授今（合會）
宸施主福慧莊嚴世出世間吉祥如意普
及法界一切有情速成無上佛果菩提
捺謨孤嚕二合毘牙二合　捺謨勃塔耶
捺謨達而麻耶　捺謨桑渇耶
唵啞吽　三遍畢撒花米撫尺一下念

三歸依讚

佛法僧寶體徧十方恭敬請祈必蒙感
應將當闡揚施食之初先須歸敬三
寶要祈法事周隆庶使勝因成就大
衆虔誠隨聲應和
志心信禮佛陀耶兩足尊三覺圓萬德
具天人調御師唵啞吽凡聖大慈父從
真界騰應質悲化普竪窮三際時橫
遍十方震法雷鳴法鼓廣演權實
教唵啞吽大開方便路若歸依能消滅
地獄苦（佛子）
二十二
志心信禮達磨耶離欲尊寶藏收玉函
貯結集於西域唵啞吽飜譯傳東土祖
師弘賢哲判成章疏三乘分頓漸五

教定宗趣。鬼神欽。龍天護。道迷標月指。唵啞吽。除熱真甘露。若歸依。能消滅餓鬼苦。有情

志心信禮僧伽耶衆中尊。五德師。六和侶。利生為事業。唵啞吽。弘法是家務。避囂塵。常宴坐。寂靜處。遮身服毳衣。充腹採薪蕨。鉢降龍。錫解虎。法燈常遍照。唵啞吽。祖印相傳付。若歸依。能消滅旁生苦。孤魂 古本此處宜在 妄[illegible]滅。真如不變遺。總持難思議。無住對空宣。仰白十方三宝。刹海天龍。調伽海會聖凡。願賜慈悲。甫垂證鑒。有疏披宣。伏希諦聽。

香雲蓋菩薩摩訶薩

瑜伽集要燄口施食儀

藏本在此起唵 加縣淨真言

衆等發廣大心

歸依金剛上師。歸依佛。歸依法。歸依僧。我今發心。不為自求。人天福報。聲聞緣覺。乃至權乘諸位菩薩。唯依最上乘。發菩提心。願與法界衆生。一時同得。阿耨多羅三藐三菩提心。施食下

先結大輪明王印　加持壇場悉清淨
我今依教誦密言　令我所作皆成就

○默念大輪明王呪七遍 其呪印者。甘露軍荼利菩薩念誦儀云。二手內相叉。直竪二頭指並以二中指纏二頭指初節前各頭相柱。二大指並伸直。結印當心誦呪曰。

離身七肘高八肘現金色唔嚨字。字種變成宮殿。殿中具無尽莊嚴

捺麻斯得哩合二野脫夷合二葛喃薩哩斡合二怛塔葛達喃唵微囉積微囉積麻曷拶葛囉合二斡資哩二合斡資哩合二薩怛薩怛薩囉諦薩囉諦得囉二合夷得囉合二夷微馱麻尼三拔拶納裕得囉合二麻禰的帝塔訖哩合二得蘭合二顏帝提脫合二夷莎訶

師印呪可知應想面前空處離身七肘高八肘現一金色唔嚨合二字。字種變成勝妙宮殿。以大千國土。合為一國土。以此國土融成一宮殿。一一莊嚴。皆准華嚴經說勝妙樂事。問。此大千國土。合而為一。云何合耶。答。一切國。土。體自空寂。誰立疆界。若離衆生見。則國土自一。問。此土衆生。置於何處。答。是中衆生。即諸佛心中之衆生。同佛受用。復何用置。問。何全依心想便成宮殿。答。彼大千國土等。咸是妙明真心所現。若離真心。畢竟無有。全依幻化力故。復以大千國土。而為宮殿。是為萬法由我者也

侍者白云

稽首十方調御師　演揚清淨微妙法
三乘四果解脫僧　願賜慈悲臨法會
奉請三寶（表白舉香花迎。香花請。衆和畢。首者執爐舉云。）
南無一心奉請。盡十方。遍法界。微塵剎
土中。諸佛法僧。金剛密跡。衛法神王。
天龍八部。婆羅門仙。一切聖衆。惟願。
不違本誓。憐愍有情。此夜今時。光臨
法會。（衆和。香花請。畢。白云）
謹依瑜伽教　建置曼拏羅
惟願三寶尊　慈悲哀納受

施食下

印現壇儀（千手眼儀）
行儀云。二手各作金剛拳。施進慧力相鉤。胸前微動。誦真言曰
唵 斡資囉（二合）拶
襪囉（二合）吽拶
吽哪斛

師印呪可知。應想心間字種放光至色究竟天上。召請智觀世音來入道

場。此智觀世音。即放無量光。名請一切三寶。及顯密護神。來至道場。重重無盡。問。於此教門。但說果主因伴。今何得因為主果為伴耶。答。此有二義。一。行者以觀音為所緣熟境故。先契此境。後契諸佛之境。然觀音放光召請諸佛。亦猶行者召請觀音者也。今藉觀音請佛。非為主也。二。此菩薩即是過去威德自在光明王如來。退位度生。即果位也。若或為主亦無過也。
衆念三十五佛
大慈大悲愍衆生　大喜大捨濟含識
相好光明以自嚴　衆等志心歸命禮
南無歸依金剛上師
歸依佛　歸依法　歸依僧
我今發心。不為自求。人天福報。聲聞緣覺。乃至權乘。諸位菩薩。唯依最上乘。發菩提心。願與法界衆生。一時同得阿耨多羅三藐三菩提
南無歸依十方盡虛空界一切諸佛
南無歸依十方盡虛空界一切尊法
南無歸依十方盡虛空界一切賢聖僧
南無如來。應供。正徧知。明行足。善逝世間解。無上士。調御丈夫。天人師。佛世尊。
南無釋迦牟尼佛　南無金剛不壞佛
南無寶光佛　南無龍尊王佛
南無精進軍佛　南無精進喜佛
南無寶火佛　南無寶月光佛

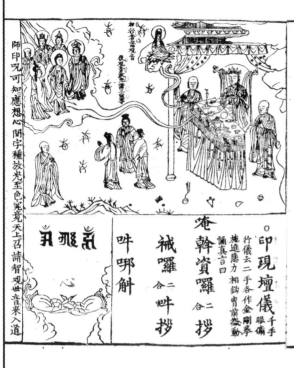

南無現無愚佛　南無寶月佛
南無無垢佛　南無離垢佛
南無勇施佛　南無清淨佛
南無清淨施佛　南無娑留那佛
南無水天佛　南無堅德佛
南無旃檀功德佛　南無無量掬光佛
南無光德佛　南無無憂德佛
南無那羅延佛　南無功德華佛
南無蓮華光遊戲神通佛　南無財功德佛
南無德念佛　南無善名稱功德佛
南無紅燄帝幢王佛　南無善遊步功德佛
南無鬪諍勝佛　南無善遊步佛
南無周匝莊嚴功德佛　南無寶華遊步佛
南無寶蓮華善住娑羅對王佛
南無法界藏身阿彌陀佛

願將以此勝功德　廻向無上眞法界
性相佛法及僧伽　二諦融通三昧印
如是無量功德海　我今皆悉盡廻向
所有衆生身口意　見惑彈謗我法等
如是一切諸業障　悉皆消滅盡無餘

念念智周於法界　廣度衆生皆不退
乃至虛空世界盡　衆生及業煩惱盡
如是四法廣無邊　願今廻向亦如是
南無求懺悔菩薩摩訶薩　三稱

毘盧遮那佛　願力周沙界
一切國土中　恒轉無上輪　心經一遍　大衆黙念

啓告十方。一切諸佛般若菩薩金剛天等。及諸業道無量聖賢。我今以大慈悲乘佛神力。召請十方盡虛空界。三途地獄諸惡趣中。曠劫飢虛一切餓鬼。閻羅諸司。天曹地府業道冥官。婆羅門仙。久遠先亡。曠野冥靈。虛空諸天及諸眷屬。異類鬼神。唯願諸佛。般若菩薩金剛天等。無量聖賢及諸業道。願賜威光悲增護念。普願十方盡虛空界。天曹地府業道冥官。無量餓鬼。多生父母。先亡久遠。婆羅門仙。一切冤結。負於財命。種種類族。異類鬼神。各及眷屬。乘如來力。於此時中。決定降臨。得受如來上妙法味清淨

甘露飲食充足。滋潤身田。福德智慧
發菩提心。永離邪行。歸敬三寶。行大
慈心。利益有情。求無上道。不受輪迴
諸惡苦果。常生善家。離諸怖畏。身常
清淨。證無上道。

伸五供養

十方一切剎　諸佛菩薩衆
無量諸聖賢　及諸業道官
唯願大慈悲　降臨於法會
攝受花香灯塗果樂　微分少供養

字湧出 啞花香灯 啞塗果樂
天母一面四臂
放光明 啞上二 啞
手印持妙 花香 灯塗
果樂 啞啞 下二手印
吽字 下四
輪相交吽唵啞
吽唵啞吽訖哩
啞妙 花香灯 塗果樂 天
母供養佛願佛
慈悲哀納受

師印呪可知。應想虗空法界。所有人天妙塗花香等灯明。幢旛傘盖。種種鼓樂。歌舞。妓唱。真珠羅綱。懸諸寶鈴。花鬘白拂。微妙磬鐸。衿羯尼綱。如意珠寶樹。衣服之雲。天諸厨食。上妙香美。種種樓閣。寶柱莊嚴。天諸嚴身。頭冠瓔珞。如是等雲。行者運心。想滿虗空。以志誠心。如是供養。最為勝妙。

依法誦此真言。及作手印。如上所想供養。悉皆成就。

侍者白云

我以志誠心　奉獻甘露食
惟願三寶尊　遣魔哀納受

次結遣魔印

将奉三寶施食。先結三尖印。擲押施度頭。戒忍進隊伸誦

唵引斡資囉二合
拽屹徹二合吽

師印呪可知。應想掌中有赤色吽字。字脚放光從三尖出。作擲扇勢。遣食器上魔。問明食器上有何等魔。恐有尋香食施食等魔礙。故今遣之

我以佛神力。依教誦密言。加持甘露食。

徧滿虛空界。

次結變空印 兩羽虛合掌。如蓮花狀。竪立胷前。而誦真言。

唵莎嚩斡秫塔

薩哩斡(二合)塔哩麻

施食下　六

(二合)莎嚩斡秫徒欲

唵引啞吽

師印呪可知。應想食器及食。悉皆空寂。問。何用手。答。以分限食。多觸觸故

故今空之。則極令清淨。於其空處。應想三個唵嚂(二合)字。字金色。變成食

器。於食器中想白色唵字。變成勝妙飲食。皆醍醐乳酪。及麨蜜等味。點

淨念(唵啞吽)二十一遍。極令廣大已。復念捗吽咈斛。而作手印。想令前來

所觀三寶海會。分明顯現。再伸五供養。施寶錯。念思麻羅等呪。想三寶海

會。諸佛菩薩而攝受之。初一分奉佛并法。次一分奉菩薩聖僧。後一分奉

顯密護神。既奉獻已。然後作擲水勢念云。

以此甘露食　奉獻諸聖賢

憐愍我等故　慈悲哀納受

次結奉食印 兩羽相合。作擲水勢。念奉食呪三遍。各彈指一下。

唵引啞葛嚕穆

看薩哩斡(二合)塔

哩麻(二合)喃啞牒

耶(二合)引奴忒班

吞奴唵啞吽發

施食下　七

吒莎曷 想諸佛子等。徧奉受用。生歡喜心。求索願事。必蒙允許。或廣迎聖入壇。委伸供讚已。然後施食。即以香花灯塗。種種供養畢。點念奉食偈。

振鈴念奉食偈

我今奉獻甘露食　量等須弥無過上

色香美味遍虛空　上師三寶哀納受

次供顯密護神等　後及法界諸有情

受用飽滿生歡悅　屏除魔礙施安寧

今辰施主眷屬等　消災集福壽延長

所求如意悉成就　一切時中願吉祥

三寶讚

世尊大慈妙莊嚴　明解圓滿一切智

能施福慧如大海　於諸如來我讚禮

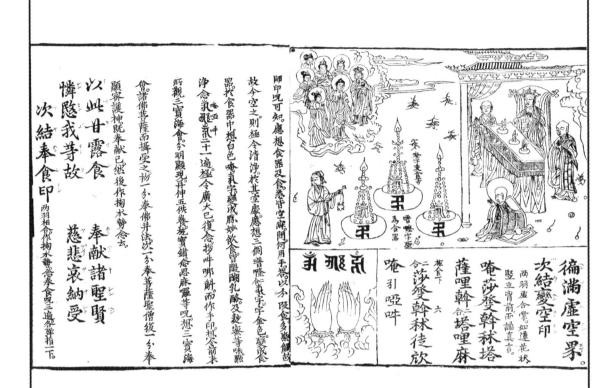

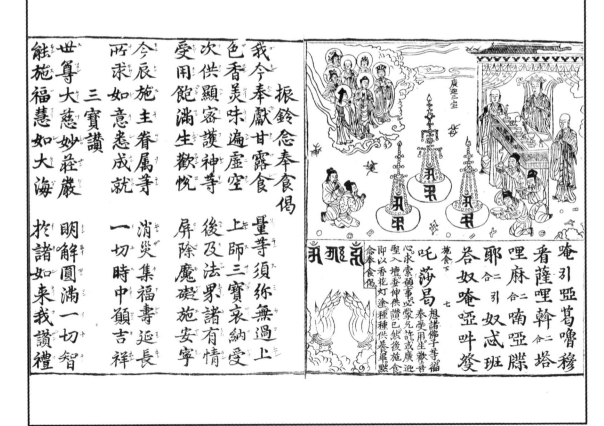

自性本體離諸欲　能依此行脱惡趣
以為甚深玄妙理　於諸妙法我讃禮
解脱道中勝解脱　持淨戒行堪恭敬
勝妙福田生聖處　於彼大衆我讃禮

侍者白云

普陀落伽常入定　随縁赴感靡不周
尋聲救苦度群迷　故號名為觀自在

次入觀音禪定

以上前来供養三寶。是作福門中事。有福無智。則落於人天因果。豈能利生哉。今若脩習此觀音禪定。則有智。既具福智。即同諸佛。然後於法界衆生。能作利益。侍者白云。次入觀音禪定。師

作禪定。維那伸偈。其聲貴柔和清亮。不可雄厲。恐妨觀想。又不可太近世俗兒女之聲。當入定時。閉目澄心。觀想自身中。圓満潔白。猶如淨月。於心淨月上。想紇哩（二合）字。放大光明。其字變成。八葉蓮花。上有觀自在菩薩。相好分明。左手持蓮花。右手作開敷勢。作是思惟。一切有情身中。有此覺悟之花。清淨法界。不染煩惱。蓮花八葉。〻上各有一如来入定。跏趺而坐。面向觀自在。項佩圓光。身如金色。光明晃曜。想此八葉蓮華。漸舒漸大。量等

心月輪上

虚空。以此覺花照觸如来海會。願成廣大供養。若心不移於此定。於無邊有情深生悲愍。以此覺華。蒙照觸者。於諸苦惱。悉得解脱。等同菩薩相好。即想蓮花漸收。量等己身。結印念呪。加持四處。以此加持。令身堅固。所謂心額。喉。頂。毎於印處。成紇哩字（二合）。其字印。以二手外相叉。二頭指相柱。如蓮花葉。二大指並竪。即誦觀自在菩薩真言。

南無無盡三寶尊
我今誓發菩提心
唯願菩薩来攝授
速證觀音微妙身
次入觀音三摩地
澄心閉目觀心中
圓満皎潔淨月上
字種放光成蓮花
花中有一觀自在
相好具足無比對
左手執持妙蓮花
右手於葉作開勢
菩薩思惟有情身
各具覺悟之蓮花
清淨法界無惑染
八葉各有一如来
如来入定跏趺坐
各各面向觀自在
項佩圓光身金色
光明朗照及晃耀

註曰。次入三摩地。前生後。三摩地。即是閑塵想之時也。外縁不入。問曰。心無所住。安得有定。答。此明内因心也。以靈知之心。栖止於内。闔之定内故。師當於此。作大禁支偈之略也。其説。應當於心尖上。想一紅色唧吼字。変成雑色八葉蓮花。花上想白色阿飛字。変成月輪也。

註曰。澄心則清淨之時也。内不放出。閉目則明

註曰。圓満皎潔者。心之体用也。圓而満則無徳不偹体也。皎而潔則無所不照用也。

註曰。字種紇哩（二合）字也。此字乃大悲菩薩。取証之理。度生之妙門也。放光成蓮花者。乃所造之花也

註曰。即紇哩。増長自身。成觀自在菩薩之称也。逆順無碍。故名自在。花乃指所座之花也。

註曰。偈之略也。其説應云一面二臂。其身金色。花冠瓔珞嚴身。頂戴阿弥陀佛。無比對。称讃之詞。

註曰。理能成事。故云持也。花表因果同時也。

註曰。事能顯理。故能作開敷也。已上並是自覺。

註曰。此一句方是覺他。称菩薩行也。偈意謂一切衆生。與菩薩。本是同体。皆有覺悟之蓮花。但由顛倒執著。而不證也。故菩薩思惟而起哀愍。

行者於此處。更不可将菩薩與自身。作两處想。前来既以字種増長作觀音。此處思惟。即是指行人之言也。如是禅定。若不能　思惟。則向所作法。徒労心力也。

註曰。當與前两句。作一片看。不可打成两橛。清淨法界。一塵不立也。無垢染清淨。若執著清淨。即成垢染矣。

註曰。八葉即指心間蓮花之八葉也。各有一如来者。即八識。元是一心也。既是一心。還同正覺。而為一體。故云各有一如来者。即是觀音也。不言菩薩而言如来者。一超直詣也。此二句通自他説。約他則言有情。心本清淨。無垢覺悟蓮花中。有八如来。約自則言行人與八如来。同時入定也。

註曰。問。定有多種。今如来入定。何等定耶。答。即行人所入之定也。此定名為刹那大悲禅定。又問。各各面向。前四面向可。後四豈不背耶。答。向背豈得名為如来正所謂妙在轉處矣。若約事相而説。諸佛菩薩身。非同衆生分段之身。東向則背西。南向則背北。而菩薩之身者。有随類意生身。應化無方。背向皆正。豈八如来也。或千佛

次想其花漸舒大
其量周遍虛空界
思彼覺花照法界
如來海會共廣大
心若不移於此定
憐愍一切諸衆生
覺花蒙照脫苦惱
便同菩薩觀自在
蓮花漸收同己量
復結自在觀音印
加持四處誦密言
自身亦等觀自在

唵引斡資
囉二合塔囉
麻二合紇哩二合

萬佛。向無不正。學者當作是觀。更須向無向皆處看

註曰。上句彰殊勝身。下句彰殊勝境。

註曰。從前來七行偈十四句。皆顯法界也。今此二句。方入理事無礙法界。次想者。今知時也。以事攬理成。故能漸舒大。以理隨事変。故能遍法界。則其大無外也。皆是惟心境界。不是分外的事也。

註曰。此二句。正明事事無礙也。覺花事也。海會亦事也。以覺花稱周。時與如來海會。同時廣大而無礙。譬如一室千燈。光光無雜。法界者。十法界也。四聖六凡之謂也。意謂此花舒大時。能照此十法界。同於一真。更無殊別也。

註曰。上句自覺。下句覺他。上來思惟有情。方是起行。至此憐愍一切。方是行行。謂證此無礙廣大境界。方能行行度生也。深有密焉。學者不可不慎也

註曰。利生之効也。

註曰。所獲之果也。初發心時。即得阿耨多羅三藐三菩提之謂也。

註曰。前八句皆舒。此一句惟卷。約密說。即是增長究竟。准魯餘已現前解云。從正位而起名增長。復歸正位是究竟。亦是始本不二也。上歸云。有放不收。同凡夫。有收無放。名聲聞。有收有放。名為秘密境界。收放總不用。名無戲論。此乃最極本續也。收之一字。不覺如此輕易流布。學者亦不可作等閑見聞也。

註曰。此二句。皆約行者請求智佛冥加之力也。所以密言者。皆指後面手印之密言也。

註曰。迴光返照者。前來既觀音。今恐迷己逐物。復回觀自身。故云亦等。最初字種增長。令成觀音。今以何義故。復云亦等。答云。初來增長。由未離覺。今則真實究竟之地。是親証親入也。如善財始見文殊等也。又前所想觀音。望因則名因中果也。加持密之後。則當体果中因也。謂初入壇場。即頓起觀音慢。今復何故又入此定。豈不濫耶。不也。前是根本定。亦名正依。亦名正體。如在家為人也。此後所入定。即是所作定也。如人在邦為臣也。其實一体。約處殊也。又如人在朝則朝衣。在戎則戎服。故根本定白色。所作定金色。向下隨一一作法。多有更易身色。常

以此禪定勝功德
迴向法界諸衆生
同見西方無量光
成就普賢廣大願

以此理鑒之。故勿疑。諸結自在觀音印。以二手外相叉。二頭指相柱如蓮花葉。二大指並豎。即誦真言加持四處。頂。喉。心。膝是也。師印呪可知。每處以手印按之。誦真言一遍。後以唵字加持。即當以印按口上。次以吽字加頂。得覺字加臍。紇哩字加心。服阿字加喉。以此加持。令身堅固也。所以一切魔礙。皆不能害也。四處有二說。只用前說可也

侍者白云

若人欲了知　三世一切佛
應觀法界性　一切惟心造

次結破地獄印

施食　下

兩羽金剛拳。施慧兩相鉤。進力伸相柱。念想開。地獄三誦三擊。開破地獄真言曰。

那麻阿瑟吒二合瑟吒二合攝
諦喃三藐三
勃塔俱胝喃
唵引摋引辣
引納嚩婆細
提哩提哩吽

師印呪可知。應想自身增長紅色觀音。一面二臂。舌上。心間。印上。三處皆有紅色唵哩紇哩字。放紅色光。如日初出之光。照觸地獄。悉皆破壞。問云。一處放光。足以破之。何用三乎。答。爲彼地獄是衆生三業妄造故。今亦用三業放光。以破之也。又問。地獄是衆生別業而成。云何能以。答。雖云別業。同是一心。以智照之。衆生亦無。豈有地獄。由迷一心故。妄造衆惡。惡業成熟。妄成地獄。既墮地獄。妄見受苦。譬如夢中。爲虎狼獅子所噬。或爲賊

所縛。或遭王難。受種種苦。及至夢醒。了無所得。問。何故如夢中。答。實無是事故。令觀地獄及苦。亦復如是。令假以照力。無不破也。問。地獄既然本空。何須破而救之也。答。我雖以智照力。知其本空。彼無智照。焉得不苦。故圓覺經云。夢時非無。及至於醒。了無所得。今拔救之。正欲破此地獄及苦空也。若惟原之。彼以惡業因緣。而成地獄。則知非本有矣。我今以智照因緣。而爲之破。豈不破乎。一是禪定。二是手印。三眞言。四作觀。五智照。有此五種因緣。何事不辦。豈唯破地獄乎。今世學者。只爲施利濫秉闍黎。爲衆上首。惟是音聲振鈴擊鈸。應恐負於請主之意者。多矣。

由此印呪。威神力故。所有諸趣。地獄之門隨此印呪。豁然自開。三遍

表白舉。香花迎。香花請畢首者執爐請云。

奉請地藏王菩薩

南無一心奉請。衆生度盡。方證菩提。地獄未空。誓不成佛。大聖地藏王菩薩摩訶薩。惟願不違本誓。憐愍有情。此夜今時。光臨法會。

衆和。香花請。師置爐。伸四轉輪印。念㧞吽唎斛。結印默念。伸五供養

一心召請。累朝帝主。歷代侯王。九重殿闕高居。萬里山河獨據。白 西來戰艦。千年王氣俄收。北去鑾輿。五國寃聲未斷。嗚呼。杜鵑叫落桃花月。血染枝頭恨正長。如是前王後伯之流。一類孤魂等衆。惟願承三寶力。仗秘密言。此夜今時。來臨法會。衆和。受此無遮甘露法食。

一心召請。築壇拜將。建節封侯。力移金鼎千鈞。身作長城萬里。白 霜寒豹帳。徒勤汗馬之勞。風息狼煙。空負攀龍之望。嗚呼。將軍戰馬今何在。野草閑花滿地愁。如是英雄將帥之流。一類孤魂等衆。惟願。如前

一心召請。五陵才俊。百郡賢良。三年淸節爲官。一片丹心報主。白 南州北縣。久離桑梓之鄕。海角天涯。遠喪蓬萊之島。嗚呼。官旣蕭蕭隨逝水。離魂杳杳隔陽關。如是文臣宰輔之流。一類孤魂等衆。惟願。如前

一心召請。黌門才子。白屋書生。探花足

步文林。射策身遊棘院。白。螢燈飛散。三年徒用工夫。鐵硯磨穿。十載謾施辛苦。嗚呼。七尺紅羅書姓字。一坯黄土蓋文章。如是文人擧子之流。一類孤魂等衆。惟願。如前

一心名請。出塵上士。飛錫高僧。精脩五戒淨人。梵行比丘尼衆。白。黄花翠竹。空談秘密眞詮。白牯黧奴。徒演苦空妙偈。嗚呼。經窻冷浸三更月。禪室虛明半夜燈。如是緇衣釋子之流。一類覺靈等衆。惟願。如前

一心名請。黄冠野客。羽服仙流。桃源洞裡脩眞。浪苑洲前養性。白。三花九煉。天曹未許標名。四大無常。地府難容轉限。嗚呼。琳觀霜寒丹竈冷。醮壇風慘杏花稀。如是玄門道士之流。一類遐靈等衆。惟願。如前

一心名請。江湖羈旅。南北經商。圖財萬里遊行。積貨千金貿易。白。風霜不測。身膏魚腹之中。途路難防。命喪羊腸之險。嗚呼。滯鬼北隨雲黯黯。客魂東逐水悠悠。如是他鄉客旅之流。一類孤魂等衆。惟願。如前

一心名請。戎衣戰士。臨陣健兒。紅旗影裡爭雄。白刃叢中敵命。白。鼓金初振。霎時腹破腸穿。勝敗纔分。徧地肢傷首碎。嗚呼。漠漠黄沙聞鬼哭。茫茫白骨少人收。如是陣亡兵卒之流。一類孤魂等衆。惟願。如前

一心名請。懷躭十月。坐草三朝。初欣鸞鳳和鳴。次望熊羆叶夢。白。奉恭欲唱。吉凶只在片時。璋瓦未分。母子皆歸長夜。嗚呼。花正開時遭急雨。月當明處覆烏雲。如是血湖產難之流。一類孤魂等衆。惟願。如前

一心名請。戎夷蠻狄。瘖啞盲聾。勤勞失命傭奴。妬忌傷身婢妾。白。輕欺三寶。罪愆積若河沙。忤逆雙親。兇惡浮于宇宙。嗚呼。長夜漫漫何日曉。幽關隱隱不知春。如是冥頑悖逆之流。一類

孤魂等衆。惟願。如前
一心召請宮幃美女。閨閣佳人。膩脂畫
面爭妍龍麝薰衣競俏。白雲收雨歇。
魂消金谷之園。月缺花殘。腸斷馬嵬
之驛。嗚呼。昔日風流都不見綠楊芳
草髑髏寒。如是諸敍婦女之流。一類
孤魂等衆。惟願。如前
一心召請饑寒丐者。刑戮囚人。遇水火
以傷身逢虎狼而失命。自懸梁服毒。
千年怨氣沉沉。雷擊崖崩。一點驚魂
漾漾。嗚呼。暮雨青煙寒鵲噪穐風黃
葉亂鴉飛。如是傷亡橫死之流。一類
孤魂等衆。惟願。如前
一心召請。法界六道。十類孤魂。面燃所
統薜荔多衆。塵沙種類。倚草附木。魑
魅魍魎滯魄孤魂。自他先亡。家親眷
屬等衆。惟願。如前　化冥衣
上來召請悉已來臨。大衆慈悲齊聲歎
悼。
近代先朝。帝主尊榮位。勳戚侯王玉葉

金枝貴冑。掌執中宮。婇女嬪妃類。憂銜
華胥來受甘露味。
國士朝臣。經綸匡時世。牧化黎民。未遂
忠良志失寵懷憂讁降邊邦地戀國
遊魂來受甘露味。
武將戎臣。統領三軍。隊結陣交鋒鑼鼓
喧天地北戰南征。失陷沙場內。爲國
亡軀來受甘露味。
學古窮經錦繡文章士。映雪偷光苦志
寒窗內。命運蹉跎金榜無名字。鬱鬱
幽魂來受甘露味。
割愛辭親。早入空門內。訪道尋師只爲
超生死。暑往寒來。不覺無常至。返照
回光來受甘露味。
羽服黃冠。早歲脩眞志。煉藥燒丹養性
還元氣。苦行勞神。指望登仙位。莫戀
遺形來受甘露味。
孝子賢孫。義勇忠良士。烈女貞妻。視死
如歸去。伏節亡軀。千古留英氣。耿耿
靈魂來受甘露味。

女道尼流。身住黃金地。鸞鳳緣空不染人間事。未了無爲。流浪虛生死。清淨幽冤。来受甘露味。

地理天文。醫藥陰陽類。卜卦占龜。風鑑并星士。報吉談凶。難免無常對捨僞歸眞。来受甘露味。

坐賈行商。種種經營輩。藝術多能貿易求財利。背井離鄉。死在他方地。旅夢悠悠。来受甘露味。

犯法遭刑。牢獄長幽繫。負命謀財債主冤家類。惡疾天災。凍死饑亡輩。遠離黃泉。来受甘露味。

馬蹹車傷。墻壓身形碎。鬼擊雷轟。自刎懸梁縊。水火焚漂。虎咬蛇傷類。九横孤冤。来受甘露味。

飮血茹毛。生長蠻夷地。負債償勞。婢妾并奴隸。喑啞盲聾。殘疾無依恃。受苦冤魂。来受甘露味。

忤逆爺娘。怨黷天和地。謗佛欺僧。毀像焚經偈。邪見淪沉。苦報無邊際。十惡狂冤。来受甘露味。

大施門開。薦拔孤冤輩。祖禰先亡。五姓冤家類。八難三途。平等俱超濟。仗佛光明。来受甘露味。

阿彌陀佛。宿有無邊誓。觀見迷途苦海常漂溺。垂手啟勤。特駕慈航濟。普載衆生。同赴蓮池會。 南無蓮池海會佛菩薩

我以大悲佛神力　召請冥陽諸有情
曠劫饑虛餓鬼等　不違佛勅雲来集

次結召請餓鬼印 左羽作無畏相右羽向前竪四度曲進度鈎召眞言。

唵即納即葛移希曳二合歇莎訶

師印呪可知。應想左手印上白色紇哩二合[illegible]字放光勾彼鬼衆至於道場遶佛三匝礼佛而出至壇外。壇外分爲四門。東門至南門地獄衆。南門至西門隅。餓鬼衆自西南隅至西門。畜生衆自西門至西北隅。人衆自西北隅至北門。修羅衆自北門至東門。天衆應當如是而安住之。侍者白云 安慰

下十二

既召請已。普皆雲集。以愍念心。讚歎慰喻。令歡喜已。渇仰於法。善來諸佛子。曾結勝縁故。今遇此嘉會。勿得生憂怖。一心渇仰法。不出於此時。戒品而霑身。速令離苦趣。

欲念閻羅文。在此

汝等諸佛子　得遇道場中
所有一切罪　名入金剛掌

次結召罪印

二羽金剛縛。忍願伸如針。進力曲如鉤。召罪真言曰。

唵薩哩斡(二合)巴鉢羯(二合)哩沙拏(二合)月戍駄(二合)納斡資囉薩埵(二合)薩麻耶吽𢫬

下十三

師印呪可知。應想於二中指尖上。想白色紇哩(二合)字出光。入彼身中出其罪。猶如煙霧而合。問云罪無實體。云何今說如彼煙霧出有實體者耶。答。雖無實體能充塞天地。障蔽心目。不能得見諸佛清浄境界。今借諸霧為所縁相。以召其罪。實有益於事也。

摧罪諸惡業　由如劫火滅
火滅還曾有　金剛碎微塵

次結摧罪印

八度内相叉。忍願伸如針。次念

摧罪真言曰

唵斡資囉(二合)巴尼月斯普(二合)吒耶薩哩斡(二合)阿巴耶班塔拏尼不囉(二合)穆恰耶薩哩斡(二合)阿巴耶葛諦毘藥(二合)薩哩斡(二合)薩埵南薩哩斡(二合)答塔葛達斡資囉(二合)三麻耶吽怛囉吒

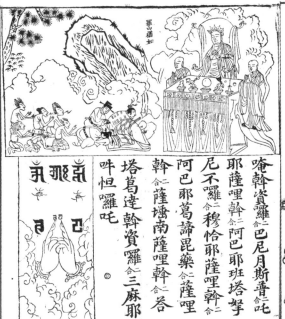

師印呪可知。於二中指尖上。左想怛囉(合二)字。右想吒字。並金色。應當行人自身增長。作青色緑色觀音菩薩之身。毎念呪一遍。二中指摩撻。至後一遍。叉過拍手作聲。想彼罪山。猶如尾塌而倒。前来所名之罪。如煙霧者。應念而散。問。罪無體相。云何摧耶。答。正謂之無。故摧也。若決定有。豈能摧耶。侍者白云

施食下　十四

定業不可轉　三昧加持力
無始諸障難　一切皆消滅

次結定業印 為破定業印亦得

二羽金剛掌。進力屈二節。禪智押二度。定業真言

○

唵斡資囉(合二)葛哩麻(合二)月朿塔耶薩哩斡(合二)阿尾囉拏你菩塔薩底曳(合二)納三麻耶吽

師印呪可知。心月輪上想一青色紇哩(合二)字出光。照前諸鬼衆。所有諸佛不通懺悔之業。應想自性清淨本無。作想觀彼鬼衆。及佛與心。無差別。是名破决定業也。此一法正是斷所知障礙。學者知之　侍者白

施食下　十五

罪性本空由心造　心若滅時罪亦亡
罪亡心滅兩俱空　此則是名真懺悔

❀　❀

次結懺悔滅罪印

二羽金剛縛。六度外相叉。進力屈二節。禪智押二度。次念懺悔滅罪真言

卍

唵薩哩斡巴(合二)鉢月斯普(合二)吒怛賀納斡資囉(合二)耶莎訶

○師印呪可知應

想二屈指上。有白色紇哩合二𑖮𑖿𑖨𑖱𑖾字。入彼鬼身。如日爍露之狀。罪垢銷鎔。猶如墨汁。從足流下。滲入地中。至金剛際。問云。前来既召。既摧。既破。今復為懺悔何耶。答曰。前来並是理上懺悔。今者方是事之懺悔。理事無礙。故不濫也。又問云。何罪猶如墨汁。答。罪者。黒業也。故以墨汁表者。有流注之義。故云如墨汁也。借事顯理者不可泥也。

諸佛子等。既懺悔已。百劫積集罪。一念頓蕩除。如火焚枯草。滅盡無有餘。

一滴清涼水　能除飢渴瘡
彈洒灌頂門　悉令獲安樂

次結妙色身如来施甘露印

或云施清涼印。即以右羽轉腕向前。進禪度相彈。施甘露真言

那謨蘇嚕婆耶答塔葛達耶怛䜘塔唵酥嚕酥嚕鉢囉合二酥嚕鉢囉合二酥嚕娑訶

下十六

師印呪可知。結印誦呪。想左手上白色紇哩合二𑖮𑖿𑖨𑖱𑖾字流出甘露如水銀色。是真智所成。右手點取彈洒虗空。想諸天及人鬼等類。觸此甘露。悉具色相。猛火悉滅。普得清涼。離飢渴想。滅心執障

汝等自從無量劫　造諸惡業起慳貪
由此業力閉咽喉　伏此密言悉開通

次結開咽喉印

師印呪可知。結印誦呪。左手掌中想一青色蓮華。蓮花上想一白色阿字𑖀流出性水。極甚清冷。右手點取彈洒虗空。想諸鬼衆得觸此水。咽喉廣大。清涼潤澤。無所障礙。問云。何前来多用紇哩合二𑖮𑖿𑖨𑖱𑖾字。此獨用阿字𑖀何也。答云。阿字是語種。故依三本續用之也。次念誦開咽喉真言曰

唵那謨婆葛嚩諦月補辣葛得囉合二耶答塔葛達耶

下十七

語諸佛子。今為汝等作印呪已。咽喉自開。通達無礙。離諸障難。諸佛子等我今為汝稱讚如来

吉祥名號。能令汝等
永離三途八難之苦
常為如来真淨佛子。
南無寶勝如来 二羽金剛掌。六度内相叉。進力頭相柱。禪智側竪立。一切有情。同稱聖号
那謨囉怛納二合怛囉
耶。吝塔葛達耶

諸佛子等。若聞寶勝
如来名號。能令汝等。
塵勞業火。悉皆消滅。
南無離怖畏如来
右羽胷前竪。忍禪指相捻。掌覆指垂下左掌仰上羽
那謨微葛怛得囉二合
納耶吝塔葛達耶

諸佛子等。若聞離怖畏如
来名號。能令汝等常得安
樂。永離驚怖清淨快樂
南無廣愽身如来
左羽曲入掌。力智對肩彈。
右手金剛掌。進禪對胷彈。
下 十八
那謨發葛喔嘀月補辣葛
得囉二合耶吝塔葛達耶

諸佛子等。若聞廣愽身
如来名號。能令汝等餓
鬼針咽業火停燒清涼
通達所受飲食得甘露味
南無妙色身如来
右羽竪胷前進禪指相捻。
左羽曲舒展。手掌皆仰下
那謨蘇嚕八耶吝塔葛達耶

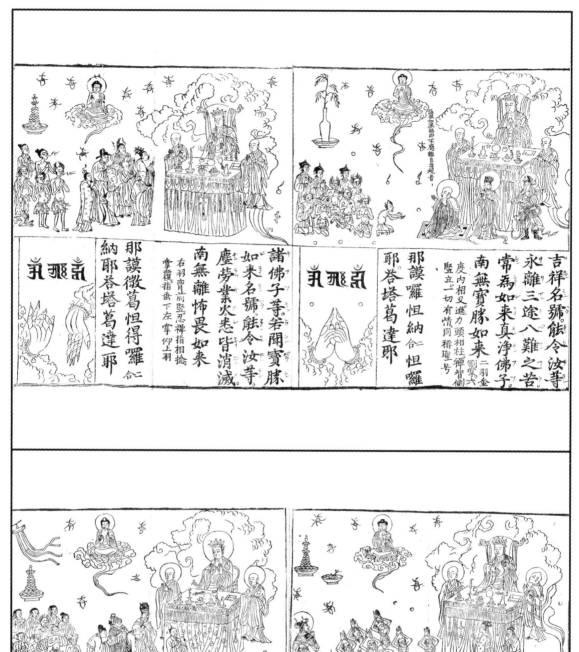

諸佛子等。若聞妙色身如
来名號。能令汝等不受醜
陋。諸根具足。相好圓滿。殊
勝端嚴。天上人間最爲第一
南無多寶如来
下
十九
兩羽虛合掌猶如蓮花状
那謨波[illegible]囉怛納二合耶畣
塔葛達耶

諸佛子等。若聞多寶如来
名號。能令汝等具足財
寶。稱意所須。受用無盡。
南無阿弥陀如来
右羽壓左。禪智相柱。
那謨阿弥怛婆耶
畣塔葛達耶

諸佛子等。若聞阿弥陀如来
名號。能令汝等。往生西方。極
樂浄土。蓮華化生。入不退地。
南無世間廣大威德自在光
明如来
右羽曲仰拳。忍禪度相捻。
左掌仰上五指舒。誦密呪
那謨盧迦委斯諦二合吟捺
二合弟唧說囉不囉二合餐耶
畣塔葛達耶

諸佛子等。若聞世間廣大威德自在光
明如来名號。能令汝等。獲得五種功
德。一者於諸世間最爲第一。二者得
菩薩身。端嚴殊勝。三者威德廣大。超
過一切。外道天魔。如日照世顯於大
摧食下
二十
海。功德巍巍。四者得大自在。所向如
意。似鳥飛空。而無阻礙。五者得大堅
固。智慧光明。身心明徹。如琉璃珠。
諸佛子等。此七如来。以誓願力。拔濟衆
生。永離煩惱。脫三途苦。安隱常樂。一

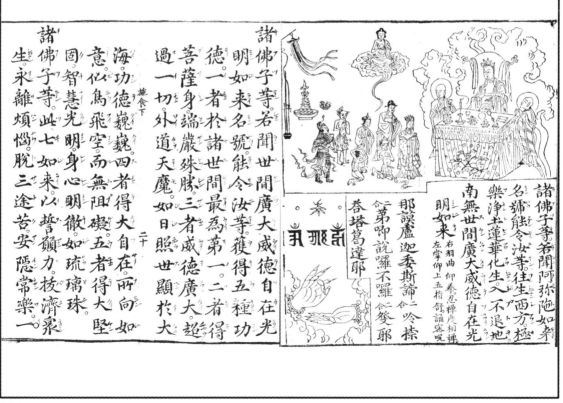

稱其名。千生離苦。證無上道　如是三白
次與汝等皈依三寶
皈依佛兩足尊。皈依法離欲尊。
皈依僧衆中尊。皈依佛。不堕地獄。
皈依法。不堕餓鬼。皈依僧不堕傍生。

汝等佛子
皈依佛竟　皈依法竟　皈依僧竟
皈依三寶故　如法堅護持
自離邪見道　是故至心禮

次結三寶印

左羽作拳相。竪進度當胷。右手屈力度。心想誦三寶真言曰

唵婆 重呼 龕

下廿一

南無佛南無法南無僧。我今發心。不為自求人天福報聲聞緣覺乃至權乗諸位菩薩唯依最上乗發菩提心願與法界衆生一時同得阿耨多羅三藐三菩提。

今所發覺心。遠離諸性相。蘊處及界等。能取所取執。諸法悉無我平等如虚空。自心本不生。空性圓寂故。如諸佛菩薩發大菩提心我亦如是發是故至心禮。

次與汝等。發菩提心。汝等諦聽。
假使熱鐵輪　於汝頂上旋
終不為此苦　退失菩提心

次結發菩提心印
兩羽虚合掌。猶如蓮華狀 ○

唵補提即各没
怛巴達野彌

師印呪可知。應想心。佛。衆生。三無差別。於一念間。融成廣大月輪。如八月十五日夜中宵無雲之時極甚清凈皎潔。與虚空齊等。於月輪中。想一金色阿那字。如秋毫之末。非有非無故。當尒

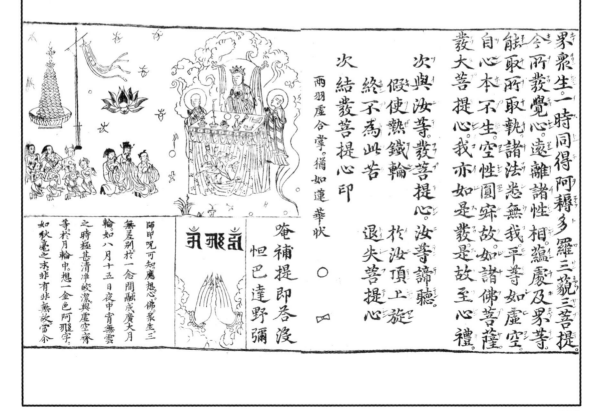

之時未得加持了知上無佛可成下無衆生可度中無行可脩煩惱菩提生死涅槃淨盡。此爲大要妙。宜善用心。爲不惟 爲鬼神作利益。行人不久亦成就

此中了解者矣。師誦咒。衆和三聲。次白云

今爲汝等。發菩提心竟。諸佛子等。當知菩提心者。從大悲起。成佛正因。智慧

根本。能破無明煩惱惡業。不被染壞

次與汝等受三昧耶戒

汝等受佛戒　即入諸佛位
位同大覺已　真是諸佛子

次結三昧耶印 二羽金剛縛大度外相义。忍願伸如針。誦真言曰

唵三摩耶薩埵鑁

師印呪可知。應想印中有白色鑁字。放大光明。普照所請一切有情。彼諸有情蒙光照。及三世諸佛戒波羅蜜。一時圓滿法界善法。想爲

光明所出光灌頂。貯彼身中。身同普賢。坐大月輪。紹諸佛職。爲佛嫡子。○前緣啓經云。佛告阿難。若欲受持施食之法。應須依瑜伽。發菩提心。受三昧耶戒。方堪傳受此法。即斯寺呪也。藏本有多註文。當自覧之。

今爲汝等。受三昧耶戒竟。從今已去。能令汝等。入如來位。是真佛子。從法化生。得佛法分。○

一

汝等冥陽諸有情　吾今施汝甘露食
法力加持遍十方　令汝一一皆飽滿

次結無量威德自在光明如來印

右羽曲仰拳。戒禪度相捻。左掌仰上五指舒。誦寶神呪

唵薩哩斡二合答塔葛達阿吒盧揭諦鑁婆囉鑁婆囉三婆囉三婆囉吽

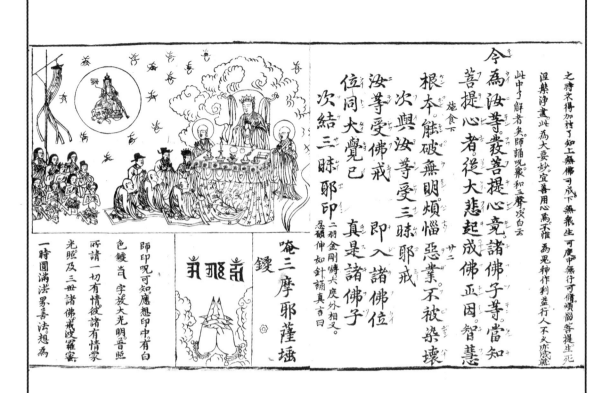

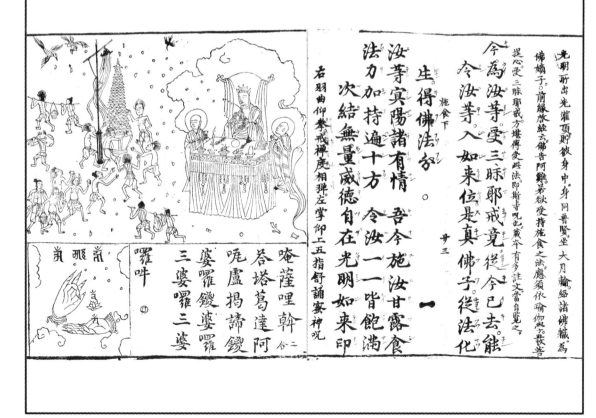

師印呪可知。侍者取水點椀中。及桶中。退坐本位。師應以右手怖畏彈指。遣左手魔印。念云吽吽發怛。念三遍。問云。手有何魔耶。答。爲手中有諸尸蟲。令爲護故。次變空。念云。唵放。或三遍。問云。變空其手。其意云何。答。以此手是赤白二種。不淨所成。故空之。令成勝妙功德莊嚴手也。問。前來既入禪定。則自已是菩薩。今復何故。又遣魔變空。答。此乃作之定也。向豈不言手。今欲知者。且准法華經云。世尊說無量義已。又入三昧放光至開寶塔。又入定放光。豈不濫耶。不也。蓋因一事而彰一法。是乃法之儀也。譬之世禮。祀宗廟之人。非不齋戒沐浴。及至登殿鼎之時。却又盥手。何也。爲表敬也。今再遣魔變空。表慈之深。悲之極。用心之切也。故於一念間。頓成勝妙之手。於手掌中。出一紅色卟字。變成紅色蓮花。花上想一白色鑁字。明點中。流出無盡飲食。想面前水器。盡成摩竭陀國之斛。或用七寶嚴飾。滿盛勝妙飲食等。然後想此字種。流出無盡飲食。變滿法界。念唵阿嚂嚂二合吽四字呪。一百八遍。或四十九遍。皆自知時。次念變食呪。每一念。於明點中。取飲食彈洒虛空。侍者白云

語諸佛子。今爲汝等作印呪已。變此一食。爲無量食。大如須彌。量同法界。終無能盡。

由此真言力。變食作乳海。

普施餓鬼等。身心皆飽滿。

復結前印誦乳海真言

右羽曲仰掌戒禪度相彈左掌仰上五指舒誦密呪

下 廿四

那麻三曼哆

勃塔喃

鑁

師印呪可知。應想明點中流出甘露。以右手點取彈洒虛空。如雨注下。凡所至處。即成長河酥酪也。問云。何以少小器水等。遍滿法界。答。心力難思故也。況又藉神呪及字種觀想等力。乃至諸佛冥加禪定之力。豈不能變小成大。化少爲多也。今且借世間往事爲喻。如欒巴一卮之酒。以術力尚能化爲霖雨。何況神呪難思之力者乎。行者亦不可不專注用心也。又問。何故不以飲食施之。而用水也。答。彼鬼趣多爲業火所燒。故今以水施之。冰滅其業火。佛云。彼鬼等百千萬劫。不聞漿水之名。何況得飲。又云。彼鬼在恒河邊。而不見水。設使得見。變成膿血。若飲之時。入腹化爲猛焰。熱燒心腹。難堪痛苦。悲哉悲哉。故今以水施之。體此意也。又晉本云蘇嚕巴。此云水。施食則知本乎施水矣。今世俗不知。多用施食。水亦失也。况今施食。亦不專用水。彼器中皆投飯七粒。遍十方是也。故初誥

語諸佛子。今爲汝等作印呪已。由此印呪加持威力。想於印中。流出甘露。成於乳海。流注法界。普濟汝等。一切有情。充足飽滿。

汝等業障鬼　變大不能食

今誦秘密言　法食皆飽滿

誦障施鬼真言

唵　啞　吽　捞　辣

弥　擔　薩　哩　斡二合

不　哩二合　的

毘　牙二合　莎　訶

應展垂右手。想鑁字明點中流出甘露。從左掌而下。念唵啞吽三合莎訶呪。一百八遍。或三七遍。皆示侍者至師前作礼。取淨瓶出壇。將淨水徐徐注下。師至唱時。想彼障施鬼悉皆蹤跪。師想自身觀音。遍至其前。而施甘露。從頂上入。滅其業水而得清涼。呪三遍彈指各一下。又云。呪或五七遍。障施鬼等飽滿擲喜。彈指一下。是時行者即以右羽持甘露器。面向東立。瀉於壇前。或淨地上。或於石上。或新淨瓦盆。亦名盂蘭盆臺亦得。或泉池河海長流水

中。不得瀉於拓榴樹之下。鬼神攝怕。不得食之。若聖衆壇中。明王諸天。若施飲食。置生臺上。是本法也。若供養諸佛聖衆。於上五更晨朝日出是供養時。若鬼神法。於人定亥時本人定時。阿闍黎法。若於齋時盡於一日。但加持飲食水等。布施飛空鳥獸水族之類。不揀時節。但用施之。若作餓鬼施食之法。當於亥時。若於齋時施餓鬼食者。徒設功勞。終無効也。不是時節妄生虛誑。鬼神不得食也。不從師受。自招殃咎。成盜法罪。斯出藏本。

諸佛子等。雖復方以類聚。物以羣分。然我所施。一切無礙。無高無下。平等普遍。不擇冤親。今日勿得以貴輕賤。以

施食下　廿五

强凌弱。擁遏孤幼。令不得食。使不均平。越佛慈濟。必須互相愛念。猶如父母憶子之想。諸佛子。汝等各有父母兄弟姊妹妻子眷屬善友親戚。或有事緣來不得者。汝等佛子慈悲愛念。各各賫持飲食錢財物等。遞相布施。充足飽滿。無有乏少。令發道意。永離三途。長越四流。當捨此身。速超道果。又為汝等。將此淨食。分為三分。一施水族。令獲人空。二施毛羣。令獲法寂。三施他方稟識陶形。悉令充足。獲無生忍。

神呪加持淨法食。普施河沙衆鬼神。願皆飽滿捨慳貪。速脫幽冥生淨土。

次結普供養印　二羽直合掌。忍願屈二節。誦真言

唵葛葛納三婆斡斡資囉二合斛

施食下　廿六

師印呪可知。應想屈中指處。想白色唵字　明點中流出無盡飲食。具足莊嚴。平等供養。同声念普供養真言。或五遍七遍。問。㝡初既奉獻三寶。施食已竟。今復何故作此供養。答。前來所作由揀聖凡故。前以奉獻二寶。後施鬼衆。今融之以平等無礙。故聖凡交徹。所以普供養也。維那白從

來所受飲食文

[illegible]二下

諸佛子等。從來所受飲食。皆是人間販鬻生命。酒脯錢財血肉腥羶葷茹臭穢。雖復受得如是飲食。譬如毒藥損壞於身。但增苦本。沈淪苦海。無解脫時。我今依如來教。精誠罄捨。設此無遮廣大法會。汝等今日。遇茲勝事。戒品霑身。於過去世。廣事諸佛。親近善友。供養三寶。由此因緣。值善知識。發菩提心。誓願成佛。不求餘果。先得道

者。通相度脫。又願汝等。晝夜恒常擁護於我。滿我所願。以此施食。所生功德。普將回施。法界有情。共諸有情。同將此福。盡皆回施。無上菩提。一切智智。勿招餘果。願速成佛

師應伸五供養施寶錯盒斯麻囉等呪畢侍者白

施食下　廿七

大衆同念尊勝呪

唵。嚕嚨二合莎訶。唵。捺謨癹葛斡諦薩哩斡二合得囉二合盧迦。卜囉二合諦。月涉瑟吒二合耶。勃塔耶。爹。捺麻。荅的牙二合塔。唵。嚕嚨二合嚕嚨。二合嚕嚨。二合杓訖塔耶。杓訖二合

塔耶月杓訖二合塔耶月杓訖二合塔耶。啞薩麻薩蠻達。啞斡癹薩思葩二合囉拿葛諦葛葛拿婆癹斡。月述提。啞撒氈。貲都稔。薩哩斡二合

荅搭葛達。蘸葛荅。尾囉斡拶拿。啞窨哩二合達。啞撒釋該而二合馬曷木得囉。二合曼特囉二合叭果。啞曷囉。啞曷囉。馬麻藹由而。二合傘塔囉

尼。杓訖二合塔耶杓訖二合塔耶月杓訖二合塔耶月杓訖二合塔耶葛葛拿婆癹斡月述提烏失二合尼沙月拶耶巴哩述錢薩曷思囉。二合囉思弥。二合傘租爹敵薩哩斡。二合荅塔葛達啞斡嚕結尼煞吒二合巴囉

施食下　廿八

窨達。巴哩卜囉尼。薩哩斡二合荅塔葛達。麻諦荅攝蒲窨。卜囉二合牒瑟吒二合諦薩哩斡二合荅塔葛達赫哩二合達耶啞牒瑟吒二合拿。啞牒瑟吒二合諦。木得哩二合木得哩。馬曷木得哩二合斡資囉二合葛耶。三曷

達拏。叭哩述錢。薩哩斡。合二葛哩麻。合二啞
斡囉拏。月述錢。卜囉喋聶。斡而達合二耶。
馬麻藹由而。合二月述提。合二薩哩斡合二沓
塔葛達。薩麻耶。啞喋瑟吒合二拏。啞喋瑟
吒合二諦。唵摩尼摩尼。馬曷摩尼月摩尼
月摩尼。馬曷月摩尼。麻諦麻諦。馬曷麻
諦。麻麻諦。莎麻諦。沓塔葛達。蒲達戈追。
巴哩述提。月思蒲吒。卜錢述錢希希拶
耶拶耶月拶耶月拶耶。思麻合二囉。思麻合二
囉。思葩合二囉。思葩合二囉。思葩合二囉耶。思
葩合二囉耶。薩哩斡合二勃塔。啞喋瑟吒合二
拏。啞喋瑟吒合二諦。述錢述錢。卜錢卜錢。
斡資哩。合二斡資哩。合二馬曷斡資哩。合二莎
斡資哩。合二斡資囉合二葛而合二毘。月拶耶葛
而合二毘。月拶耶葛而合二毘。斡資囉合二左
辣葛而合二毘。斡資嚕合二惑葩徽。斡資囉
合二三葩徽。斡資囉合二斡資哩尼。斡資嚂
合三癹斡都。麻麻攝哩嚂。薩哩斡。合二薩埵
喃。拶葛耶巴哩述提。癹斡都。薩埵彌。薩
哩斡合二葛諦。巴哩述提釋哲。合二薩哩斡

合二沓塔葛達。釋哲。合二鉻薩麻刷。薩顏都
卜錢卜錢悉錢悉錢。勃塔耶勃塔耶。月
勃塔耶。月勃塔耶。謨拶耶謨拶耶。月謨
拶耶。月謨拶耶。杓詑合二塔耶杓詑合二塔
耶。月杓詑合二塔耶月杓詑合二塔耶。薩鑾
沓謨拶耶。謨拶耶。薩鑾沓囉思彌。合二巴
哩述提。薩哩斡合二沓塔葛達赫哩合二達
耶。啞喋瑟吒合二拏。啞喋瑟吒合二諦。木得
哩合二木得哩。合二馬曷木得哩。合二馬曷木
得囉。合二曼特囉合二叭諦莎訶。舉往生呪一遍此圓滿加持復有二

種一神呪圓滿。二善根圓滿。一神呪圓滿者。謂侍者當取花米儀已。師資同聲誦尊勝呪。想彼成光明種加持花米已。侍者以小楪取花米出外拋撒。師想鬼神等觸此光明者皆得往生極樂世界上品上生也。侍者傾施食淨水。師資等同念六字大明真言一百八遍畢。振鈴誦法樂六趣偈。

承斯善利。地獄受苦有情者。刀山劍樹
變化皆成如意樹。火團鐵丸變成蓮
花而為寶吉祥。地獄解脫而能成正覺

承斯善利。餓鬼受苦有情者。口中煙焰
燒身速願得清凉。觀音手內甘露自
然長飽滿。吉祥。餓鬼解脫而能成正覺

承斯善利。畜生受苦有情者。殺害燒煮
楚毒等苦皆遠離。遠離乘騎愚癡速

得大智慧吉祥。畜生解脱而成正覺
承斯善利人間受苦有情者生時猶如
摩耶右脇而降誕願具六根永離八
難脩福慧吉祥人間解脱能而成正覺
承斯善利脩羅受苦有情者我慢顛狂
拙朴速疾令柔善。惡心疾妬嗔恚鬪
戰自調伏吉祥脩羅解脱能而成正覺
承斯善利天中受樂有情者欲樂策懃
速發廣大菩提心天中受盡憂苦自
然生歡悦吉祥天中解脱能而成正覺
承斯善利十方獨覺聲聞者棄捨小乘
四諦十二因緣行進趣大乘四攝六
度脩萬行吉祥二乘解脱能而成正覺
承斯善利初地菩薩勇識者百福莊嚴
一切行願皆圓滿頓超十地證入一
生補處位吉祥二乘速證究竟成正覺

發願回向偈

現世之中未證菩提間　願無內外障難惡緣等
恒常遇逢最妙善知識　所脩善事行願速成就
最上三寶

臨命終時識性無迷惑　願生西方淨土如來前
依於慧日法光聞思脩　斷惑證真慇念於有情
最上三寶
若或隨業淨土佛會前　若無善根不生聖會中
隨業輪回世世所生處　恒脩善根熏習無間斷
最上三寶
願生中國勤脩於正法　無病長壽受用悉具足
相好殊勝辯才智慧等　具足功德獲得丈夫身
最上三寶
幼年出家願逢賢聖師　即得三種脩學守護持
一切時中正念與正法　承侍惟妙上師願歡喜
最上三寶
七種勝財殊勝善知識　如日與光刹那不捨離
亦無我慢疑惑具知足　惡緣猶如蠱毒願捨離
最上三寶
功德本願最上三寶處　願能恒常皈依而供養
貪欲嗔恚愚癡三種毒　猶如大地恒常勿應起
最上三寶
觀見六塵境界色等法　猶如陽焰幻化而悟解
五欲自性境處無染著　願我恒不忘失菩提心

最上三寶

一切大乘甚深微妙法　如救頭然精進常脩學

證得無比究竟菩提時　以四攝法能救於六趣

最上三寶

能救五濁大悲觀世音　末劫之時弘願地藏王

所有一切賢聖護法神　證明護念法燈覆熾然

最上三寶

護國護法塔廟諸護神　威德熾盛廻遮大結界

怨魔外道毒類悉摧壞　龍鬼星辰毒類心驚怖

最上三寶

三災五濁速願得消除　七難八怖一念皆消滅

百穀豐饒萬物而茂盛　七寶充足五味悉具足

最上三寶

四事供養受用無乏少　脩八福田吉祥獲安樂

普國興隆佛事轉法輪　增長有情福慧皆圓滿

最上三寶

我等善根緣起法性力　上師本尊空行攝授力

三寶真諦密呪威神力　所發願時行願速成就

最上三寶

能廻施人廻施廻施善　所獲一切一切諸功德

猶如幻化幻化似夢境　三輪體空體空悉清凉

最上三寶

吉祥偈

願晝吉祥夜吉祥
晝夜六時恒吉祥
一切時中吉祥者　願諸　上師來攝授
三寶來攝授
護法常擁護

南無西方無量壽如來。諸大菩薩。海會聖衆。惟願法界存亡等罪消除。同生淨土。回向無上佛菩提（衆和畢。求索願事並隨行人及請主之意。隨後宣疏回向。）

伏以文

見聞如幻翳　三界若空華

聞復翳根除　塵消覺圓淨

伏以真源湛寂。乃罪性之本空。苦海洪深。遂妄波而不息。由衆生之業感。致長劫以沉淪。受報地獄之中。永罹苦楚。轉生餓鬼之內。長忍飢虛。既無解脫之期。寧有超昇之路。匪伏如來之慈願。曷解惡趣之倒懸。呪誦真詮。施甘露之法食。燈燃寶炬。燭冥果之幽途。普使迷流。俱超極樂。今日道場以此普施功德。回向

鐵圍山內。面燃大士統領三十六部無量無邊恒河沙數諸餓鬼衆。伏願自從曠刧。直至今生。釋業障以消鎔。雪罪愆而清淨。鑊湯湧沸。變成八德之蓮池。爐焰交輝。化作七珎之香盖。劔樹皆爲玉樹。刀山盡作寶山。遍界鐵床。現菩提之法座。滿釜銅汁。化甘露之醍醐。往昔債主。以相逢。俱蒙解脫。積刧寃家而共會。各遂逍遙。獄主興慈。冥官持善。多生父母。從茲入聖超凡。累世親姻。自此承恩獲福。天上五衰不現。人間四相皆空。脩羅捨盡嗔心。地獄息諸苦惱。河沙餓鬼化熱惱而作清凉。十類含生捨迷途而登覺岸。普願此國土。他國土。無量諸國土。一切有情共證真常。此世界。他世界。無量諸世界。無盡含識。齊成佛道。四恩普報。三有均資。法界衆生。同圓種智。

諸佛正法菩薩僧　直至菩提我皈依
我以所脩諸善根　爲利有情願成佛
世出世間　隨願所成　隨願所成

謹依瑜伽教。建置啓法筵。普施諸有情。皆共成佛道。次結圓滿奉送印

施食下　三十四

二羽金剛拳。進力兩相鈎。誦真言曰

唵斡資囉二合穆

師印呪可知。想諸佛菩薩及六道四生。悉皆不現。二善根圓滿。不舉天阿穌囉藥叉等偈。衆同音誦。問。既是奉送已。諸佛菩薩則不現。誰爲作證明。答。此顯來實無來。去實無去也。三寶常住世間。且如法華經云。多寶佛塔還可如故。而妙音菩薩來。多寶佛與塔未嘗不在也。若夫請之則實來。送之則實去。何異鬼神乎。學者思之。復念金剛薩埵百字呪。三遍補闕

金剛薩埵百字呪

唵斡資囉。二合薩埵穌薩麻耶。麻納巴辣耶。斡資囉。二合薩埵諦。奴鉢諦瑟剳。二合得哩二合鉚。彌婺哷。蘇度束。弥婺哷。阿奴囉屹都。二合弥婺哷。穌布蘇。弥婺哷。

薩哩斡合二戍提弥。不。囉合二耶荼。薩哩
斡。合二葛哩麻。合二蘇拶彌稷達。釋哩合二
揚。骨嚕吽。訶訶。訶訶斛。癹葛灣。薩哩
吒。合二吝塔葛達斡資囉。合二麻弥們拶
斡資囉。合二癹吒麻訶薩摩耶。薩埵阿。

此呪補闕行者。手作印不次第。觀想不專注。如是等過。悉皆清淨。復念阿𑖀字二十一遍。則前来餘想所想。一一作法皆不可得。若不如是則墮於有為矣。所謂𡰪口豈易言哉。

五姓孤魂薛荔多　莫教平地起風波
慈航返掌須到岸　洗脚上船會也麼
已發覺　未發覺　或在酆都并泰嶽
罪無輕重盡赦除　不須細細重審却
已結證　未結證　打破閻君臺畔鏡
慈風掃蕩障雲消　萬里青天孤逈逈

諸由子　休休休　更莫造罪結冤仇
釣竿還在閻君手　切莫從前再犯鈎
諸仁者即今施食圓滿法事云週且道
孤魂由子向甚麼處安身命　咦
處處摠成華藏界　從教何處不毘盧
次唱回向文

施食功德殊勝行　無邊勝福皆回向
普願沉溺諸衆生　速徃無量光佛刹
十方三世一切佛　諸尊菩薩摩訶薩
摩訶般若波羅蜜
歸依三寶上來設放瑜伽燄口平等甘露法食功德圓滿無限良因普沾沙界衆和和南聖衆
脩習瑜伽集要施食儀終
旹
延寶六年歲在戊午孟夏吉旦
日本國五畿内山城州黄檗山華藏禪院識

《施食通覽》

詳夫檀施有三種焉一曰財施二曰法施三曰無畏施夫法食之施能兼三施而有焉歟其以飲食濟彼饑虛一也其施以呪食法隨食入二也其與法食已令彼等所有恐怖悉皆捨離解脫幽趣三也不特所施而於能施五果現臻二嚴當備夫法食之施亦兼二利而有焉歟諸佛之所稱揚羣賢之所襃述固無容擬議也但弗之察者往往有言吾敦乎本不騖乎末彼役志于施福者果何為也哉噫萬行有般若以為導則三輪空寂雖終日施奚病焉苟徒拘泥而墮斷滅之見則違道遠矣施食通覽者石芝法師曉公之所編也蓋公以嘗知其施食之法簡而易行約而成功乃取典籍之有涉于此者彙為此書使人人了然知其所自則公之仁慈之及物不其博哉予幸得此書於京師一寓目不勝嘆賞遂采數本而訂其亥豕兼為和訓而梓之是欲施食之法益洋溢於不窮也此書之編其意良出于此善讀者信之篤行之誠則三施可成五果可臻二嚴可備而亦無負於曉公之所望矣。

元祿辛未四年仲秋清旦

湖東安養律寺沙門戒山謹識

施食通覽(并序)

四明石芝沙門　宗曉　編

法食之施其利博哉非唯使彼脫幽塗生善道歸乎三寶成乎正覺亦使人近則現招五果遠則成就二嚴真自他兼濟之要津乃入佛勝地之妙道也余竊見遐方近處若緇若俗遵行此法者雖眾然昧厥由者亦復不少遂於披閱教典之次儻有關於施食者悉謄錄之彙聚屬積不覺其多暇日銓次成帙因目之曰施食通覽而今之後或有睹於斯文者願興悲智之心益廣無相之施云爾。

嘉泰甲子中秋日宗曉序

目錄

佛說救面然餓鬼陀羅尼神呪經(出羊字函)

大唐三藏法師實叉難陀奉　詔譯

爾時世尊在迦毗羅城尼俱律那僧伽藍所與諸比丘并諸菩薩無數眾生周帀圍繞而為說法爾時阿難獨居淨處一心繫念即於其夜三更之後見一餓鬼名曰面然住阿難前白阿難言却後三日汝命將盡即便生此餓鬼之中是時阿難聞此語已心生惶怖問餓鬼言我此災禍作何方計得免斯苦爾時餓鬼報阿難言汝於晨朝若能布施百千那由他恒河沙數餓鬼并百千婆羅門及仙人等以摩伽陀國斗各施一斗飲食并及為我供養三寶汝得增壽令我離於餓鬼之苦得生天上阿難見此面然餓鬼身形羸瘦枯燋極醜面上火然其咽如針頭髮蓬亂毛爪長利身如負重又聞如是不順之語甚大驚怖身毛皆竪即從座起疾至佛所五體投地頂禮佛足身心顫慄而白佛言救我世尊救我善逝過此三日命將終盡昨夜見一面然餓鬼而語我言汝於三日必當命盡生餓鬼中我即問言以何方計得免斯苦餓鬼答言汝若能施百千那由佗恒河沙數餓鬼及百千婆羅門并諸仙等飲食汝得增壽世尊我今云何得免此苦爾時世尊告阿難言汝今勿怖有異方便令汝得施如是餓鬼諸婆羅門及仙等食勿生憂惱佛言阿難有陀羅尼名曰一切德光無量威力若有誦此陀羅尼者即成已施俱胝那由佗百千恒河沙數餓鬼及六十八俱胝那由佗百千婆羅門并諸仙等前各有摩伽佗斗四斛九斗飲食佛告阿難我於前世曾為婆羅門時於觀世音菩薩及世間自在德力如來所受於陀羅尼我當以此陀羅尼方便得具足施於無量無數餓鬼及婆羅門并仙等食以我施諸餓鬼食故捨離此身得生天上阿難汝今受持此陀羅尼當自護身即說呪曰。

那麼薩縛(無可反下同此)但佗揭多(去聲呼)縛路枳帝(一)唵三(上聲呼下同此)跋(鞞揭反下同此)囉三跋囉(二)虎[合※牛](二合三)

佛言阿難若欲作此施食法者先取飯食安置淨盤器中誦此陀羅尼呪呪食七徧於門內立展臂戶外置盤淨地彈指七下作此施已於其四方有百千俱胝那由他恒河沙數餓鬼於一一餓鬼前各有摩伽陀斗四斛九斗飲食如是鬼等徧皆飽滿是諸餓鬼喫此食已悉捨鬼身盡得生天復言阿難若比丘比丘尼優婆塞優婆夷若能常誦此陀羅尼并奉飲食即為具足無量功德命得延長即成供養百千俱胝如來功德顏色鮮潔威德強記一切非人步多鬼等夜叉羅剎并諸餓鬼皆畏是人心不忍見是人即為成就具足大力勤進復言阿難若欲施婆羅門及仙食者當取飲食滿置鉢中誦此陀羅尼呪呪食七徧瀉流水中具足奉獻無量俱胝百千恒河沙數婆羅門及諸仙等如天飲食其婆羅門并仙人等喫此食已諸根具足圓滿吉祥各發其願讚歎施人其施食人心得清淨而便疾證梵天威德常修淨行具足成就供養百千俱胝恒河沙數如來功德於諸怨敵而常得勝若比丘比丘尼優婆塞優婆夷若欲供養一切三寶應當具辦香華飲食誦此陀羅尼呪呪所施食及香華等二十一徧供養三寶此善男子善女人等具足成就諸天玅供及無上供尊重讚歎一切如來剎土三寶諸佛憶念稱揚讚歎諸天擁護佛言汝去阿難當自護身并及廣為諸眾生說令諸眾生成就具足無量功德所生之世常值百千俱胝諸佛。

佛說救面然餓鬼陀羅尼神呪經終。

(準施食須知及蜀本瑜伽密教皆云有甘露水呪出實叉譯救面然經後及撿藏本皆不載之往往後來寫刻脫去矣今謹依密教錄附經後庶補其缺也彼仍有乳海呪一字水輪呪并偈句等併以傳流或有所用則不為無考焉)。

佛說施甘露水陀羅尼(捧水盂誦呪七徧洒之下二呪亦然)

南無(引)素嚕皤耶(一)怛他揭多(去聲呼之)耶(二)怛你他(二合三)唵(引四)素嚕素嚕(五)鉢囉(二合)素嚕鉢囉(二合)素嚕(六)莎呵(七)

此法最殊勝　大悲心上生　流演玅伽陀
甘露難思法　一滴泛清涼　皆是毗盧藏

佛說施乳海陀羅尼

曩謨(引)三滿多沒馱喃鍐(準大藏經音無犯切下同)

次為一切幽顯有情入毗盧遮那如來一字水輪觀令諸有情恣飲十斛甘露法水陀羅尼曰。

唵(引)鍐鍐鍐鍐

此是毗盧教甘露解脫門以大祕密言加持微玅食法喜禪悅食徧滿於法界一切鬼神眾願得酥陀味永除飢渴想即證無生地。

甘露王如來讚　無為子楊傑　述

諸天以名藥投于大海中摩以玅寶山造成甘露味甞者延壽命而無夭橫苦如來施法食充滿大千界令諸渴愛者永斷生死本稽首甘露王一食徧一切。

佛說救拔焰口陀羅尼經序

宋錢塘天竺寺沙門　遵式　撰

事有簡而易從者物有微而大濟者功有倍而召速者三者斯經備焉且陳一器之食呪之七反鳴指以施之呪亦不過數句此其易從也徹窮泉包九野塵沙莫數焰口之鬼皆甘嗜實腹此其大濟也夫報應之理統論三世其業廣而醇者謂之順現即感延齡此其召速也法王之制坦然明白可舉而行矣夫一摶之食一勺之水有用無匱聞之者不能不惑苟推功神呪理歸不測又何惑焉夫龍一鱗蟲耳得蹄涔之水散之六虗以為洪流況至聖至良之神呪窮法界之至變者也焦腹矩口沈幽動劫仰天無訴非慈仁惻惻為心者展臂一惠雖一飡其可得乎大哉博施濟眾真斯謂也何必云堯舜病諸且能恕己之飢渴於彼之飢渴雖勞亦為況簡而易從也經曰如供百千俱胝佛者非直顯其功大抑亦戒令慎重而後施之必也重心則現招五果五果者一曰壽二曰色三曰力四曰辯五曰安昭然在文不復委引信夫一粒充於彼五福隆於此其猶影響焉詎有勤善聞斯而不遷者也一經凡兩譯此本八十三行一字合千四百十三言即三藏不空所翻也但加四如來及四真言為異用者存略任意官坊俗務不暇廣行直誦變食一呪於理已足實叉譯本但一呪而已事備施食正名不復煩敘云也。

佛說救拔焰口餓鬼陀羅尼經　出槐字函

唐大興善寺三藏沙門大廣智不空奉　詔譯

爾時世尊在迦毗羅城尼拘律那僧伽藍所與諸比丘并諸菩薩無數眾會前後圍繞而為說法爾時阿難獨居靜處念所受法即於其夜三更已後見一餓鬼名曰焰口其形醜陋身體枯瘦口中火然咽如針鋒頭髮髼亂爪牙長利甚可怖畏住阿難前白阿難言却後三日汝命將盡即便生此餓鬼之中阿難聞此語已心生惶怖問餓鬼言若我死後生餓鬼者行何方便得免斯苦爾時餓鬼白阿難曰汝於明日若能布施百千那由佗恒河沙數餓鬼并百千婆羅門仙等以摩伽陀國所用之斛各施一斛飲食并及為我供養三寶汝得增壽令我離於餓鬼之苦得生天上阿難見此焰口餓鬼身形羸瘦枯

諸天以名藥投于大海中摩以玅寶山造成甘露味甞者延壽命而無夭橫苦如來施法食充滿大千界令諸渴愛者永斷生死本稽首甘露王一食徧一切。

佛說救拔焰口陀羅尼經序

宋錢塘天竺寺沙門　遵式　撰

事有簡而易從者物有微而大濟者功有倍而召速者三者斯經備焉且陳一器之食呪之七反鳴指以施之呪亦不過數句此其易從也徹窮泉包九野塵沙莫數焰口之鬼皆甘嗜實腹此其大濟也夫報應之理統論三世其業廣而醇者謂之順現即感延齡此其召速也法王之制坦然明白可舉而行矣夫一摶之食一勺之水有用無匱聞之者不能不惑苟推功神呪理歸不測又何惑焉夫龍一鱗蟲耳得蹄涔之水散之六虗以為洪流況至聖至良之神呪窮法界之至變者也焦腹矩口沈幽動劫仰天無訴非慈仁惻惻為心者展臂一惠雖一飡其可得乎大哉博施濟眾真斯謂也何必云堯舜病諸且能恕己之飢渴於彼之飢渴雖勞亦為況簡而易從也經曰如供百千俱胝佛者非直顯其功大抑亦戒令慎重而後施之必也重心則現招五果五果者一曰壽二曰色三曰力四曰辯五曰安昭然在文不復委引信夫一粒充於彼五福隆於此其猶影響焉詎有勤善聞斯而不遷者也一經凡兩譯此本八十三行一字合千四百十三言即三藏不空所翻也但加四如來及四真言為異用者存略任意官坊俗務不暇廣行直誦變食一呪於理已足實叉譯本但一呪而已事備施食正名不復煩敘云也。

佛說救拔焰口餓鬼陀羅尼經　出槐字函

唐大興善寺三藏沙門大廣智不空奉　詔譯

爾時世尊在迦毗羅城尼拘律那僧伽藍所與諸比丘并諸菩薩無數眾會前後圍繞而為說法爾時阿難獨居靜處念所受法即於其夜三更已後見一餓鬼名曰焰口其形醜陋身體枯瘦口中火然咽如針鋒頭髮髼亂爪牙長利甚可怖畏住阿難前白阿難言却後三日汝命將盡即便生此餓鬼之中阿難聞此語已心生惶怖問餓鬼言若我死後生餓鬼者行何方便得免斯苦爾時餓鬼白阿難曰汝於明日若能布施百千那由佗恒河沙數餓鬼并百千婆羅門仙等以摩伽陀國所用之斛各施一斛飲食并及為我供養三寶汝得增壽令我離於餓鬼之苦得生天上阿難見此焰口餓鬼身形羸瘦枯

佛化曠野鬼神緣　出壹字函

大涅槃經北本第十六卷佛言善男子如我一時游彼曠野聚落在叢樹下有一鬼神即名曠野純食肉血多殺眾生復於其聚日食一人善男子我於爾時為彼鬼神廣說法要然彼暴惡愚癡無智不受教法我即化身為大力鬼動其宮殿令不安所彼鬼于時將其眷屬出其宮殿欲來拒逆鬼見我時即失心念惶怖躃地迷悶斷絕猶如死人我以慈愍手摩其身即還起坐作如是言快哉今日還得身命是大神王具大威德有慈愍心赦我愆咎即於我所生善信心我即還復如來之身復更為說種種法要令彼鬼神受不殺戒即於是日曠野村中有一長者次應當死村人已送付彼鬼神鬼神得已即以施我我既受已便為長者更立名字名手長者爾時彼鬼即白我言世尊我及眷屬唯仰血肉以自存活今以戒故當云何活我即答言從今當敕聲聞弟子隨有修行佛法之處悉當令其施汝飲食善男子以是因緣為諸比丘制如是戒汝等從今常當施彼曠野鬼食若有住處不能施者當知是輩非我弟子即是天魔徒黨眷屬善男子如來為欲調伏眾生故示如是種種方便非故令彼生怖畏也。

佛化鬼子母緣　出別字函

鼻柰耶雜事律三十卷佛在王舍大城城內有藥叉神名曰娑多常護摩竭提國人民娑多娶妻時北方健陀羅國復有藥叉名半遮羅亦復娶妻二共聚會念無以重懽時娑多曰我等沒後所有子孫可作指腹之親遮羅唯之時娑多妻忽生一女容貌端嚴為之立字名曰懽喜半遮之妻後生一男號半支迦娑多又生一男名娑多山娑多亡山為家主懽喜謂弟曰我今欲食王城男女山曰我父於此常護人民爾以云何生此惡念弟知姉意難迴即報半遮羅為婚既婚之後懽喜謂夫半支迦曰我欲食王城男女迦曰彼皆是汝家族佗來侵害尚欲相護寧為酷虐懽喜生子次第至於五百其最小者名曰愛兒五百成立母恃子勢欲行非法夫勸不從時懽喜便於王城往來所有男女次第取食人民痛惱白王王即敕令四門守捉亦被偷去王城災起即敕處處祭祀災橫不除爾時天神即於夢中告諸人曰汝諸男女皆被懽喜藥叉所噉當往告佛時諸人曰此鬼噉我男女則是惡賊何名懽喜因此競呼為訶梨底眾往白佛佛即明旦持鉢入城到藥叉所值渠出行佛即以鉢覆其愛兒如來威力令眾不見母歸不見愛兒便即顛狂內外尋覓直至四海四洲地獄天

野怛佗(引)蘗跢(引)野(二)

由稱廣博身如來名號加持故能令諸鬼咽喉寬大所施之食恣意充飽。

南謨離怖畏如來。

曩謨婆(去)誐[口*縛]帝(一)阿(上)婆(去)孕迦囉(引)野怛佗(去)蘗跢(引)野(二)

由稱離怖畏如來名號加持故能令諸鬼一切恐怖悉皆除滅離餓鬼趣。

佛告阿難若族姓子等稱四如來名號加持已彈指七徧取於食器於淨地上展臂瀉之作此施已於其四方有百千那由佗恒河沙數餓鬼前各各有摩伽陀國七七斛食受此食已悉皆飽滿是諸餓鬼等悉捨鬼身生於天上阿難若有比丘比丘尼優婆塞優婆夷常以此真言及四如來名號加持飲食施諸餓鬼便能具足無量福德則同供養百千俱胝如來功德等無差別壽命延長增益色力善根具足一切非人夜叉羅剎諸惡鬼神不敢侵害又能成就無量福德壽命若欲施諸婆羅門仙等以淨飲食滿盛一器即以前真言加持二七徧投於淨流水中如是作已即為以天仙美妙飲食供養百千俱胝恒河沙數婆羅門仙彼諸仙人得加持食故以明威德各各成就根本所願諸善功德各各同時發誓願言願施食人壽命廷長色力安樂又令其人心所見聞正解清淨具足成就梵天威德行梵天行又同供養百千恒河沙如來功德一切怨讎不能侵害若比丘比丘尼優婆塞優婆夷若欲供養佛法僧寶應以香華及淨飲食以前真言加持二十一徧奉獻三寶是善男子及善女人則成以天肴膳上味奉獻供養滿十方世界佛法僧寶亦為讚歎勸請隨喜功德恒為諸佛憶念稱讚諸天善神恒來擁護即為滿足檀波羅蜜阿難汝隨我語如法修行廣宣流布令諸眾生普得見聞獲無量福是名救焰口餓鬼及苦眾生陀羅尼經以是名字汝當奉持一切大眾及阿難等聞佛說已一心信受歡喜奉行。

佛說救拔焰口餓鬼陀羅尼經(終)

宮亦復不見時多聞天言曰汝不須憂宜速歸佛彼當示汝懽喜即迴遙見世尊告言失子佛言汝有幾子答言五百佛言五百失一如是苦惱況佗一子母曰願以示誨佛言可受我戒則便得見愛兒母曰我依佛教佛即舉鉢母乃得見愛兒即從佛求受三歸五學處不殺生等受已白言我今與子何所食噉佛言我敕聲聞弟子每於食次出衆生食并於行末設食一盤呼汝等名字施之若有江河諸鬼神等宜應食者皆悉運心令其飽滿佛說是已比丘白佛言訶梨底母先世作何行業而乃如是佛言過去王城有牧牛妻懷妊體重爾時無佛乃獨覺化世獨覺出城衆設大會有五百人嚴持供養路中值見娠婦告言可來儛蹈婦起欲心揚眉儛戲因是墮胎婦便憂惱乃以酪漿買得五百菴羅果持供獨覺即發願言願我當來生王舍城食諸男女由彼邪願今故噉人精氣時訶梨底既受歸戒返被諸藥叉神作災即將諸子施與衆僧諸子見僧乞食即化作小兒隨後而去王城女人見已抱持彼便隱沒諸女問曰此是誰子比丘答言訶梨底子諸女人曰此乃怨家毒害之子耶比丘言彼已捨惡但為藥叉作災持以施我也諸女作念彼能捨惡以子奉佛我何不施耶遂競捨男女與僧僧不受前往白佛佛言應受受已不為守護佛言應以故袈裟片繫其項上而為守護後時父母將財來贖僧不受佛言應受時六羣比丘要索全價佛言不應索價但隨彼意。

比丘乞食當分為四分　出艸字函

寶雲經佛言善男子菩薩當具足十法行乞摶食謂發心利益諸衆生故次第行乞無渴愛求已自知足性樂分施無貪婪想於所乞食自知限量趣向助道巧摶善根遠離摶想善男子菩薩見諸衆生貧窮困苦功德微薄不種善根為利彼故行詣乞食若入城郭聚落應善攝念於諸境界勿令馳騁威儀庠序諸根不動視地七尺低頭而行若入富家亦不多求充足是日一食而已勿妨法事遠離諸惡毀謗等處勿渴愛求勿強迫求亦不瞋恨隨宜所得已自知足持鉢而還安置衣鉢而洗手足於所食者分為四分一分與同學一分與貧窮一分與鬼畜一分而自食如是取食無貪著心無悕望心莫為過少莫為過多若少不能行道若多睡眠身重等。

受食呪願偈　南嶽思大禪師

師隨自意三昧云凡所得食應云。

此食色香味　上供十方佛　中奉諸賢聖　下及六道品
等施無差別　隨感皆飽滿　令今施主得　無量波羅蜜

又云。

念食色香　如栴檀風　一時普熏　十方世界
凡聖有感　各得上味　六道聞香　發菩提心
於食能生　六波羅蜜　及以三行

觀心食法　天台智者大師

既敷座已聽維那進止鳴鐘後斂手供養一體三寶徧十方界施作佛事次出生飯稱施六道即表六波羅蜜然後受此食夫食者衆生之外命若不入觀即潤生死若能知入觀分別生死有邊無邊不問分衛與清衆淨食皆須作觀觀之者自恐此身內舊食皆是無明煩惱潤益生死今之所食皆是般若想於舊食從毛孔次第而出食既出已心路即開食今新食照諸暗滅成於般若故淨名云於食等者於法亦等是為明證以此食故成般若食能養法身法身得立即得解脫是為三德照此食者非新非故而有舊食之故而有新食之新是名為假求故不得求新不得畢竟空寂名之為空觀食者自那可食為新既無新食那可得食食者而不離舊食養身而新食重益因緣和合不可前後分別名之為中只中即假空只空即中假只假即空中不可思議名為中道又淨名云非有煩惱非離煩惱非入定意非起定意是名食法也。

出生圖紀(并序)　孤山沙門智圓

述儒禮食必祭其先君子有事不忘本也釋氏之出生具云出衆生食蓋祭曠野鬼神及鬼子母沙門用心憫異類也不忘本仁也憫異類慈也兩者同出而異名今觀後學鮮測厥由遂使出生事乖謹潔於檀越家則或雜以所棄處衆堂則盤器汙雜因圖其形容紀其事跡以示來者且祭神如神在享于克誠在儒尚然況稟佛制今衆居宜以淨器聚斂安此像前良久施飛走鱗介之屬檀越家當於僧食畢取其生飯併著一器供彼形像然後散之然律亦許二食時先送食供養(寄歸傳亦云復於行末安食一盤以供呵利帝母也)若或先供則衆僧不須各出切恐於時未安今宜各出後聚而供之既人別用心則咸思佛制庶幾上士勤而行之所謂賢者之祭必受其福也。

涅槃南本第十五云佛游曠野聚落有一鬼神即以曠野為名

食肉殺生復於其聚日食一人佛為說法愚不受教佛即化身大力鬼動其宮殿彼鬼出宮拒逆見佛所化辭地悶絕佛以慈手摩身即還起坐作如是言快哉今日還得身命是大神王赦我僁咎佛現本身復為說法令彼鬼神受不殺戒是日曠野村中有一長者次應當死鬼神得已即以施佛佛為立字名手長者鬼白佛言我及眷屬唯仰血肉以自存活今已受戒當何資立佛即答言從今當敕聲聞弟子隨有修行佛法之處悉當令其施汝飲食以是因緣為諸比丘制如是戒汝等從今常當施彼曠野鬼神食若有住處不能施者當知是輩非我弟子即是天魔徒黨眷屬。

寄歸傳第一云施主初置聖僧供次乃行食以奉僧衆復於行末安食一盤以供呵利帝母其母先身因事發願食王舍城所有兒童遂受藥叉身生五百兒日飡王舍城男女佛遂藏其稚子名愛兒母遂覓之佛告曰汝子五百一尚見憐況復餘人但一二乎佛因化之令受五戒乃請佛曰我兒五百今何食焉佛言我令苾蒭等隨所寺院住處日日常設祭食令汝等充飡故西方諸寺每於門屋處或在食廚邊塑畫母形抱一兒子於膝下或五或三以表其像每日於前盛陳供食母乃四天王部衆也大豐勢力其有疾病無兒息者饗禱焉皆悉遂願詳如律說神州先有名鬼子母焉今詳此方佛寺皆於門壁畫二神神後一女蓋其遺像既二俱受祭故併畫之或有立居士像者蓋手長者也西壁即曠野之身東壁即佛所化者今明受供唯圖曠野之像焉。

施食正名　天竺沙門遵式　述

施食一經凡兩譯共三名一曰救面然一曰救拔焰口一直云施餓鬼食今吳越諸寺多置別院有題榜水陸者所以取諸仙致食於流水鬼致食於淨地之謂也(世言施水陸無主孤魂者理出誘俗言不涉教)有題斛食者所以取諸摩提偉器之度顯變之大非器食于其中也有題冥道者所以取諸鬼類別佗趣也天其冥乎人其冥乎畜其冥乎夫燕雀以蟲粒自充牛羊以水艸而足泥黎咀銅鐵而不暇提婆飲甘露而有餘生生之方既殊服味之品萬計唯其鬼黨伺人廟食故大慈誨以密教詛少令多而博濟之至若山海之仙莫貴匪人莫高匪天不我類焉且能顯晦饗夫粒食于以求之但小出鬼之上梁天監天下止殺乃用相似佛法設六道之祭代江東淫祀蔬食菜羹免我犧羊今之承之既非彝訓不能無差故牟尼有言曰人死祀之魂為鬼則歆其食矣佗趣亡諸又諸無疑聖弟子曰六趣各有自爾之力唯鬼能變食耳詩不云乎不愆不忘率由舊章故大聖名之必可言也言之必可行也過此已往則未知所裁。

施食法　同前。

先和會經文者經既兩譯略有異同實叉譯云若欲施婆羅門及仙等食(婆羅門及仙乃分二類經文似悞也)不空譯云施婆羅門仙(不云及仙此文似正若作二類婆羅門是人不合同鬼施食也)實叉呪仙食七徧與鬼同不空云二七徧(二七為正)實叉云餓鬼得摩伽佗斗四斛九斗飲食不空云七七斛食(譯者不同不須和會據理但取飽滿為度)經云施食若晨朝及一切時悉無障礙準毗羅三昧經云早起諸天食日中三世佛食日西畜生食日暮鬼神食與此經如何和會釋曰應有多意且作一解毗羅據理定說此經隨時不定說何者餓鬼飢急苦若倒懸得食便施何竢終日故云一切無礙也若天仙及佛須依毗羅定說過中之後決不可以飲食雜果供養也經不說人者準人道既貴合在中前食故人有夜食不節者自同鬼畜耳又實叉唯用一呪不空加四如來名等今且依實叉貴易行故一呪之力能兼一切不竢其諸又有甘露經及一小卷者竝失譯不可用次正示方法者經云若欲作此施食法者先取一淨器盛以淨水置少飲食及諸餅飯以右手按器呪滿七徧云云呪竟彈指七下展臂將食器瀉淨地上(方法訖實叉譯云於門內立展臂戶外置盤淨地不云瀉也)作此施已於其四方有百千俱胝那由佗恒河沙數餓鬼一一鬼前各有摩伽陀國七七斛食受此食已悉皆飽滿是諸餓鬼悉捨鬼身生於天上其施婆羅門仙及供養三寶尋經易見(當誦呪時更加觀想既為盡善想器中飲食色味無盡徧施不匱如淨名室中一盂香飯充足衆會無所乏少亦如涅槃純陀少飯充滿雙林大衆不多不少信此陀羅尼不可思議飲食色香亦不可思議衆生心亦不可思議夫何惑哉)三勸修者此經真長生之術也阿難尊者延三日必死之命滿百年具壽之康五果見臻二嚴當備(五果者色力辯安壽二嚴者福惠也)實在乎施一摶之食也經云若常以此真言加持飲食施餓鬼者則同供養百千俱胝如來功德等無差別壽命延長(壽也)顏色鮮白(色也)具足大力(力也)威德強記(辯也)一切非人夜叉羅剎不敢侵害(安也)又能成就無

量福德壽命(二嚴也前五果中已有壽命理無重出信知此中以慧為命五果二嚴在文炳然若此)大矣哉能於少頃作大佛事能以摶食作大施會常生梵天乃至成佛一日既爾何況一月何況一年何況一生豈有智人聞而不信信而不行者乎。

施食文　同前

以銅器盛飲食淨水灌之當臨食器面東而立起慈悲心稱三寶名(三說)及大慈觀世音菩薩(三說破餓鬼障)稱竟以左手擎食右指按食器心存目注誦陀羅尼云云誦七徧竟彈指七下然後展手垂之起無畏施良久即以食瀉之置淨地上合掌呪祝云我沙門(某甲)今誦無量威德自在光明勝妙力陀羅尼加持飲食普施餓鬼之眾惟願面然鬼王大權勝士慈善熏心普攝無量無邊恒河沙數餓鬼之眾悉來我所受我所施無遮無礙清淨法食如經所說各各皆得摩伽陀國所用之斛七七斛食一一充飽無所乏少頓皆消滅長劫飢渴倒懸之苦身心歡喜發菩提心應時即得心樂三昧疾捨鬼身生佛淨土速圓種智廣度眾生我此施食功德如世尊言即與供養無量百千俱胝恒河沙諸佛正等無異願以此福迴向法界莊嚴菩提願共眾生同得圓滿檀波羅蜜遠離一切生死飢渴速得究竟菩提涅槃二無上果當施眾生無盡法食。

施食法式　同前

施食方法一依經作尋文可見不勞別出若欲口自呪祝者隨己智力都不須者祇是以左手擎食右手按器呪之七徧彈指七下以食瀉置淨地即足也但起施心想此水食由呪力故無窮無盡其外四如來名并名下四真言能用即用或公務私緣及存長久祇消呪食一呪誦至七徧一切已足實叉譯本祇是一呪無四如來等具載施食正名行此法者願依古式猶恐未諳特為書之沙門遵式重示。

南無十方佛

南無十方法

南無十方僧

南無大慈觀世音菩薩(并三稱)

神呪加持淨飲食　普施河沙眾鬼神　願皆飽滿捨慳心
即脫幽冥生善道

歸依三寶學菩提　究竟得成無上覺　功德無邊盡未來
一切眾生同法食

曩謨薩[口*縛]怛佗(引)蘗跢(引一)[口*縛]路(引)枳帝(二)唵(三)三(去)跋羅三跋羅吽(引四誦七徧)

南無多寶如來

南無妙色身如來

南無廣博身如來

南無離怖畏如來(並三稱)

汝等鬼神眾我今施汝供此食徧十方一切鬼神共願以此功德普及於一切我等與眾生皆共成佛道。

(言已彈指七下行無畏施然後以食瀉淨地上想諸鬼神食之)。

施食觀想(答崔育材職方所問)　同前

先略述大意次作觀想先述大意者飲食具色香味觸法五塵唯缺聲耳於五塵中味塵為主味依色住亦可觀色為境大品云色中無味相凡夫不應著色中無離相二乘不應離即是非味非離顯色中道法界何法不備是故一色具一切色亦具聲香等一切諸塵及一切法一切心隨感而施何法不現淨名經云譬如諸天共寶器食隨其福德飯色有異止觀大意妙境云一一塵中一切塵一一塵中一切心一一心中一切剎等云云釋論云菩薩呵色見色實相到色彼岸即是見色中道若分別色具種種相即是見色俗諦俗即是空即是見色真諦亦是見色三諦既了色即是法界即是實相即是中道三諦等即應了色即是陀羅尼當知所施飲食色之與味即陀羅尼體也一食出無量食等即陀羅尼用也經云此陀羅尼名無量威德自在光明勝妙力此復以三德為義無量威德自在解脫德也光明般若德也勝妙法身德也力是總結力用也自非法身勝妙之用安能一飡充彼巨億萬數塵沙之眾乎問若我即是陀羅尼者何故更須呪乎答實爾諸佛聖人證此一塵法界故能以自在之力稱性而用何俟更呪淨名取一鉢香飯徧飽三萬二千無所乏少豈藉呪乎三乘賢聖食此飯者悉入正位或增道損生其香乃消豈非具一切法也但眾生在迷於理既惑於事亦礙於自在法中而自桎梏如水為冰安責水用故聖人方便密說此法名陀羅尼令誦以呪之呪句與色味法性

性相應能令鬼神見食無量經云如人得一斤石汁變千斤銅為金物性相感故也問施食正名中云六道各有自爾之力唯鬼能變食者何不直施其食任其自變何假呪乎答鬼有多種不必一例略出三類一者無財鬼由無福德不得飲食故二者少財鬼少得淨妙飲食故三者多財鬼多得淨妙飲食所此三類復各有三種初無財鬼三者一炬口鬼謂火炬炎熾常從口出二者針咽鬼謂腹大如山咽如針孔今經中正為此二種傍兼一切三臭口鬼謂口中腐臭自惡受苦二少財鬼亦三種一針毛鬼毛如針利行便自刺二臭毛鬼毛利如刺自拔受苦三大癭鬼咽垂大癭自決噉膿三多財鬼三種者一得棄鬼謂常得祭祀所棄食故二得失鬼謂常得巷陌所遺食故三勢力鬼謂夜叉羅剎毗舍闍等所受富樂類於人天但為惡道所攝所言能變食者即是第三多財中三種鬼也又三中前二則劣後一為勝亦只能及於自類不能有所廣濟今呪力所變能令九種鬼中平等皆得上妙飲食無有差別又呪食者名為法食法隨食入如服良藥能差重病身康受樂經云捨餓鬼身得生天上即此意也第二作觀想者行人既了諸法無非法界一多無礙復信陀羅尼力不可思議至施食處安祥而立先起慈心憫彼飢渴我今將欲大施先想其處廣博嚴淨其地平正作一施場能容受無量餓鬼之眾次想食器隨我呪力如摩伽陀國大斛之量滿中甘美飲食如天甘露一器為無量器滿其施場旻塞周徧一一鬼前皆有我身誦呪彈指慈心展臂授器施與隨意滿足想呪之聲普聞一切彈指之聲驚覺幽沈之處一切餓鬼從四方來無所障礙現前受食令想心明了猶同眼見然後不移此想心一一為其說法或稱佛號或呪願等隨意作竟而退問如上觀想據何處文作答此經雖文略不說據餘呪部印契觀想隨呪句句而作不可一念差舛此呪亦令以手按器呪之七反呪已彈指七下非全不作法今加觀想彌益其功問作此路布次第觀想準何處作答準天台三種觀中歷事觀作既云歷事隨彼事相而設觀想故無常科今準天台供養三寶運香華觀想大旨一同也又南嶽禪師食觀偈云此食色香如栴檀風一時普熏十方世界凡聖有感各得上味六道聞香發菩提心於食能生六波羅蜜及以三行請詳此觀何竢致疑又淨名經云以一食施一切供養諸佛及眾賢聖然後可食豈非食觀問變食由呪力何用觀乎答觀扶於呪彌益其美又呪是佗力觀是自力但呪而無觀譬如盲者使人作大施會但信佗語云得食不得食等自終不見若加觀想如有目者使人作大施會一一眼見不由佗語呪如使人觀如眼見金剛般若云若菩薩心住於法而行布施如人入闇則無所見若不住法而行布施如人有目日光明照見種種色今無觀者只作事行如人入闇也觀稱法界無住即是無住行施其福譬如十方虛空不可思量也凡作一切佛事乃至獻一華一香皆能作觀者不滯生死一流入薩婆若海中少戒少施皆成佛果良由茲矣。

改祭修齋決疑頌(并序) 同前

近見多改祭祀競修齋福斷肉止殺正信念佛甚為希有其間或未知損益者妄生破毀便言在俗祭祀為先或云齋戒不能救急見蔬食念佛我但持心聞善惡因緣來世誰受於是善根未深者被斯惑亂多退初心今為斷疑引經明證并作偈頌令易憶持依此誠言莫信邪說然世人疑慮是故無量今但從要略書十頌。

第一疑有鬼無鬼能禍能福耶。

釋曰經說六道鬼居其一何疑無鬼耶阿含經云一切所居舍宅街巷道陌屠坊市肆及諸山冢皆有鬼神但不能利害於人譬喻經云天下鬼神不能活人不能殺人亦不能令人富貴貧窮但隨人衰劣而作怪祟希望祭祀若求福必定無也世俗不知空被誑惑殺生造惡頌曰。

鬼神隨處有　諂誑世間人　祭祀都無福　空增殺業因

第二疑現見世人病患祭祀獲安何言無福耶。

釋曰世人貧窮災福皆屬因果非鬼能為是鬼為福蓋從邪信所招諂求而得辨正論云舊鬼教新鬼興怪求食初往二家轉磨上碓其家事佛不信是怪俱云善神助我盡日舂磨數斛米麥都不得食後入邪信之家令白狗上空中而行其家大怪殺狗設食因茲得飽當知信佛不要信怪設使見怪但專念佛其怪自息頌曰。

正信天龍護　邪神豈柰何　但知常念佛　災怪自消磨

第三疑家眷死後祭祀得食不得食耶。

釋曰若墮餓鬼祭祀之時或有得食若在焰口之鬼雖祭亦不

得食阿含經云若為死人布施祭祀者若死入餓鬼中得食若生餘處必不得食也六道萬品受報差殊父母死亡豈皆作鬼世人不識一向祭祀甚無理也頌曰。

人死隨前業　升沈六道殊　如何純祭祀　須道世人愚

第四疑祭祀之法廣在禮經天子七廟諸侯五廟大夫卿士至於庶人皆同祭祀圓丘方澤上下神明國之常典云何勸令斷祭忝太傷國風乎。

釋曰祭祀出其俗典斷祭據其佛經俗典則未逃殺害佛經則唯尚慈悲殺害則報在三塗慈悲則果成萬德以善改惡導淺令深佛度眾生無不皆爾今人既信佛教須修佛慈不可更殺眾生稱佛弟子況復時俗不獨祭先靡神不宗實謂淫祀不修明德唯事殺生可悲之深略談難盡故昔梁武帝敕天下斷祭止殺蓋遵佛教豈獨今日也幸有齋福正好競修足可利於存亡亦免傷於物命何勞苦執祀典經乎頌曰。

剎牛慚禴祭　黍稷本非馨　齋誦真明德　何勞執禮經

第五疑祭祀之家及彼師巫得何罪報耶。

釋曰如毗尼律中說迦雷陀夷身證羅漢被婆羅門婦殺之因過去曾為祭主今廟祀是也有五百商人共宰一羊同來乞願殺羊祭祀已俱墮地獄世世已來常被羊殺其五百人亦因彼婦被波斯匿王所殺且五百人共殺一命并其祀主今證聖果受報未盡何況一人殺多物命又晉時巴丘縣有師巫姓舒名禮為人祭祀死墮熱殺地獄舉體焦爛還魂自說又寶藏經廣說祭祀之報不能備引頌曰。

殺佗還自殺　影響逐形聲　鬼飽都無福　空招墮火坑

第六疑今若改祭自古已來還有報驗耶。

釋曰此事感驗非一今為略引晉有張應本事俗神鼓舞淫祀咸和八年妻病禱祭罄竭妻曰今病日困求鬼無益乞作佛事應便許之請僧曇鎧明當設齋夜夢神人責應不早嚴淨見鎧隨後曰始欲發心未可責之眠覺連夜秉火設座因茲廢神事佛其妻病愈後張應身死墮鑊湯地獄因前改祭善神來救遂得解脫還魂自說又顏氏家訓云梁世江陵劉氏以賣鱓羹為業後生一兒頭是鱓自頸已下方為人耳又王克為永嘉郡守有人餉羊集賓欲讌而羊繩解來投一客先跪兩拜便入衣中此客竟不言之固無救請須臾宰羊為肉先行至客一臠入口便下皮肉周行徧體痛楚號叫方便說之遂作羊鳴而死梁孝元在江州有人為望蔡縣令經劉敬躬亂縣廨被焚寄寺而住民將牛酒作禮縣令以牛繫剎柱屏除佛像鋪設牀座於堂上接賓未殺之頃牛解徑來至階而拜縣令大笑命左右宰之飲噉醉飽便臥簷下稍醒而覺體痒爬搔[病-丙+(穩-禾)-工)]胗因爾成白癩病經十許年死又梁世有人常以雞卵白和沐云使髮光每沐輒破二三十枚臨死髮中但聞啾啾數千雞雛聲楚痛篤病而死又顏氏家訓云齊國有一家甚豪侈非手殺牛則噉之不美年三十許病篤大見牛來舉體如被刀刺叫呼而終江陵高偉隨吾入齊凡數年向幽州淀中捕魚後病每見羣魚囓之而死又宋有陳安居父母信釋教旦夕齋誦有伯事神神影滿宅後伯死絕嗣父令安居紹伯家舍便廢淫祀其神遂禍安居三年篤病執志不迴常誓曰若使我殺生祭祀寧生自臠割四體終不殺命安居身亡府君歎曰此人事佛大德人也壽當九十三歲遂放令還其伯殺害祭祀欺誑百姓罪宜墮苦此例非一不能盡書頌曰。

迴邪生正信　臭艸出栴檀　逢難須堅固　安居志好攀

第七疑改祭之後忽遇災禍既已捨神求誰救護耶。

釋曰但每日一心稱念觀世音菩薩一切災難一切病痛牢獄賊盜水火風雷虎狼毒蛇蟲藥呪詛皆不能害請觀音經中佛敕諸大天龍藥叉一切威猛神將晝夜守護受持觀世音菩薩名者諸惡鬼神尚不能以惡眼視之況復加害梁朝有沙門名僧融為一家毀除神影勸受五戒被其鬼將領鬼兵來責融融專念觀音一聲未絕忽見神人以金剛杵擬其鬼眾一時走散身上甲冑化為灰粉又僧融曾勸夫婦二人受戒後為賊所累夫遂逃避其婦繫獄融教至心稱觀世音更無餘法婦人依語感枷杻三木自然釋脫獄門自開因是免難其事非一不可備論頌曰。

專持菩薩號　八部護君身　急難隨聲應　唯除不信人

第八疑自來殺生祭祀所有罪業作何功德而得消滅耶。

釋曰但各書寫供養金光明經迴此功德與彼怨家將來無對如張居道殺生忽被怨家取去冥關許寫此經怨家解脫居道放還但將所贖經文安家中供養每日精勤稱此經題名目及三寶名自然家中眷屬安穩財帛增多一切天龍皆來護宅一切災橫

邪鬼悉不敢害請至信此言終不虛也頌曰。

法寶真良藥　眾生自不甞　書持并供養　世世上天堂

第九疑凡修齋福并讀誦經典當迴向家宅何等神明凡有幾位耶。

釋曰迴向天龍善神閻羅冥官山川境邑一切神明家中土地神護宅善神并先代亡靈墮在惡道者除此以外其餘家中雜雜鬼神并不須事之亦不須迴向此等皆非汝家所事悉名邪諂切信此言頌曰。

作福常迴施　天龍善鬼神　威光常覆護　使汝免災迍

第十疑既不許祭祀或家眷死亡墮在鬼趣云何施其飲食耶。

釋曰經有方法今當普示請各依行如此施食得福無量如供養百千俱胝諸佛功德正等每日將淨器盛一器淨飯唯除瓷器及鐵器不得用經中銅器最上其器不須至大即是盂器之屬也每日至暮時以淨水灌其飯上令滿以左手擎之以右手舉頭指於器中誦呪七徧已彈指七下將飯傾於淨地不得近桃李樹下傾已而作是言我今普施一切餓鬼依艸附木孤魂滯魄勝劣鬼神清淨法食無遮無礙隨意飽滿或能更為稱三寶名等其呪如經中此施法食不獨令家先眷屬得食普令一切餓鬼飽滿利益甚深普勸若僧若俗若男若女盡行此法頌曰。

鬼道常飢渴　當生憐憫心　能蠲口中食　佛讚福田深

施食須知　霅川沙門　仁岳　述

釋教施鬼神食者緣起有三一者涅槃經梵行品云佛游曠野聚落有一鬼神即名曠野純食血肉多殺眾生復於其聚落日食一人佛於爾時為說法要令彼受不殺戒是日村中有一長者當死送與鬼神其神得已即以施佛佛為立字名手長者鬼白佛言我及眷屬唯仰血肉以自存活今已受戒當何資身佛言從今當敕聲聞弟子隨有修行之處悉施汝食以是因緣為諸比丘制如是戒若有住處不能施者當知是輩非我弟子即是天魔徒黨眷屬二者寄歸傳受齋戒軌則章云呵利帝母先身因事發願食王城所有兒女因其邪願遂受藥叉之身生五百子日飡王城男女諸人白佛佛為藏其稚子明日鬼母徧覓至於佛所方得佛告之曰汝子五百一尚見憐況餘人但一二而已佛即化之令受五戒因請佛曰我子五百今何食焉佛言我令苾蒭等隨所住處日日設食令汝充飡故西方諸寺每於門屋處或在食厨邊塑畫母形抱一兒子於膝下或五或三以表其像每日於前盛陳供食其母乃四天王部眾大豐勢力若有疾病或無了息咸饗禱焉皆隨所願廣如律說三者按焰口經云(此經兩譯一實叉難陀譯名救面然二不空譯名救拔焰口)佛在尼拘律那僧伽藍爾時阿難獨居靜室念所受法即於其夜見一餓鬼名曰焰口白阿難言卻後三日汝命將盡生餓鬼中阿難聞此心生惶怖問餓鬼言行何方便得免此苦鬼曰汝於明日若能布施百千那由陀恒河沙數餓鬼并婆羅門仙等以摩伽陀國所用之斛各施一斛飲食及為我供養三寶汝得增壽令我離苦得生天上阿難以事白佛我今云何能辦若干餓鬼仙人飲食佛言有陀羅尼名無量威德自在光明勝妙力若有誦者即能充足餓鬼及仙上妙飲食皆得摩伽陀國七七斛食乃至云若有善男子善女人欲求長壽福德增榮速能滿足檀波羅蜜每於晨朝及一切時悉無障礙取一淨器盛以淨水置少飲麨及諸餅飯等以右手按器誦呪七徧加持已彈指七下於淨地上展臂瀉之(不空譯呪後令稱四如來名實叉譯則無而有施水呪名甘露陀羅尼當取水一掬亦誦呪七徧散於空中其水一滴變成十斛甘露一切餓鬼悉得飽滿兩經呪詞併列之然霅川此文列二呪今此施食通覽既引二經於前諸呪已具故於此中略去)議曰所錄施食因起三種不同斯乃善權示迹俾後世修梵行者依而行之須知二意一者佛戒令施違則得罪出家弟子日日須施如為曠野鬼神并鬼子母之類(今出生飯者是)二者佛敕令施順則得福此教在家之人至心所辦如為焰口及婆羅門仙(今之施斛者是)或有為亡人以食祭六道者未見教文荊溪禪師云此是梁武帝見江東人多淫祀以相似佛法權宜替之按婆沙論云若因祭祀唯鬼神得問為勝耶為劣耶答非勝非劣若勝天人應得若劣地獄應得以其鬼道有自爾之力故今更明之施曠野鬼神鬼子

母食亦同祭祀非勝非劣之類也既有自爾之力故經中無母食亦同祭祀非勝非劣之類也既有自爾之力故經中無加持之法如阿含經云鬼能變少為多即其事焉若焰口經令誦呪者以餓鬼趣劣惡業至重須假法力除障及變成上味故余觀今時僧伽藍俗舍齋次出生食令傍人取斂安淨器散陸地上或川澤間

唯飼鱗介飛走之族復有晝阿難施餓鬼食并婆羅門仙眾傳寫救焰口呪七如來名於圖之下以食供養而已相承既久往往出家之流都忘佛制本為曠野鬼神鬼子母之事也今請四眾凡出生食僧既出已併著一處先安眾僧座末或清淨處置一卓子上盛水一器焚香供養之(寄歸傳云西方施主請僧齋日初置聖僧供次行僧食復於行末安食一盤以供呵利帝母據此不須人人各自出生今順此土常儀故各出生也)齋畢知法者取食與水誦呪彈指呼名運想所謂呵利帝母曠野鬼神焰口等一切餓鬼就淨潔處散食於地洒水於空然其食不妨與飛走等類噉之或問施曠野鬼神鬼子母等食今用焰口呪者何耶對曰鬼神既有自爾之力循業所現能得幾何儻以呪法則微助其徧供佛尚用真言況此幽塗豈無密益問將出生食令施焰口等其事得否答經文既云每日晨朝及一切時悉無障礙何獨夜勞斛食方施餓鬼是則均一飡之少分充三類之飢虛所施甚微厥利尤博聖言不妄切莫疑心或有云若是米麪之屬方可出生若蔬果者物類則不食也余謂不爾左傳云苟有明信澗溪沼沚之毛蘋蘩薀藻之菜可薦於鬼神那忽以物類而為其妨耶昔孤山有出生圖紀天竺有施食正名圖紀則專示誡呵正名則唯存勸意今總撮樞要庶可兼通所冀在家出家仰遵佛制常行法食之惠也。

施餓鬼食文　文忠公蘇　軾

鬼趣多餓仁者當念濟之宜以錫或鐵為斛斗受一二升量每晨取炊熟淨飯滿斛蓋覆著淨處至夜重餾令熱取透并淨水一盞能不食酒肉固大善不能當以淨水漱口誦淨口業真言七徧燒香呪願云奉佛弟子(某甲)夜具斛食淨水供養一切鬼神又誦般若心經三卷破地獄偈三徧便呪願云願此飯此水承佛慈力下承(某甲)福力願力變少為多變粗為細變垢為淨願諸佛子食此水飯頓除飢渴諸障消滅離苦得樂究竟成佛言已以水掬飯三分之一散置屋上餘者不妨以食貧人水即散洒之要在發平等慈悲無求心耳。

施食放生文　賢良陳　舜俞

惟一沙界中微塵國土一千聚落萬億伽藍於伽藍中有一沙門以佛誕辰集諸善侶以一盂食召彼餓鬼水陸空等隨意摶食聚諸畜生羽毛鱗甲類釋復本處及為說法施清淨戒而作佛事時眾會中見一居士謂沙門言聚食於食真汝慳貪取生於生真汝殺害彼餓鬼等以慳貪故彼畜生等以殺害故不應殺彼而隨彼墮時彼沙門謂居士言汝無以此取捨生死虛妄諸相較我真實所作佛事所以者何若有化人及化餓鬼諸畜生類化以食施及令放生一切世間取捨生死不離是相以實不食變少分食作無數食一切餓鬼無不能食以實不生令無盡生一切畜生無不能生於意云何一切取捨非取捨故一切生死非生死故尚不見法何況能說及諸解脫者尚不見戒何況能持及諸說者爾時沙門作是語已一切餓鬼水陸空等皆得飽滿一切畜生羽毛鱗甲類皆得自在於是作記以書之。

崔學士施食感驗　見夷堅志

崔公度字伯易自少好施食每施時常以尊勝黃旛徧插食上率以夜半為節非有大故未嘗廢為館職日嘗飯於親故家至終夕方歸道沿蔡河有酒家帘未下馬過觸之驚逸崔墜地迷而不知似醉夢間見一婦人至曰此崔學士也急解帕巾裹其首又招其徒曰此乃施食崔學士今有難不可不救俄有十餘人應聲併來皆婦人也與之按摩崔覺稍甦卒勉上馬送歸家人方聞其墜馬但怪暮夜安得有人裹頭崔彷佛能道之亦不測其何人及解其帕視之乃二紅纈有血慘色中實碎帋皆所插黃旛也應手灰飛方知是鬼物耳。

士大夫施食文　會稽郡王史　浩

我此飲食不為商販不為工作不為農耕不為緇黃之受施何所從來何所從得當知此乃天地鬼神發生護助之功君相祖先化育卑遺之德蓋天地不發生鬼神不護助則陰陽愆伏旱潦頻仍君相不化育則征誅困迫盜賊敓　廩粟不繼祖先不卑遺則吾安得有此尺寸之土又安得有吾身而食此土哉此四者飲食之根本不可不知也又況食方萌蘖畢歲始成耕耨乃苗收穫乃稻簸揚乃穀磨礲乃米於是臼杵去糠粃淘汰蠲砂礫始得以登庖僮僕供樵蘇婢媵勤炊爨始得以登器鳴呼此食之至吾前不知作勞者幾何人耶是故吾之一飽未嘗不思報天地鬼神君相祖先之功德又未嘗不思念下人之勞苦今舉斯心普伸愧謝願從今日不限華夷同躋豐樂無有飢羸莩餓菜色愁歎之人然後以此清滌香秔之薦敢用致告山川陵谷城邑郊墟有祀無祀之

威靈有知無知之魂魄冀聞斯語享于克誠或耆飲以求前宜雍容而就列斟酌飽滿求離迷津正直聰明永依聖道某年月日謹告。

吾儒飲食必祭與浮圖施食同義然浮圖有文世已盛行吾儒此法或未盡用豈為無文以表出之耶余雖以是補其遺蓋不敢覬人之必信後有君子從事於終食無違者當有取於斯焉鄭峯真隱史浩書。

水陸大齋靈跡記　東川推官楊　鍔

大梁武帝治化清時道利寰中兵戈永息唯崇佛理寢處優閑艸履葛巾布被莞蓆精持齋戒濟卹含生悲念四恩心緣三有晝夜焚誦靡暫停時遂感聖賢同扶邦國忽於中夜夢一高僧神清貌古雪頂厖眉前白帝言六道四生受苦無量世有水陸廣大冥齋普濟含生利樂幽顯諸功德中最為殊勝宜以羞設帝既覺悟詰旦升朝躬臨寶殿即以夢水陸之事首問大臣及諸沙門悉無知者唯志公奏曰但乞陛下廣尋經教必有因緣帝依奏即遣迎大藏經論置于法雲殿積日披覽頗究端由及詳阿難遇焦面鬼王因地建立平等斛食乃創製儀文三年乃就其間所得事類具出一十一本經論其文既備心猶有疑一慮聖意罔周二恐凡情未愜遂乃再嚴廣內特建道場俯及夜分親臨法席跪膝致敬手捧儀文顧謂侍臣息除燭悉令暗冥帝乃虔誠焚香發願敘其感夢撰此齋文儻若理契聖凡利兼幽顯願禮拜起處道場燈燭不熱自明或體式未周利益無狀所止燈燭悉暗不明言訖投地作禮禮已燈燭盡明帝睹之神情大悅於是欲營此齋乃召志公以問當就何處志公曰宜以深山幽谷中羞設最奇貧道竊睹潤州澤心寺(即金山寺舊名也)江上一峯水面千里潭月雙照雲天四垂堪會神靈境通幽顯時天監四年二月十五日夜帝召僧祐律師宣文鳳舸親臨法會興于水陸大齋饒益幽冥普資群彙自後陳隋兩朝其文堙墜至大唐咸享中有僧可宗為陰府所攝至泰山府君所將加楚毒遂亟告曰某是西京法海寺英禪師之弟子也府君聞已乃不加罪即遣捷疾往取英公英公忽如夢寐至府君所府君問曰可宗是師弟子否英公曰然時可宗遂得免罪以歸府君乃命英公演法事已復遣送還後過旬日英公獨坐方丈見一異人巍然冠冕足不履地前來告曰弟子向於府君所偶見禪師知師拯救之慈故來奉謁有少悰悃願聽所言世有水陸大齋可以利沾幽品若非吾師無能興設英曰當何營辦異人曰其法式齋文是梁武帝所集今大覺寺有吳僧義濟得之久寘巾箱殆欲隳蠹願師往取為作津梁苟釋狴牢敢不知報英公許之尋詣大覺寺訪其義濟果得其文遂剋日於山北寺依法崇奉修設既畢復見異人與徒屬十數輩咸來謝曰弟子即秦莊襄王也又指其屬曰此范雎穰侯白起王翦張儀陳軫等皆其臣也咸坐本罪久處陰司大夜冥冥無所依告今蒙吾師設齋并為懺罪弟子甚眾皆承善力將生人間恐世異國殊不得再見故來相謝今有少物在弟子墓下願以為贈弟子之墓在通化門外者是也英公曰我聞西漢赤眉作亂[冗-几+豕]墓悉已開發此物豈可存耶襄王曰弟子葬時深藏其物人所不見矣英公曰但貧道貴於知足雖有珍寶亦何用也願王等從此已往各悟夙因永離業界清升善道此貧道之所祝也言訖而隱英公既因其事彌加精固遂與吳僧常設此齋其靈感異應殆不可勝紀自爾流傳於天下凡植福種德之徒莫不遵行之時皇宋熙寧四年二月一日東川楊鍔字正臣謹記。

平江府靈巖山秀峯寺住持傳法賜紫覺海大師法宗睹此靈跡異事碑碣舊在鎮江府金山龍游寺因改宮祠又復遭爇故無所存恐世不傳遂依古本命工刊石當山以示萬世靈感云爾時皇宋宣和七年六月望日謹題。

水陸緣起　長蘆沙門　宗賾

詳夫水陸會者上則供養法界諸佛諸位菩薩緣覺聲聞明王八部婆羅門仙次則供養梵王帝釋二十八天盡空宿曜一切尊神下則供養五嶽河海大地龍神往古人倫阿修羅眾冥官眷屬地獄眾生幽魂滯魄無主無依諸鬼神眾法界旁生六道中有四聖六凡普通供養俱承如來祕密神呪功德法食故外則資身增長色力內則資神增長福慧由是未發菩提心者因此水陸勝會發菩提心未脫苦輪者因此得不退轉未成佛道者因此水陸勝會得成佛道今之供一佛齋一僧施一貧勸一善尚有無限功德何況普通供養十方三寶六道萬靈豈止自利一身獨超三界亦乃恩霑九族福被幽明等濟羣生同成佛道可謂無央無數無量無邊不可思議功德大海矣所以江淮兩浙川廣福建水陸佛事

今古盛行或保慶平安而不設水陸則人以為不善追資尊長而不設水陸則人以為不孝濟拔卑幼而不設水陸則人以為不慈由是富者獨力營辦貧者共財修設感應事迹不可具述恐此方之人或未知本末今具水陸緣起于後昔者阿難獨居靜處於中夜時見一餓鬼名曰面然白阿難曰汝後三日生我趣中能於百千那由佗恒河沙餓鬼并百千婆羅門仙各施一斗飲食并為我供養三寶汝得增壽我得生天阿難白佛求免斯苦世尊為說一切德光無量威德力大陀羅尼(出救面然餓鬼經)此是水陸因緣最初根本然未有水陸之名也梁天監初二月十五日夜武帝夢一神僧告曰六道四生受大苦惱何不為作水陸大齋而救拔之帝問沙門咸無知者唯志公勸帝廣尋經典必有因緣乃取藏經置法雲殿躬自披覽創造儀文三年乃成(楊鍔云梁武齋儀相應者則有華嚴經寶積經涅槃經大明神呪經大圓覺經十輪經佛頂經面然經施甘露水經蘇悉地經)帝建道場於夜分時執捧儀文悉停燈燭而白佛曰若此儀文理協聖凡利兼水陸願禮拜起處所止燈燭不爇自明或體式未詳利益無狀所止燈燭悉暗如初言訖投地一禮初起燈燭盡明再禮宮殿震動三禮諸天雨華天監四年二月十五日於金山寺依儀文修設帝親臨地席詔祐律師宣文可謂利洽幽明澤及飛走矣周隋兩代此文不傳至唐咸亨中西京法海寺英禪師一日方丈獨坐有異人衣冠甚偉足不履地來謁英公曰弟子知有六道水陸齋可以利益幽明自梁武歿後因循不行今大覺寺有吳僧義濟得此儀文久在篋笥殆欲蠹損願吾師往求以來月十五日於山北寺如法修設苟釋狴牢敢不知報英公許之異人乃去英公尋詣大覺寺果有吳僧義濟得儀文以歸即以所期日於山北寺親臨道場修設既畢其日曛暮向者異人與十數輩來謝英公曰弟子即秦莊襄王也又指其徒曰此范雎穰侯白起王翦張儀陳軫皆秦臣也咸坐本罪幽囚陰府大夜冥冥無能救護昔梁武帝於金山寺設此齋時前代紂王之臣皆免所苦弟子爾時亦暫息苦然以獄情未決不得出離今蒙吾師設齋弟子與此輩并列國諸侯眾等皆乘善力將生人間慮世異國殊故此來謝言訖遂滅自是儀文布行天下作大利益(此是東川楊鍔水陸儀所載)本朝東川楊鍔祖述舊規製儀文三卷行於蜀中最為近古然江淮所用并京洛所行皆後人踵事增華以崇其法至於津濟一也宗賾向於紹聖三年夏因摭諸家所集刪補詳定勒為四卷粗為完文普勸四眾依法崇修利益有情咸登覺岸。

水陸法像贊(并序) 文忠公蘇 軾

蓋聞淨名之盋屬饜萬口寶積之蓋徧覆大千若知法界本造於心則雖凡夫皆具此理在昔梁武皇帝始作水陸道場以一十六名盡三千界用狹而施博事約而理詳後生莫知隨世增廣若使一二而悉數雖至千萬而靡周唯我蜀人頗存古法觀其像設猶有典刑虔召請於三時分上下者八位但能起一念於慈悲之上自然撫四海於俛仰之間軾敬發願心具嚴繪事而大檀越張侯致敬禮樂聞其事共結勝緣請法雲寺法涌禪師善本善擇其徒修營此會永為無礙之施同守不刊之儀軾拜手稽首各為之贊凡十有六篇。

上堂八位

第一佛陀耶眾

謂此為佛 是事理障 謂此非佛 是斷滅相
事理既融 斷滅亦空 佛自現前 如日之中

第二達摩耶眾

以意為根 是謂法塵 以佛為體 是謂法身
風止浪靜 非別有水 放為江河 匯為沼沚

第三僧伽耶眾

佛既強名 法亦非真 神而明之 存乎其人
惟佛法僧 非三非一 如雲出雨 如水現日

第四大菩薩眾

神智無方 解脫無礙 以何因緣 得大自在
障盡願滿 反于自然 無始以來 亡者復存

第五大辟支佛眾

現無佛處 修第二乘 如日入時 膏火為燈
我說二乘 如應病藥 敬禮辟支 即大圓覺

第六大阿羅漢眾

大不可知 山隨綫移 小入無間 澡身軍持
我雖不能 能設此供 知一切法 具此玅用

第七五通神仙眾

孰云飛仙　高舉違世　湛然神凝　物不疵癘
為同為異　本自無同　契我無生　長生之宗

第八護法天龍眾

外道壞法　如刀截風　壞者既妄　護者亦空
偉茲龍神　威而不怒　示有四支　佛之禦侮

下堂八位

第一官僚吏從眾

至難者君　至憂者臣　以眾生故　現宰官身
以難為易　以憂為樂　樂兼萬人　禍倍眾惡

第二三界諸天眾

苦極則修　樂極則流　禍福無窮　糾纏相求
遂超欲色　至非非相　不如一念　真發無上

第三阿修羅王眾

正念淳想　則為飛行　毫釐之差　遂墮戰爭
以此為道　穴胸隕首　是真作家　當師子吼

第四人道眾

地獄天宮　同一念頃　涅槃生死　同一法性
抱寶號窮　鑽穴索空　今夕何夕　當選大雄

第五地獄道眾

汝一念起　業火熾然　非人燔汝　而汝自燔
觀法界性　起滅電速　唯知心造　是破地獄

第六餓鬼道眾

說食無味　涎流妄噉　真食無火　中虛妄見
美從妄生　惡亦幻成　知幻即離　既飽且寧

第七旁生道眾

欲人不知　心則有負　此念未成　角尾已具
集我道場　一洗濯之　盡未來劫　愧者勿為

第八六道外者眾

陋劣之極　蕩於眇冥　胎卵溼化　莫從而生
聞吾法音　飆超電動　如夢覺人　不復見夢

修水陸葬枯骨疏　同前

右伏以諸佛眾生皆具大圓覺天官地獄同在一塵中是故惡念纔萌便淪苦海善根暫起已證法身要在攝心易同反掌竊見惠州太守右丞議郎詹君範與在州官吏舉行朝典破官錢葬失所暴骨數百軀既掩覆其形該復安存其魂識使歸泉壤別受後身軾目睹勝緣輒隨喜事以佛慈悲大願力以我廣大平等心遵釋迦之遺文修地藏之本願起焦面之教法設梁武之科儀伏願諸佛子等乘此良因離諸苦趣沐浴法水悟罪垢之本空鼓舞梵音知道場之無礙三歸已畢莫起邪心一飽之餘永無飢火以戒定慧滅貪瞋癡勿眷戀於殘骸共逍遙於淨土伏惟三寶俯賜證明。

初入道場敘建水陸意　出楊鍔水陸儀

原夫無遮水陸大齋者遵釋迦文之垂教奉梁武帝之科儀世間大慈人中上供於此可以修菩薩行於此可以建如來心宜當屏絕外緣端持正念第一須發菩提心以為道場當念此心本來湛寂與諸佛同但以煩惱所障愛網所纏遂使諸佛成道我等在迷只於今日今時便須覺悟發菩提心譬如蓮華初生淤泥華一出時垢不能著以是事故當發菩提心以為道場也第二須發廣大心以為法會當念此心自無分別與虛空等徒以蔽於無明凝於有欲起吾我見生怨親想遂使如來滅度我方受生佗界有佛我不能見只於今日今時即須懺洗發廣大心譬如月不離天凡有水處影無不現以此因緣當以廣大身心而為法會第三須發大願心以為供養當念無邊眾生未曾得度我今當度一切眾生未得果證我今令證六道四生眾生當津濟之使周十方三世聖賢當體事之使徧只於今日今時發如是大願心而為供養法無盡故供養亦無盡也第四須發大悲心以為法財當念眾生造諸惡業以惡業故轉入惡道一入惡道無有休息若人欲我代諸眾生受諸苦惱我則不荅復於其中勸化發心令彼迴心向善只於今日今時又須發起此大悲心而為法施施一切眾生離苦得樂也既能堅發此四種大心則知此會不同佗會乃是如來最勝無遮無礙大解脫門是故我今修為水陸冥場大齋以集無量無邊功德也今則當入法會正緣先為檀那合道場人及法界幽顯靈聰依怙聖教四種廣大身心有真言云云。

宣白召請上堂八位聖眾　同前

蓋聞大雄出現所以覆護眾生玅法軌持所以度脫一切作希有事開大慈門視于四眾如象王迴演乎一音作師子吼不起於寶蓮華座普化十方常放於玉毫相光徧照六道布慈雲於法界沃甘露於羣生人中眾聖之王世間大慈之父于夜則有弟子某惟念自

從曠劫受佛大恩乃至今生聞佛正教幸三寶之普覆嗟六道之漂流望佛如浮木之龜何由可值顧身有繫衣之寶不自覺知捨身受身從苦入苦今欲導之以解脫之路進之以方便之門唯佛哀憐滿我志願是以特獻微玅之蔬饌普陳希有之香華虔懇無過精誠有在以故我今奉為施主般勤禮請上堂八位聖眾伏惟迺降。

請佛陀耶眾

一心歸命禮請真法性海玅報化身擁萬德之莊嚴廓十方而自在超諸名相了非三世之異同接彼塵勞普為羣生而隱顯慈光無量悲願難窮巍巍大海涌須彌耿耿眾星依皎月南無無盡虛空徧法界一切常住佛陀耶眾惟願不違本際平等慈熏俯降道場受乎供養。

請達摩耶眾

一心歸命禮請性天萬像法海千波開毗盧廣大之義門照實際幽深之寶藏三車載物同超火宅之鄉八教應機盡入帝珠之網洞明權實示有筌蹄咸稱最上大福田是謂無邊真法施南無無盡虛空徧法界一切常住達摩耶眾。

請僧伽耶眾

一心歸命禮請六和清淨一性圓明依戒律以嚴身具慈忍而攝物海傾談辯玅宣眾聖之法門月映禪心高露千機之正眼一塵無染萬行不違頂圓三昧祕珠明身挂九支靈艸秀南無無盡虛空徧法界一切常住僧伽耶眾。

請大菩薩眾

一心歸命禮請發弘誓願慕大菩提進六位之階差體一真之平等慈悲喜捨了無覺照之機出入死生不墮根塵之相補陀雲秀兜率風清寶華瓔珞共嚴身性海光明常利物南無無盡虛空徧法界一切常住大菩薩摩訶薩眾。

請大辟支佛眾

一心歸命禮請以緣而覺絕世而修常獨住於山林初無取於言說鹿車運載脫塵勞於十二有支麟角超升發觀行於四十四智真空密照玅定孤圓雖於無佛世出興唯以中乘根取證南無無盡虛空徧法界一切常住辟支迦羅眾。

請大阿羅漢眾

一心歸命禮請慧根迴脫定境高明速超三界之苦輪深證單空之玅理不受後有如明鏡之絕塵具足神通似明珠之現像位分四果名滿十方人間天上總歸依一盋千家能感應南無無盡虛空徧法界一切常住大阿羅漢眾。

請五通神仙眾

一心歸命奉請身心離欲德行過人慕煙霞清淨之居住山海杳冥之際飄飄鶴馭隨月露以光寒冉冉霓裳逐天風而香散玅稱無漏獨取長生火分龍虎見神丹波動鯨鼇騰祕殿南無無盡虛空徧法界一切常住五通神仙眾。

請護法天龍眾

一心歸命奉請積諸福德具大威神已登解脫之門敬護如來之教衣冠照映莫非善力之資生眷屬莊嚴豈受塵勞之愛染常參佛會降伏怨魔寶劒高輝般若光旌旗秀發金剛焰南無無盡虛空徧法界一切常住解脫門護法天龍眾。

宣白召請下堂八位聖凡

原夫神道不遠虔懇須知聖力非遙禱祈必應或彈指斯須之際迴旋倏忽之間或作雨形瑞色共輕雲之混雜或隨風勢信財與馱馬之飄颻今則豈色融融祥雲靄靄敢希聖駕允副凡心特伸邀請。

請官僚吏從眾(楊鍔儀文祇有召請名銜至各及眷屬自餘以餘文補之)

一心奉請徧法界中往古今來一切官僚吏從眾皇王帝主百辟千官萬類羣分各及眷屬黎元以君上為所依官府以黎元為統攝由來率土盡屬王民故梁武之儀文立官僚之褥位善緣宿構勝報今逢抱文武兼備之才處富貴兩全之地九州四海皆歸化育之中萬姓四民盡入旌麾之上與奪由己舉動任情既勢去以時來故形亡而報轉愁魂黯黯長劫何依幽趣冥冥棲身無地如是官僚吏從竝願承三寶力仗祕密言降臨道場受此無遮廣大供養(辟必益切君也褥而蜀切氈也)。

請三界諸天眾

一心奉請徧法界中一切諸天眾欲界色界無色界中天主天王各及眷屬報居六欲夙因五戒十善之修上升九天安住八定四禪之位身雖有漏樂且無窮巍巍而宮殿隨身奕奕而光明照體八萬四千劫壽勝報時賒二十五有輪迴升沈何已五衰相現一枕夢殘

俄從宮殿之中奄入杳冥之境如是天道眾竝願。

請阿修羅道眾

一心奉請徧法界中一切阿修羅眾三頭六臂五趣四生海底山間各及眷屬前修善惡今報差殊負貢高陵下之心起嫉妒猜疑之行既專麤暴遂受醜形或項佩於多頭或肩生於數臂身如碧瀫髮似金丹現大身而高等須彌山示小質而竄入藕絲竅與帝釋戰處雖莫能勝於如來輪下因已歸降冀收忿怒之胸懷庶使惡心而調伏如是修羅部眾竝願(瀫音殿)。

請人道眾

一心奉請徧法界中一切人道眾尊卑貴賤中國邊方異狀殊形各及眷屬曩行五戒今報九流既為萬物之靈故預三才之列或超五道而至八定或著五欲而墜三塗竝由身口為緣遂致升沈異路聲香味觸淫泆驕奢塵塵皆失於本心念念常存於妄想百年易失不思聲色之本空一夢難留盡入輪迴之境界如是人道部眾竝願。

請餓鬼道眾

一心奉請徧法界中一切餓鬼道眾焦面火口巨首微咽渴惱針毛各及眷屬肇自七情來從十惡九類分別於正理論三般總示於瑜伽宗阿難見者曰面然目連睹之名華報鐵圍山畔論百億之何窮殑伽河邊舉恒沙而不盡莫不咽喉針細肢節火然骨鳴若破車之聲腹大似敗壺之狀怨甘漿之莫及痛熱惱之煎熬色力飢虛形骸醜惡如是餓鬼部眾一切飢渭眾生竝願。

請畜生道眾

一心奉請徧法界中一切畜生道眾毛羣羽族水陛飛沈巢穴微軀各及眷屬同居三界共在四生如塵若沙不可勝數莫不排空走野升天躍淵胎卵溼化之所生山林川澤之所聚或多足而無足或匾毛而混毛或有知而無知或小質而大質飛霜削木遽罹羅網以哀鳴急浪翻空難免[竺-二十(一/(尸㔾邑))]梁之張捕怨絕刀砧之上魂飛湯火之中如是畜生部眾竝願([竺-二十(一/(尸㔾邑))]音戶取魚器)。

請地獄道眾

一心奉請徧法界中一切地獄道眾五無間獄十重罪入八熱八寒各及眷屬名標地獄總號泥犁鐵城高廣則無量無邊罪器彌多則可驚可怖種類區分而具有五百隔子枉受生死而一日八萬四千鑊湯爐炭之煎熬麋軀爛骨劒樹刀山之峻聳刺眼劓心輪輕治重而隨業昭彰拂石芥城而何時休息如是地獄部眾一切內外受苦眾生竝願(刺七逆切劓側吏切)。

請六道外者眾

一心奉請徧法界中一切六道外者眾或自三界而乍墮或從五趣以方來既涉升降之兩楹遂歷去來之中陰罔罔像像杳杳冥冥或上升而頭向天宮或下墜而首歸地府或橫趍於南北或足向於東西陋劣匪堪形相奚既飲食甘漿而莫覩吸風飲露以充飢素無毫善莊嚴故受如斯果報今則冤親等濟幽顯咸資如是六道外者中陰眾生竝願。

水陸齋儀文後序　同前

按蕭氏建無遮齋其儀甚簡今所行者皆後人踵事增華以崇其法至於津濟一也竊尋蕭意蓋超三界之外已入聖地者上八位該焉走三界之內未出苦輪者下八位備焉已入聖地者靡不供養未出苦輪者靡不薦拔此所以為無遮也然大地一切本與諸佛同源諸佛如來自無眾生別處但緣起為妄真暗成愚坐與諸聖隔為異道斯文者敷演正教申明本緣開示其覺悟之機歸趣于解脫之法使參法會者了見大地無有一物不成佛者然後為得也凡齋以控帶江山依據林薄為勝地月望為佳日先期三日以淨水置佛前晝夜持呪想水成甘露以洒法食即三藏也臨壇宣文典其佛事即法師也以音聲屬和梵唄間作即歌讚也捧鑪對聖冥運願力即檀越也故檀越必勤其精意精意然後能致其感法師必選其高行高然後能尊其教三藏必堅其正念以正念然後能資其呪力歌讚必嚴其端誠以端誠然後能成其法會先事齋居以致潔畢會宴坐而如慕各盡虔恭方蒙饒益有情或不謹便成無利則弗為聖賢所祐且復有鬼神之譴敢告大眾其戒之哉。

斛前召請啟白

蓋聞大圓鏡體磨而不磷涅而不淄如意珠王取之無禁用之無竭柰何眾生弱喪永劫陸沈黑山下頓足牽衣黃泉中安身立命慧光不燭飢火長然圓頓上乘可得而聞苦澀惡味備嘗不已方以類聚物以羣分其居也皆艱難險阻之鄉其黨也盡嫉妒慳貪之眾真鬼虎龍蛇之可畏如稻麻竹葦之良多賴法王留施食之緣幸施主

奉如來之教時於清夜具展香羞惟鬼神自爾之力能周仗佛祖無緣之慈普攝我聞經說在昔阿難尊者獨居靜處念所受法則於深夜見一餓鬼名曰面然白阿難言卻後三日即便命終當墮鬼趣與我同類阿難聞已心生惶怖問餓鬼言若我死後生餓鬼者行何方便可得免脫爾時餓鬼白阿難言汝若能布施百千那由佗恒河沙餓鬼并百千婆羅門仙等以摩伽佗國之斛各施一斛飲食汝得增壽我得離苦阿難聞此不順之語身毛皆竪即至佛所具述此言世尊我今云何能辦若干鬼仙等食佛即為說無量威德自在光明勝玅力真言若誦此呪則能變少飲食令諸鬼仙一一皆得飽滿阿難依教行持得延壽命鬼得生天法門不唯益於現在亦欲遠被未來羅漢結集成文三藏傳來此土人到于今咸受其賜大矣哉是真不可思議博施濟眾之道也于夜蓋有清信檀那特為某事興建斛食今則食時斯屆供事當陳欲召來儀須伸迎請(云云)。

歐陽文忠公宿採石聞鬼聲

歐陽文忠公修嘗宿採石渡夜聞呼聲曰去來舟尾有應之曰參政宿此不可去齋料幸攜歸公默念舟尾迫浦且無人必鬼也至五鼓又聞岸上獵獵馳驟聲舟尾者呼曰齋料如何岸上者且行且答曰道場不清淨皆無所得而歸公異其事後半月因游金山寺以告長老長老曰昨有施主在寺修設方第二時法事其妻乳臥少頃鯹風滅燭時皆驚異不知是此否公問其日乃宿採石之夜其事驗矣(見夷堅志)

佛印禪師加持水陸感驗

佛印禪師了元世傳是樓至佛化身余未之信後閱師玅峯詩集及師碑銘果有其謂蓋師嘗訪大覺璉禪師未至前一日大覺忽夢樓至如來至遲明率眾迎候而師遽來璉公因作詩以贈目以樓至稱之而師又嘗自夢釋迦本師告之曰汝吾弟子乃賢劫千佛中最後樓至如來者是也夢覺遂成一偈有夢時雖說同樓至覺後依然箇比丘寄語釋迦千道伴遇抽頭處且抽頭之句又師住金山時有海賈到寺設水陸是夜適法事僧沿幹而出師不得已即自行總持此夜有漁舟泊于江湍深夜忽聞岸上有聲曰今夜金山水陸甚勝乃樓至如來自行加持也漁人審是鬼聲於師大生敬仰據斯顯驗則知人勝法勝乃感鬼神懽悅歆享矣。

誦破地獄偈感驗

東坡大全云若人欲了知三世一切佛應觀法界性一切唯心造市人喪妻者夢其妻求破地獄偈覺而求之無有也問薦福古老云此偈是也遂舉家持誦後見亡者寶衣天冠縹緲空中稱謝而去軾聞之於佛印佛印聞之於范堯夫。

華嚴感應傳云垂拱三年華嚴藏法師往崇福寺見薦律師云今夏有賢安坊郭神亮入寺禮拜於余自言頃忽暴亡經于七日近得再蘇當時有使者三人追至平等王所王勘問罪福等事令使者引某至地獄忽逢一僧云我救汝苦汝但當受持一偈必脫此苦偈曰若人欲了知等神亮倉皇而誦方數十徧其與同罪者竝得脫免當知此偈能破地獄也藏師云此偈乃華嚴經第四會中偈也薦公未之信乃請第十九卷看之果然乃覺林菩薩所說偈也。

纂靈記云昔京兆有人姓王氏(失名)暴死三日而再迴去時被二使者追赴地獄偶見一僧自稱是地獄即令誦若人欲了知四句偈王急誦持聲所至處一切罪人悉皆脫去王既蘇即發願終身誦之復向道俗說此事以勸持誦時有一僧為撿經方知是華嚴偈也。

誦破地獄呪感驗

昔峽石有一朝士姓徐氏(失名)徐氏長婦因病忽亡乃見一人身著王者之服形貌雄偉婦稽首拜問為誰王答曰吾是冥官緣汝家中大小每誦破地獄呪使冥中一切罪人皆得解脫汝有是功我特來報謝婦驚曰妾是凡賤豈當王者之至報謝王曰汝雖凡人他日舉家必生天是故吾之為報若是汝今已後當勿忘其呪也呪曰

唵佉羅帝耶薩訶

施食通覽(終)

瑜伽集要焰口施食儀云面向東立瀉於壇前或淨地上或於石上或新淨瓦盆亦名于蘭盆生臺亦得或泉池江海長流水中不得瀉於石榴桃樹之下鬼神懼怕不得食之。

行事鈔云明出眾生食或在食前唱等得已出之或在食後經論無文隨情安置涅槃因曠野鬼為受不殺戒已告鬼言我今當勑聲聞弟子隨有佛法處悉施汝食若有住處不能施者即是天魔徒黨非我弟子四分僧伽藍中立鬼神廟屋傳云中國僧寺設鬼廟伽藍神廟賓頭盧廟每至二食皆僧家送三處食餘比丘不出愛道尼經令出如指甲大今有為亡人設食者依中含云若死人布施祭祀者若生入處餓鬼中者得餘處不得由各有活命食故雜含中廣明此事若親族不生入處中者但施心施其自得功德云云。

華嚴經要解

大蒙山施食

唯識三十頌

六祖壇經2016

妙法蓮花經略講

理趣經簡介

唐密心要

般若心經秘鍵

優婆塞五戒相經

宇宙及生命的奧秘

華嚴金獅子章

靜坐基礎班

往生論

圓覺經

藥師佛修法

光明真言修法

準提菩薩修法

尊勝修法

大隨求菩薩的修法

如意輪觀音修法

五大虛空藏修法

普賢延命尊修法

穢跡金剛修法

不動明王修法

愛染明王的修法

大黑天全套修法

關聖帝君供養法

摩利支天的修法

佛教大蒙山施食法彙編

作　　者　釋寬濟 編著

出　　版　陳湘記圖書有限公司

地　　址　新界葵涌葵榮路 40-44 號任合興工業大廈 3 樓 A 室

電　　話　2573 2363

傳　　真　2572 0223

電　　郵　info@chansheungkee.com

印　　刷　新設計印刷有限公司

出版日期　2019 年 12 月

定　　價　$100

ISBN　978-962-932-190-1